北京市高等学校

教学名师奖

（2017—2018年度）

刘宇辉　主编

北京师范大学出版集团
BEIJING NORMAL UNIVERSITY PUBLISHING GROUP
北京师范大学出版社

图书在版编目(CIP)数据

北京市高等学校教学名师奖(2017—2018年度)/刘宇辉主编．
—北京：北京师范大学出版社，2020.8　（2020.11重印）
ISBN 978-7-303-25786-7

Ⅰ.①北…　Ⅱ.①刘…　Ⅲ.①高等学校－优秀教师－生平事迹－北京　Ⅳ.①K825.46

中国版本图书馆 CIP 数据核字(2020)第 062432 号

营　销　中　心　电　话　010-58802135　010-58802786
北师大出版社教师教育分社微信公众号　京师教师教育

BEIJINGSHI GAODENG XUEXIAO JIAOXUE MINGSHIJIANG(2017—2018NIAN DU)

出版发行：北京师范大学出版社　www.bnupg.com
　　　　　北京市西城区新街口外大街 12－3 号
　　　　　邮政编码：100088
印　　刷：北京虎彩文化传播有限公司
经　　销：全国新华书店
开　　本：787 mm×1092 mm　1/16
印　　张：37.5
字　　数：650 千字
版　　次：2020 年 8 月第 1 版
印　　次：2020 年 11 月第 2 次印刷
定　　价：120.00 元

策划编辑：王剑虹　　　　　　　责任编辑：郭　瑜
美术编辑：李向昕　　　　　　　装帧设计：李向昕
责任校对：段立超　陈　民　　　责任印制：马　洁

编 委 会

前　言

时光如水，光阴荏苒。到 2018 年，北京市高等学校教学名师奖已经组织评选 14 届，青年教学名师奖也已经组织评选两届。先后有 1303 名教学名师和 128 名青年教学名师获得了表彰。十年树木，百年树人。作为北京市高等学校教学名师奖获得者，这些教师坚持立德树人，培育英才，默默耕耘，无私奉献，用自己的言行影响着一批又一批的青年学子，以自己的实际行动诠释着"教师是人类灵魂工程师"这一光荣的理想信念。

从 2003 年开始，我们不断地创新评审工作方式，从最开始单纯的材料评审到现在的教学观摩课结合材料评审，从专家单一评审到专家和学生共同评判，每一点变化都需要付出大量精力和心血，但也使北京市高等学校教学名师奖的评选工作变得越来越成熟，越来越受到学校、教师、学生和社会的认可和肯定。无论是教育部"国家高层次人才特殊计划"，还是"北京高层次创新创业人才支持计划"，众多入选者都曾经获得北京市高等学校教学名师奖，这充分说明了我们评选出的"教学名师"是优秀的，是具有带头示范作用的。

为了宣传和表彰教学名师奖获得者的突出贡献，便于大家学习名师、了解名师，我们继续出版《北京市高等学校教学名师奖》年度专辑。本专辑收录了第十三届（2017 年）和第十四届（2018 年）共 160 位北京市高等学校教学名师奖获得者及第一届（2017 年）和第二届（2018 年）共 128 位北京市高等学校青年教学名师奖获得者的个人简历和先进事迹。

"十三五"期间，我们认真落实《关于提升北京高校人才培养能力的意见》，引导广大教师将教书和育人相统一，以德立身、以德立学、以德施教，继续完善鼓励和支持教师投入教学的激励机制，调动和增强教师的积极性。希望北京高校能涌现出越来越多的教学名师，成为学生成长的指路人，引领着教学模式、方法和手段的改革，为提高北京高等教育的人才培养质量、为办好人民满意的教育做出积极的贡献。

目　录

北京市高等学校教学名师奖获奖教师简介
（2017 年度）

首届北京高等学校青年教学名师奖获奖教师简介
（2017 年度）

北京市高等学校教学名师奖获奖教师简介
（2018 年度）

第二届北京高等学校青年教学名师奖获奖教师简介
（2018 年度）

北京市高等学校教学名师奖
获奖教师简介
（2017 年度）

❋北京市高等学校教学名师奖获得者

李　玲

学校名称：北京大学

主讲课程："卫生经济学"

　　李玲，北京大学国家发展研究院经济学教授、博士生导师，北京大学中国健康发展研究中心主任，享受国务院特殊津贴专家，北京大学"十佳教师"。曾任美国陶森大学（Towson University）经济学院副教授（终身制）。目前兼任国家十三五规划委员会专家委员、中国卫生经济学会副会长、国务院医改专家咨询委员、北京市政府顾问、中国老年协会副会长等职。

　　李玲从教 35 年，坚持每学期都为本科生开课，坚守在教学一线，教书育人。

　　李玲自 2003 年回国后一直积极参与中国医疗改革，最早提出医疗卫生的公益性，医疗卫生应该由政府主导，建立保障人民健康的医疗卫生制度。她也是最早提出健康强国，健康中国的学者。

　　李玲曾获武汉大学物理学学士学位，美国匹兹堡大学经济学硕士和博士学位。

先进事迹摘录

从教35年来，李玲默默坚守在教学一线，教书育人，积极为国家培养有国际视野、有理论、有创新能力、有使命感的人才。

李玲自2003年回国到北京大学工作，坚持每学期给北京大学本科生开设课程。结合国际前沿理论和中国改革发展实践，自编教材教案，突破现有的教科书局限，探索如何将中国丰富的改革实践与经济学理论结合，在此基础上形成中国卫生经济学、中国公共财政学，为中国道路、中国理论培养有国际视野、中国情怀的人才。

李玲的课程不仅仅传授知识，还注重激发学生的学习兴趣，培养学生的主动精神和创造性思维，在潜移默化中培养学生的家国情怀。卫生经济学和公共财政课程都与医改和公共政策有着紧密联系。她每学期都结合中国和国际改革发展，如中国医改进展、美国医改情况，更新课程内容和案例；每次课都结合国内外最新热点问题，培养学生对国内外社会热点问题的关注，学会用理论分析问题，把握规律，举一反三，学以致用。

要求学生做课程研究论文，学生们在老师指导下自选研究题目，设计研究框架、研究方法，边干边学、互教互学，同学们基本掌握了经济学规范研究方法，一些研究报告达到发表水平。

教学手段灵活多样，如请国内外著名学者、有实际经验的官员到课堂给学生讲解、交流。如邀请了哈佛大学著名经济学家给学生讲美国医改和中国医改；用多媒体手段课堂教学，及建立课程微信群，课前课后实时与学生沟通，了解学生情况，教学相长。

除了北大课程的教学外，还给清华等其他高校学生做讲座，讲"中国大时代""人生如何做选择""中国医改"等。2006年为中央政治局集体学习授课。

李玲将课程课件在网上公开，帮助校内国内同行青年教师共同建设中国学派。

科研方面，她探索中国改革实践原创性的研究，既符合国际规范性学术研究，又是学术的中国故事。目前已经有多篇文章在国内外发表。

✿北京市高等学校教学名师奖获得者

马中水

学校名称：北京大学

主讲课程："热力学统计物理"

个人简历

　　马中水，1960年生于山东青岛，北京大学物理学院教授，博士生导师，浙江大学近代物理中心博士后。1993年在中山大学高等学术研究中心工作，1993年9月被聘为副教授，1995年12月被聘为教授，1996年7月被聘为博士生导师。2002年调入北京大学物理学院任教授至今。

　　马中水长期在教学科研第一线工作，曾主持完成多项国家自然科学基金项目，并承担大学本科"平衡态统计物理学""非平衡态统计物理学""平衡态统计物理学小班讨论课程"等课程的教学任务并主持北京大学热力学和统计物理课程系列。

　　曾获北京大学2012—2013年度教学优秀奖。担任中国物理学会凝聚态理论与统计物理专业委员会第十届委员会副主任。

先进事迹摘录

马中水教授是一位富有热情和治学严谨的优秀教师，长期在教学科研第一线勤奋工作。本着身为教师，教书育人永远是第一位的原则，他承担北京大学物理学院热力学和统计物理课程系列的教学工作 15 年。自 2012 年主持课程体系以来，结合教改，不断探索，勇于创新。对"平衡态统计物理学""非平衡态统计物理学""平衡态统计物理学小班讨论课程"做了系统的规划和内容调整，组织了相关课程的任教教师。

在教学中，他严谨认真、把握规律、科学施教、善于启发。结合生源差异和考虑部分学生已参加本研等特点，积极探索课程相关内容的前期铺垫和延展讲述，形成了适应信息多样化的人才培养循循善诱讲授方法和方式，深受同学的喜爱和好评。他以教者必以正、教人需求真的严谨治学为理念，严于律己、精益求精、富有热情地开展教学和研究工作。他对国内外的统计物理学的教学进行调研，对教材和讲授内容进行对比分析，优化了北京大学热力学和统计物理课程系列的知识结构。他好学不倦、积极进取、努力钻研业务，在研究中深化和拓展自己的认知，并以其为自己教学奠定坚实基础。

他热爱学生，把个别同学提出具有共同疑难的问题及时在课堂上反馈给所有同学，帮助了那些没有意识到问题的同学，引导他们学思结合，知行统一。对课程学习困难的同学，他悉心地帮助分析前期基础和学习方法的不足，有针对性地建议改善措施，以提高学习热情和完成学业要求。他对待同事热心、真诚，特别是在组建小班讨论课中团结大家合作共事，把课程讲得有声有色，为学生提供了宽松思考和严谨表达自己见识和体会的氛围。2015 年在任 12 级"未名学子班"班主任时，配合主管院长刘玉鑫教授就同学在学习和科研等方面遇到的问题进行协调和解决。

目前他参加教育部基础学科拔尖学生培养计划的研究课题，协助课题主持人对杰出人才成长机制和学生讨论班的教学模式两方面进行探索和研究。特别值得提到的是，马中水教授热心学生的学术活动建设，热情地指导由学生约稿和编辑的北京大学物理学院学生会《未名物理评论》创建工作。

❀北京市高等学校教学名师奖获得者

王志军

学校名称：北京大学
主讲课程："现代电子电路基础与实验"

　　王志军，北京大学信息科学技术学院教授。现任信息科学技术学院基础实验教学研究所所长，北京大学电子信息科学基础实验教学中心主任。分别于 1986 年和 1991 年在北京大学电子学系获得学士和硕士学位。1994 年后在北京大学电子学系工作至今。社会兼职：教育部高等学校电子信息类专业教学指导委员会副主任委员；中国电子教育学会副理事长；中国电子学会电子线路教学与产业专家委员会副主任委员；电子信息类专业教学指导委员会全国大学生智能互联创新大赛组委会主任委员；全国大学生电子设计竞赛专家组成员；中国电子学会全国青少年电子信息创新大赛专家组组长；中国电子学会全国青少年电子信息科普创新联盟顾问。

先进事迹摘录

　　王志军教授长期工作在教育教学第一线，潜心教学，为人师表，开拓创新。先后承担过8门本科生课程的主讲工作。目前正在承担的4门本科生课程中，2门为北京大学主干基础课(含1门小班研讨课)，2门为实验课程。在教学中，王志军根据不同专业学生的特点精心组织课程内容，在知识传授的同时，注重对学生思维方式的启发和综合能力的培养，并采用板书、实物展示、实验进课堂、任务驱动、开放式实验教学等多种教学方法提升教学效果。共编写出版教材3本，其中1本为北京市高等教育精品教材；发表教学研究论文20余篇；建设北京市精品课程1门。

　　王志军作为北京大学电子信息科学基础实验教学中心主任，全面负责中心实验室、实验课程体系、教学管理、教学队伍等建设工作，并取得了显著的成效。组织教师新建了4个实验室，新开设了9门实验课程，完善了具有理工相结合特色的电子信息实验课程体系，构建了包含基础和专业层面的电子信息大类实验教学平台。2006年，实验中心被评为北京市实验教学示范中心。相关成果获北京市教学成果一等奖1项，北京市教学成果二等奖2项，北京大学教学成果奖、实验技术成果奖、优秀教学奖、实验室先进工作者等10余项，出版课程体系书籍2本。组织指导学生参加电子信息学科竞赛并多次获奖，在2009年美新杯MEMS传感器中国区应用大赛上，被评为最佳指导老师。

　　王志军教授热心于教育教学的社会工作。作为教育部高等学校电子信息类专业教学指导委员会副主任委员，负责组织全国高校相关专业教师进行教改课题研究，以及组织全国大学生智能互联创新大赛的开展，并多次在全国教学会议上做报告，传播教学理念、教学方法和教学经验，产生了积极的影响。作为中国电子学会全国青少年电子信息科普创新联盟顾问，积极推进中小学科普教育活动，组织全国青少年电子信息创新大赛的开展，先后走进10余所中学做科普讲座，培养中学生对电子信息专业的兴趣，为我国电子信息类人才培养做出了积极的贡献。

※北京市高等学校教学名师奖获得者

胡永华

学校名称：北京大学

主讲课程："流行病学"

个人简历

　　胡永华，北京大学流行病与卫生统计学系教授，博士生导师，享受国务院特殊津贴专家。曾长期担任北京大学公共卫生学院院长、流行病与卫生统计学系主任，现兼任北京大学医学信息学中心常务副主任等职。

　　他是我国流行病学界的知名专家，主持与参加了多项国家级与省部级科研项目与教学改革项目。现担任全国预防医学专业教学指导委员会秘书长；中国健康促进与教育协会副会长；国务院应急管理专家组委员；中华预防医学会卫生教育学分会主任委员；中华预防医学会流行病学分会副主任委员。他是深受学生尊敬的师长，悉心培养指导了80余名研究生，出版10余部教材和论著，为我国公共卫生事业的发展和人才培养做出了重要的贡献。

先进事迹摘录

胡永华教授从事流行病学教育与研究近35载，对教育教学工作兢兢业业，对科研一丝不苟。他特别关注公共卫生人才的全面培养，从政治思想到专业学习，从科学研究到生活细节，给予同学们以无微不至的关怀，让学生们倍感亲切。

在教书育人方面，胡永华教授几十年如一日，兢兢业业，倾心投入。他领导的流行病学学科为"国家重点学科"，他负责教授的"流行病学"课程被评为"国家级精品课程"，他在慕课平台上讲授"流行病学基础"，受到国内外师生的热烈欢迎。主编出版了《流行病学》《遗传流行病学》《心脑血管疾病研究进展》等10余部著作。他的待人以诚的人格魅力和学术素养，得到学生们的交口称赞。先后获得了"北京市师德先进个人""北京市教育教学成果奖""北京市优秀教师""北京大学十佳教师""北京大学医学部教学名师""北京大学医学部良师益友"等荣誉。

在科学研究方面，他的主要研究领域包括：慢性非传染性疾病的控制、心脑血管疾病的病因流行病学研究、遗传流行病学研究、流行病学方法学研究等。胡永华教授作为学科带头人，带领院系一直奋斗在学科前沿，曾承担多项国家攻关课题，国家"863项目""973项目"、国家自然科学基金重点项目等。已发表科研论文160余篇，多次获"北京市科技进步奖"、中华预防医学会科学技术奖。胡永华教授还是澳大利亚格里菲斯大学客座教授，香港中文大学客座教授，《中华流行病学杂志》《北京大学学报》等杂志的编委，《中华疾病控制杂志》《中国公共卫生》《中国公共卫生管理》的副主编。

由于他在公共卫生与流行病学领域中所发挥的作用，被授予"公共卫生与预防医学发展贡献奖""中国流行病学杰出贡献奖"。胡永华教授为推动流行病学的学科发展，为培养我国流行病学专业人才做出了重要贡献。

✵北京市高等学校教学名师奖获得者

刘少杰

学校名称：中国人民大学
主讲课程："当代西方社会学理论"

个人简历

　　刘少杰，中共党员，博士研究生毕业，现任中国人民大学社会学理论与方法研究中心主任，二级教授、博士生导师。刘少杰于1993年在吉林大学哲学系博士研究生毕业留校任教，1995年5月至2005年12月任吉林大学社会学系主任；1998年9月至2005年12月，兼任吉林大学哲学社会学院党委书记；2005年12月至2015年11月，任中国人民大学社会学理论与方法研究中心常务副主任，教授，博士生导师；2015年11月至今，任中国人民大学社会学理论与方法研究中心主任，《社会学评论》主编；2012年至今，担任国家社会科学基金评审委员；2006年7月至2015年7月，先后任中国社会学会理论社会学分会副会长、秘书长、会长；2010年11月至2014年7月，任中国社会学会经济社会学专业委员会主任；2012年8月至今，兼任安徽大学讲席教授、特聘教授。

先进事迹摘录

　　刘少杰于1995年担任吉林大学社会学系首任系主任。2005年调入中国人民大学社会与人口学院，担任教育部文科重点研究基地社会学理论与方法研究中心常务副主任和主任。30多年来，刘少杰在身兼多职的同时每年都超额完成了繁重的本科生和研究生教学任务，为本科生和研究生讲授当代西方社会学理论等课程达4400余学时，培养研究生135人（其中博士研究生62人）。

　　刘少杰长期从事理论社会学、经济社会学和网络社会学教学与研究，近年承担国家社科基金和教育部人文社会科学研究重大项目10余项，获得科研资助300余万元；在《中国社会科学》《新华文摘》和《社会学研究》等国家级刊物发表学术论文20余篇，在《学术月刊》《江海学刊》等省级刊物发表学术论文百余篇，出版学术专著6部，编写或主编教材5部。获得省部级以上科研奖励12项，其中《后现代西方社会学理论》和《中国社会学发端与扩展》分别获得教育部全国高校人文社会科学优秀成果三等和二等奖。2008年7月被批准为中央实施马克思主义理论研究与建设工程《西方社会学理论评析》教材编写组首席专家。《当代中国意识形态变迁》入选国家哲学社会科学成果库。在教学方面，主讲课程《国外社会学理论》被评为国家级精品课程。

　　刘少杰率先在国内开展后现代西方社会学理论的科研与教学，积极促进了中国社会学理论视野扩展和理论水准提高；系统论述了中国社会学的西学影响和中学传统，阐述了中国社会学具有内源外引的双重发端，这对于辨清中国社会学同西方社会学之间的联系以及认识中国社会学的本土特点具有重要意义。刘少杰理论联系实际地开展经济社会学研究，针对理性选择理论的局限和人们实际选择行为的感性特点，提出并充分论述了感性选择理论，在中外学术界产生重要影响。他以大量实地调查为经验基础，分析了中国市场经济发展中存在的各种矛盾，提出并论述了陌生关系熟悉化等优化市场交易秩序的崭新观点；对意识形态理论和改革开放以来的意识形态变迁开展了深入研究，论述了意识形态的感性形式、个体和群体的意识形态层次类型，对新形势下意识形态转型和意识形态现代化等重大问题作了探索性和创新性研究。近两年刘少杰在网络社会学和金融社会学等领域也发表了大量科研成果。

🌸北京市高等学校教学名师奖获得者

孔祥智

学校名称：中国人民大学
主讲课程："农业政策学"

　　孔祥智，男，1963年3月生，山东郯城人。1985年在山东农业大学获农学学士学位，于1988年和1997年在中国人民大学分别获经济学硕士和博士学位。1988年留校任教至今。其1988—1994年在中国人民大学软科学研究所任助教、讲师；1994—1996年任中国人民大学农业经济系讲师；1996—2001年任中国人民大学农业经济系副教授、系副主任；2001—2004年任中国人民大学农业经济系教授、党总支书记兼副主任；2004—2015年任中国人民大学农业与农村发展学院教授、党委书记兼副院长，现任中国人民大学农业与农村发展学院二级教授、博士生导师、中国合作社研究院院长、农村发展研究所所长。近年来在《经济研究》《管理世界》《中国人民大学学报》等刊物公开发表学术论文300余篇，著作（含合著）30余部。曾获农业部软科学成果一等奖，多次获中国农村发展奖、北京市哲学社会科学优秀成果奖等，享受国务院颁发的政府特殊津贴，入选教育部2004年度新世纪人才支持计划。

　　学术兼职：中国合作经济学会副会长、中国农业技术经济学会副会长等。

　　主要研究领域：农业政策分析、农村合作经济。

先进事迹摘录

孔祥智同志忠诚党的教育事业，勤勤恳恳，兢兢业业，体现了一名共产党员教师的模范带头作用。

第一，坚持学生第一的原则，始终把学生事务、满足学生的需求放在各项工作的首位。从教近30年来他从不迟到早退，认真上好每一节课。作为一名老教师，在主讲"农业政策学"时，即使对内容非常熟悉，上课前也要认真备课，从不懈怠。为了让学生了解20世纪50年代至90年代粮食短缺情况，孔祥智教授自己出资购买了一套全国粮票及各省发行的地方粮票，这套资料极其珍贵，他不仅在课堂上作为教学资料展示，还放在办公室，作为普通资料供学院老师和同学们查阅。

第二，积极为学生成长创造条件，包括申请课题、介绍实习机会等。孔祥智对于自己指导或者团队指导的学生（包括研究生和本科生），本着"见多才能识广"的原则，努力给学生的实习、调研创造机会，有时为了学生调研亲自出题目并带队。在上新生研讨课时，孔祥智充分利用自己在学术界的影响，为学生联系中国农业博物馆、中国农业科学院种质资源库等机构，以及位于中关村的农业高科技企业参观学习，让学生增长见识。在"农业政策学"的课堂上，邀请有关政策研究和制定部门的负责人前来讲授或点评，取得了非常明显的教学效果。

第三，高度重视科学研究中的学术团队建设工作。孔祥智教授一向重视科学研究工作，不仅自己把科研放在重要位置，每年发表大量学术成果，还以自己的名义从学校和外部机构拿课题给本院青年教师做，通过课题研究加强了学术团队建设，也为学院整体学术水平的提升做出了贡献。如在林业经济领域，以孔祥智教授为首的研究团队近年来承担了国家林业局、北京市园林局等机构的课题，从制度分析角度向学术界和政策界展示了人大研究风格，形成了林业经济学领域的人大学派。近年来，孔祥智教授领衔出版的著作都是多人合作的成果，孔祥智教授主讲的"农业政策学"课程，在讨论和点评时也要求团队内的青年教师参加，通过这些方式带动青年教师尽快成长。

✳北京市高等学校教学名师奖获得者

赵 青

学校名称：清华大学

主讲课程："沙滩排球"

个人简历

　　赵青，女，1964年1月出生，中共党员，清华大学教授，教授课程包括排球、沙滩排球、航空体育等。2012年获清华大学优秀教材和多媒体课件一等奖。获清华大学教学成果一等奖3次、二等奖4次。赵青共编写专著1部、教材10本，发表论文30余篇，主持课题20余项。2015年荣获宝钢教育基金优秀教师奖。曾任中国高等教育学会体育专业委员会理事、副秘书长；北京市高等教育学会体育研究会秘书长；中国大学生排球分会副秘书长、常务理事、教练委员会主任；清华大学体育产业发展研究中心体育专业委员会委员等。

先进事迹摘录

赵青，1983年7月毕业于北京体育大学，同年8月进入清华大学体育部任教至今。目前担任体育部副主任，主管教学工作。

赵青教授始终从事一线教学工作，严谨治学、教书育人、为人师表，以"学高为师，身正为范"为目标，兢兢业业做好教学等方面的工作。

赵老师十分热爱教师这个岗位，她认为爱岗敬业是乐教勤业的动力源泉，她把自己的人生价值与体育教育事业紧密结合，坚持"育人至上，体魄与人格并重"的体育教育观，不断开拓进取，培养学生的挫折意识、团结协作精神，使学生身心全面发展。课堂上不仅仅教授专项技术，而且很重要的是结合项目特点，培养学生的集体意识和拼搏精神，使体育教学达到了"育人、育心、育体"三位一体教学效果。例如，在软排课上，曾有一名二年级的女生情绪消沉，出于对赵老师的信任，同学说出了她患有抑郁症，服药康复后心理仍有障碍。在赵老师开导以及鼓励下，她积极参加体育锻炼，身体逐渐恢复，并且摆脱了之前的阴影。现在该生已顺利毕业，但仍与赵老师有密切联系，还亲切地称呼赵老师为"赵青妈妈"。赵老师课上得好，是同学们有目共睹的，尤其是她在沙滩排球课上的表现使同学们心服口服。为了给学生营造良好的上课环境，夏日烈日炎炎下，她坚持每次在课前浇灌场地，在沙地表层已经达到四五十摄氏度的高温的情况下，脚经常被烫出水泡，但为了教学课的顺利进行，她坚持这样做，一做就是16年。率先垂范的她把"沙滩排球"上成了清华大学精品课，历年课堂教学评估均为优秀。

自1990年至今，赵老师还担任清华大学女子排球队教练工作。训练中，她不仅教授学生技术技能，更重要的是加强队伍建设，使女排队伍连续7年获"清华大学优秀队"称号，运动成绩在全国也是名列前茅。赵老师多次担任中国大学生沙排队主教练，她是在全国高校中非常优秀的教练，曾获得清华大学体育代表队"优秀教练员"称号、"马约翰"优秀体育教师奖等奖项。

赵老师在教师岗位上辛勤耕耘了30多年，她常说："教学工作是我的最爱，学生们是我的最爱，教学工作和学生们是我不断前行的动力。"

❀北京市高等学校教学名师奖获得者

曾 攀

学校名称：清华大学
主讲课程："有限元分析""机械工程"

个人简历

　　曾攀，男，清华大学机械系教授，博士生导师。1988 年在清华大学获得工学博士学位，为德国"洪堡"学者、国家杰出青年科学基金获得者、长江学者、"新世纪百千万人才工程"国家级人选，目前担任清华大学校学位评定委员会副主席，为 6 个学术期刊的编委。他长期从事有限元方法及数值模拟方面的科研及教学工作，出版教材 4 本，获得国家级、北京市教学成果奖 3 项，编写的教材分别被评为十二五国家级规划教材、教育部"研究生教学用书"、北京市高等教育精品教材，多次获得清华大学"良师益友"称号，2014 年被评为北京市师德先进个人。2014 年起开设"有限元分析及应用"慕课课程，面向社会进行开放式教学，目前已有累计超过万人的学员，较早开展混合式教学改革的探索，取得很好的教学效果。

先进事迹摘录

曾攀老师长期潜心有限元分析的教学工作，他认为教学工作有 3 个层次：第一个层次是勤于教学，即必须有足够的时间投入；第二个层次是精于教学，即必须用心投入；第三个层次就是乐于教学，即享受型投入。在近 20 年的教学生涯中，他编写了 4 本教材，其中 2 本被评为国家级规划教材、1 本被教育部评为研究生教学用书、1 本为北京市高等教育精品教材。还获得国家级、北京市教学成果奖 3 项，并且最早开设有限元慕课课程，目前已有上万名学员。

他作为长江学者，承担了繁重的科研任务，而他特别注重将最新的科研成果用于教学中。如将其参与完成的我国长征运载火箭推进系统中管路结构的静/热/振动的分析与优化、新一代北京正负电子对撞机核心结构的高精度数值模拟与优化、世界最大的单缸 4 万吨模锻液压机的全结构分析等工作转化为有限元分析中案例教学的素材，加深了学生对有限元应用领域的了解。

他还善于用一些生动的比喻讲解深奥的理论及原理，使学生领会贯通。2017 年 5 月，我国主办"一带一路"高峰论坛，正值讲授有限元分析原理中关于位移函数的两个收敛准则，曾老师用"中国的强大"比喻第一个完备性收敛准则，用"和睦相处"比喻第二个协调性收敛准则，使得所有学生顿时茅塞顿开。

曾攀老师在课堂讲授中特别强调内容的完整性与逻辑性，要求学生不但要了解知识的表达方式，更要理解各个知识点之间的内在关联性。例如，他问学生：英文 the off-road vehicle 是何意思？许多同学都回答是"越野车"，他却说：这还不够，更要知道的是"非正常道路行驶的车辆"；再如，目前二维码用得非常多，如何进行英文的翻译？不是 2-D code 或 2-D scan code，准确的翻译是 quick response code 或 QR code。用这些常见的例子来启发学生的逻辑思维。

许多学生这样评价曾老师的教学效果：主讲有限元分析、弹塑性力学，课堂上以其渊博的学识和清晰、缜密的思路，深入浅出，将数理推导烦琐、枯燥的课程讲得环环相扣，引人入胜，使大家在系统掌握相关理论的同时，对理论和问题的本质有更深层次的认识。

❋北京市高等学校教学名师奖获得者

高云峰

学校名称：清华大学

主讲课程："理论力学"

个人简历

　　高云峰，博士，清华大学航天航空学院副教授，研究领域为卫星轨道与姿态控制。他作为项目负责人主持过 2 项国家自然科学基金、3 项国防预研、1 项 863 项目，出版教材及学术专著 12 部，发表论文 50 余篇，获发明专利授权 2 项。曾获军队科技进步一等奖、国防工业出版社优秀图书奖、北京市教育创新标兵、北京市高等教育教学成果一等奖及二等奖、清华大学青年教师教学优秀奖。

　　高老师在 2012 年成立了"群体创新空间"，提出了创客培养的理论、教材和案例，该模式已被全国 30 所学校采用，相关工作获中国机械工业科学进步三等奖、中国好设计银奖。2013 年参与首次太空授课的方案论证、道具原型制作、讲稿撰写等工作。他还为电视台策划了上百个力学科普节目，观看量达数亿人次。

先进事迹摘录

大学教育应该注重培养更多具备开拓精神和创新能力的领军人才。高云峰老师在多年的理论力学教学中，除了传授知识，更注意引导学生进行探究，提倡理论联系实际，用所学知识去解决面临的问题。

第一，融会贯通，启发思维。

在给学生上第一节课时，高老师除了给学生介绍本课程的内容、特点、要求之外，还从纵向和横向两个方面，简要介绍了力学是如何发展起来的。特别介绍牛顿是如何根据开普勒定律导出万有引力定律，使得一些从观察中得到的零散知识，上升为具有普遍意义的系统理论。

在引入概念时，高老师通常会用简单的例子或者他自己设计制作的教具加以说明，最后再介绍相应的公式，使得学生不会在一开始就陷于复杂的公式推导中。在传授知识的同时，高老师更注重处理问题的方法和整体的概念。

第二，开阔视野，激发兴趣。

高老师几乎每次正式上课前都会作一个短小的讲座，并努力在讲座中贯穿力学的基本知识、趣味性、人文精神以及科学处理问题的方法。

例如，在讲解完平衡和稳定性后，高老师会作一次关于"欹器"的讲座。通过讲座，介绍了欹器的特点是"中而正，满而覆，虚而欹"，孔子的"中庸之道"就与此有关。虽然欹器已失传千年，但可以利用有关的力学知识进行分析，进而可以设计制作出来。

虽然每个讲座都很短，但都和课堂上讲授的知识密切相关，开阔了学生的视野，深受学生欢迎。

第三，挑战极限，培养能力。

高老师一直提倡理论联系实际，为此成立了"理论力学开放试验室"，后来发展为创客实验室。以学生为主体，进行各种与力学相关的探究挑战活动。

例如，高老师曾经带领学生完成过极具挑战的任务："纸桥过车"。该活动要求学生用几吨废报纸和几桶乳胶，做出一个6米长、2米高的纸桥，并能让真的汽车安全通过。学生们在国庆节期间，克服了远远超出事先预料的困难，终于做出了纸桥，并取得了比赛的胜利。通过这个活动，让学生综合能力和潜力都得到了极大的锻炼和提高。

十年树木，百年树人，做好教书育人的工作一直是高老师的目标。

✳北京市高等学校教学名师奖获得者

李　睦

学校名称：清华大学

主讲课程："美术基础教学"

个人简历

　　李睦，男，1958年10月出生，清华大学美术学院教授，博士生导师。1982—1986年在南开大学任教；1986—1999年在原中央工艺美术学院任教，副教授；1999年至今在清华大学美术学院任教，教授。长期从事美术基础教学实践与研究，在艺术基础教学领域素来以见解独特著称，主张美术基础教学要面向现代化、要以人为本、要摒弃职业化教育倾向。倡导以现代艺术理论为基础，在理论和实践上深入探索当今的中国美术基础教育的过去、现在和未来。

　　代表著作：《看见的不重要》《知道的和想到的》《我们所不知晓的绘画》《面对彩色》《另一种观看》《清华大学美术学院绘画系教师个案研究·李睦》《素描的意义》等。

先进事迹摘录

　　李睦老师是清华大学美术学院绘画系教授、艺术家、博士生导师、油画教研室主任，清华大学美术学院学术委员会委员，清华大学吴冠中艺术研究中心副主任，清华大学精品课、教育部优秀网络公开课主讲人。

　　李睦老师坚持通识教育教学已有十年以上，他的教学领域并非仅限于美术学院。在学校和学院领导的肯定和支持下，从全校性选修课"东西方现代艺术"到新雅书院的"艺术的启示"，先后为全校理工和人文类学科的学生开设丰富多彩、生动活泼的绘画艺术课程，受到大多数学生的欢迎和一致好评。在美术专业及艺术公共课教学过程中，李睦老师始终致力于学生独立思考能力的培养，通过自己富有特色的艺术教育方式传播艺术教育的理念，弘扬审美教育的作用和意义。他的教学包括讲授分析、讨论理解、绘画实践、展览出版等。为的是引导学生的审美，启发学生的心智，开拓学生的思维。此外李睦老师还通过清华大学的网络公开课，以及大规模线上课程，更广泛地传播美育教育，弘扬美育教育思想。他讲授的"东西方现代艺术"网络公开课，被评为2014年教育部优秀网络公开课。他开设的清华大学线上课程"艺术的启示"，为更加广泛地推动艺术美育教育做出了重要的且意义深远的贡献。

❀北京市高等学校教学名师奖获得者

刘伊生

学校名称：北京交通大学
主讲课程："建设项目管理""工程管理"

个人简历

　　刘伊生，1962年10月出生，二级教授，工学博士，高教工龄29年。学校管理科学与工程一级学科责任教授、工程管理专业负责人。始终坚持教学一线，主讲专业核心课"建设项目管理"及新生研讨课"漫画项目管理"，每年为本科生讲授64学时，博士、硕士研究生讲授至少80学时。编著、主编教材分别有3本入选教育部"十一五"规划教材，2本"十二五"规划教材，2本获评北京市高等教育精品教材。

　　学校教学名师、优秀主讲教师，被学生评为"我最敬爱的老师"。入选教育部新世纪优秀人才支持计划，获宝钢教育基金优秀教师奖。

　　国务院学科评议组成员，全国高等学校工程管理专业指导委员会副主任委员。多个行业协会常务理事、专家委员会主任或副主任，北京工程管理科学学会副理事长。

先进事迹摘录

　　刘伊生从教 29 年来，始终坚守教学一线，他政治立场坚定，爱岗敬业，严谨笃学，教书育人，事业心和责任感强，学术声望高，在国内同领域有较高知名度。入选教育部新世纪优秀人才支持计划，获宝钢教育基金优秀教师奖。现任国务院学科评议组成员、全国高等学校工程管理专业指导委员会副主任委员。

　　第一，注重科教融合，引入最新成果，多部教材获奖。刘伊生注重将国内外项目管理前沿内容和最新研究成果引入教材、引入课堂。主编高水平、有特色教材，并进行不断修订，获得同行高度认可。编著、主编的本科教材，3 本入选"十一五"普通高等教育本科国家级规划教材、2 本入选"十二五"普通高等教育本科国家级规划教材、2 本获评北京市高等教育精品教材、2 本已入选住房城乡建设部高等教育土建类学科专业"十三五"规划教材。

　　第二，探索教学改革，注重教书育人，教学效果好。刘伊生紧跟国际教育理念发展潮流，不断探索教学改革。主持校级重点教改课题 3 项、院级教改课题 4 项。主持的教学成果有 4 项获校级一等奖，另有 4 项获校级二等奖。主讲课程为校级精品课程并获批校优质课程建设立项，课程网站为校优秀课程网站。校教学名师、优秀主讲教师，被学生评为"我最敬爱的老师"。获校红果园奖、三育人奖、优秀教师等称号，两次获北京市"首都大学生暑期社会实践先进工作者"称号。

　　第三，主持科研课题多，论著成果丰富，获省部级奖励。刘伊生主持科研课题已超过 100 项，包括：国家自然科学基金 2 项、国家软科学计划 2 项、国家科技支撑计划课题 2 项、国际合作项目 6 项。发表论文 120 余篇，科学引文索引（SCI）、美国工程索引（EI）论文 20 余篇。专著 5 部、主编著作 10 余部。获北京市哲学社会科学优秀成果二等奖 1 项（排名第一）。

　　第四，有国际视野，业界知名度高，重视教学梯队建设。刘伊生积极参与行业政策、标准制定和相关制度建设，获得良好社会声望。获多个行业协会特殊贡献奖，并主编、参编多项国家标准、团体标准及合同示范文本。可主讲双语课程，培养多名青年骨干教师。

❀北京市高等学校教学名师奖获得者

郭宇春

学校名称：北京交通大学

主讲课程："通信原理""通信工程"

个人简历

　　郭宇春，女，1968年7月出生，北京交通大学博士生导师，从教23年，主讲多门通信工程专业核心课程、研究专题课、新生研讨课、专业导论课及研究生课程。主编教材《通信系统原理》获评北京市高等教育精品教材、高等教育"十二五"国家级规划教材。获北京市教学成果二等奖，北京市精品课程奖。负责通信工程专业本科教学工作，在人才培养及工程教育专业认证等专业建设工作中做出突出贡献。获尼德兰政府 Nuffic 奖学金支持在 TUDelft 访问研究一年，主持及参加多项国家级、省部级科研项目及与腾讯等企业合作研发项目，发表百余篇学术论文。

先进事迹摘录

郭宇春教授长期从事通信专业教学科研工作，师德高尚，关爱学生，严谨笃学，乐于奉献。

郭宇春承担了大量本科生和研究生教学及课程建设工作，担任通信原理（北京市精品课）、通信网理论基础两门专业核心课，以及研究性专题课、新生研讨课和专业导论等本科课程建设与主讲工作，以及硕士、博士研究生教学与人才培养工作。主编教材1部，获评高等教育十二五国家级规划教材和北京市高等教育精品教材。积极开展双语、全英文课，优质课程和慕课课程建设。带领课程组开展教研活动，将先进教育教学思想运用在教学中，从教育规律出发优化教学内容，强化理论基础，引入科研成果，丰富教学手段。

郭宇春课堂教学热情投入，注重以传授知识为载体，培养学生建立自主学习意识，掌握科学思维方法，提高解决问题能力，领悟博学、审问、慎思、明辨、笃行的"知行合一"治学之道。注重因材施教，设置差异化教学环节，充分调动每个学生的积极性，发挥学生个性优势，激励学生求知欲和主动探索精神。教学效果出色，学生评价优秀。

郭宇春负责通信专业本科教学工作，在制订培养方案与特色培养模式、与英国兰卡斯特大学合作专业、设立肯尼亚留学生培养项目等专业建设工作中贡献突出。积极投入人才培养模式研究与改革实践，主持完成一项校级重点教改项目、参加国家级电子信息实验教学中心建设、高等学校"专业综合改革试点"等多项教育部教改项目，获多项北京市级和校级教学成果奖。

2016年1月，通信工程专业接受国家工程教育认证专家入校考核和《华盛顿协议》专家组观摩考察，通过了工程专业认证，为我国成为《华盛顿协议》正式成员做出积极贡献。郭宇春作为专业负责人和自评报告主要撰写人，在校院各级领导下，与团队一起认真负责地完成自评工作，撰写自评报告，并进行英文翻译，积极配合认证专家组工作，表现出高度的责任心和专业性，受到专家一致肯定及教育部高等教育教学评估中心的表彰。她还获邀担任教育部工科教育认证中心培训专家。

✾北京市高等学校教学名师奖获得者

孙　莹

学校名称：北京科技大学

主讲课程："国际经济合作""国际商务英语""国际经济与贸易"

个人简历

　　孙莹，教授，管理学博士，1993 年进入北京科技大学工作，曾赴 McMaster 大学教学科研合作一年，英语技能出色。

　　24 年来，孙莹教授一直辛勤耕耘在教学一线，承担本科生的国际商务英语、国际经济合作课程的教学任务。国际商务英语为全英文示范课、校级精品课程；国际经济合作为校级研究型教学示范课。她也承担硕士生、工商管理硕士、高级管理人员工商管理硕士及国际硕士班的教学任务。24 年来，孙莹教授兢兢业业，授课风格深受学生喜爱，教学效果出色。

　　孙莹教授完成多项国家、省部级科研项目，编写多部教材和专著，发表多篇学术论文。

　　孙莹教授为中关村核心区知识产权服务协作组织专家委员会委员、海淀区知识产权局项目评审专家、北京联合大学中青年教师业务指导教师。

先进事迹摘录

　　德高为师，身正为范，孙莹教授对教育事业有高度责任感。"教也者，长善而救其失者也。"孙莹教授不仅是传道者，更是授业解惑者。

　　任教24年来，她一直探索研究型教学的模式和方法，让学生成为学习的主角，真正做到博喻相辅，研学相长。她的授课方式深受学生喜爱，也得到学校督导组老师的高度肯定。

　　执教以来，孙莹教授承担了多项北京市和校级教改项目，发表多篇教育教学研究论文，在专业建设、课程建设、教育教学方法改革等方面取得了优异成果，作为负责人获得北京科技大学教育教学成果奖多项。在教学奖励方面，获得北京科技大学第一届教学名师奖、首届全国高校微课教学比赛北京赛区优秀奖、北京科技大学教学标兵奖、首批北京科技大学青年教师骨干人才、研究型教学示范课、研究生教学优秀奖、北京科技大学第六届"研究生教学奖"——研究生论文指导优秀奖、北京科技大学师德先锋等诸多教学奖。因为深受学生喜爱，获得北京科技大学第二届"研师亦友——我最喜爱的导师"、2014年度"EMBA最受欢迎的老师"、2012年度MBA最感动教师奖，并获得北京科技大学毕业生第二届和第十四届"我爱我师——我心目中最优秀的老师"等称号。

　　为了更好地提高教学效果，孙莹教授主编了多部教材，其中《国际经济合作》由机械工业出版社出版，为校级研究性示范课的配套教材。其参与编写的《国际贸易理论与实务》被评为北京市高等教育精品教材。

　　孙莹教授在科研促进教学方面也取得了很好的效果。主持和参与完成了多项国家、省部级和企业的科研项目。发表论文50余篇，其中20余篇被社会科学引文索引（SSCI）、中文社会科学引文索引（Chinese Social Science Citution Index，CSSCI）、美国工程索引（EI）和核心期刊收录。出版专著2部，获得北京市科协金桥工程项目三等奖。她所带的研究生和本科生都可以加入到课题组参与完成相关的项目，而科研项目的研究方法和成果又可以使课堂内容更加充实和丰满。

　　作为从教24年的老教师，孙莹教授积极参与专业培养计划的修订，自觉指导和帮助中青年教师不断提高教学水平，建立了有力的教学梯队，为学科的发展做出很大贡献。

❋北京市高等学校教学名师奖获得者

张朝晖

学校名称： 北京科技大学

主讲课程： "智能仪器""电磁波谱信息检测技术"等

个人简历

　　张朝晖，1965 年 2 月出生，北京科技大学自动化学院教授、博士生导师、常务副院长、北京市工业波谱成像工程技术研究中心主任，北京自动化学会副理事长，曾荣获本科教学优秀奖、教学成果奖、本科生科技创新优秀指导教师、冶金高校学科建设先进工作者等奖项或称号。多年来他为本科生、研究生开设"智能仪器""电磁波谱信息检测技术""自动检测技术""参数检测与仪表""误差理论与数据处理""统计信号处理"等课程。主持北京市教改项目"基于信息处理技术的课堂教学质量评估系统"及"测控技术与仪器"专业建设项目等，主编国家级规划教材《检测技术及应用》，指导国家级本科生科技创新项目并获一等奖，连续策划两届全校"传感器创新大赛"。主持、承担国家自然科学基金项目 2 项，863 计划重点项目 2 项，主持横向项目 10 余项，出版专著 4 部，获专利 5 项，并获教育部及中国石化总公司科技进步奖励 3 项。已发表学术论文 80 余篇，其中由科学引文索引（SCI）、美国工程索引（EI）检索的论文 30 余篇。

先进事迹摘录

张朝晖始终坚持在教学工作第一线。从教29年来，为本科生和研究生开设过"智能仪器""电磁波谱信息检测技术""自动检测技术""参数检测与仪表""误差理论与数据处理""统计信号处理"等十多门课程，深受学生普遍欢迎。被学生评为北京科技大学"我爱我师——我心目中最优秀的老师"，并荣获校级教学名师奖。

在教学过程中，张朝晖注重引入国际工程师认证的先进教学理念。他已连续策划组织了两届"传感器创新大赛"，不但普及了信息基础知识，启迪了学生的创意，而且锻炼了学生们的动手能力、自主学习能力及团队合作能力，为创新型人才培养做出了贡献。

张朝晖积极参加教学研究工作。所主编的教材《检测技术及应用》入选国家级十一五规划教材，被评为北京市高等教育精品教材。同时，承担北京市教改项目，将自己的专业知识用于教学质量保障研究，利用信息检测技术对课堂音、视频进行自动分析，得出客观的评价指标，以便反馈改进教学过程。

张朝晖积极培养年轻教师。作为测控技术与仪器的专业负责人，以"传帮带"方式锻炼青年教师的综合素质及教学能力，作为第二导师与他们合作指导大学生的毕业设计，与他们共同撰写教学大纲，共同讨论教学内容，助力青年教师的教学、科研双翼提升。

张朝晖坚持做好科研工作，反哺教学。他一贯提倡学生在实践中成长，由学生自己提出问题、自学知识、解决问题。他曾经主持过多个长输管道的安全监控项目，带领学生克服一个个环境困难，现场解决一个个棘手技术问题，锻炼了学生的意志品质和工程技术素质。同时，将大量的工程经验补充到课堂中，使得教学内容既丰富又生动，深受学生好评。近年来他从事电磁波谱信息检测的基础理论研究，引导学生自己动手设计实验装备和实验内容，发表了大量高水平论文，并于2014年、2015年、2016年连续三年被国际著名学术出版机构Elsevier评为通用工程领域"中国高被引学者"。

张朝晖教授对待学生呕心沥血、循循善诱、孜孜不倦；对待工作率先垂范、勇挑重担、严谨认真。他为人低调、淡泊名利、和蔼可亲、虚怀若谷的人格魅力和大胆创新的学术精神深深感染并激励着一届又一届学生。

❁北京市高等学校教学名师奖获得者

李齐方

学校名称：北京化工大学

主讲课程："高分子物理""高分子科学实验"

　　李齐方，北京化工大学教授。1968 年 7 月出生，1996 年毕业于北京化工大学高分子材料专业，获工学博士学位，2005 年入选教育部新世纪人才计划。目前为北京化工大学材料科学与工程学院教授，任北京化工大学研究生工作部常务副部长。自 2000 年起，主讲国家级精品课程"高分子物理"以及"高分子科学实验"课程，编写并出版了国家和北京市精品立项教材《高分子科学实验》和《高分子物理习题集》，主持北京市教改项目两项，承担国家教育体制改革试点项目 1 项，获得北京市教学成果一等奖、二等奖 3 项。兼任教育部高分子材料专业教学指导委员会委员，*Fibers and Polymers* 期刊国际编委，山东省特种含硅新材料重点实验室学术委员会副主任，中国电子化工新材料产业联盟专家委员会副主任等职。

先进事迹摘录

作为国家级精品课"高分子物理"的主讲教师，李齐方十分注重诚信教育，对学生严而有度，与学生真诚相处，注重将最新的科研成果融入教学中去，使学生掌握相关前沿知识。06级一名同学对经典平均场理论提出挑战，虽显稚嫩，但为了培养学生的独立思考能力和科研兴趣，课下反复与学生讨论并指导其写了长篇论文，使其确立了从事高分子科学研究的志向。作为"高分子科学实验"的课程负责人，系统规划和改革了实验课程体系。将基础验证性、综合性、设计性和研究性实验系统地安排在实验课程体系中，突出其基础宽厚、层次分明、循序渐进的特点。编写和出版了国家精品立项教材——《高分子科学实验》以及《高分子物理习题集》，已在全国 20 多所高校使用。

2007—2012 年曾担任材料学院本科教学副院长，勇于放弃一些科研时间，全身心地投入工作，开展课程培养计划、课程体系、学生学习、班主任、巡视员制度、创新实验班、国际化联合培养等研讨调研，开拓了与英国拉夫堡大学、美国凯斯西储大学、阿克隆大学等"3＋2"联合培养模式，掀起了人才培养观念创新、方法创新的改革热潮，将 4 门核心课程建设为国家级精品课，培养了两支国家级教学团队，倾力实现国家级教学名师突破，高分子材料与工程专业建设成为国家级特色专业，高分子科学与工程实验室建设成为教育部教学实验示范中心。本人被评为北京化工大学十佳优秀教育工作者。

在高质量完成教学任务的同时，面向国家重大需求和科学前沿，李老师承担和完成了国家自然科学基金、"863""973"等一批国家、北京市及企业的研究课题，并在有机—无机杂化高分子、先进电子封装、耐高温特种材料等领域取得了突出成绩。他切实关心每一名研究生的成长，师生关系非常融洽。以科研项目为依托，培养拔尖创新人才，培养了包括美国北卡罗来纳大学助理教授、中组部青年千人计划获得者、西安交通大学教授等在内的一大批优秀人才，目前指导博士生、硕士生 20 余名。在国内外以第一作者和通讯联系人发表文章 120 余篇，授权国家发明专利 10 余项。

✿北京市高等学校教学名师奖获得者

于 丽

学校名称：北京邮电大学
主讲课程："大学物理"

个人简历

　　于丽，女，1963年生，北京邮电大学教授，博士生导师，理学院物理系主任。在教学领域辛勤耕耘超过30年，主讲本科生课程和研究生课程共8门，编写教材两部，荣获过8项市级和校级教学成果奖，获得北京邮电大学首届(1992年)教学观摩比赛第一名、校级师德先进个人、北京移动奖教金、优秀党员和优秀班主任等奖项和称号。现担任北京市物理学会常务理事、北京市光学学会理事和北京市光学学会光通信委员会副主任。在科研领域，从事纳米光学研究，主持和参与的省部级及以上科研项目超过十项，目前在研项目包括主持国家重点研发计划的子课题一项和主持国家自然科学基金两项，获得过两项省部级科技进步三等奖，以通信作者发表科学引文索引(SCI)检索文章超过60篇。

先进事迹摘录

　　于丽在教师岗位辛勤耕耘超过 30 载，主讲的课程包括本科生的《大学物理》《基础物理1》《光学》《光波导原理》《量子力学》《光通信的物理基础》和研究生的《光子学基础》《纳米光学》等。

　　于丽在教学方面尽心尽力、兢兢业业。尽管从教多年，经验丰富，她每次上课前依然要反反复复地推敲上课内容，仔细揣摩和分析教案。课堂上，她深入浅出、生动有趣的讲授方式深深吸引学生。在课后，她经常与学生交流，多方面帮助学生成长。于丽不但努力自己讲好课，而且为了提高物理系整体教学水平，特别是让青年教师的教学水平尽快提高，默默地做了许多工作。她经常指导刚入职的青年教师如何备课、如何准备 PPT、如何讲解课堂内容；定期和不定期地举办多种形式的教学研讨会；广邀国家级教学名师和知名教授与物理系教师面对面交流；带领教师到国内著名大学包括清华大学、吉林大学等高校参观和学习。在她的带领下，物理系教学水平不断提高。近三年内，共三名教师荣获北京市级青年教师教学观摩比赛二、三等奖。

　　于丽在本科生培养方面经验丰富，一直担任"黄昆班"建设的负责人和一、二年级的学业指导教师。她为"黄昆班"拔尖人才培养付出很多精力，比如，带领"黄昆班"的学生参加中科院半导体所的"秋季营"和参观中科院半导体所的实验室，邀请院士和杰出青年来北京邮电大学给"黄昆班"学生做学术报告等。作为学业指导教师，她为了让一年级刚入学的学生尽快适应大学生活，联系许多学者和专家给学生做学术报告，帮助他们拓展视野、了解所学专业和热爱所学专业；她还特意让自己在清华大学读书的儿子及其同学来北邮与学生面对面交流，把学习中的体会和经验分享给北邮学生。于丽每学期都会和有过不及格记录的学生一一面谈，帮助他们走出困境。

　　于丽在搞好教学的同时还承担许多国家级科研项目，目前担任国家重点研发计划子课题的负责人。她努力实现科研与教学的紧密融合，在本科生的人才培养方面取得很大成绩。

✹北京市高等学校教学名师奖获得者

林家儒

学校名称：北京邮电大学

主讲课程："通信原理""信息与通信工程"

个人简历

　　林家儒，北京邮电大学信息与通信工程学院教授，先后主讲"数字移动通信""电子电路基础""通信原理"等课程；主编出版了《电子电路基础》《信息技术》等教材；作为负责人完成了信息工程国家及北京市特色专业建设项目、教育部"本科教学工程"等教改项目。他是北京市优秀教学团队带头人、国务院颁发的政府特殊津贴（教育）获得者。

　　现任中国工程教育专业认证协会电子信息与电气工程类委员会委员。

先进事迹摘录

林家儒作为中国工程教育专业认证协会电子信息与电气工程类委员会委员、北京邮电大学信息工程专业的负责人、北京市优秀教学团队带头人、信息与通信工程学院本科专家组组长，一贯倡导和积极推动学院本科教育教学改革。

近几年来，按工程教育专业认证标准和大类招生要求，林家儒指导学院全面修改和制定了本科培养方案、课程设置、教学大纲等；指导学院按工程教育专业认证标准，对本科教育理念、教学方案、教学内容、教学方法等进行了改革。北京邮电大学通信工程和电子信息工程两个专业，是我国最早通过工程教育专业认证的专业。

他主持完成了北京邮电大学信息工程专业国家和北京市特色专业建设、教育部CDIO工程教育模式试点、教育部"本科教学工程"等多项教改项目，2010—2015年每年组织召开专业建设研讨会，组织进行信息工程专业的教育教学改革。按照工程教育认证标准制定信息工程专业培养方案，按CDIO教育模式进行实践课程改革试点，教学质量和教学效果都得到了很大提高。

他在主持国家和省部级教改项目过程中，通过每年组织召开的专业建设研讨会，为青年教师搭建一个交流提高的培养平台。会上的教育教学理念、教学内容和方法研讨，老教师经验传授、青年教师体会交流，为青年教师教学水平的提高提供了很大帮助。同时鼓励和扶持青年教师积极申请或参与教改项目，给予他们必要的经费支持，对于成果较为突出者进行表彰和奖励。

林家儒作为项目负责人，主持完成了国家"973"项目"认知无线网络行为分析与网络效能研究"，国家自然基金项目"具有认知边信息的编译码研究"，教育部博士点基金项目"无线网络系统认知与优化理论"，国防预研等项目多项。

他出版了《信息技术》等4部教材。在IEEE等国内外重要科学杂志或学术会议上发表了科学引文索引(SCI)、美国工程索引(EI)检索论文100多篇，申请国家专利20余项，授权10余项。

林家儒荣获国家政府特殊津贴(教育)以及北京市优秀教学团队带头人和北京市优秀青年骨干教师称号。

🏵北京市高等学校教学名师奖获得者

蒋秀根

学校名称：中国农业大学

主讲课程："钢筋混凝土结构"

蒋秀根，男，教授，江苏大丰人，1966年12月出生。

1982年9月至1987年6月，就读于清华大学土木工程系建筑结构工程、工程力学系固体力学专业（本科）。

1987年9月至1989年12月，就读于清华大学土木工程系结构工程专业（硕士）。

1989年12月至今，任教于北京农业工程大学（现中国农业大学），1990年12月晋升讲师，1996年7月晋升副教授，2005年12月晋升教授；2006年至2014年任水利与土木工程学院副院长。现任校学术委员会本科教学专门委员会委员、学院学术委员会人才培养分委会主任、农业部设施结构重点实验室学术委员会委员。

蒋秀根曾获北京市优秀青年教师、宝钢教育基金优秀教师、中国农业大学十佳魅力教师、教学名师等称号。

先进事迹摘录

蒋秀根从教 28 年来，以"以科研促进学术素养提升、以教改带动教学水平提高、以育人进行学生素质培养"为指导思想，将科学研究、人才培养结合起来，取得了一系列教学成果。

秉承教书育人，着重能力培养。坚持教书先育人的理念，将专业理论教学、专业思想教育和为人做事有机结合。提出了教与学过程中结构性能、分析、设计、建造的辩证分析法和系统论方法，强化了总目标、条件约束、多方案、较优途径的总体思路，强调了对比、联想的学习方法，让学生建立了提出问题、分析问题、解决问题的自觉意识，提高了学生的学习能力和工程实践能力。曾获北京市优秀青年教师、中国农业大学首届十大魅力教师、中国农业大学教学名师、宝钢教育基金优秀教师等称号。

蒋秀根持续教改研究，加强团队建设。坚持不断更新人才培养理念，改进教学方法，加强团队建设。在教学中引进最新学科成果和工程经验，在学院创立了系列学科竞赛，指导了30 余名本科生开展科研项目训练，主持或参加各类教改研究课题 5 项。发表教学论文 8 篇，曾获北京市教学成果二等奖 2 项、中国水利教育协会高等学校水利类专业教学成果一等奖、中国农业大学教学成果特等奖。作为专业老教师，他指导了两名青年教师，从课程准备、课堂教学、实践教学等环节对这两名教师开设的三门课程给予具体指导，其中一人已晋升副教授。

蒋秀根坚持科学研究，创新成果显著。他坚持科技创新是高校教师的主要使命，把科研作为自己的主要工作之一，成果显著，例如提出了钢—混凝土组合梁整体—局部弯曲计算模型，给出了组合梁受力变形的短期和长期效应分析模型；建立了广义坐标变换法，构建了系列高精度解析型杆件单元；研究了设施结构抗灾性能，提出了设施结构安全设计方法；考虑了混凝土水化生热、传热散热、物理力学性能的时间效应，提供了早期混凝土结构的抗裂设计计算方案。他共主持国家科技支撑项目子课题两项，发表各类论文 40 余篇，其中科学引文索引（SCI）、美国工程索引（EI）检索论文 20 余篇。

※北京市高等学校教学名师奖获得者

李保云

学校名称：中国农业大学
主讲课程："作物育种原理"

个人简历

　　李保云，教授，博士生导师。国家级精品资源共享课"作物育种学"负责人，中国农业大学教学名师。自 2000 年以来，一直主讲本科生必修课"植物育种原理""农学专业实验"、研究生学位课"高级作物育种学""作物育种理论与案例分析"等课程。承担省部级以上教改项目 10 项。以第一作者身份发表教学改革论文 7 篇，获国家级教学成果二等奖 1 项，北京市教学成果一等奖 1 项，北京市教学成果二等奖 1 项。

　　李保云主要从事小麦品质遗传研究。主持省部级以上科研项目 7 项。以第一作者或通讯作者发表研究论文 35 篇，获国家科技进步二等奖 1 项；获教育部科技进步一等奖 1 项、二等奖 1 项。主编专业著作 1 部。

先进事迹摘录

李保云自 2000 年以来，一直坚守在教学和科研工作第一线。

在教学过程中，她注重教书育人，不仅给学生传授知识，解答疑问，还特别注重对学生人文精神、科学精神的培养，注重对学生人生规划的指导，注重对学生责任意识的培养，是学生交心的大朋友。连续多年被学生评为院魅力教师，2012 年获北京市师德先进个人称号，2016 年成为中国农业大学教学名师。

李保云在教学中以学生为主体，注重学生基本实验能力、科研能力、科学精神和创新能力的培养。自从事高等教育工作以来，共指导研究生 30 人，其中 2 人获国家奖学金，1 人获"先正达"奖学金，1 人获"登海奖学金"，9 人次获中国农业大学"科研成就奖"。承担 31 名本科生的科研训练和毕业论文指导工作。其中 3 位同学毕业论文获学校百篇优秀论文。本科生以第一作者在国内核心期刊发表科研论文 5 篇。

李保云在教学科研方面取得了突出成绩。注重教学内容和教学方法改革。经验总结写成的论文《领新标异二月花——〈作物育种学〉教材编写的创新与探索》收入《北京市高校教材建设研究文集》；《改革教学方法，培养创新人才——国家精品课程〈作物育种学〉教学方法改革经验浅谈》在《中国科教创新导刊》（2009）发表。

她十分注重教学手段的改革，创建了基于网络的多媒体教学平台，积极参加国家和北京市精品课程"作物育种学"的建设。2013 年，她以主持人身份申请的"作物育种学"获国家精品资源共享课称号，并实现全部内容的网络教学。她建立了小麦、葡萄和番茄生长与田间管理数字模拟系统，方便学生学习，提高了学习效率。其中，作物育种学多媒体课件获第十四届全国多媒体课件大赛二等奖。

热心指导青年教师说课、备课和讲课，对青年教师教学水平的提高起了一定的作用。论文《国家精品课程〈作物育种学〉教学梯队建设经验浅谈》发表在《教育教学改革实践与探索》（2009）（第一作者）；《高等农业院校教学团队建设初探》发表在《中国大学教学》（2011）（第二作者）。

❀北京市高等学校教学名师奖获得者

刘志成

学校名称：北京林业大学

主讲课程："风景园林设计""风景园林规划与设计"

个人简历

　　刘志成，男，1964 年 9 月出生，博士，教授（博士生导师）。现任北京林业大学园林学院工会主席、园林设计教研室主任，北京林业大学教学督导。

　　1983—1987 年，就读于北京林业大学，1987 至今在北京林业大学任教。美国明尼苏达大学访问学者。获得 2012 年北京林业大学师德标兵称号，2015 年北京林业大学教学名师称号。2015 被授予全国风景园林专业学位研究生教学先进工作者荣誉称号。

　　任职以来他主讲过 7 门本科专业课程，现主要从事风景园林设计的教学工作。主持完成一门本科核心专业课程教学体系改革，所指导的学生获优秀毕业论文 5 篇、先后有 50 余名学生在国内外设计竞赛获奖。刘志成主编出版教材两本，发表教改论文两篇，科研论文 40 余篇，近 3 年主持完成横向课题约 10 项，纵向课题 6 项。

先进事迹摘录

刘志成老师热爱党的教育事业，具备"四有"教师品质，以"成为塑造学生品格、品行、品位的'大先生'"为理念，教学内容系统、生动，教学效果显著。

课程教学

刘志成主持完成本科核心专业课程"风景园林设计"教学体系改革，形成了教授领衔、集体授课、把握重点、同步推进，交互评图、择优展示的本科风景园林设计课程教学体系，是风景园林核心课程的一次重要变革，成效显著，广受好评，主笔撰写、发表了教改论文《全新的模式 全新的系统》。由他提议、协调和组织了首次与企业合作的"仁合杯"本科课程设计竞赛，践行了"产学研"一体化方针指导下的设计教学实践。

作为课程教学团队负责人，他承担了核心课程"风景园林设计 STUDIO2"的教学工作。此课程是一次广受好评的开创性教学实践，在教学内容与过程做了重大改革，形成了突出特征，并在2016年1月发表于《风景园林》杂志的教改论文中进行了总结。该教学成果作为专题，独立参加了由文化部和北京市人民政府主办的"北京设计周"展览。

他主持完成教改课题"基于多元化视角的风景园林地形设计教学改革研究"，主持校级教学名师专项教学改革研究项目"空间构成与设计教学优化研究"。参加省部级教学研究项目6项。

出版主编教材《风景园林快速设计与表现》和《园林规划设计》，填补了设计教材的编写空白，广受欢迎。

刘志成鼓励学生锐意进取，广泛参与创新实践。学生们在读期间，先后20余人在国际设计竞赛中获奖，国内竞赛所获奖共计30余次。近5年指导的学生获优秀毕业论文5篇。

实践教学与科研

刘志成能够很好地将科研与教学结合，近3年完成横向课题约10项，纵向课题6项，先后共有50余名学生参加，科研项目总合同金额650余万元。其研究成果获得知识产权成果两项。

❋北京市高等学校教学名师奖获得者

毕华兴

学校名称：北京林业大学

主讲课程："水土保持学""水土保持与荒漠化防治"

个人简历

　　毕华兴，男，1969年4月出生，中共党员，博士，现任北京林业大学教授、博士生导师，中国水土保持学会水土保持生态修复专业委员会理事，中国林学会森林水文与流域治理专业委员会秘书长，《中国水土保持科学》编委。

　　多年来毕华兴一直坚持在教学和科研的第一线。他主讲的"水土保持学"等3门专业课程，深受学生和同行好评，他先后被评为北京市师德先锋、北京市优秀社会实践指导教师、北京市优秀辅导员、北京林业大学教学名师。主持完成国家和部委科研项目20多项，发表学术论文142篇，出版教材或专著18部，获得发明专利8项。他所提出的防护林体系高效空间配置及稳定林分结构设计技术、黄土高原农林复合优化模式等成果在水土保持理论和实践方面均具有重要的学术价值。

先进事迹摘录

　　他用心教学，做知识的传播者，学生的良师益友。毕华兴主讲的"水土保持学"等3门专业课程，深受学生和同行好评，学生对他的评价一直在北京林业大学名列前茅，先后被评为北京市师德先锋，北京市社会实践优秀指导教师，北京林业大学教学名师、优秀教师、我心目中的好老师。主持精品教材、精品课程、优秀教学团队、专业建设、教学名师等多项教学改革项目，发表教改论文7篇，获北京林业大学教学成果优秀奖。毕教授重视水土保持科学知识普及，由他主编的《水土保持读本（小学版）》自2012年出版发行以来，以通俗易懂的语言和栩栩如生的漫画表现形式得到水土保持行业专家和中小学生的一致好评，先后入选国家新闻出版广电总局2013年向全国青少年推荐的百种优秀图书、北京市新闻出版局2013年"北京市出版工程"项目、国家新闻出版广电总局2013—2014年农家书屋重点图书推荐目录，获得中国林学会第四届梁希科普作品奖二等奖，在全国19个省份得到了广泛推广。

　　他苦心钻研，不断攻克林业生态建设的技术难关，成为黄土高原的"绿与美"的建设者先锋。毕教授学术思想活跃、锐意进取、敢于创新、学风正派，长期坚持在生态环境脆弱的黄土高原从事水土保持科学研究，聚焦于黄土高原林业生态工程建设，取得了多项科学研究成果。发表学术论文142篇，出版教材或专著18部，获得授权专利8项、计算机软件登记3个、行业标准3项。他所提出的黄土区小流域径流泥沙模型、防护林体系高效空间配置及稳定林分结构设计技术、黄土高原小流域水土保持环境影响评价指标体系、黄土高原农林复合优化模式等成果在黄土高原水土保持理论和实践方面均具有重要意义。

　　毕华兴教授怀着对教育和科研事业的热爱，忠诚于人民的教育事业，带头践行社会主义核心价值观，模范履行教师岗位职责，求真务实，开拓创新，在自己平凡的教学和科研工作岗位上做出了表率作用，师德高尚，是难得的水土保持与生态环境建设先锋和名副其实的教学名师。

❋北京市高等学校教学名师奖获得者

陈 明

学校名称：北京中医药大学

主讲课程："伤寒论""中医学"

个人简历

　　陈明，男，1962年9月生，医学博士，北京中医药大学教授，中医临床基础专业博士研究生导师，国家级重点学科中医临床基础学科学术带头人，北京中医药大学首届教学名师。兼任中华中医药学会仲景学说分会主任委员，中华中医药学会"首席健康科普专家"，北京电视台"养生堂"栏目、中央电视台"健康之路"等栏目主讲专家。

　　1983年7月毕业于河南中医学院，1997年获北京中医药大学中医临床基础专业博士学位。自1983年始从事中医经典著作的医、教、研工作，潜心研究张仲景学术思想，主张中医临证与科研必须以中医理论为指导，充分体现中医整体观念、辨证论治的传统特色，理论联系实际。著有《中医四大经典临证指要》丛书、《伤寒论讲堂实录》等学术专著15部；发表学术论文100余篇；主持及参加省部级以上科研项目5项；培养博士研究生19名，硕士研究生46名。

先进事迹摘录

陈明教授一贯坚持四项基本原则，政治立场坚定，忠诚于党的教育事业，教书育人，为人师表。

中医经典教学的践行者

《伤寒论》课程长期教学过程中陈明教授逐渐形成了个人的风格和特点，获得学生极大认可，连年获得北京中医药大学优秀教师或优秀主讲教师称号，2012年被评为北京中医药大学首届教学名师及"北京中医药大学十大我最喜爱的老师"，2014年担纲北京中医药大学精品视频《伤寒论》课程主讲人。其主讲的"中医专业导论——伤寒论"获省部级一等奖。

中医经典教学"三点三步"和"情境教学法"的倡导者

传授式教学：教之"三点"：课堂讲授抓重点、启发学生解难点、课外讨论析疑点；学之"三步"：熟诵牢记识其读、主动自学穷其理、学以致用务其实。案例式教学：展现历代名医医案；教师讲述亲历医案；患者现场表述病情。问题式教学：教师提出问题；学生提出问题；课外辅导遇到的问题。教师围绕上述问题进行讲解，并让学生参与讨论。表演式教学：演示形式有方证理论小品表演；经方歌曲联唱；吟唱伤寒论条文；学生模拟标准化病人。自讲式教学：选取《伤寒论》中适当内容交给学生上台自讲，锻炼学生的语言表达能力、知识综合运用的能力以及组织能力。

青年教师的良师益友

做青年教师的良师益友，采用集中培训、导师制、接纳访问学者及临床带教等方式指导青年教师，鼓励青年教师进行教学方法改进，提高课堂效果。5年来，指导本学科青年教师5名，其中3名分获北京中医药大学教学大赛特等奖和一等奖。指导其他院校青年教师5名，圆满完成学习任务。

中医药知识的传播者

近5年来陈明通过大讲堂、研习班、培训班、学术论坛等形式为本科生、研究生、经典课程教师及临床医师讲座50余场次，听众计7000余人次。为将中医知识普及至家庭，在北京电视台"养生堂"及中央电视台"健康之路"等节目中讲授"经典里的中医智慧"，社会反响很大，并出版著作《伤寒论中的治病防病智慧》，对中医理论知识的普及起到了很大的推动作用。

✼北京市高等学校教学名师奖获得者

卢忠林

学校名称：北京师范大学

主讲课程："基础有机化学"

个人简历

　　卢忠林教授，兰州大学学士(1990年)、兰州大学硕士(1993年)、南京大学博士(1997年)。1997至1999年在中山大学做博士后；1999至2006年分别在德国、瑞士及加拿大做洪堡学者和博士后。2006年12月起为北京师范大学教授、博导；2008年入选教育部新世纪优秀人才支持计划项目；2009年入选教育部双语示范课程建设项目；2012年被评为北京师范大学教学名师；2014年获"第十四届全国多媒体课件大赛"高教理科组一等奖(排名第一)；2015年获宝钢教育基金优秀教师奖；2016年被评为北京师范大学优秀分党委书记。卢忠林教授长期坚持在本科教学一线，尤其在基础有机化学(双语)教学中取得一系列教改成果，获得广大师生极大认可。科研方面已在 *J. Am. Chem. Soc.*，*Chem. Rev.*，*Angew. Chem. Int. Ed.* 等国际学术刊物上发表论文100多篇，他人引用近1800次。

先进事迹摘录

　　卢忠林教授长期承担本科生和研究生专业基础课的教学，工作上兢兢业业，努力进取。2008 年入选教育部新世纪优秀人才支持计划项目；2009 年入选教育部双语示范课程建设项目；2012 年被评为北京师范大学教学名师；2013 年获北京师范大学"钱媛教育基金优秀教师奖"；2014 年获第十四届届全国多媒体课件大赛高教理科组一等奖；2015 年获宝钢教育基金优秀教师奖。

　　卢忠林教授长期坚持在本科教学一线，年均超过 200 课堂教学时数，尤其在基础有机化学（双语）教学中取得一系列教改成果。在双语教学实践中，注重教学改革和现代教学手段的应用，努力为化学专业高端拔尖人才培养奠定坚实基础。在教学中运用多媒体课件，以图、文、声并茂的信息传播方式演示课程内容，扩大教学内容的信息量，克服书本知识的教条与乏味，有效提高学生的学习兴趣。通过多媒体课堂教学、网络课程平台和专题讨论等模式，实现了多维度的教与学新体系；通过培养高年级学生助教扩大了教学团队，极大地提高了双语教学的效率。为了帮助学生学习，卢忠林教授经常利用周末为学生答疑补习。

　　卢忠林教授积极参加教学学术研讨会，借鉴先进经验，扩大教学成果影响。在第十二届、十三届和十四届高等师范学校化学课程结构与改革研讨会，2011 年和 2013 年科学出版社组织的全国高等学校有机化学教学与课程研讨会，中国化学会第 28 届年会等会议上做分会或大会发言，教学工作受到了与会代表的高度评价。

　　卢忠林教授的科研工作是人工核酸酶和新型非病毒基因载体，他注重以科研促进教学，培养创新型人才。多年来指导中学生科研实践 14 人；指导完成本科生毕业论文 21 篇；指导北京师范大学本科科研基金项目 36 人；指导教育部"国家大学生创新性实验计划"29 人。

　　作为分党委书记，卢忠林教授工作勤奋，任劳任怨，学院的党建工作、学生工作和工会工作在学校一直受到高度认可和表扬。2016 年被评为北京师范大学优秀分党委书记。

※北京市高等学校教学名师奖获得者

刘慧平

学校名称： 北京师范大学

主讲课程： "地理信息系统"

　　刘慧平，女，北京师范大学地理学与遥感科学学院教授，博士生导师。1985年毕业于北京师范大学地理系，获学士学位；1988年获北京师范大学区域地理专业硕士学位；自1988年在地理学与遥感科学学院任教至今；1999年获北京师范大学自然地理学博士学位。1989年—1997年主要讲授本科生专业基础课"遥感概论"，自1999年起主讲本科生专业基础课程"地理信息系统"，同时指导本科生"'3S'综合实习"，主讲研究生专业基础课"GIS理论与实践"。目前担任中国地理信息系统协会教育与科普专业委员会副主任、中国地名标准化技术委员会（SAC/TC233）委员、国际摄影测量与遥感学会教育委员会（ISPRS Commission VI）工作组秘书、学院教学指导委员会主任、北京师范大学地理计算与分析中心副主任等职务。

先进事迹摘录

　　从1988年开始从事本科教学以来，刘慧平一直把"上好每一堂课，吸引学生爱上地理学"作为自己的责任，为此，她对每一堂课都投入大量的时间和精力进行准备，深入分析每一个知识点以及学生学习中可能产生的问题，准备了大量的分析实例，并以极大的热情进行教学。为了让学生能够理解地理信息系统课程中枯燥的理论，她从学生身边的实例出发，由浅入深，将理论与日常生活结合起来；同时又与地理学的热点问题结合，使学生能够理解所学理论方法的重要性；为了通过地理信息系统的空间表达和空间分析方法的教学提高学生的空间思维能力，她将地理学中地理要素空间分布的特点、人类对空间实体的认识理论与地理信息系统空间分析方法相结合，培养学生的空间素质；她收集了大量的应用实例、录像等，通过多种教学手段帮助学生理解教学内容，并增加学生对地理信息系统和地理学的兴趣。在她的努力下，"地理信息系统"课程受到学生的广泛好评。

　　针对课程的实践性特征，刘慧平认真进行了课程的理论教学与实践教学结合方式的研究，分析了学生上机实践与理论方法联系不上的问题，将"地理信息系统"课程与她负责的实习课程"'3S'综合实习"结合起来进行建设，创立了"课堂教学＋上机练习＋专题项目实践＋3S综合实习"的教学模式和"课堂教学中进行空间思维能力培养、实践教学中进行空间分析能力培养、综合实习中进行综合素质培养"的培养模式。对于"地理信息系统"课程，将理论讲授与上机实践相结合，同时增加专题项目实践教学，将"以学生为本"的教育理念贯穿实践教学，充分发挥学生的主观能动性。同时，进行了专题项目库、地理信息系统课程网站建设，自编了《"3S"综合实习》讲义，坚持一线指导实践教学，取得了很好的教学效果，并且她提出的"以学生为本"进行地球科学实践教学的方法也得到了地理信息系统专业同行的认可，相关成果在《中国大学教育》上发表，并在中国地理信息系统教育论坛上进行特约大会报告。

北京市高等学校教学名师奖获得者

程晓堂

学校名称：北京师范大学

主讲课程："综合英语"

个人简历

　　程晓堂，男，1966 年生于湖北省沔阳县（现仙桃市）。1985 年考入北京师范大学外语系英语语言文学专业读本科。1992 年北京师范大学英语语言文学专业硕士研究生毕业，获硕士学位。1998—1999 年赴英国谢菲尔德大学进修。2003 年北京师范大学英语语言文学专业博士研究生毕业，获语言学博士学位。2001 年入选"北京市新世纪社科理论人才百人工程"，2010 年入选"教育部新世纪优秀人才支持计划"。

　　现任北京师范大学外文学院教授，博士生导师，《中小学外语教学》主编。社会兼职包括教育部外语专业教学指导委员会英语分委员会委员，教育部基础教育课程教材专家工作委员会委员、中国教育学会外语教学专业委员会副理事长。

　　主要研究方向包括系统功能语言学、语篇分析、外语教师教育、英语教学法、教材分析与设计、第二语言习得。迄今已公开发表学术论文 70 余篇，著作 10 余部。代表性著作有《英语教学法教程》《英语教材分析与设计》《英语学习策略——理论与实践》等。

先进事迹摘录

　　程晓堂教授从1992年开始承担本科生、研究生课程教学工作和指导研究生工作。主讲的本科生课程为"综合英语（2）"，研究生课程主要有语言学习理论、英语教材分析与设计、外国语言学方法论、语言学流派等。长期以来，程晓堂教授爱岗敬业，对工作认真、负责，力争做教书育人的楷模。他不断更新教学内容、教学方法和教学手段，注重学生能力的培养。他坚持将教学与科研紧密结合，将学术研究成果应用到教学之中，同时结合教学中发现的问题开展课题研究，发表了数十篇教学研究类论文。在课程教学和指导学生工作中，他对学生严格要求，对学生的论文认真修改或提出具体的修改意见。对不认真学习或治学态度不严谨的学生提出严厉的批评和教育。虽然有的学生当时觉得委屈，但事后他们都非常感激。很多毕业生说，程晓堂老师的严格要求对他们后来的学习和工作产生了很大的影响。

　　作为一名教学科研并重的教师，程晓堂教授深知教学与科研之间相辅相成的关系，尤其是科研对教学的积极促进作用。外语学科除了一些专业课程以外，还有很多语言实践类课程（如听、说、读、写课程）。一些担任语言实践类课程的教师有时很难把课堂教学与自己的专业研究（如文学研究、语言学研究）结合起来。在这方面程晓堂教授做了积极的探索和尝试，并发现语言实践类课程的教学与专业研究并不矛盾。专业研究的成果可以应用到语言实践类课程的教学，而从语言实践类课程收集的数据可以用于专业研究。比如，程晓堂教授根据学生英语作文中收集的数据完成了一篇题为《从小句关系看学生英语作文的连贯性》的论文，并发表在外语类刊物《外语教学与研究》上。这篇文章就是根据语篇语言学的理论分析学生英语作文中存在的问题。同时，又把语篇连贯研究的相关成果应用到学生作文的写作指导之中，并发表了若干篇相关论文。在一次"综合英语"的课堂上，引导学生学习和讨论了一首英语诗歌。讨论中学生发表了各种观点。后来，程晓堂教授结合课堂讨论的情况，借助语言学理论，写了一篇论文并发表在一种外语类核心期刊上。

　　获得的奖项主要包括：北京市优秀青年教师、教育部全国普通高校优秀教材一等奖、北京师范大学钱媛教育基金优秀教师奖、北京市高等教育教学成果奖二等奖、宝钢教育基金优秀教师奖、北京市高校优秀共产党员、北京师范大学优秀博士学位论文指导教师等。

✿北京市高等学校教学名师奖获得者

刘 洪 涛

学校名称：北京师范大学

主讲课程："外国文学史"

个人简历

　　刘洪涛，1962 年 10 月出生，文学博士，教授，博士生导师，北京师范大学文学院比较文学与世界文学研究所所长，从教 27 年，长期担任本科生学位基础课"外国文学史"等课程的教学。是国家级精品课程"外国文学作品选读"主持人，国家级精品视频公开课"西方文学经典鉴赏"主持人，宝钢教育基金优秀教师奖获得者，教育部"马工程"教材《外国文学史》课题组核心成员。目前担任中国比较文学学会常务理事，中国高等教育学会外国文学专业委员会常务理事，中国比较文学教学研究会副会长。研究领域为西方文学史、中西文学比较研究、世界文学理论等。学术专著 7 部，译著 2 部，主编教材 7 部，在《外国文学评论》《外国文学研究》等刊物发表论文近百篇。

先进事迹摘录

政治立场坚定，爱岗敬业，关爱学生心灵成长，严谨笃学，师德堪称模范。长期担任本科生专业课、通识课等教学任务，2014—2016 年，每年开设 4 门本科生课程，课堂教学平均 129 学时/年。每年开设一门硕士生课程，一门博士生课程。担任博硕士生导师、本科生新生导师。长期指导本科生学位论文、"国创"和"本基"项目、教学实习等。

自觉将马克思主义基本原理和具体论述融入教学实践，同时注重吸收国内外最新学术成果。刘洪涛教授是"马工程"教材《外国文学史》编写组核心成员，主持两项国家级精品课程，另外主编有 8 部专业教材，参编 10 余部专业教材。积极制作精品慕课课程，有"西方文学经典鉴赏""莎士比亚戏剧赏析"两门慕课在爱课程网和智慧树慕课平台播出，累计选课人数达 10 万多人。课程深受欢迎，历次评教都取得高分值。获 2010 年宝钢教育基金优秀教师奖，2016 年北京师范大学教学名师称号，获评"中国大学 MOOC2016 年度优秀教师"称号。

重视教学梯队建设，取得突出成果。刘洪涛教授担任比较文学与世界文学研究所所长多年，努力为本专业教师营造团结、奋进的学术氛围，解决他们的现实问题，支持其发展。形成一支年龄、职称梯队合理，水平一流的教学队伍，在 2016 年的国内学科排名中位居第二。在 2014—2015 年，本专业根据国家现实需要和国际学术前沿动向，结合学科传统，按学校统一规划，大幅调整了本科生、硕士生培养方案，试运行二年来，效果明显。

近年来，努力拓展比较文学与世界文学学科的研究范围，使之能够结合中国国情，并为国家"一路一带"倡议和"中国文化走出去"战略服务。表现在：首先，在国内率先倡导"中国文学海外传播研究"，并进行了大量事务性活动和学术研究。主导申请到国家汉办"中国文学海外传播工程"项目，在美国创办英文刊物《今日中国文学》(*Chinese Literature Today*)，以及"今日中国文学英译丛书"；开设相关本科生、研究生课程；主编"中国当代文学海外传播研究丛书"(国家十三五重点出版规划项目)10 种等。其次，积极推动世界文学理论研究，促进世界文学理论中国化，提升中国文学的世界影响和地位。担任多个专业学会常务理事和副会长职务。在剑桥大学英语系做访问学者一年，与世界知名学者合作主编英文刊物和著作，发表 A&HCI 级别英文论文多篇。

✹北京市高等学校教学名师奖获得者

张 莲

学校名称：北京外国语大学
主讲课程："英语写作"

张莲，北京外国语大学英语学院副院长，教授，博士生导师，中国英汉语比较研究会外语教师教育与发展专业委员会秘书长，北京外国语大学教师发展中心专家委员会委员。张莲常年坚持本科一线基础段教学，主讲的本科基础课程包括英语精读、议论文写作、学术写作、英语语音、听力等。研究方向为应用语言学、外语教育，近几年主持或参与完成国家社科基金和教育部人文社科项目数项，主要著作包括《外语教师个人理论研究》《外语教师文化建构与专业发展》（合编），发表论文30多篇。2009年、2013年分别获北京市高等教育教学成果一、二等奖；2016年获北京外国语大学教学名师奖。

先进事迹摘录

在教学方面，张莲常年在本科一线任教，承担过的本科基础段课程包括英语精读、议论文写作、学术写作、听力、语音和论文写作共六门课程，在研究生段承担应用语言学、研究方法（质性部分）和语言学学术写作共三门课程的教学；是英语学院本科段国家级精品课程"专业英语精读课"的主讲教师之一，国家级教学团队北外英语专业教学团队主要成员之一。在此期间，她以认真、负责、精益求精的态度较为圆满地完成了各项教学任务，教学评估成绩优秀，2016年9月获得北京外国语大学教学名师奖，分别于2010年、2012年和2014年9月三获北京外国语大学年度外语基础阶段教学"陈梅洁"奖；从2007年7月至2014年2月九次获英语学院优秀教学奖；两次优秀硕士研究生论文指导奖；两次获北京外国语大学年教学科研工作突出贡献荣誉奖（2009—2010、2011—2012）；2009年5月获北京市高等教育教学成果奖一等奖、2013年9月获北京市高等教育教学成果奖二等奖；同期指导完成六项国家级大学生（本科）创新项目。

在学术科研方面，张莲一贯积极开展学术研究，实现教师和研究者双重身份的统一。其学术研究主攻方向是教师认知和发展，后逐渐开始二语课堂话语分析的研究。近几年主要进行二语写作课程研究：（1）出版专著一本《外语教师个人理论研究》（外语教学与研究出版社，2011年）、编著《外语教师文化建构与专业发展》；（2）发表论文30余篇；（3）主持完成或进行四项课题，包括国家社科基金一般项目"外语课堂话语研究与教师发展"、校级教材建设项目（英语专业人文思辨系列教材·写作教程）等；（4）主持一项国家社科基金项目（10BYY032）、四项省部级项目的子项目，其中两项已完成；（5）积极参与国内外重大相关领域学术活动，密切关注相关学术领域和问题国际前沿发展趋势并力图保持学术敏感性，连续五届获邀参加世界应用语言学大会（AILA，ALLL）并宣读论文。

在学科建设和社会服务方面，张莲结合自己专长努力为学院学科建设做出应有的贡献，同时积极承担院内外、校内外各项社会服务工作。组织开展学院课程改革，通过课型组内积极交流、研讨和观摩推行新的课程模式，为学院整体课程及教学改革的推进做出了积极贡献。

❀北京市高等学校教学名师奖获得者

吴敏苏

学校名称：中国传媒大学
主讲课程："国际传播""英语演讲"

　　吴敏苏博士，中国传媒大学教授、博士生导师，新闻传播学部副学部长。她的研究领域包括国际新闻、跨文化传播、英语播音与主持和演讲艺术等。

　　她兼任中央电视台、中国国际广播电台、北京人民广播电台外语台等机构英文节目顾问，以及孔子学院全球培训专家，负责跨文化传播培训与英文演讲指导。

　　著有《和谐世界与国际报道》《国际新闻报道》《英语播音发声教程》等专著，并主讲英语新闻节目评析、英语演讲、国际新闻采编等课程。她主讲的视觉新闻获评教育部第二期来华留学英语课品牌课程。她自 2003 年始，指导并带领学生参加"21 世纪全国大学生英语演讲比赛""国际公共英语演讲比赛"等赛事，获得世界亚军、全国冠军等二十多个奖项。

先进事迹摘录

不忘初心，勤勤勉勉当园丁

吴敏苏老师任教 30 年来，始终以饱满的热情和严谨的态度、丰富教学内容、不断改进教学手段，推陈出新。她曾在 1988 年学校首届青年教师基本功大赛中获得一等奖，并将良好的教学效果保持 30 年，受到尊敬。

面对繁重的教学任务任劳任怨。过去 3 年里，她承担 7 门课程的教学任务，授课量达 564 课时。

创新教学模式，不守旧。她不拘泥于传统的课堂教学模式，拓宽课堂边界，利用新的传播科技，随时随地展开教学工作。

促进教学改革，不懈怠。2016 年，她在英语口语课上用手机与中央电视台驻美国首席记者王冠的连线就曾引爆课堂。2017 年 4 月 7 日，她又大胆尝试，在国际新闻采编课上首次实现了全球 5 大洲连线，通过现场教学，提升学生的国际视野。这一创新授课模式受到北京市教委表扬，得到广泛关注和好评。

不遗余力，兢兢业业做服务

指导青年教师成长进步。努力做好传帮带工作，她将自己的课程设计、教案、教学方法主动分享给年轻教师。

以专长热情服务社会。她先后担任中国国际广播电台、北京人民广播电台、中央电视台英语节目顾问、节目评审，中国科学院"SELF 演讲"指导教授，以及孔子学院全球培训项目专家，为全球孔子学院院长、教师和志愿者提供跨文化传播与英文演讲的指导。

不图虚名，老老实实做科研

积极展开科学研究。已完成多项省部级、市级科研项目；目前正在建设和推进留学英语课品牌课程——"视觉新闻"等项目研究。

撰写高水平学术论文。在重点期刊发表学术论文 10 多篇，涉及教学与实践、国际传播、国际新闻等多个领域，产生了一定的影响。

编写学术著作和教材。著有《和谐世界与国际报道》《国际新闻报道》等专著和教材，辅助科研与教学，收到良好效果。

不厌其烦，清清白白做导师

科学管理创新风。她指导的国际新闻班获得了 10 多个国家级、团中央、北京市和学校的奖项，成果斐然。

精心辅导出佳绩。15 年来，辅导学生参加英语演讲比赛获得 25 个国家级和北京市级重要奖项。

✿北京市高等学校教学名师奖获得者

陈晓鸥

学校名称：中国传媒大学

主讲课程："播音主持创作基础"

　　陈晓鸥，教授，硕士生导师，中国传媒大学播音主持艺术学院播音主持创作基础部主任。1984 年从本校播音系毕业留校，至今已从教 30 多年。多年来一直在教学一线，主讲课程为"播音创作基础"，兼讲其他课程，如"播音主持语音与发声""广播电视口语基础""广播电视文体业务"等，主要授课对象为本科生和硕士研究生，以及其他各类层次的学生，每年都超额完成学校规定的教学任务，以近 3 年为例，仅为本科生授课就达 682 学时，年均 227 学时。

陈晓鸥自留校任教以来，本着教学大于天的理念，几十年如一日，远离浮躁，认认真真面对每一次教学，其敬业态度和教学效果得到了师生们的一致肯定。

敬业爱岗，严谨治学

作为一名教师，陈晓鸥把教学看作头等大事，几十年来从组织教学、备课、上课都认真严谨，以保证教学质量。多年来她针对播音主持教学的特殊性，坚持组织教学组老师集体备课，一方面对教学的内容和方法进行探讨，使教学目标明确，教学秩序严谨，教学效果相近。另一方面致力于教师实际语言表达能力的提升，走进录音室互相点评，把握教学难点，提高示范性。在教学方法上，除了课上的教授和训练，还根据不同课程，充分利用新媒体与学生交流沟通，或集体上传视频进行互评自评，或推荐优秀作品给大家分享，或微信实时点评互动。

言传身教，润物细无声

几十年来，陈晓鸥严格要求自己，自觉保持和传播正确的价值观，把专业培养与人的培养融合在一起。针对本专业教学特点，陈晓鸥从日常教学的点点滴滴做起，通过一篇稿件、一次讨论、一个聊天，把正确的价值观、正确的创作观渗透到学生的心里。

积极参与教改，注重科研与实践

近年来，陈晓鸥一直积极参与学院与中央电视台"校台合作"的教改项目，从选拔入台实习学生，到入台后的持续跟踪指导都全程投入，在学生的实践中发现教学和学生的问题，同时也更加明确自身优势和应该坚持的东西。其间随时留意学生的播出节目，发现学生的问题，利用面对面指导、微信指导等形式帮助学生。2012年该项目获中国传媒大学第七届教学成果一等奖。2012年，陈晓鸥的《广播电视语境研究》获第10届中国传媒大学优秀科研成果奖二等奖。2015年，在学院的领导下，组织本部门的老师完成了播音与主持艺术专业"十二五"规划教材《播音主持创作基础》，其间负责教材的整体架构、统筹和编写。教材既保留了原有的经典篇目，让学生感受经典文化，体验传统精神，同时又与时俱进增加了许多新的内容。

此外，陈晓鸥每年都积极参与选拔和指导"齐越节"参赛学生和作品，利用业余时间精心辅导，提升了学生业务水平，取得了较好的成绩。

 北京市高等学校教学名师奖获得者

张云起

学校名称：中央财经大学

主讲课程："市场营销学""营销风险管理"

个人简历

　　张云起，1994年6月至1997年10月，在中国煤炭经济学院管理系从事市场营销专业教学科研工作，任讲师；1997年11月至2002年9月，在中国煤炭经济学院管理系从事市场营销专业教学科研工作，任副教授；2002年10月至2008年4月，在中国煤炭经济学院管理系从事市场营销专业教学科研工作，任教授，担任山东省企业管理重点学科带头人；2008年5月至今任中央财经大学商学院教授、博士生导师、学术委员会主任，从事市场营销专业教学科研工作；2014年3月至今，兼任中国互联网商务金融研究院院长。

　　曾荣获教育部新世纪优秀人才、北京市优秀教师等称号，是国家级精品资源共享课程建设负责人、国家级视频公开课程主讲人，教育部使用信息技术改造课程重大教学改革项目负责人。

先进事迹摘录

潜心治学，独辟蹊径

1994 年张云起辞去大型国有企业经营助理的职位到高校任教。在企业工作的经历，让他深深认识到我国营销风险问题突出，严重制约着企业的发展。围绕这一难题张云起 20 多年来进行着不懈的探索。

由于营销风险问题实践性极强，为掌握企业营销风险的实际，张云起经常深入企业调研。营销风险问题是企业的敏感问题，一开始遭到冷遇是家常便饭。但他通过免费为企业讲授营销管理知识，帮助解决营销风险问题，赢得了信任。3 年走访了 100 余家企业，获取一手数据和资料，为"营销风险管理"知识体系的建立奠定了基础。他的《营销风险预警与防范》被商务印书馆出版，费孝通先生亲自作序对这位年轻学者的探索给予高度评价和激励！

知行合一，为伊憔悴

理论产生于实践，又指导实践，在二者互动中实现理论和实践的升华。张云起从实践中来，又到实践中去。基于创立的营销风险管理理论，他开发了《营销风险预警与防范系统》，该软件被科技部列为国家级重点科技推广项目，在企业应用后，收到明显的经济和社会效益，获省级科技进步奖。在企业应用的基础上，他带领全国 25 所高校的 60 余位教师开发了《营销风险管理教学实验软件》，并带动 100 余所高校参与，推进了市场营销专业教学改革。几年下来，他"熬白了头，累弯了腰，跑坏了腿，花光了包"，但他依然努力前行。

殚精竭虑，教书育人

张云起致力于教学方法的改革和创新。为了营造愉悦、宽松、和谐的教学氛围，提高教学效果，他探索并实践了"投入循环教学法"，一直坚持为本科生上课，并担任班主任，把教书和育人融为一体，做到了理论与实践紧密结合，知识与能力融会贯通，素质与人格相互统一。

通过不断地摸索，他把市场营销学的理论体系编成一副扑克牌，14 章 54 节，编排得十分巧妙。学生学习他的营销学十分轻松愉快。他经常说："学生第一次不来上课是学生的责任，第二次不来就有教师的责任。教师要通过课堂的魅力吸引学生。"许多学生说，听张老师讲课是一种享受。

✿北京市高等学校教学名师奖获得者

梁俊娇

学校名称：中央财经大学

主讲课程："税务会计""税收筹划"

个人简历

　　梁俊娇，教授，1966年4月出生，经济学博士，毕业于中央财经大学财政专业。2007年—2008年赴美国纽约大学作访问学者。中国财税法研究会理事，北京市国际税收研究会理事和学术委员，国家有关部委特聘命题专家。

　　1992年从事教学工作，1997年获中央财经大学优秀青年教师、1998年获北京市优秀青年骨干教师光荣称号。在25年的教学生涯中，主讲"税务管理""纳税检查""纳税评估""税务会计""税收筹划""税务代理实务"等多门课程。此外还讲授"中国税制""中级财务会计"等课程，上课门类较多，每年超额完成教学工作量。

　　积极从事教学改革项目的研究工作，已完成"税务管理课程建设研究"和"税务专业财经应用人才培养"等教改课题。

先进事迹摘录

梁俊娇自从 1992 年从教以来，始终秉承教书育人、不忘初心的理念，在 25 年的教学生涯中严格要求自己，爱岗敬业，取得的成绩主要有以下几方面。

对学生真情付出

"税务会计"和"税收筹划"都是大三专业课程，综合性较强，需要前期课程知识的积累。有些学生由于前置课程成绩不好，便存在自我放纵、自暴自弃现象。对于这些学生，梁俊娇经常找他们谈心，了解学习情况，课堂上时刻关注他们，通过提问、表扬、担任课代表等方式激发这类学生的学习兴趣，使这些同学都通过努力学习取得了不错的成绩。例如班上有个广西少数民族学生前期挂科较多，他自己都没想到梁老师的课不但没挂，还考了 70 分。学期末的最后一堂课结束时，这位学生还带来吉他自弹自唱一首《母亲》献给梁老师，说梁老师像妈妈一样关心使他终生难忘，当时很多同学都激动得热泪盈眶。2017 届有名学生也是成绩稍差的学生，在梁老师的关心帮助下，不得课程取得了好成绩，还考上了北大硕士，是梁老师的鼓励和关心使他重拾自信。

教材成果丰硕

积极从事教材建设工作，主编参编教材 40 余部，其中主编教材 20 余部。主编的《纳税会计》一书为"十一五"国家级规划教材，目前已修订到第 8 版，成为全国财经院校税务会计课程的通用教材。参编的《税收筹划》为"十二五"国家级规划教材，参编的《税收学》为省部级教材，主编的《税收应用基础》为国家级规划教材，参编的《外国税制》为国家级规划教材。在中国人民大学出版社出版的精品税收系列 17 本专业教材中，由梁俊娇主编的就有 6 本，为规范税务专业教材建设做出了一定的贡献。

组建科研学术小组

梁俊娇和年轻同事一道自发组建财税学院首支本科学生科研学术兴趣小组队伍。她从大一学生开始培养学生的科研学术能力，利用大量时间对学生进行指导。

积极培养课程教学团队

帮助年轻教师尽快掌握教学技巧，组建主干课程的教师梯队。教学经验共享，从课程大纲、课程 PPT、授课技巧以及教材修订上都给予指导和帮助。

❋北京市高等学校教学名师奖获得者

赵卯生

学校名称： 中国政法大学
主讲课程： "马克思主义基本原理"

个人简历

　　赵卯生，男，1969年12月出生，山西阳泉人，中共党员，汉族，博士研究生，教授，中国政法大学马克思主义学院马克思主义原理研究所所长，兼任北京市高教学会马克思主义原理研究会常务理事、副秘书长，北京警察学院客座教授，北京林业大学林学院青年成长导师。

　　赵卯生从1992年7月开始工作至今，从事高校思想政治理论课教学和研究二十多年。

　　赵卯生教学成果突出，先后荣获教育部思想政治理论课"教材一课"、北京高校思想政治理论课教学基本功大赛一等奖、北京高校"两学一做"精品党课一等奖、北京市德育先锋、北京高校优秀德育工作者等荣誉。主持教育部、北京市社科项目多项，在《马克思主义研究》等核心期刊发表专业论文数十篇。

先进事迹摘录

深深地钟爱着三尺讲台——本科教学工作业绩

赵卯生老师渴望自己的思想情怀和理论知识影响更多的年轻学子，渴望年轻大学生身心健康。看到熟悉的青年学子一批批走向美好人生，赵老师就快乐无比，幸福满满。

赵老师每个学期都要尽可能多地给本科生讲课，近5年本科年均纯课时170学时，年均听课学生数550人。除了正常课堂教学，赵老师还主动录网课、讲党课，参加学生社团活动、讲解考研时事、录制毕业生寄语等，为的是给学生更多启迪和引导。

关爱学生身心苗壮成长——人才培养效果

"在法大，不上赵卯生的马原理，大学学习是不完整的。"这是中国政法大学学生在校园bbs选课版的留言。

讲授思想政治理论课20多年，赵老师时刻做到在夯实理论知识的基础上，一定要把着力点放在世界观、人生观和价值观的培养和提升上，要让学生真切感受到祖国的强大和自己前途的光明。完全由学生票选产生的"中国政法大学最受本科生欢迎的十位老师"是教师获得青年学子充分认可的绝佳证明，赵老师连续三届榜上有名。

深耕不止——教学改革、实践和设想

教学相长。优异的教学效果既源于自身理论素养的深厚，也源于赵老师对教学方法、教学语言、教学模式的精益求精，深耕不止。

"赵老师上课的气氛非常好。每个知识点，他都能以出其不意的方式，讲解得生动有趣，可以把艰涩抽象的哲学原理讲解得丝丝入扣，引人入胜，大家上他的课都很开心。"高年级同学这样向即将选课的师弟师妹介绍赵老师的课程。

大家好才是真的好——指导和帮助青年教师开展教学工作

赵卯生作为学院教学指导委员会副主任，在学院每年的青年教师教学基本功竞赛后，基本都要认真仔细点评每一选手的方方面面；每一位代表马克思主义学院参加学校和北京市比赛的老师的教案和多媒体，赵卯生老师基本都要认真审视和完善提升。经过赵卯生老师等教师的共同努力，马克思主义学院涌现出一批为学生喜爱的青年教师，在学校产生了较大影响。

北京市高等学校教学名师奖获得者

宋翠翠

学校名称：国际关系学院

主讲课程："现代流行健身操艺术"

个人简历

宋翠翠，教授，北京体育大学硕士，体育教学与训练和社会体育人文专业方向。曾任国际关系学院体育美育部主任、中国大学生体育协会健美操与艺术体操分会副秘书长，北京市大学生体育协会科研专家委员会委员，高校课程建设与评估组专家，校学术委员会委员。

从教30多年，主讲"现代流行健身操艺术""高尔夫""健美操"等课程，执导校健美操和高尔夫球队；曾带领部门斩获"北京市阳光体育朝阳杯大奖""校优秀党支部""北京市优秀基层支部"、校"体育教学创新奖"等大奖。

主持院级科研课题3项，参与国家社科基金项目2项，专著2部，出版书籍8本，国家核心和一类刊物上发表论文30余篇。

曾获得"北京市五一劳动奖章""北京市优秀教学成果奖二等奖"、主管部委"特殊人才奖"、大体协"两操协会""优秀教练员"、校级"科研人才奖""师德奖""师表奖"；获学校"我身边的优秀党员"和"最受学生欢迎教师"称号，多次荣获校级"优秀工作者"。

先进事迹摘录

宋翠翠教授任教三十年，拥有对于教师职业的绝对热诚与对于师道的尊崇，在平凡的教学工作中保持着"植根学生"的亲和力，秉持严于律己客观公正的行事原则，凭借自己严肃扎实的工作作风、轻松活泼的教学风格以及丰富的教学经验，历年教学评估考核均为优秀，深受学生爱戴，拥有非常好的口碑。

科研成果丰硕

宋翠翠教授在体育教学与训练方面具有很高的理论水平和科研工作能力。坚持做好基础调研，为高校体育教学改革提供了依据。曾主持国际关系学院院级科研课题5项；参与两项国家社科基金项目，其中包括"我国经济体育优秀运动员文化体制改革"的子课题"国家队和省市体工队优秀运动员文化教育现状研究"等；主持学校精品体育课程"现代流行健身操艺术"的建设并斩获北京市优秀教学成果二等奖；著有专著2本，出版发行专业书籍8本，以第一作者在国家核心刊物上发表论文5篇，国家一类刊物上发表论文30余篇，曾两次获全国专业论文报告会一等奖并做大会报告。除此，还多次荣获国际关系学院优秀论文奖和优秀论文提名奖。

教学务实创新，以学生为本

宋翠翠教授始终以"将学生视为己出，让自己的孩子全方位发展"作为自己职业生涯之信条，拥有着作为教师的责任感与使命感。在她的不懈努力下，其带领的团队针对学生的情况结合体育教学目标，实现了多项务实且意义重大的教学改革。

与此同时，作为学校的优秀教师骨干，她以开阔的胸襟、开明的态度、宽广的眼界在教学一线不断谋求创新与突破。在学校首推"学＋演"的课堂互动模式，在基础课程学习之余增添了课程趣味性，提高了学生参与度；创新校代表队管理体系，规范运动员考勤及训练制度，为学生谋福利、为学校争荣誉。

追求自我，是朋友亦是榜样

除了让人津津乐道的亲民形象，亦追求自我的铁娘子形象。宋翠翠教授不懈地追求自我，曾斩获北京市"五一劳动奖章"、国际关系学院"师德奖"、国际关系学院"师表奖"、国际关系学院"我身边的优秀党员"称号等。

宋翠翠教授始终牢记教师的神圣使命，全身心融入教学、科研，以实际行动诠释教师的伟大责任与无私奉献。

❀北京市高等学校教学名师奖获得者

曹晓青

学校名称：中央音乐学院

主讲课程："手风琴专业教学"

个人简历

　　曹晓青，中央音乐学院钢琴系党总支书记兼系副主任，1984 年进入天津音乐学院学习，1987 年获得全国手风琴比赛一等奖，1988 年毕业于天津音乐学院并留校任教。作为文化部派往国外学习的第一位手风琴专业留学生，1992 年获得德国学术交流中心（DAAD）资助，赴汉诺威音乐戏剧学院深造，2001 年获得"独奏大师文凭"。

　　1997 年分别在"德国第七届手风琴大奖赛"和意大利"第二十二届卡斯特尔费达多国际手风琴独奏家比赛"中获得第一名。2000 年至 2004 年任教于德国汉诺威音乐戏剧学院，2001 年被天津音乐学院聘为客座教授，2004 年在中央音乐学院创建手风琴专业。

　　曾先后在美国、德国、俄罗斯、意大利、法国、奥地利、波兰、葡萄牙、西班牙、芬兰、丹麦和塞尔维亚等国举行音乐会、讲学和担任评委工作。入选教育部"新世纪优秀人才支持计划"项目，并获宝钢教育基金优秀教师奖。

先进事迹摘录

2017年5月由中央音乐学院手风琴教授曹晓青率领的学生在德国第54届克林根塔尔国际手风琴比赛中囊括四个年龄组的第一名，由来自一个国家、由同一位指导教授带领的四位选手揽全部四个组别的第一名的记录创造了该赛事54年来的历史。

曹晓青，1984年考入天津音乐学院手风琴专业，1988年大学毕业后留校任教，是我国第一位公派出国学习自由低音手风琴的演奏家。

曹晓青1992年获得德国学术交流中心（DAAD）资助，赴汉诺威音乐戏剧学院深造，在1997年6月的"德国第七届手风琴大奖赛"中荣获第一名，同年10月在意大利"第二十二届卡斯特尔费达多国际手风琴独奏家比赛"中，他再次技压群雄获得第一名。2001年他以优异成绩取得德国音乐学院演奏专业的最高学位"独奏大师文凭"，被汉诺威音乐戏剧学院以优厚待遇挽留工作。但身在德国的曹晓青时刻关心着国内的手风琴事业，当得知中央音乐学院要成立手风琴专业后，他毅然放弃了优越的生活环境和艺术氛围回到祖国。

兼容并包、成果斐然

建立有中国特色的自由低音手风琴教学体系。在曹晓青拟定的中央音乐学院手风琴课程体系中，强调探索勇于实践，制订并不断完善适合我国国情并具有中国特色的自由低音手风琴教学课程，建立同国际手风琴音乐艺术发展方向接轨的教学和学术体系；培养国际化手风琴演奏人才，积极参与国际手风琴比赛，为国争光，在国际手风琴界确立我国的重要地位；大力弘扬中国民族音乐，探索创新，西为中用，不断推出手风琴新作品，发展具有中国特色的手风琴音乐和演奏形式；积极推行开放式教学和学术活动，积极引进世界各地不同流派、不同风格和不同形式的手风琴音乐艺术，同时加强同国内各音乐艺术院校广泛的交流联系，保持本院在该专业的教学和学术领先位置；学以致用，加强专业学生的社会和艺术实践活动，努力培养社会有用人才。

学以致用、扩大学术交流

2017年5月，在第54届克林根塔尔国际手风琴大赛上，中央音乐学院曹晓青团队创造了历史，但曹晓青却认为国际上的获奖并不代表我国手风琴事业的整体水平。我国还不是世界一流的手风琴强国，但他相信只要我们坚持教学上的科学训练、推进中国原创手风琴作品的创作、巩固群众普及工作的基础、增强学生的表演经验、增进国内外学术交流，有中国特色的手风琴教学体系必将日臻完善。

❀北京市高等学校教学名师奖获得者

杭　海

学校名称：中央美术学院

主讲课程："品牌设计""传统设计"

个人简历

　　杭海，男，1965 年 11 月出生于江苏南京。2011 年毕业于中央美术学院获博士学位。现任中央美术学院设计学院教授，中央美术学院奥运艺术研究中心常务副主任。

　　曾任北京印刷学院讲师，北京北奥广告公司设计总监，中国出口商品包装研究所部门经理。

　　曾任北京 2008 年奥运会及残奥会形象景观主要项目设计总监及主设计师，2008 年奥运系列设计获国务院集体嘉奖，获首都教育系统奥运工作先进个人嘉奖。2009 年度入选北京宣传文化系统"四个一批"人才工程，2011 年度入选教育部"新世纪优秀人才支持计划"，教育部哲学社会科学研究重大课题攻关项目"民族传统文化元素在现代艺术设计中的应用研究"课题组成员。

先进事迹介绍

　　杭海教授自从事教育工作二十多年以来，一直在政治思想上严格要求自己，爱国敬岗、默默无闻、任劳任怨，不计名利地全身心投入到设计教育与设计实践当中，取得良好的成绩与口碑。

　　杭海教授热爱祖国，热爱中国传统文化，一直致力于在中国设计与设计教育中传播与发展中国传统造物哲学与工艺思想。基于其深厚的传统文化积累，作为主要设计师与设计总监，杭海教授带领中央美术学院奥运设计团队，成功完成了北京 2008 年奥运形象景观系列设计，其中体现中国玉文化与君子之德的奥运金镶玉奖牌设计、体现篆书之美的奥运体育图标设计、体现人类和谐精神的风穿祥云核心图形设计等项目，以其博大精深的中国文化气魄与奥林匹克精神，体现出极高的设计质量与文化内涵，获得全球瞩目与赞誉，为国际奥林匹克运动增添了鲜明的中国文化遗产。为了奥运设计，在长达三年的设计攻坚过程中，杭海教授以树立国家形象为己任，以坚毅的意志品质、身体力行，不惜长期熬夜透支身体，克服重重困难，圆满完成这一光荣而艰巨的任务。

　　在具体教学工作中，杭海教授主授品牌设计与传统设计课程，一直注重理论联系实际，强调在中央美院大环境中设计教育的艺术特征，注重艺术与设计的关系思考，以及传统设计思想的教育与研究，备课充分，条理清晰、深入浅出，讲解风趣幽默，课堂永远笑声不断，曾数次被本院学生评为十大最受欢迎教师。

　　近年以来，杭海教授痛感传统设计教育在中国高等设计院校课程体系中的普遍缺失，将教改和研究重点放在重新建构传统设计教育体系的基础工作上，进行传统纹样与当代设计的关系研究，以纹样研究为起点，逐步建构传统设计的课程体系，以各类课程及项目设计形式予以推广与实践。自 2013 年起，与澳大利亚及印度相关设计院校联合成立团队，对传统蓝染进行长达三年之久的跨文化调研的国际合作。除此以外，杭海教授积极承担了各类国家级重大设计项目。

✤北京市高等学校教学名师奖获得者

张 娟

学校名称：华北电力大学

主讲课程："复变函数"

个人简历

　　张娟，1966年出生，1988年从太原理工大学本科毕业留校任教，1994年硕士毕业后调入西安交通大学，2007年调入华北电力大学。

　　从教29年来，先后讲授过12门本科生和研究生课程，曾于2004年获西安交通大学教师授课竞赛一等奖，1997年获陕西省高等院校第二次高等数学青年教师讲课比赛三等奖；参编2部"十五"国家级规划教辅教材；参加完成教育部教改项目1项。

　　在科研方面，主要从事生物数学与动力系统方向的研究工作，主持完成2项国家自然科学基金面上项目，2项国家外专局重点项目，3项横向项目。曾2次获得教育部自然科学二等奖。发表学术论文39篇，其中11篇被科学引文索引（SCI）检索，6篇被美国工程索引（EI）检索。曾多次到国外访问，并于2016组织召开了第八届中国—意大利应用数学研讨会，任组委会主席。现任中国工业与应用数学会会员，生物数学会会员，多家中外学术期刊审稿人。

先进事迹摘录

　　张娟教授自1988年从事高校教职29年来，始终奋战在教学第一线，先后讲授过12门本科生和研究生课程。2007年调入华北电力大学以来，以极大的热情和高度负责的态度积极投身到教学和科研工作中来。

　　张娟教授始终不渝地把搞好教学工作作为自己首要的神圣职责，把不断提高教学水平和教学质量作为自己终身追求并为之奋斗的目标。为了讲好一堂课，她总是投入极大的精力去认真备课，精益求精、反复推敲，力求言简意赅，通俗易懂。例如，牛—莱公式、格林公式、高斯公式、斯托克斯公式等是工科高等数学中非常重要的理论公式，为了讲好这部分内容，经过反复的研究，总结出了一种能够较好体现其数学思想的讲法：将其贯穿在一些应用实例上，通过对这些实例进行深入浅出的分析，使学生自己领悟到公式的本质，即形体内部的某种微观变化与形体边界上相应变化的联系，同时也使学生感到数学并非是数学家杜撰出来的一堆神秘莫测抽象难懂的定义、定理、公式，而是为解决实际问题而提出的一些实用工具。

　　张娟老师也非常重视教书育人，为人师表，在教学工作中以自己的切身体会告诫同学们如何学习数学：看懂书上的方法和推演只是肤浅的第一步，还需反复琢磨这些方法的实质，领会为什么采用这种方法能够成功，体会这种方法是怎样想出来的，然后再加以踏踏实实的练习，只有这样才能创造性地将这些方法应用到自己的专业中并发展新方法，否则只能模仿地应用。

　　张娟教授积极投身到教学改革的洪流之中，参加了学校数学课程复变函数与积分变换、常微分方程课程改革的各项工作。在教学模式上，实施了对不同专业、不同数学基础和需求的学生通过课堂教学和课外定向辅导相结合的方式进行分类分层教学。在教学内容的选择上，提出了适合华北电力大学的复变函数、积分变换、常微分方程的教学内容。在教学方法上，对一些教学内容采用教师重点讲授、课堂讨论、学生自学讲解，老师通过提问对学生进行引导的研究式、讨论式教学，取得了较好的效果，培养和提高了学生的自主学习能力与分析问题的能力。

　　在承担繁重的教学工作和教改任务的同时，张娟教授还长期坚持从事生物数学方面的科研工作，研究成果卓著。

李英骏

学校名称：中国矿业大学(北京)
主讲课程："大学物理"

个人简历

　　李英骏，教授，博士生导师。2013年全国百篇优秀博士论文指导教师。从教35年来，一直辛勤耕耘在教学一线，对学生言传身教，学术上严格要求，生活中关心体贴。每学期都亲自讲授本科生的《大学物理》等基础课程。科研上主要从事激光等离子体物理等方面的研究工作，作为学术带头人在 *Phys. Rev. Lett*，*Phys. Rev. A* 等期刊上发表论文160余篇，承担国家级科研项目9项。获得教育部自然科学二等奖、中国煤炭工业科学技术三等奖等。兼任北京市物理学会理事、北京高教理事会理事，教育部科技奖励评审专家，中国科学院物理研究所光物理重点实验室客座教授，国家高技术"863"计划"804"专题专家组成员。

先进事迹摘录

　　李英骏教授已经从事高等教育教学工作35年，一直在教学一线讲授公共基础课《大学物理》等课程。近5年来面向本校本科学生实际课堂教学年平均学时达126学时；研究生实际课堂教学年平均学时达150学时。

　　他热衷于教书育人工作，白天上课和处理日常工作，晚上组织学生读文献、召开研讨会，他办公室的灯总是最后一个熄灭。他非常关心青年教师成长，撰写了教学论文《新教师在大学物理教学过程中的常见问题》，并发表在《教育现代化》上。他指导的青年教师在中国教育工会北京市委员会举办的北京高校青年教师教学基本功比赛中取得了一等奖、最佳教案奖和最佳演示奖的好成绩。由于在教学工作中的贡献，获得学校的教学成果奖和优秀教学质量奖。组织辅导本校本科生参加全国部分地区大学生物理竞赛，屡次取得好成绩。由于他在教学科研工作中的突出贡献而被《中国矿业大学（北京）学报》专题采访报道。

　　李英骏教授治学非常严谨。他常说：物理选题可难可易，但物理模型首先必须自洽；其次数学推导和数值模拟必须是严谨的、经得起别人重复的；最后，必须符合实验结果或被实验所验证。他的学生的研究论文至少要反复讨论修改8次以上才可以投稿。他指导的研究生，1人获得全国百篇优秀博士论文奖，1人获得周培源基金会颁发的蔡诗东等离子体物理奖，1人获得德国洪堡基金资助，3人获得校优秀博士学位论文奖，2人获得校优秀硕士学位论文奖，1人成功入选中国工程物理研究院"双百人才工程"，1人成功入选河北省青年拔尖人才计划。他利用业余时间指导本科生完成学术论文3篇，一篇已发表在《中国科学》上。作为老师他希望"能指导出更多有思想的年轻人，做一盏照亮前路的明灯，指引着青年人不断成长"。

✳北京市高等学校教学名师奖获得者

陈建义

学校名称：中国石油大学(北京)

主讲课程："过程流体机械""过程装备与控制工程专业"

个人简历

　　陈建义，男，1965年9月生，教授、博士生导师，副院长，化工过程机械学科负责人；教育部新世纪优秀人才，享受国务院政府特殊津贴。1992年起主讲本科生"泵和压缩机""过程流体机械"以及研究生"高等流体力学""相似理论与模型试验方法"等课程；主持北京市教改及国家级课程建设项目各1项，译审《压缩机手册》1部；获校品牌课教师、校教学名师、校师德标兵等称号。科研方面致力于能源、化工领域多相流分离技术与装备的研究，主持或承担国家自然基金、"973""863"等课题多项，发表学术论文68篇[其中科学引文索引(SCI)、美国工程索引(EI)收录22篇]，授权发明专利4项；获国家科技进步二等奖1项，教育部自然科学一等奖1项，省部级科技进步一等奖2项、二等奖3项。

积极改革培养模式，创办过程专业卓越班

陈建义教授是学校首批"卓越培养计划"试点专业负责人，完成了许多开拓性的教改任务。从培养计划制订、学生选拔、实习改革到课程和实验室建设，进行了全方位的实践探索。自 2010 年创办以来，过程卓越班学风优良、成绩突出，有半数同学读研深造，毕业生深受用人单位好评。

研究教学规律，形成教学风格

陈建义教授注重教育理念的革新和教学方法的改进，并形成了鲜明的教学风格。他注重"理论联系实际"，强调知识的工程应用，并通过研讨式和案例式教学，让每个学生都参与其中，教学效果优秀。近年来承担了 1 项国家级、1 项北京市和 5 项校教改项目，发表 5 篇教改论文。

注重团队建设，培养青年教师

陈建义教授甘为人梯，除有计划地组织团队开展研讨、坚持听青年教师讲课外，还带领他们参加校际教学交流、课程培训以及企业调查，着力提升青年教师的教学水平。近 3 年来帮助青年教师申请教改项目 10 余项，发表教改论文 8 篇，获校优秀教学成果 2 项。

治学严谨，科研富有特色

陈建义教授治学严谨，勇于创新。他独创的丙烯腈新型旋风分离器综合性能国际领先，在国内市场占有率达 90%；他在 *Powder Technology* 上发表了迄今最准确的旋分器压降模型，在同类研究中被引率居第 4 位。他还获国家科技进步二等奖 1 项，省部级科技进步一、二等奖各 3 项，发表论文 68 篇，其中科学引文索引（SCI）和美国工程索引（EI）收录 22 篇。

忠诚教育，关爱学生

他以高度的责任感自觉践行"以学生为中心"的理念，精心准备每一节课、满怀激情讲好每一节课，并认真辅导学生和批改作业。他还通过"1＋1 助学圆梦工程"切实帮助家庭困难的学生。例如在他的帮助下，过程 13 卓越班的史晓磊同学不仅取得了优异成绩，而且被保送清华大学读博，成为该专业创建以来的第一人。他还积极指导大学生科技创新。2016 年他组织学生首次参加"全国过程装备实践与创新大赛"，取得 3 项一等奖、1 项二等奖。

陈建义教授师德高尚，治学严谨，忠诚教育，关爱学生，把全部的心血都奉献给了祖国的教育事业。

❀北京市高等学校教学名师奖获得者

王贵文

学校名称：中国石油大学（北京）
主讲课程："测井资料地质解释""资源勘查工程专业"

　　王贵文，男，1966年1月生，山西大同人。中国石油大学（北京）地球科学学院党委书记，教授，博士生导师。长期担任本科生学位必修课程"测井资料地质解释""测井资料采集、处理与解释"和研究生课程"测井地质学"的教学工作。获省部级教学成果奖1项，校级教学成果一等奖4项，二等奖3项，为中国石油大学（北京）优秀教师。近年来先后主持了50余项科研项目，包括10项国家级攻关项目，5项省部级重点项目和30余项横向科研合作项目。以第一作者或通讯作者身份在 AAPG Bulletin、Marine and Petroleum Geology 和《石油勘探与开发》等期刊上发表论文80余篇、编著《测井地质学》教材1部，2005年被教育部推荐为全国研究生教学用书，合著专著9部。获省部级科技进步奖9次。

先进事迹摘录

投身教学一线，打造精品课程

王贵文自 1990 年任教以来，先后为本科生主讲过"测井资料采集、处理与解释""测井资料地质解释"和"测井资料解释大作业"等课程。为研究生主讲"测井地质学"等课程。在长期教学实践中积累了丰富的教学经验，教学效果显著，主讲课程获中国石油大学(北京)精品课 1 项。

注重教学研究，推进实践教学改革

王贵文投身教学一线，长期坚持教学改革。他主持 4 项教改项目，参加 4 项教改项目，获教学类奖励 7 项。负责构建了校内实践教学平台和企业实践实训平台。其中"数字岩心实验教学系统"实现了"把油田岩心库搬到了学校实验室"；实体岩心实验室实现了"把野外地质剖面搬到了实验室"；地球物理资料地质解释应用平台则实现了"把油田工作站搬到了学校实验室"。在本科生的教学中实现了测井原理与方法—测井资料地质解释—测井地质解释大作业一体化的教学方式。与克拉玛依工程师学院合作搭建本科生卓越班实践实训平台，形成了特色鲜明的"一个核心、两类基地、三段培养课程、四大模块课程"的多元化培养模式。

教学与科研结合，促进教学革新

王贵文教研并重，实现教学与科研相互促进。近年来主持了 50 余项科研项目，在国内外著名期刊发表 80 余篇论文。立足于学科前沿，吸取国内外最新理论技术成果，将其运用到教学实践当中，并及时把科研成果融进课堂，更新教学内容，优化教学效果。

立足教学实践，编写优秀教材

他主编了《测井地质学》等教材，参编《沉积岩石学》和《储层表征与建模》等教材，目前正主编《测井地质学》(二版)等教材。

甘于奉献为学生、注重青年教师培养

执教 20 余载，以扎实的教学功底，严谨的教学态度，亲切的教学方式将全部的心血奉献给了祖国的石油教育事业。已培养硕士研究生 70 余名，培养博士生 7 名。做好青年教师的传帮带，指导的 3 名年轻教师目前均可主讲"测井资料地质解释"等多门课程。同时作为院教学指导委员会主任，在教学方法、教学手段上对年轻教师进行指导。

❋北京市高等学校教学名师奖获得者

樊运晓

学校名称：中国地质大学(北京)
主讲课程："安全工程""安全系统工程"

　　樊运晓，女，博士，中国地质大学(北京)工程技术学院安全工程教研室教授，第五届国家安全生产专家组成员，教育部工程教育认证专家组成员，澳大利亚科廷科技大学访问学者，从事安全系统工程与安全管理的教学与科研工作，研究方向为安全管理绩效、安全文化、风险管理与事故分析等，主讲"安全系统工程""事故预防与控制""安全管理学"等课程。

　　多年来积极推动安全工程专业与国际接轨，通过"走出去、请进来"为学生搭建一流的知识体系平台，近年走访本专业一流大学 10 余所，邀请国际著名专家学者来校授课 100 余学时。同时通过"走进去、带出来"的方式，与 10 余家安全绩效优异的国际知名企业建立广泛联系，为学生搭建了提升能力的实习/实践平台。

先进事迹摘录

　　樊运晓在教学工作中崇尚"君子务本"的原则，不仅教会学生知识，更教会学生做人，教会学生崇尚科学的精神，求真务实的态度，严谨创新的作风。2014年被评为校师德师风优秀教师。

学科建设

　　她积极摸索通才式安全工程专业培养模式，为学生搭建一流的知识体系平台和实践平台。近年来走访了Delft、Harvard等本学科国际一流大学10余所，邀请国际著名专家学者10余人来校授课。在GE、SHELL等国际著名企业为学生创建了实习、实践机会，学生们不仅学到先进的现场经验，他们更像星星之火一般把这些优秀的做法带回到课堂，带进我们的国有企业中，推进该学科与国际的接轨。

教学改革

　　"求木之长，必固其根本；欲流之远，必浚其泉源"是指基础的重要性。樊运晓在教学中注重教学改革，设计了教学讲授－项目实践－案例探讨－融会贯通的流程进行教学活动，采用教材为主－国外经典教材为辅－大量阅读文献－积极应用软件的方式夯实学生的专业功底，通过案例分析、现场实践模拟以及讨论分享、评论等方法培养学生解决问题并强化团队合作的能力。

　　她所教授的"安全系统工程"通过优质课程建设、双语课程建设，2008年被评为校精品课程，《基于learning by doing模式的安全系统工程教学改革》获校教育教学成果二等奖。

教材建设

　　樊运晓主编的《系统安全工程》被称为"十一五国家级规划教材"。2006年出版的《安全工程专业英语》是本专业第一本专业英语教材，多次印刷，已被数十所院校选用；2012年再版，在材料选取、内容注释、图书结构等方面进行了改进，成为向广大学生和专业爱好者介绍安全工程专业的相关理论技术的一个工具，更作为安全工程人员了解国际前沿进展的一个窗口。该教材获2014年中国石油和化学工业优秀出版物（教材）奖二等奖。

　　她翻译了欧洲健康与安全委员会"优秀教材"获奖图书 *Enhancing Occupational Safety and Health*，作为副主编编写了《注册安全工程师手册》，这两本书分别于2010年、2014年获中国石油和化学工业优秀出版物二等奖和一等奖。

✿北京市高等学校教学名师奖获得者

林 岩

学校名称：北京航空航天大学
主讲课程："自动化""自动控制原理"

个人简历

　　林岩，男，1955年5月出生，中共党员，工学博士，1983年2月毕业于北京航空学院分院，1988年2月和1999年6月毕业于北京航空航天大学获得硕士和博士学位，现为北京航空航天大学自动化科学与电气工程学院教授，博士生导师。长期从事控制理论的教学工作，为国家级精品课、国家双语教学示范课"自动控制原理"及教育部来华留学品牌课"线性系统理论"的负责人。主要科研领域为鲁棒控制、自适应控制理论及应用等。主持和参加过多项国家自然科学基金、"863"项目和"973"项目，在控制领域的国际顶级和重要期刊上发表科学引文索引(SCI)检索论文60多篇。

先进事迹摘录

林岩同志是北京航空航天大学自动化科学与电气工程学院智能系统与控制工程系的教授，作为控制理论与控制工程学科的核心教授长期从事控制理论的教学和科研工作，担任北京航空航天大学本科生"自动控制原理"国家级精品课、国家双语教学示范课程负责人及留学生"线性系统理论"留学品牌课负责人，在教学、科研和学科建设等方面均做出了突出的贡献。

林岩教授自担任"自动控制原理"课程教学组组长以来，带领教学组全体教师，在保持已有成绩的基础上，深入开展教学研讨工作，修订教学计划，改版《自动控制原理》教材，培养青年教师，使得这门课程始终保持优质的教学效果。同时，还以该课程为基础开展了双语教学示范课程的建设工作。2009年"自动控制原理"获得国家双语教学示范课程称号，自动控制原理课程组获得2010年度北京市"首都教育先锋"集体称号。

林岩教授始终坚持在第一线从事教学工作，他每学年都承担大量的本科生、研究生、留学生和专业硕士研究生课程的教学工作，教学工作繁忙。他给研究生讲授的"线性系统理论"课程，是控制理论与控制工程学科研究生的学位课程，对多数学生而言是一门难度较大的课程，但他的讲解认真、语言生动、深入浅出，得到学生普遍的好评。2009年"线性系统理论"获得校"研究生优质课程"称号。另外他还主讲过"鲁棒控制""研究生控制理论系列讲座"等课程。

林岩教授是博士研究生和硕士研究生的指导教师。在研究生指导过程中，他本着以学生为本的思想，在生活上关心，在学术上严格要求，始终把对学生的培养放在第一位。近年来，林岩教授指导的两名博士生获教育部学术新人奖、多名博士获得北京航空航天大学优秀论文奖项；指导的多名博士生获北京航空航天大学博士生创新基金，指导的三名外国博士研究生获北京市—北京航空航天大学留学生联合奖学金一等奖和二等奖。

林岩教授在学院的学科建设方面发挥着重要的作用，先后主持了多项国家自然科学基金、一项北京市自然科学基金，参加了两项国家自然科学基金重点课题及973项目，参加了北京市重点学科基金资助项目。作为国家自然科学基金重点课题的主要参加者，获得航空工业总公司1998年科技进步二等奖，在自动化领域国际顶级和重要期刊上发表科学引文索引（SCI）检索论文60余篇，译著一部。

林岩教授为人谦虚、待人诚恳。他豁达开朗的性格和平易近人的作风，得到学院师生的普遍好评。

❋北京市高等学校教学名师奖获得者

胥 国 红

学校名称： 北京航空航天大学

主讲课程： "英语演讲""外国语言文学"

　　胥国红，1968 年出生，教授，北京航空航天大学外国语学院修辞与交际系主任。1993 年北京航空航天大学外国语言学与应用语言学硕士毕业后留校任教至今。2012 年获得北京师范大学社会语言学博士学位。2014—2015 年在美国佛蒙特大学访学。

　　从事英语教学 20 多年，主讲大学英语、综合英语、英语演讲、英语辩论、高级英语、英汉交替传译、批判读写、语篇分析等大学本科和英语专业研究生课程。每年工作量不低于 384 学时，教学效果优秀，曾经荣获北京高校第二届青年教师教学基本功比赛和第四届北京航空航天大学青年教师教学比赛二等奖。

　　胥国红是北京航空航天大学首批教学型教授和最早的优秀主讲教师，在教改方面成绩卓著，带领英语精英班团队多次荣获北京航空航天大学教学成果一等奖，并指导北京航空航天大学学生多次在全国英语演讲和辩论大赛上荣获特等奖和一等奖。

先进事迹摘录

胥国红老师在 24 年的教学生涯中，始终秉持对教育事业的热爱和奉献，从未停止对卓越教学艺术的追求。

从站上讲台的那一天起，她就暗暗发誓要做一名优秀的教师。为此她不断地钻研教学法，观摩学习同行的课堂实践，参加各种教师培训班研讨班和青年教师基本功讲课比赛，不断从语言水平、业务能力、教学理论等各方面提高自己。功夫不负有心人，她以自己出色的教学表现，不到三十岁就将各大教学奖项收入囊中，成为外语学院最年轻、最优秀的教师之一。2003 年为外研社全国大学英语教学理论与实践暑期研修录制《新视野大学英语》讲课示范录像，全国发行。2006 年受聘担任外研社青年教师暑期培训指导教师。

从 2009 年开始，胥国红受学院委托组建北京航空航天大学英语精英班，并以此为试点，探索通过英语演讲辩论培养学生领导力、批判思辨能力和跨文化交际能力的教学模式。为此，她每年投入大量的节假日时间，组织各种演讲辩论培训，虚心向国外演讲辩论专家学习，从最基本的知识开始，以一个新人的姿态和学生同场竞技，一点点地提升自己的演讲辩论能力和相关教学理论知识。在 2014 到 2015 年去美国佛蒙特大学访学期间，她师从佛蒙特大学"演讲与辩论"项目负责人 Alfred Snider 教授，跟随大学辩论队参加了十几场辩论赛，终于从一个门外汉成长为全美大学生辩论赛的晋级裁判。她的点评让哈佛、康奈尔等名校的优秀辩手心服口服。

胥国红于 2011 年被任命为修辞与交际系主任，组建了中国大学外国语学院下开设的第一个修辞学专业。从培养方案的制定、课程设置、教师培训到学生的教学管理，她虚心学习，勇于探索，克服了各种困难，2019 年培养出了第一批毕业生。11 名学生中 8 人被卡耐基梅隆、约翰霍普金斯、清华等名校录取继续读研，3 名学生进入商飞等知名企业工作。她还负责修辞引智平台的建设，先后邀请了十余名国外知名修辞、交际、写作方面的教授前来讲学。

作为精英班团队的负责人，胥老师无私帮助了一批青年教师参加讲课比赛，参与教改项目，申请出国访学，为提高北京航空航天大学的整体外语教学水平做出了突出的贡献。

❋北京市高等学校教学名师奖获得者

张艳丽

学校名称：北京理工大学

主讲课程："程序法""民事诉讼法"

个人简历

　　张艳丽，女，北京理工大学法学院教授，博士生导师。1983 年 7 月毕业于西南政法大学。自此先后任教于中国政法大学和北京理工大学。兼任中国法学教育研究会理事、中国民事诉讼法学研究会理事、中国仲裁法学会理事、北京市破产法学会常务理事、中国行为法学会行政执法研究会副会长、北京市科技法学会副会长。主要研究领域是民事诉讼法、破产法、司法制度。主要教授课程是民事诉讼法、破产法、民事诉讼法专题等。在法律出版社、北京大学出版社等国家一级出版社出版《民事诉讼原理与制度》《民事诉讼法》《破产欺诈法律规制研究》等专著、教材 6 本。在《中国法学》《政法论坛》《法学杂志》等核心刊物发表学术论文 40 余篇。曾经获得教育部、中国法学会、北京市教委等教育教学科研奖励 6 项。

先进事迹摘录

　　张艳丽教授从事我国法学教育教学30余年，是我国民事程序法律制度研究领域专家。在长期的教学实践当中探索确立"法学本科教育目标与教学方式"，主持安排学校校外实践基地建设，建立法学院与司法实务部门的"校内外联合培养机制"，探索"理工类院校应用型、复合型法律人才培养模式"，并得到很好的推广和应用。

　　她坚持以本科教学为本，长期站在本科教学第一线，爱岗敬业、关爱学生、教风端正、为人师表，坚持以"法律人"的标准严谨笃学，教育教学成果突出。她担任法学本科核心课程主讲，坚持教学与科研相结合，出版专著和主编教材6部，在核心期刊发表学术论文40余篇，主持中国法学会等部级研究课题4项，曾获教育部等部级奖励6项。2014年主编的普通高等教育精编法学教材《民事诉讼法》获得北京理工大学优秀教材一等奖；2003年被评为北京理工大学"三育人"先进个人。

　　她关注法学教育教学改革，在法学院确立了"理论与实践相结合""校内与校外相结合""基础与特色相结合"的教学方针，推动了法学院法学实践教学的发展。2007年《法学本科教育目标与教学方法》荣获"第一届中国法学教育研究成果"三等奖；2013年《理工类院校应用型、复合型法律人才培养模式》获得北京市高等教育教学成果二等奖等。

　　她注重理论与实务教学团队的建设，带领法学院开展"模拟法庭""法律诊所""校外实践基地"实践教学平台建设，完善学院"校内外联合培养机制"和教学方案，组建"学生、教师、法官"三位一体的教学模式，组建校内校外理论和实务相结合教师队伍，实行对学生的"双导师制"。她带动的诉讼法理论与实务教学团队和教学平台建设，为法学院开展应用型法律人才的培养奠定了基础。

　　她致力于法学教学方式的改革和研究，确立成果导向教育指导之下"法学专业培养目标及其保障措施"，积极申报和落实法学教育教改立项10余项，"模拟法庭教学与运用"等教改成果获得多项校级奖励。她在诉讼法教学活动中贯彻法律实训课程、模拟法庭训练、法律诊所教学、"第一课堂"与"第二课堂"结合、"实体法"与"程序法"结合、"个案全过程教学法"等教学方式和手段。科学合理教学手段的运用，不仅使教学效果受到学生一致好评，而且提升了学生对法律职业的热爱和科学创新积极性，促使学生在历年的国际国内模拟法庭比赛、学科竞赛中获得冠军、一等奖等佳绩。

❋北京市高等学校教学名师奖获得者

薛 庆

学校名称：北京理工大学

主讲课程："计算机科学与程序设计""计算机基础领域"

个人简历

　　薛庆，北京理工大学工业工程专业负责人，系副主任、副教授。主要社会兼职有中国机械工程学会工业工程分会高级会员、中国人类工效学学会管理工效学分会专业委员会委员、国际工业工程学会(IIE)会员。

　　1985年本科毕业于清华大学，1991年硕士毕业于北京理工大学并留校任教，其间获工学博士学位，研究方向为人因工程。

　　一直作为主讲教师承担"计算机应用基础"等校公共基础课(含双语)的教授。每年主讲"工效学"等多门专业核心课(含双语)。多年开设校实验公选课，主讲校首批慕课课程"C语言程序设计"。近3年年平均教学工作量大于190学时。

　　作为核心成员获国家级优秀教学团队称号，获北京市优秀教师、北京青年教师教学基本功比赛一等奖在内的市级教学奖10余项，并获校各类优秀教师奖多项。主持市教改立项1项和校教改立项多项，曾主编出版北京市高等教育精品教材1部、参编1部。

先进事迹摘录

　　为师有爱，施教有法，育人以理，是薛庆老师对大学老师师德的理解，也是她一贯坚持的原则。她热爱教学，认为爱岗敬业是师德的基础，教书育人是师德的载体。从教20多年，每年主讲多门本科生课，2002年作为留学基金委首批赴美双语教学培训的访问学者，回国后立即开设双语课程。承担学校首批MOOC"C语言程序设计"的主讲，近年来年平均教学工作量达190学时以上。

　　她关爱学生，因材施教。将学生和所教的课程作为生活最重要的部分，对不同年级的学生给予多种形式的引导和关注。对待每一堂课都如同第一次上讲台那样认真，制作从内容到表现形式都丰富美观的课件，她课堂内容丰富，形式生动，信息量大。

　　她精心钻研教学，主持了北京市教改立项和校教改立项重点项目多项，建立了专业课程网站，多年来始终在专业内实施推广研究型教学，发表了教学论文。

　　她承担了多项兵器预研项目，以第一作者发表科学引文索引(SCI)，美国工程索引(EI)论文多篇，科研成果丰富了她的教学案例。

　　她有很强的英语交流能力，多次赴国外大学交流，成功建立了新的本科生交流项目，特别是实践教学的国际化项目，取得很好效果。

　　作为系主管教学的主任、专业负责人，她有很强的示范引领作用，严格教学管理，关注青年教师培养，精心指导青年教师如何上好课。

　　她亲切和蔼，学生说她上课时脸上始终带着笑容，她用自己的知识吸引学生，用自己的言行感染学生，多次获市级、校级各类奖，三次在学校"我爱我师"中获优秀教师，学校首届"感动北理，激励你我"活动中获优秀教师，多次被学生评为最美教师。

　　2011年，她被诊断出癌症，检查期间她淡定坚持上课，直到住院。她以非凡的毅力坚强、乐观地渡过了化疗、手术、放疗全部的治疗过程。这期间，她没有中断对工作的关注，力所能及地坚持部分教学工作，治疗结束后，她戴着假发就全身心投入教学工作中。学校校报曾以"生命如诗，爱亦如歌"为题报道了她的事迹，结尾是"在爱与奉献的这堂课上，她以爱岗敬业的奉献精神在教育的天地里书写自己的人生传奇"。

❋北京市高等学校教学名师奖获得者

王美玲

学校名称：北京理工大学

主讲课程："电子技术基础""控制科学与工程"

　　王美玲，女，1970年1月出生。北京理工大学自动化学院教授，博士生导师，长江学者特聘教授，教育部跨世纪优秀人才。教育部电气专业教学指导委员会委员，工信部研究型教学创新团队负责人，教育部创新团队负责人。

　　先后在北京理工大学获得工学学士、硕士和博士学位。1995年留校以来的20多年一直工作在一线教学科研岗位上。主讲本科核心课程"电子技术基础"、研究生专业课程"卫星定位导航系统与地理信息系统"，主持教改项目7项，发表教改论文10篇，获北京市教育创新标兵称号。主要从事组合导航与智能导航、新型传感与检测技术方向学术研究，为《自动化现代技术》《指挥与控制学报》编委，全国高等学校电子技术研究会常务副理事。

先进事迹摘录

教学团队是提高教学水平和质量的有力保障。王美玲教授筹建了导航与控制专业研究型教学创新团队，通过建立团队合作机制，改革教学内容和教学方法，开发教学资源，推进教学工作的传帮带和老中青相结合，提高教学水平。团队入选2016年度工业和信息化部研究型教学创新团队。

本科教育是根，构建本科核心课程体系。王美玲教授是电子技术教学研究所所长，该所承担全校9个学院、17个专业本科核心课程"电子技术基础"，她精心构建电子技术课程体系，改革教学内容、教学模式。她一直担任电子技术课程的主讲教师，主持多项教改项目，荣获北京市教育创新标兵、学校"我爱我师"——我心目中最优秀的教师称号。为国家级规划教材《数字电子技术基础》的副主编，此书自出版以来已印刷8次，共计2.1万多册，80多所院校选为指定教材。

科教融合是高等教育强国建设的必然选择，科研反哺教学。作为研究型大学的教师，在开展高水平科研工作，取得高水平研究成果的同时，也注重及时把自己的研究成果、国内外研究动向以及科学方法融入教材，引进课堂和实验室，不断丰富、充实教学资源，为培养高水平、创新型人才奠定坚实基础。王美玲教授为教育部长江学者特聘教授，教育部创新团队负责人，主持国家自然科学基金重大科研仪器研制项目、重大研究计划培育项目等多项；获得国家科学技术进步奖2项，国防科学技术进步奖8项，北京市科学技术奖3项；获茅以升青年科技奖等；发表学术论文50余篇，授权专利12项，受理专利10项。她以科研反哺教学，以教学需求促进科研进展。

借助国家级研究平台，采用多种模式提高学生科研创新能力。平台是学生创新的基础，基于"从基础到专业，从自主研发到国际联合"理念，搭建了一套完善的、形式多样的、内容丰富的、结构合理的电子技术综合实践平台。指导学生参加大学生电子竞赛、挑战杯等多种比赛，入选首届"小平科技创新团队"，获日内瓦国际发明金奖、工信创新奖学金、大学生电子竞赛全国奖10余项。

❋北京市高等学校教学名师奖获得者

曹 英

学校名称：中国人民公安大学

主讲课程："政治学"

曹英，男，湖北蕲春人，1966年1月生，中共党员，1991年7月由中国人民大学毕业分配至中国人民公安大学公安管理学院工作至今，2010年聘为硕士研究生导师，2012年聘为教授。从教以来，承担了"政治学""当代中国政治制度""公共政策分析""中国政治思想史""警察文化概论"等多门专业课程的教学任务；独立出版学术著作10部，发表核心期刊论文18篇。

曹英自2012年起，被聘为公安大学教学督导团专家，2015年起聘为公安党建研究所研究员。其学术品格和学术造诣广受认可，是一位在学生中享有很高声誉，并得到同仁广泛赞誉的有理想信念、有道德情操、有扎实学识和仁爱之心的优秀教师。

先进事迹摘录

注重师德修养，坚持教书育人、为人师表

曹英同志政治立场坚定，热爱公安教育事业，在教学一线工作已有 26 年；爱岗敬业，忠于职守，师德高尚，为人师表，责任感、事业心强，严谨笃学，富有创新协作精神；作为教师，坚持立德树人，以学生为本，真心关爱学生，严格要求学生，特别注重引导学生实现道德培育与知识积累的有机结合，被学生视为良师益友。

爱岗敬业、严谨治学，教学、科研成绩卓著，享有较高专业声望

曹英同志长期承担"政治学基础""公共政策分析""中国政治思想史"等多门课程的教学任务，对象涵盖本科、研究生、高级警官培训等多个层次。教学紧扣时代要求，内容自成体系，高度注重知识逻辑、实际问题的紧密结合，将党的宗旨、习近平总书记系列重要讲话精神与公安部党委的重大战略部署贯穿到课堂教学中，形成独特教学风格；自觉指导和帮助中青年教师不断提高教学水平，以优质课程、精品课程建设和科研项目研究为载体，组织、指导青年教师参加科研活动，已形成以其为核心稳定的科研团队，所讲课程成为示范性课程。

曹英同志注重教育教学研究，致力于公安管理学科专业建设及相关研究工作，主持完成本科"政治学优质课程"建设、研究生"政治学精品课程"建设；参编的《公安学通论》《警察政治学》《公安领导科学》等教材，为公安学一级学科建设做出积极贡献；2011 年获学校教学比赛高职组第二名，2015 年讲授的"政治学研究"获得全校研究生课程教学质量一等奖；2014 年讲授的"政治学概论"获评教育部马克思主义理论研究和建设工程重点教材建设相应课程"精彩一课"；2012 年以来被聘为学校督导团成员，2013 年被聘为学校十八大精神宣讲团成员，2015 年被聘为公安党建研究所研究员。

曹英同志科研成果卓著，独立著有学术专著 10 部，主持、参与完成部级项目 4 项，独立发表论文五六十篇，其中核心期刊论文 18 篇；多次赴公安部及基层公安机关授课，多次参与公安业务高级咨询，享有较高学术知名度。

❋北京市高等学校教学名师奖获得者

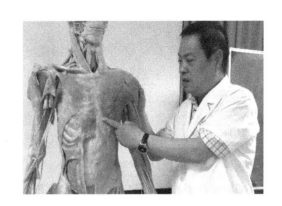

徐 刚

学校名称：北京体育大学

主讲课程："运动解剖学"

个人简历

　　徐刚，男，北京体育大学运动解剖学教研室教授。多年来一直从事青少年生长发育与体育、儿童青少年骨骼发育评定、运动选材、国民体质与运动健身和运动解剖学等方面的研究与教学工作。关于儿童少年生长发育12年追踪研究（1981—1993），获得国家体育总局科技进步三等奖，北京体育大学科研成果特等奖。编著的《运动员科学选材学》入选国家体委科学技术成果专集，获国家体委科技进步三等奖，北京体育大学科研进步一等奖。2002年至2006年参与的"影响儿童身心健康新的因素与机制的研究"为"十五"教育部资助重点课题。参与完成了国家科技部重大课题"国民运动科学健身系统研究与应用""我国潜优势运动员科学选材的研究"等研究工作，其中"国民运动科学健身系统研究与应用"获中国体育科学学会科技进步一等奖。2014年到2015年承担教育部"网络教学环境对学生身心健康的影响"课题。多次参加全国青少年乒乓球、羽毛球、网球、足球、游泳、艺术体操等项目的骨龄鉴定工作，并承担北京市司法骨龄鉴定工作。担任北京解剖学会常务理事，副理事长。

先进事迹摘录

　　徐刚老师自1985年参加工作以来，一直在教学一线从事运动解剖学等课程教学工作。在教学工作中，与教研室教学团队密切合作，忠诚党的教育事业，做到教书育人，并且把这种教育融到课程的教学过程中。

　　他在课堂教学中根据学生的特点，教会学生学习和思考问题的方法，帮助学生尽快实现由中学生向大学生的转变，尽快适应大学的学习、管理和思维方式。根据不同班级学生运动专项的特点，选择同学熟悉的动作，分析运动中运动环节、关节、运动肌群的协作关系，并根据同学在日常生活和运动训练、管理中的经验及存在问题，讲述内脏、循环、感官、神经及内分泌系统。他运用夸张、幽默的语言感染学生，同时为了增加学生的记忆能力，向术科教师学习，编写口诀，方便同学记忆，提高学习兴趣。

　　为了适应学科不断发展变化的情况，徐刚积极学习更新知识，进行科学研究，更新教学方法。他完成了人体解剖学、运动解剖学、骨骼发育评价技术与方法、运动选材学、生长发育学等课件的制作，完成人体骨骼年龄评价方法教学课件、实验练习及计算机考核系统的设计及实施，这些系统已经应用到教学实践中。他与教研室的同志一起共同创建运动人体展室，成为北京体育大学教学的一个亮点。

　　在教学之外，徐刚深入钻研儿童青少年生长发育测评方法技术和骨龄评定方法，目前，这两项研究处于全国先进水平。儿童青少年生长发育测试、评价、促进与身高预测等技术，在其成果转化中，取得良好的社会效应。

❋北京市高等学校教学名师奖获得者

苗向军

学校名称：北京体育大学
主讲课程："篮球"

个人简历

  苗向军，男，1971年生，博士、博士后。现为北京体育大学篮球教研室教授、博士生导师。在高校从事教学工作二十多年，主讲本科生、硕士生、博士生篮球课程。2007年毕业于北京体育大学，获博士学位。2007年至2010年在北京师范大学教育学博士后科研流动站从事博士后研究。2013—2014年在美国密歇根大学运动科学学院留学。国家体育总局优秀中青年专业技术人才百人计划培养对象。获中国博士后基金一等奖、教育部第七届高等学校科学研究优秀成果奖二等奖、北京市第六届教育科学研究优秀成果奖三等奖、国家体育总局优秀国家级裁判员等多项奖励。主持国家社科基金等国家级课题3项。

先进事迹摘录

　　苗向军为北京体育大学篮球教研室教授、博士生导师。长期工作在教学一线,教学成效显著。从1993年7月参加工作至今,一直在教学一线岗位辛勤耕耘、无私奉献。在教学和日常生活中,该同志一贯坚持以德为先,始终把教书育人、立德树人作为一名老师的主要责任。率先垂范、以身作则,并把这种责任贯穿到平凡、普通、细微的教学之中,引导和帮助学生把握好人生方向。在教学过程中,对学生严格要求、一视同仁,尊重个性、因材施教;在日常生活中,对学生充满仁爱之心,对困难学生积极帮扶。不断更新知识结构和教学训练内容,改进教学训练方法,引进美国、欧洲等国家和地区先进篮球教学和训练理念、方法和手段,教学、训练成效显著,所带篮球专项训练队多次蝉联校篮球联赛冠军,为国家培养了一大批高级篮球专门人才。该同志爱岗敬业,从教20多年,从未出现过迟到、缺课、早退以及其他教学事故。历年学生评教成绩和专家评价成绩均为优秀等级。

　　苗向军同志科研能力突出,科研成果丰硕,并将科学研究与人才培养紧密结合。入选国家体育总局优秀中青年专业技术人才百人计划。近年来,主持国家社会科学基金等国家级课题3项,主持教育部人文社会科学研究项目、国家体育总局科技攻关及体育哲学社会科学项目等省部级课题6项。作为主要成员参加5项国家社会科学基金重大项目研究、4项国家科技支撑计划项目课题,17项国家自然科学基金、国家社会科学基金、教育部等国家级、省部级课题。在国内核心期刊发表论文20余篇,国内外重要学术会议发表论文20余篇;出版专著2部,出版教材和其他著作18部。获中国博士后基金一等奖、第七届高等学校科学研究优秀成果奖二等奖、北京市第六届教育科学研究优秀成果奖三等奖、天津市第五届优秀调研成果二等奖、山东省科技进步三等奖等奖励。

　　苗向军同志积极参加各类社会服务活动,被国家体育总局聘为2011—2020年《奥运争光计划》研制专家组专家,被国家标准委聘为全国体育标准化技术委员会委员。

✹北京市高等学校教学名师奖获得者

曾 煜

学校名称：中华女子学院

主讲课程："政治经济学""金融学"

个人简历

　　曾煜，经济学硕士，教授、研究员，任现职 12 年，从事高等教育工作 32 年。2007 年至 2009 年为江西省高等学校中青年学科带头人。

　　1991 年 6 月至 2009 年 8 月在江西师范大学任教，任江西师范大学政法学院和财政金融学院硕士研究生导师。讲授"当代经济理论与中国经济发展研究"等研究生课程，"政治经济学""经济法"等本科生课程。

　　2006 年 9 月至 2007 年 7 月，在北京大学经济学院做高级访问学者。

　　2009 年 8 月至今，在中华女子学院任教，讲授"金融市场理论专题"等研究生课程，讲授"政治经济学""金融法"等本科生课程，为大学生开设"我国当前经济热点问题分析"等讲座。

　　承担对青年教师、研究生及本科生指导等人才培养工作。每年超额完成课堂教学工作量和其他教学工作量，课堂教学质量测评每年均为优秀。现兼任中华女子学院金融系分工会主席。

先进事迹摘录

曾煜教授从事高等教育 30 多年来，爱岗敬业，坚持教书育人，积极承担学校的教学和科研工作。遵循"教研相长"的原则，在教学中发现问题，通过科学研究解决问题，把研究成果应用到教学实践中，使教学与科研相互促进。

教学工作

一是积极承担了金融学、会计学等专业本科生"政治经济学"学科基础课程，承担了金融专业本科生的"金融法"等专业课程及金融专业研究生"中国经济发展研究""金融市场理论专题"等专业课程的课堂教学工作。为大学生开设"我国当前经济热点问题分析""家庭理财"等专题的学术讲座，长年坚持为本科低年级授课。二是积极承担了对青年教师教学与科研的指导工作，以及对研究生和本科生（双学位学生）的社会实践实习、学年论文、毕业论文、大学生创新创业项目及大学生挑战杯竞赛等人才培养工作（大学生创新创业项目获得优秀，大学生挑战杯竞赛项目分别获得一等、二等奖项）。三是在教学内容和方法上不断创新，注重培养学生分析问题和解决实际问题的综合素质和能力，使学生成为真正的主体。

每年超额完成课堂教学和其他教学工作量，年均工作量 450 余课时。教学效果受到学生的好评，课堂教学质量测评每年均为优秀。

科研工作

一是主持完成教育部人文社会科学研究规划基金项目"QFII 进入对我国金融业的挑战及对策"（06JA790046）、北京市教育科学"十一五"规划重点项目"我国产业结构调整给女大学生就业带来的机遇与挑战研究"（ADB10103）等省部级课题 10 余项。二是发表学术论文 30 余篇，以独著或第一作者身份在中文核心（CSSCI）期刊上发表《供给侧改革背景下绿色信贷的制度创新》《资本市场开放下提高我国证券公司竞争力研究》《产业结构调整与女大学生就业》等 20 余篇。三是出版专著 2 部，合计 70 余万字。四是获科研成果奖 4 项，其中获省部级科研成果二等奖 2 项。

在学科建设中起到带头作用，2007—2009 年度被评为省部级高等学校学科带头人。

社会兼职工作

曾煜教授为省部级社会科学通讯评审专家，兼任中华女子学院金融系分工会主席。

※北京市高等学校教学名师奖获得者

冯 琦

学校名称：中国科学院大学

主讲课程："线性代数"

个人简历

　　冯琦，中国科学院数学与系统科学研究院研究员，中国科学院大学岗位教授。1988 年在美国宾州州立大学获博士学位。曾任新加坡国立大学讲师、高级讲师，并获永久教职。1997 年底从新加坡国立大学辞职到中科院数学所任研究员。曾任中科院数学所副所长（1999—2002）。曾任德国柏林洪堡大学 MerCator 客座教授。主要从事数理逻辑和公理化集合论研究。在关于实数集正则性研究领域曾同国际上著名的数学家 Magidor、Woodin 两人一起做出过开创性的奠基性的工作；在无穷组合理论方面取得非常优秀的结果；在大基数和印证原理研究方面做出过一系列的非常精彩的工作；在连续统假设的研究工作中同国际上著名的数学家 Woodin 合作做出过十分复杂的工作；在内模型理论研究领域同国际上著名的数学家 Jensen 合作构造出一个相当复杂的内模型。2000 年获国家基金委杰出青年基金资助，2003 年入选中国科学院百人计划。曾是国家基金委重点项目主持人。曾任国际符号逻辑协会东亚分会理事长，并于 2004 年当选为国际符号逻辑协会理事。

先进事迹摘录

　　冯琦，中国科学院数学与系统科学研究院研究员，中国科学院大学岗位教授。曾是国家基金委重点项目主持人，于 2004 年当选为国际符号逻辑协会理事。留洋十余载，不忘国恩，1997 年底从新加坡国立大学辞职到中科院数学所任研究员，长期奋战在科研一线，兢兢业业，默默奉献。在实数集正则性研究等多个领域业绩突出，成果斐然，在中国数学界做出了许多重要的研究成果。

扎根本科教学，勇挑重任

　　作为本科生线性代数的老师，第一堂课前，他总是要提前做功课，了解班内学生情况，提前"踩点"，熟悉教学环境，不辞辛苦，为给学生答疑，家里和学校 90 分钟的路程往来奔波，半夜给学生回邮件，凌晨四点传讲义，竟为常态。与同学为友，课间闲暇，畅聊哲学，谈笑风生，学生们都亲切地称其为"琦叔"。创新教学方法，他讲课逻辑清晰严密，每个概念定理都讲得清清楚楚，课堂上善于启发思维，常鼓励学生多思考，多提问，获得学生一致好评。

细心严谨，敢以人师为榜样

　　国内外高校长期从事教学科研工作，让冯老师养成了科学严谨、一丝不苟的习惯，以至于和同学们交谈时，说话顺序都不能颠倒，这给学生们留下了深刻印象。"大学五问"由近及远，有对考试学习的辨析，也有对四年大学生活该如何规划的发问，还有对未来人生的思考，贴近实际，展望未来，语言亲切，为学生立起了"乘风破浪会有时"的灯塔和信心。冯老师言传身教，注重学生思维和情怀的培养。他不仅是学生的授课教师、学业导师，更是学生的人生导师。

※北京市高等学校教学名师奖获得者

宋晏蓉

学校名称：北京工业大学

主讲课程："光电子学"

个人简历

    宋晏蓉，教授，博士生导师，微纳光子技术研究所副所长。《中国激光》《中国科学》《中国物理快报》等杂志评委，国家科技奖励评审专家。天津大学学士、山西大学光学博士、澳大利亚麦觉里大学激光应用中心博士后。

    任教以来，不同时期为本科生讲授"激光原理""光电子学""线性代数"等9门课程，涵盖公共基础课和专业课，形成了自己独特的教学风格。获北京市教育教学成果一等奖，北京市精品课程主讲教师、北京市优秀中青年骨干教师、山西省优秀青年骨干教师、北京工业大学教学名师。目前主持学校教改项目1项、国家自然科学基金1项、国家自然科学重点项目子课题1项。

先进事迹摘录

　　宋晏蓉，北京工业大学应用数理学院、信息光电子系教授、博士生导师，微纳光子技术研究所副所长。从教近三十年来一直工作在教学第一线，本着"传道，授业，解惑"的职责，严谨治学，精心施教。在教授学生系统专业知识的同时，激发学生积极性和创造性，改进教学方法，提高教学质量，在教学、科研和教书育人工作中取得了突出成绩。

　　教学方面

　　她主讲了"光电子学""激光原理""线性代数"等 9 门课程及研究生 2 门课程，从学校公共基础课到专业课，认真对待每一门课，兢兢业业、认真上课。秉持教学相长、教学与科研相互促进的原则，提出了"框架式"教学方法，教学效果优秀，受到学生好评。

　　人才培养方面

　　2014—2016 年共指导 9 名本科生毕业论文，其中 1 名获学校优秀论文；指导本科生杰出学子 5 名。目前指导在读硕士生 6 名，博士生 4 名。已指导毕业博士 3 名，1 名获北京工业大学优秀博士论文；毕业硕士 20 名，4 名获北京工业大学优秀论文。1 名研究生获国家奖学金，2 人获北京市优秀毕业生。注重培养青年教师，本课程组 3 名青年教师均成长为本学科的骨干力量。

　　科研方面

　　她主要从事新型激光器与超快过程研究，目前主持国家自然科学基金 1 项、国家自然科学基金重点项目子课题 1 项、作为主要成员参与国家"973"项目。作为项目负责人及主要成员已完成国家自然科学基金、省部级自然科学基金及国家"973"项目、"863"项目、国家基金重点项目多项。在国内外核心期刊发表论文 90 余篇；获国家发明专利 5 项、实用新型专利 5 项。发表的文章一篇被 Nature 子刊 *Nature Photonics* 作为亮点引用，另一篇文章的成果被 *Nanophotonics* 评价为迄今为止获得的最窄脉宽。2012 年，在意大利罗马的国际会议 OPTICS 会议获大会最佳论文奖。

　　在教学管理、学科建设上，积极参与专业教学培养方案的制定与修改、学科点评估、培养方案等活动。作为系主任，组织参与了光学工程国家重点学科、北京市光学重点学科建设，为本专业高质量的教学提供了优质平台。信息光电子系在 2014 年获北京工业大学先进基层单位称号。

✿北京市高等学校教学名师奖获得者

吴水才

学校名称：北京工业大学

主讲课程："生物医学信号处理"

　　吴水才，男，江西九江人，1964 年 9 月生，北京工业大学生命科学与生物工程学院教授、博士生导师。2000 年博士毕业于华中科技大学生物医学工程专业，博士论文被评为湖北省优秀博士学位论文。自 2000 年 7 月博士毕业到北京工业大学工作以来，一直从事生物医学电子与信息处理方面的教学和科研工作。2005 年入选北京市中青年骨干教师。现任北京工业大学生命科学与生物工程学院副院长（主持工作），兼任北京市医疗器械评审专家委员会委员、中国医学装备协会医学装备技术教育分会常务理事、中国医药信息学会北京分会副理事长、中国仪器仪表学会医疗仪器分会理事、中国电子学会生命电子学分会理事、北京生物医学工程学会理事等学术职务。

先进事迹摘录

　　吴水才教授从教 26 年来一直工作在本科教学第一线，热爱教育事业，在学科专业建设和教育教学上取得突出成绩。2001 年负责创建了北京工业大学生物医学工程专业，2002 年负责完成生物医学工程专业教学实验室的建设，2006 年被评为北京工业大学"十五"期间教学基地建设先进个人。2002 年至 2015 年一直负责生物医学工程专业的建设工作，2008 年该专业成为北京市特色专业。学科专业建设成果获北京市教育教学成果一等奖 1 项、二等奖 1 项。吴水才教授注重教书育人和教学改革，主编出版教材和专著 4 部，目前已指导研究生 65 名，其中已毕业博士生 6 名、硕士 36 名。2005 年被评为北京市中青年骨干教师，2009 年主讲的"生物医学信号处理"课程被评为北京工业大学精品课程，2012 年获北京工业大学优秀教师称号。

　　吴水才教授是生物医学电子与信息处理方向的学科带头人，曾被聘为北京工业大学本科教学指导委员会委员（2006—2011 年）和专业学位研究生教育指导委员会委员（2013—2016 年）。他积极参与生物医学工程学科建设，注重对青年教师的培养。担任教学副院长期间，负责生命学院青年教师的培训和教学考核工作，协助青年教师指导研究生。2007 年参与建设的生物医学工程学科成为北京市重点学科，指导的青年教师有 1 人被评为北京市科技新星、2 人入选北京市优秀人才培养计划、2 人入选北京工业大学"日新人才计划"。指导 3 名青年教师在职攻读博士学位，其中有 1 名已毕业。2016 年 6 月至今，吴水才教授在生命学院主持工作，负责生物医学工程学科建设和师资队伍建设工作。

　　吴水才教授作为负责人主持国家自然科学基金国际（地区）合作项目和面上项目各 1 项、北京市自然科学基金 2 项和其他省部级科研基金项目 10 余项，作为骨干主持 973 项目子课题 1 项、科技支撑项目子课题 2 项、国家自然科学基金仪器专项子课题 1 项。已在国内外核心学术期刊发表论文 100 余篇，申请、授权专利 14 项，获 15 项计算机软件著作权。

❋北京市高等学校教学名师奖获得者

马　礼

学校名称：北方工业大学
主讲课程："计算机组成原理"

　　马礼，教授，北方工业大学信息学院院长。2016年被评为北方工业大学教学名师。1992年获北京理工大学计算机应用学士学位，1999年获中北大学系统工程硕士学位，2006年获北京理工大学计算机应用技术博士学位，2008年清华大学计算机科学与技术博士后流动站出站。现为中国计算机学会理事，CCF物联网专委、教育专委会委员，北京市高等教育学会计算机教育研究会理事。从事计算机科学与技术方面的教学与科研工作，研究方向包括分布式信息处理、物联网等。先后获省级教学成果二等奖2项，全军科技进步三等奖1项，发表学术论文87篇，科学引文索引（SCI）、美国工程索引（EI）收录36篇，主编并出版了《计算机组成原理与系统设计》等教材4部。

先进事迹摘录

马礼始终牢记培养高质量人才的使命，承担的计算机组成原理是计算机类专业的核心课，对于培养学生形成系统概念，掌握计算机核心设计思想十分重要，同时也是理解操作系统、编译原理等后续课程的重要基础。但教好、学好这门课不容易！为了教好课程，像对待自己的孩子一样，从学生的角度，时刻想着怎样让同学们学到更多。

关爱学生，注重能力培养

每次开课之前，马礼总是提前与学生沟通，了解他们对相关知识的掌握程度。结合对先修课程的要求，适时提醒和督促学生，明确指出他们需要掌握的内容，对不熟悉和遗忘的，为学生提供课外辅导并指定具体学习的知识点、参考书和资料；在课程进行过程中，随时了解学生学习状况，及时调整，有针对性地安排教学进程。

深入钻研，精通课程内容

为了讲好每一节课，他对待备课总是一丝不苟。虽然同样的课程已经讲过了很多次，但技术进步很快，每次备课都需要认真对待。为满足同学们对新知识的渴望，经常备课到深夜，广泛阅读国内所有计算机组成原理国家级规划教材，同时，关注国外同类课程，通过认真阅读和取舍，将其精华用于课堂，使学生既能掌握计算机基本原理，又能清晰领会国际上该门课程的重点。

注重建设，提升团队能力

工作中一直注重优秀团队建设，围绕计算机系统类课程，通过传、帮、带，增进交流和指导，促使青年教师尽快成长。团队 6 位教师既有从事教学 20 多年的老教师，也有博士毕业的新教师；既有注重理论教学的教师，也有偏重实验教学的人员，形成了理论与实践交互、老中青结合的强有力团队。

辛勤耕耘，提高育人能力

好教师需要不断汲取学科发展成果并丰富教学，提升教学水平。工作 25 年来，马礼特别注重科研对教学的提升作用，积极承担科研课题，带领团队在分布式系统、绿色网络等方面开展研究，并将计算机技术方面的研究成果运用于教学过程，明显提高了学生的系统开发和实践动手能力。

 北京市高等学校教学名师奖获得者

温变英

学校名称：北京工商大学

主讲课程："聚合物加工原理"

个人简历

　　温变英，女，1964 年 6 月出生，博士，教授。1984 年本科毕业后开始从事高校教师职业。1998 年和 2003 年分别在中北大学、北京化工大学获得硕士和博士学位，2003 年 8 月至 2005 年 7 月在清华大学从事博士后研究，2005 年起任教于北京工商大学，主讲"聚合物加工原理"本科生课程。现任材料系主任，兼任中国塑料技术协作委员会副秘书长，科技部等多个评估中心专家成员。

　　主持国家自然科学基金、北京市自然科学基金项目暨北京市教委科技计划重点项目等纵向项目，并承担多项企业委托项目。在高分子材料导电、导热功能复合材料等领域形成研究特色。已发表学术论文 100 余篇，申请国家发明专利 11 项，主编本科生、研究生教材各 1 部，其中 1 本荣获北京市高等教育精品教材。

先进事迹摘录

温变英教授自 1984 年入职教师这一行以来,始终以教书育人为使命,30 余年来从未动摇,也绝不懈怠。多次荣获北京工商大学优秀教师、优秀共产党员、优秀硕士学位论文指导教师、就业贡献奖、优秀科研工作者称号,并且被评为 2011 年度北京市教育先锋教书育人先进个人。

她勇于担当、高度负责,作为系主任秉公正派,科学组织教学过程,带领全系教师共同努力,使"高分子材料与工程"专业获评校级示范专业,主编本科生教材《高分子材料与加工》获评北京市高等教育精品教材,主编研究生教材《高分子材料成型加工新技术》填补了本专业研究生教材的空白。她重视对青年教师的传帮带,大胆起用他们承担主要教学工作,通过邀请名师来校传授教学科研经验,促使他们快速成长。特别是在学科评估、示范专业建设、一流专业遴选等过程中,组织教师加班加点整理材料,多方协调联系上下级、用人单位和学生,克服时间紧任务重等困难,顺利完成了任务。

在教学工作中,勇挑重担,精心设计每个教学环节,力求将最新科研成果介绍给学生,做到目标明确、措施得当、成效明显,每学年都超额完成教学任务,学评教成绩名列前茅。主讲的"聚合物加工原理"课程被评选为学校的示范课程。她注意教育教学方法的创新,采用社会调研、组织专业知识辩论赛等多种灵活的教学方式调动学生的学习积极性,将课堂延伸到社会,数年坚持,既扩大了学生的视野又增强了他们的社会责任感,取得良好教学效果。

在做好教学工作的同时,积极投身于科研,承担了国家自然科学基金等多项科研项目的研究工作,在高分子导电、导热、电磁屏蔽等功能复合材料、生物基塑料及绿色复合材料等方面形成研究特色。已发表学术论文 100 余篇,申请国家发明专利 11 项,连续 6 年学校考核优秀。

她爱生如子,甘为人梯,奉行"一日为师,终身责任"的理念,既严格管理又悉心呵护,积极为学生介绍工作,为学生做考研、出国的咨询,写推荐材料,为已经毕业的学生解答工作和技术上的问题,真正做到了教书育人。

❋北京市高等学校教学名师奖获得者

杜明义

学校名称：北京建筑大学
主讲课程："城市空间信息学""测绘工程"

个人简历

　　杜明义，1963年6月生，教授、博士生导师，现任北京建筑大学测绘与城市空间信息学院院长。兼任中国测绘地理信息学会工程测量分会副主任、地图大数据创新工作委员会副主任，中国地理信息产业协会理事及公共服务委员会副主任，北京测绘学会副理事长及测绘教育委员会主任，北京智能交通协会理事。

　　1984年本科毕业，1990年获硕士学位，2001年获得博士学位。从1984年开始从事教育工作，其中在辽宁工程技术大学任教21年，2005年调入北京建筑大学。从教30多年来，一直致力于地理信息系统与遥感领域的教学与研究，主要研究方向是城市空间信息理论与方法，先后主讲地理信息系统原理与应用、城市空间信息学等近20门专业基础或专业课，2012年获评校级教学名师。

先进事迹摘录

杜明义同志是"测绘科学与技术"一级学科带头人、"建筑遗产精细重构与健康监测"北京市重点实验室主任、"现代城市测绘"国家测绘地理信息局重点实验室主任、大兴区第五届政协委员。

潜心教学，辛勤耕耘讲台 30 余载

他从教 33 年，治学严谨，坚持每课必备、每课必新，教学中始终做到精心准备、合理安排、师生互动、讲练结合，每一节课都使学生有新的启迪和收获。

他以爱心对待学生，连续 3 年资助 8 名经济困难生完成学业，得到学生信任和爱戴；他十分重视青年教师的培养，通过集体备课制、导师制、督导制和教学基本功比赛等制度，帮助青年教师不断提升教学水平。

大力创新，全面推进教育教学改革

结合专业特色，他主编了本学科核心专业规划教材《城市空间信息学》，于 2012 年在国内首次开设该课程，并结合时代发展对教学内容进行丰富和扩充，形成鲜明的教学特色。

他教学水平高，积极投身教学改革，2006 年被评为北京市中青年骨干教师，2009 年被评为北京市学术创新人才，2011 年获国家测绘局十一五科技贡献奖，2012 年获测绘地理信息教学成果二等奖，2013 年获北京市教学成果二等奖，2016 年获地理信息科技进步一等奖。先后出版教材 7 部，主持了多个质量工程，其中，"工程测量"被评为北京市精品课。

育人为本，人才培养取得累累硕果

他先后作为分管教学的副院长和主持全面工作的院长，始终将人才培养放在核心位置，并融入学科专业发展规划，牵头组织测绘工程专业通过学校唯一的国际工程教育认证专业，人才培养质量得到国际认可，达到国内一流水平。

他率先实施并不断完善本科生学业导师、优秀本科生进科研团队等制度，并构建了全方位、全覆盖的实习实训软硬件体系。他指导的研究生、本科生多次获全国各类大赛最高奖，近十年毕业生中已涌现出全国五一劳动奖章获得者、共青团全国最美青工等杰出代表。在校生在创新创业等赛事中争金夺银，屡创佳绩。如 2016 年学生获得全国大学生测绘技能大赛团体特等奖、全国"创青春"银奖等。

✿北京市高等学校教学名师奖获得者

闫笑非

学校名称：北京石油化工学院
主讲课程："统计学""工商管理"

个人简历

　　闫笑非，男，1961 年生，教授，硕士生导师。曾就读于吉林大学数学系力学专业和中国人民大学商学院，分别获得理学学士学位和工商管理硕士学位。

　　曾就职于中国石化集团公司燕山石化公司，1991 年调入北京石油化工学院至今。历任普通教师、教研室主任、经济管理学院副院长，学校教学评估与研究中心主任，现任北京石油化工学院人文社科学院院长，同时兼任北京现代产业新区研究基地副主任，安全文化研究所所长，北京市自然科学基金评审专家，国家考试中心命题组长。

　　曾指导硕士生 2 名，并担任硕士研究生"应用数理统计""数量分析方法"等课程教学工作。近年来主要担任本科生"统计学"、海峡两岸高校共同开设的在线"网络创意营销"等课程教学工作。

先进事迹摘录

科学研究和社会服务的带头人

近年来主要在能源经济、服务管理、高等教育管理等领域开展研究工作，先后以独立、第一或通讯作者的名义发表学术论文60篇，其中在中文社会科学引文索引(CSSCI)期刊、中文核心期刊和科技统计源期刊发表28篇。出版专著《世界石油化工市场行情》；出版教材3部，其中《技术经济与管理》被评为北京市高等教育精品教材。目前，受国家考试中心委托负责组织编写《企业管理概论》。

主持的"北京南部新区碳容量约束与产业发展对策研究"项目获批北京市社会科学基金重点项目，目前已经通过结题评审。主持的"北京市大兴区公共文化设施空间拓展方式及其制度设计""固安县县域公交网络规划和近期规划""亦庄开发区公租自行车三期项目选址方案"等校地合作研究项目带动了地方公共文化与公共设施的投资和建设工作。

2014—2016年所负责的科研项目经费到款额超过200万元。

科教融合，做教学改革的排头兵

2012年以来，平均每年承担的本科理论教学工作量超过150学时。

身体力行推动以学生能力提升为中心的专业课程体系改革，完成了学院4个专业培养方案的调整和优化工作；带头组建了"服务管理""网络创意营销"和"数据分析方法及应用"3个课程团队；对统计学课程体系进行改革，并把研究项目引入课堂，让学生参与项目的数据采集、处理与分析工作，提升学生的数据分析与挖掘能力。鼓励学生通过自己整理、分析数据形成论文和参赛作品。

甘为人梯的引路人

指导学生团队参加首都大学生课外科技作品竞赛"挑战杯"的比赛，连续三届获得一、二、三等奖(4个)，两次冲击"特等奖"；获得第四届全国大学生电子商务"三创"挑战赛北京赛区一等奖、二等奖各1项，全国总决赛二等奖1项。指导学生毕业论文，4篇获评校级优秀毕业论文；指导学生URT项目，获得2014年度优秀URT计划项目指导教师奖。

❀北京市高等学校教学名师奖获得者

任晓明

学校名称：北京农学院

主讲课程："兽医临床诊断学"

　　任晓明，博士，教授，系主任，研究生导师，兼任中国实验动物学会农业实验动物专业委员会副主任，北京猪业创新团队疫病防控研究室主任、岗位专家等职。

　　1982年毕业于延边大学农学院兽医专业获得了学士学位。1985年毕业于中国农业大学动物医学院获得了硕士学位。1996年在日本麻布大学获得博士学位。

　　留学前在中国农大动物医学院任教，建立了我国实验动物学分支学科"实验动物技术"。留学归国后任北京协和医科大学实验动物学部主任助理等职，从事教学科研等工作。2004年作为高层次人才被北京农学院引进任教至今。

　　主编了《实验动物技术》等15部教材、专著、译著，在国内外期刊发表论文80多篇。获得北京市高等教育教学成果二等奖等省部级奖5项。

先进事迹摘录

任晓明老师作为一名有 41 年工龄的老教师，爱岗敬业，严于律己，率先垂范，为人师表，遵守党纪国法，模范践行了党的教育方针，为教育事业贡献了大半生的力量，堪称教师典范。

率先垂范重身教

任晓明老师常说喊破嗓子不如做出样子。任晓明在每学期开学的第一节课都要和学生约法三章：没有极特殊情况，保证上课不迟到，不早退，不旷课。上课不看手机，讲课不照本宣科。要求同学们做到的老师先做到。因此在任晓明老师的课堂上上述问题是较少出现的。这是学为人师，行为世范的结果。

以学生收获为教学目标

任老师讲授的"实验动物学"是一门技能性很强的学科，在千方百计讲好知识，传授技能的同时，还和北京市实验动物管理办公室建立合作关系，将本门课程的学校考试和实验动物从业人员资格证书考核结合起来，同学们经过努力如果通过了"实验动物学"的课程考试、考核即可获得北京市颁发的从业资格证书。目前已有 300 多名同学获得了证书。这是学校教育教学改革的一大成果。

为人师表爱生如子

任晓明老师常说只要你真心为他们好，学生一定能够会有感知的。曾有位杨同学，是人人摇头的老大难，最后连毕业论文都没人指导。任晓明老师和他多次接触后发现他自卑感很强，但电脑网络方面有特长。经多次促膝长谈及真心鼓励，他树立了信心，最后在任老师的指导下完成了《兽医临床诊断学网络课程建设与应用》的毕业论文并取得了较好的成绩。

爱岗敬业无私奉献

任晓明老师当了 14 年的动医系主任，他的经验是：活多干，利少沾，工作自然好开展。系里没实施课时费制度，故一些老师只求完成平均工作量，不愿多教课。因此，任老师承担了 4 门本科课程，2 门本科实习课程，2 门专科课程，3 门研究生课程，教学工作量一直名列前茅。不争不抢多付出是大家对任老师的评价。

德为至宝一生用不尽，心做良田百年耕有余。这正是任晓明老师心灵的真实写照。

※北京市高等学校教学名师奖获得者

王 伟

学校名称：首都医科大学

主讲课程："生理学"

个人简历

　　王伟教授在25年的教师生涯中抱高远之志，践行于当下，是学生的良师益友。

　　作为高校教师，她扎根教学第一线，深入浅出、旁征博引、富有哲理的授课风格，为学生喜爱；她注重引领学生关注学科发展前沿，激发思维活力；注重引导学生在获取知识的同时，做一个对社会有用的人。多次荣获学校优秀教师等称号。

　　作为学系党支部书记，她勤于实践，开展了"走下讲台，走进学生，亦师亦友"等系列党日活动，扎实推进全员育人理念。

　　作为主管学生工作的副书记，她恪守身正为范，师爱为魂的理念。重德性，慎操守，严律己。润物细无声，使学生"亲其师"，"信其道"。

　　作为学院党委书记，把方向，积极推动将社会主义核心价值观贯穿于教育教学全过程的实践。

先进事迹摘录

　　王伟教授办公室墙上有一副字"德泽如春雨　润物细无声"，是一位本科学生写给她的，这也是她 20 多年教师生涯的写照。

三尺讲台迎冬夏，教科相彰勤耕耘

　　王伟教授始终工作在教学第一线，年均授课 130 学时。她深谙"教育不是灌注知识，而是点燃求知的欲望，获取心灵的自由"，在教学中不断改进教学手段和方式，从隐处着眼、微处着手，在恒字上着力。深入浅出、旁征博引、富有哲理的授课风格，深受学生喜爱；作为学校免评教师，她的课堂多次被评为教学示范课。她曾组织教研室的国家级精品课程，国家级优秀教学团队的申报并获批。她是"学高为师，身正为范"的践行者：学术上，她不懈钻研，作为负责人主持国家自然基金 3 项，作为第一作者或责任作者在《美国生理学》等杂志发表科学引文索引（SCI）论文 6 篇；作为第三完成人，获北京市科技进步三等奖、国家中医药管理局中医药基础研究三等奖；教学上，她重德修行，律己示范，以强大的人格魅力引领学生在专业的海洋中酣畅游弋。正如她的学生说"她很擅长因人施教，总能发现每个学生的专长和潜力，让学生在获取知识的同时也懂得人生价值，获得感满满"；她重视团队建设，身体力行地亲自指导 20 余名青年教师的教学工作，带出一支过硬的教学团队，连续 5 年为学校新入职教师进行"如何做一名合格的大学教师"的规范化培训。

立足学生、创新形式，全方位推进教书育人

　　作为学院党委书记，她始终坚持用马列主义思想占领课堂。对学生，她教管结合，在明示底线的基础上循循善诱，引领方向；对教师，她坚持"学术研究无禁区，课堂讲授有纪律"的原则。作为学系支部书记，她带领学系党支部开展了"走下讲台，走进学生，亦师亦友""服务于学生，创双赢局面"等系列主题党日活动，搭建师生沟通平台，近千名学生获益。

　　王伟教授多次荣获北京市高校育人标兵、学校优秀教师等称号。

❋北京市高等学校教学名师奖获得者

康　骅

学校名称：首都医科大学

主讲课程：“外科学”“临床医学”

个人简历

　　康骅，教授、主任医师。1992年从北京医科大学博士毕业分配至宣武医院普外科，从带医学生的见习、实习、小讲课开始，逐步热爱上教学，2004年担任外科教研室主任，把“建设精品课程”作为抓手，发挥老专家的作用开展名师带教，培养师资队伍；细化、落实教学环节；注重教材建设与教学改革。主编全国普通高等教育临床医学专业“5＋3”十二五规划教材《外科学》《外科基本操作及带教指导》等书籍6部；参编书籍10部；发表论文122篇。

　　现任中华医学会外科学分会第十七届委员会内分泌外科学组委员，中国抗癌协会乳腺癌专业委员会委员，中国医师协会外科医师分会乳腺外科医师委员会委员，北京乳腺病防治学会转化医学专业委员会副主任委员，中国抗衰老促进会乳腺健康分会会长，欧美同学会·中国留学人员联谊会—医师协会第一届理事会理事，北京市住院医师规范化培训外科专科委员会主任委员。

先进事迹摘录

责任和使命感是从事临床医学教育的动力

康骅教授2004年担任第一临床学院大外科教研室主任，牵头主持协调学校各临床学院外科学教学工作：①完善外科教研室制度建设，制定相关规定和制度。②实施教学文档电子化管理，提高工作效率，完善了管理模式。③制订师资队伍的培养计划。④开展学生、教学管理者和同行专家对教学的评估，促进改善教学活动。⑤开展课程网络建设，将临床典型案例、体征、影像、手术等做成图片或视频，建立资料库。⑥鼓励教师开展教学科研和教学论文的书写。

培训和交流是保证和提高教学质量的手段

康骅教授组织青年教师授课技巧的培训、青年教师授课基本功比赛；鼓励中青年教师外出培训和交流，请外校知名教师到学院进行授课示范。为统一和规范外科总论的带教工作，连续举办22届"首都医科大学外科总论脱产带教教师培训班"，连续8年举办"高等医学院校临床技能教学青年骨干教师(外科)研讨班"，搭建了教学交流平台，促进了学校教师水平的提高。

以身作则树榜样，传承是临床医学教育发展的基础

康骅教授教学工作认真，教学效果优良，在临床教学中言传身教，注重医德教育，在中青年教师中起到了表率作用。康骅教授主编出版了《外科学》《外科学师资带教培训教程》等5部著作，发表论文122篇，其中教学论文9篇。培养硕士研究生14人，博士生4人。承担国家自然基金项目2项。在康骅带领下，外科教研室形成了年龄结构良好的教学团队，在全国师资培训班中成为骨干师资，在全国医学生临床技能大赛、青年教师教学比赛中屡屡获奖。

持之以恒、改革创新是临床教学发展的源泉

在康骅教授带领下，经过多年的努力，学校、学院逐步形成了一支结构合理、教学水平较高的师资队伍。作为外科联合教研室主任，组织各临床学院进行了教学大纲的修订、医学题库的修改和扩充、临床技能的考核以及理论考试方法探讨、教学方法改革等工作，开展了普外常见病疾病影像库建设、医学生临床能力考核体系、临床师资培训体系的研究等校级课题。2007年学院外科教研室被评为首都医科大学教育教学先进集体；2009年外科教研室被评为国家级优秀教学团队；2010年外科学精品课程被评为国家级精品课程；2016年外科学被评为国家级精品资源共享课。

❋北京市高等学校教学名师奖获得者

李美霞

学校名称：北京第二外国语学院

主讲课程："英语文体学"

个人简历

　　李美霞，北京第二外国语学院教授、硕士研究生导师、教学名师、优秀共产党员。北京市学术创新人才、中青年骨干教师。英国剑桥大学、美国密歇根州立大学访问学者。美国国际学者荣誉协会会员，中国语言与符号学研究会常务理事，中国英汉语比较研究会功能语言学专业委员会理事，中国英汉语比较研究会英汉语篇分析专业委员会理事，中国语用学研究会理事。

　　研究方向：理论语言学与应用语言学。已发表学术论文近80篇。独立出版学术著作8部。已主持完成省部级科研项目4项（1项重点项目，3项一般项目），地市级科研项目1项，其他各级各类项目近20项。

　　现主持的科研项目有：国家社会科学基金项目1项，北京市社会科学基金重大项目1项。专著、论文曾分别获北京第二外国语学院科研优秀成果特等奖、一等奖、二等奖等奖项。

先进事迹摘录

教学工作

本科教学中李美霞老师认真、负责，教学效果突出，所讲授课程"英语文体学""语义学基础"赢得同行及学生好评。2004 年 12 月教育部评估专家组对李美霞主讲的"英语文体学"给予了高度评价。

研究生培养及教学中，李美霞以其宽广的学术视野、严谨的态度深得学生好评。指导的研究生已有 4 名前往世界一流大学跟随一流导师攻读博士学位。

教育教学研究工作

李老师已出版研究生教材《功能语法教程》一部，自编本科生教材《英语文体学》一部，发表教育教学改革与研究论文 12 篇，完成教育教学改革项目 2 项。所承担的全国教育科学"十二五"规划、2011 年度教育部重点课题"英语专业技能课程与思辨能力研究"已于 2017 年 4 月结项。

科学研究工作

李老师在国内外知名学术期刊已发表学术论文近 80 篇。独立出版学术著作 8 部，合作出版著作 2 部。已主持完成省部级科研项目 4 项（3 项一般项目，1 项重点项目），地市级科研项目 1 项，其他各级各类项目近 20 项。参与完成国家社科项目 1 项。现主持在研的科研项目有：2014 年国家社会科学基金项目"汉语失语症患者语块结构缺损研究"，2017 年北京市社会科学基金重大项目"'一带一路'话语建构生态语言学研究"。

国外访学的出色表现

2009 年 9 月至 2010 年 4 月李美霞在美国密歇根州立大学访学时，由于其优异的表现，应邀作了一场关于中国语言学研究现状的报告，报告被主办方全程摄像；其后，在结业典礼上代表北京市属高校访问学者发言，引起了各方赞誉。2015 年 1 月至 7 月在英国剑桥大学理论语言学和应用语言学系访学，国际著名语言学专家 Hendiks 教授给予李美霞撰写的报告及她在剑桥的研究工作以高度评价，赞扬她的报告"翔实、富有洞察力"，赞誉她"工作极端努力"。

※北京市高等学校教学名师奖获得者

纪 韶

学校名称：首都经济贸易大学
主讲课程："劳动经济"

个人简历

　　纪韶，女，毕业于中国人民大学经济学院，获经济学博士学位，现任首都经济贸易大学劳动经济学院教授，劳动经济研究中心副主任，博士生导师。从教38年来一直工作在本科教学工作第一线。研究领域：劳动力市场理论与政策；研究方向：劳动力市场流量分析模型，中国失业预警理论与实践，中国就业增长与经济发展的平衡性。曾获得北京市教育深化—科技创新人才、市优秀教师、市优秀党员、校级教书育人先进个人、师德标兵、教学名师、团中央暑期社会实践优秀指导教师、全国优秀教师称号。主要社会兼职：国家社科基金和国家自然科学基金的通讯评审专家，中国博士后基金会评审专家，北京大学人才研究中心兼职教授等。

先进事迹摘录

纪韶任大学教师 38 年来，一直工作在教学、科研第一线；她为人正派，勤奋敬业，不计报酬，淡泊名利，无私奉献，业绩突出，为首都经济社会发展和民生建设、为劳动经济学国家级重点学科的建设和发展做出了突出的贡献；她的人品和业绩得到了各级领导和同事的一致认可和高度评价。

纪韶始终牢记习近平总书记倡导的"四有"好老师标准，在教学中十分注重对学生进行德育和思想政治教育，每年均被学生评为"心目中最尊重的老师"，学评教成绩在全校名列前茅；她长期资助多名困难学生，对青年教师的科研需求有求必应，无私帮助。纪韶十分注重培养学生的创新和竞争意识，她指导过的学生中，80％以上均能获批北京市和校级大学生、研究生科研创新项目中的重点项目，毕业时，均凭自己能力找到了一份满意的工作并表现优秀，创业成绩骄人。2010 年至今，她指导的研究生中，85％以上获批了国家、学业和科研奖学金，60％以上获评校级优秀毕业论文和北京市优秀毕业生的称号，两名学生获北京市"挑战杯"一等奖和二等奖。参加学术会议及论文获奖的人次居本专业之首。

在社会科学研究中，纪韶对劳动经济学国家级重点学科的建设、人才培养、事业发展做出了重要贡献，是本学科领域的学科带头人和领军人物；研究成果具有重要的理论和应用价值，达到了国内的领先水平，在科研成果转化方面取得了突出的社会效益；成果得到了国家发展改革委员会、国务院发展研究中心等部门认可和采纳。主持过多项国家社科基金，国家发展改革委员会、教育部、国务院普查办公室的重大和重点项目，建立了全国唯一的流动人口失业预警数据库。

她的《中国失业预警——理论视角、研究模型》，获北京市第十一届哲学社会科学优秀成果经济学一等奖、国家教育部第六届哲学社会科学优秀成果三等奖。2008 年，获评北京市教育深化—科技创新人才；2009 年，获评北京市社会实践先进个人；2009 年至 2016 年，获评校级教书育人先进个人、师德标兵、教学名师，北京市优秀教师、优秀共产党员，全国优秀教师、团中央暑期社会实践优秀指导教师称号。

❋北京市高等学校教学名师奖获得者

闫华红

学校名称：首都经济贸易大学

主讲课程："财务管理"

个人简历

　　闫华红，女，现任首都经济贸易大学财务管理系主任、教授。从事专业为会计学，高校任职教龄 24 年。

　　先后为本科生讲授"管理咨询""财务管理""成本管理会计"等课程；为硕士研究生讲授"财务管理理论与实务"。由于教学效果突出，多次获得学校教学优秀成果奖。2016 年被评为优秀硕士生导师。

　　主要社会兼职：中国会计师协会会员、中国注册会计师协会非执业会员、《财务研究》学术委员会委员、科技部科技评估中心的评估专家、北京市国有资产监督管理委员会综合评价处的内控评估专家。

先进事迹摘录

闫华红教授长期工作在会计教学第一线，是一名具有丰富教学经验的教师。闫华红教授先后为本科生、研究生讲授过近十门课程。她讲授的课程思路清晰、逻辑严谨、感染力强，每次授课都很受学生的欢迎。闫华红教授的授课不仅深受学生的喜爱，在教师中也有着广泛的好评，在首都经济贸易大学会计学院多次聘期考核中评为教学优秀。闫华红教授出色的教学效果和高水平的教学质量赢得了各方的认可，她曾先后被评为北京市"优秀教师""北京市青年骨干教师"；主讲的"财务管理"课程被评为首都经济贸易大学校级精品课程。

闫华红教授非常重视教学研究，将相当多的精力投入到了教学研究中，取得了一定的研究成果。她的教学研究成果在会计高等教育界有一定的影响，如刊登在《财务与会计》杂志上的《ERP沙盘模拟教学在财务管理教学模式改革中的应用》《会计硕士专业学位的培养现状及改进对策》，刊登在《会计之友》杂志上的《中美应用型会计硕士课程设置比较研究》《高校财务管理专业毕业论文的改进》。闫华红教授主编了多部高水平财务管理教材，其主编的《财务管理学》获得首都经济贸易大学优秀教材二等奖。参与编写的《中级财务管理》获得2017年北京市高等教育精品教材。

闫华红教授作为财务管理系系主任，不仅将本人教学和科研做得很好，还带领院系教师不断提高教学质量，并注重培养年轻教师，在社会实践、教学研讨、案例库编写及教材编写中均带领并推动青年教师一起进行。指导青年教师赵懿青结合暑期实践撰写的实践调研报告《基于战略性新兴产业机制的经济开发区新发展方向的思考——以漕河径新兴技术开发区为例》获得2015年北京高校青年教师社会调研优秀项目二等奖。从2015年开始连续3年作为领队带领青年教师参与北京市国有资产监督管理委员会国有企业内控评审工作，深入企业进行评审，撰写内控评审报告，工作成果显著，得到企业和北京市国有资产监督管理委员会的好评。

闫华红教授长期以来全面负责首都经济贸易大学会计学院财务管理系的工作，以探索创新的精神，在不断调查研究的基础上，数次主持修改本科财务管理学专业的培养方案和教学计划，使首都经济贸易大学财务管理专业的本科教学思路逐渐科学、清晰，教学效果步步提高，毕业生受到用人单位的欢迎与好评，招生生源一再扩大，新生入学质量逐年上升，赢得了良好的办学声誉和社会影响。

闫华红教授的主要研究方向为财务管理理论与实务，在海内外专业杂志发表论文100多篇，出版专著4部，出版教材4部，出版10多本教学辅导工具书。主持及参与国家级课题3项。同时，闫华红教授还以其公认的学术造诣，被聘为科技部科技评估中心、北京市国有资产监督管理委员会等部门的专家。

❋北京市高等学校教学名师奖获得者

李月红

学校名称：中国音乐学院

主讲课程："汉族民歌""传统音乐理论"

个人简历

　　李月红，1963 年出生，1986 年获北京师范大学文学学士学位，1995 年获中国艺术研究院音乐学硕士学位，2009 年获中央音乐学院中国传统音乐博士学位。现为中国音乐学院音乐学系中国传统音乐教授。

　　1986 年来院任教至今，1996 年开始主讲"中国传统音乐"课程，其后主讲"汉族民歌"（本科一、二年级）已近 20 年。

　　采风活动（包括考察）涉及 20 余省，分享成果于课堂，并录制、编制实践教学片。2009 年曾赴美国明尼苏达大学音乐学院访学，营造自然有活力的课堂环境。

　　主要社会兼职：文化部民族民间文艺发展中心特约研究员，中国非物质文化遗产研究院客座研究员，入选北京市长城学者计划。

先进事迹摘录

李月红老师是中国传统音乐文化的热爱者、学习者，也是传授者和传播者。其所主讲的"汉族民歌"课程分为 A、B 两类，A 课是音乐学专业课，B 课是其他系的基础课。

李老师的课堂讲授具有自己的风格，从课堂气氛来说是亲切而有活力，同学们私下里称其为"红妈"。从内容上说则有如下特点，其一是讲真实的内容，而非啃书本，这得益于她常年不懈的课余采风实践。其不仅与民间艺人建立了良好的关系，同时常被"中国民协"等相关单位邀请一起进行田野考察。她曾住在陕北农妇家里听《兰花花》，听马正英老人靠在土墙上唱《赶牲灵》，也曾独自在神农架大山里探访汉族广义神话史诗《黑暗传》收集者胡崇峻，听村民唱丧鼓歌。这些经验既分享给了学生，也发表成了前沿的研究成果。其二是讲文化与音乐形态的关系，使学生切身感受到风格朴素的民歌是华夏文明继续开花结果的种子，需要悉心爱护。

她多次在校内"我爱我师"活动中被学生高票推举，已有多位学生转专业考取其研究生。

她独立出版学术专著 1 部，合作出版教材 2 部，参与写作《中国音乐词典》(修订版)，独立发表学术论文数十篇。入选了"北京市长城学者计划"，系列田野实践教学片正在编制中。

2009 年以来，其所参与的"中国传统音乐教学团队"被评为北京市优秀教学团队，"'中国传统音乐理论'教学体系改革与建设"项目获得北京市市级教学成果一等奖，国家级教学成果二等奖。其专著获得北京市第十二届哲学社会科学优秀成果奖二等奖。她还获得了北京市师德先进个人称号。

✿北京市高等学校教学名师奖获得者

舒 桐

学校名称：中国戏曲学院
主讲课程："京剧主修剧目课"

　　舒桐，男，满族，工花脸。1972 年生于北京，中共党员，国家一级演员，教授，中国戏曲学院学术委员会委员。1986 年至 1992 年在宁夏艺术学校京剧班学习；1992 年至 1993 年在宁夏京剧团工作；1993 年至今在中国戏曲学院京剧系学习、工作，毕业于第三届中国京剧优秀青年演员研究生班，现任中国戏曲学院京剧系主任，硕士研究生导师。第六届中国京剧优秀青年演员研究生班班主任。

　　获得艺术类奖项和荣誉称号主要有：1992 年宁夏回族自治区青年演员大奖赛一等奖；2000 年全国京剧优秀青年演员评比展演三等奖；2001 年全国京剧青年演员电视大赛表演奖；2008 年全国中青年教师评比展演最佳教师；2012 年被文化部录入《中国当代戏曲人才大典》；2016 年入选北京市宣传文化高层次人才培养资助人选"四个一批"人才；2016 年获北京市"高创计划"领军人才称号；2017 年荣获第 27 届上海白玉兰戏剧表演艺术奖主角奖等。

先进事迹摘录

　　为更好地传道授艺，坚持向前辈艺术家学戏、请教，在原有的艺术成就基础上不断精益求精、与时俱进，始终秉持"言传身教"的原则，为学生树立榜样。在教学的同时，一直活跃在首都及全国戏曲舞台上，以高质量的演出水平去证明新时期戏曲教育从业人员应具有的全面素质。多年来不遗余力地普及并讲授京剧艺术，曾担任中央电视台全国青年京剧演员电视大赛评委、中央电视台全国戏曲院校京剧学生电视大赛评委，在中央电视台戏曲频道"跟我学"栏目担任主讲人，主演剧目常在中央电视台戏曲频道"空中剧院"栏目播出。

　　2012年应邀在北京师范大学做了题为《体味京剧——中国京剧知识讲座及教学展演》的学术讲座，将京剧艺术带出专业院校和院团之外，向广大社会人士和首都学子普及戏曲之美。2013年主演全本新编历史剧《黑旋风》在北京梅兰芳大剧院上演；同年参演新媒体京剧《梅兰霓裳》，并于同年11月作为第六届"春华秋实——艺术院校舞台艺术精品展演周"参演剧目在国家大剧院演出；担任国家级精品视频公开课《中国京剧经典剧目鉴赏》主讲人之一。2014年，出版发行个人剧目专辑《黑旋风》，作为2014年北京市委组织部京剧优秀传统剧目传承项目成果。2015年加盟"京剧经典传统大戏电影工程"拍摄工作，首批十个剧目中主演《赵氏孤儿》《谢瑶环》；同年6月，在中国人民抗日战争暨世界反法西斯战争胜利70周年之际，组织在北京梅兰芳大剧院上演梅派名剧《生死恨》并在剧中扮演主要角色，并由中央电视台"空中剧院"栏目录制播出。2016年加盟中宣部支持指导、文化部推进的京剧"像音像"工程；《黑旋风》作为北京市宣传文化系统"四个一批"人才资助项目成果，在上海天蟾逸夫舞台上演；同年，担任主讲人之一的"戏曲主修剧目"入选国家级精品资源共享课。

　　2016年3月，总策划发行的《中国戏曲学院京剧表演专业主修剧目课教材》（第一辑—第五辑）出版面世。该套教材一经面世，就引起了业内同行、学界师生、广大戏迷和戏曲爱好者的强烈关注，相关内容多次被人民网、戏剧网报道并转载。

❀北京市高等学校教学名师奖获得者

杨 越

学校名称：北京舞蹈学院

主讲课程："性格舞蹈""历史生活舞蹈"

个人简历

　　杨越，北京舞蹈学院芭蕾舞系教授，硕士生导师，教研室主任，学院学术委员会委员。北京舞蹈学院优秀教师；北京市优秀中青年骨干教师；北京师范大学传媒学院客座教授；舞蹈家协会会员。中华人民共和国文化部舞蹈专业高级职称评审委员会委员。

　　两次作为国家访问学者派往俄罗斯圣彼得堡里姆斯基－柯萨可夫音乐学院舞蹈系（2003年）和美国乔治华盛顿大学舞蹈戏剧系（2011年）留学研修。

　　创作芭蕾作品《追逐》《春之声》《舞者》等获国家级和省部级舞蹈比赛奖项。受邀在国家大剧院"经典艺术讲堂"做芭蕾主题讲座十余场。

　　硕导研究方向：欧洲宫廷舞和芭蕾性格舞的表演教学研究。

　　本科任教课程：欧洲宫廷舞蹈、芭蕾性格舞蹈、芭蕾基本功训练、剧目排练。

先进事迹摘录

　　杨越教授 30 多年来长期坚守一线教学，耕耘不息、育人不倦，在多年的芭蕾教学和研究中积淀了丰厚的专业素养。在芭蕾性格舞蹈的教研理论和实践中，杨越教授不仅提出了完整有效的教学方法，而且也形成了个人独具魅力的教学风格，为芭蕾舞系的教学改革和发展贡献了一份宝贵的经验。她治学严谨，教学经验丰富，对学生的培养也是精益求精且充满热情。事实证明，把性格舞蹈课程作为培养芭蕾艺术人才的必要课程之一是十分明智的，学生们在学习规范的古典芭蕾技术和表演的同时，通过芭蕾性格舞蹈课程的拓展和多元化的学习，在身体动作的丰富性和艺术的表现力上均显示出了很高的提升。此外，也正是得益于杨越教授早年访学俄罗斯圣彼得堡的经历，由于她的桥梁作用，有幸邀请到俄罗斯芭蕾性格舞大师谢尔斯尼奥娃·叶莲娜（Sherstneva Elena）来芭蕾舞系讲学授课，无疑，这对芭蕾舞系的课程优化、人才培养以及加快国际化发展均有积极的推动作用。

　　就在 2014 年，正值北京舞蹈学院建院 60 周年之际，芭蕾舞系复排了 1958 年苏联芭蕾舞专家古雪夫专门为北京舞蹈学院编排的芭蕾舞剧《天鹅湖》。受邀参加校庆纪念活动并观看演出的国内外专家中，包括古雪夫当年的学生、享誉世界的俄罗斯艾夫曼芭蕾舞团艺术总监鲍里斯·艾夫曼（Boris Eifman）先生。在比较了圣彼得堡两所高水平芭蕾舞院校专业学生和北京舞蹈学院芭蕾舞系学生的技术和表演后，艾夫曼先生对北京舞蹈学院芭蕾舞系的教学水平给予了很高的评价。《天鹅湖》剧中大量性格舞蹈表演的首席指导正是杨越教授。

❋北京市高等学校教学名师奖获得者

米 洁

学校名称：北京信息科技大学
主讲课程："机械设计""机械工程"

　　米洁，女，教授，工学博士，硕士生导师，从事机械设计制造及其自动化专业的教学科研工作，现任北京信息科技大学教务处副处长。主要社会兼职有北京市机械类专业群专家委员会及教学协作委员会秘书长、中国机械工程学会高级会员等。

　　先后主持市级教改项目3项，发表教研论文15篇。2006年被评为北京市高等学校"中青年骨干教师"，2010年起负责北京市精品课程机械原理、北京市优秀教学团队（机械设计团队）建设工作，先后评为北京信息科技大学优秀主讲教师、教学名师等。2005年、2013年两次获得北京市教育教学成果一等奖，2014年获得国家级教学成果二等奖。主持或作为主要人员参加的市级以上科研课题、横向课题15项，发表科研论文60余篇，20余篇被三大检索收录，2008年入选北京市科技创新团队。

先进事迹摘录

教学工作积极进取，教书育人，取得优秀的教学效果

从教 20 年来，米洁始终工作在教学科研第一线，主讲机械设计、机械原理、计算机辅助设计及分析等专业基础课。在教学中不断探索，加强知识的实践应用，将科研成果融入教学，提高课程教学效果；运用多种教学手段，引导学生主动学习，培养学生创新思维、解决实际问题的能力。教学效果和态度受到同行和学生的一致好评。不断进行对教学改革、课程改革的研究，发表教学论文 15 篇，主编或参编出版教材 5 部，2010 年起负责北京市精品课程机械原理、北京市优秀教学团队机械设计团队的建设工作，机械设计课程被评为校级优质课程。

积极开展教学改革和建设，与时俱进，提升人才培养质量

她重视引导课程组教师探索教育教学理念，加强教学研究和改革，主持完成 3 项市级教改课题。加强对课程实践教学环节的改革建设，组织建设了系统化递进式实践教学模块，以及机械设计系统化实践项目，把课堂教学延伸到开放性实验、第二课堂科技活动、学科竞赛等实践，大大提高了学生的学习兴趣和自我激励效果。组织课程组教师优化课程结构，建设模块化课程群，加强现代设计和系统化设计思想，提升了机械设计课程教学高度和系统性。结合国外应用型人才培养模式的研究，负责学院本专业试点班的建设工作。2014 年"强化特色，服务首都，提升应用型人才的工程实践和创新能力"获国家级教育教学成果二等奖。

在科研工作中刻苦攻关，培养团队，提升自身和团队的学术水平

多年来围绕典型机械产品的数字化集成设计与分析，米洁重点开展对机械设备振动动态性能、结构优化等领域的研究，改进和优化产品结构，主持或参加的北京市级以上课题、横向课题 15 项，担任 2 项国家科技重大专项的一级子课题副组长，负责组织课题的具体研究工作。建立了数控装备数字化集成设计平台，提出了机床关键结合面建模方法并实现机床特性分析，研究成果为高档数控机床结构设计及改进提供理论依据。在核心期刊上发表科技论文 60 余篇，20 余篇被三大检索收录。组织形成了数字化设计科研团队，创造条件使团队成员在科研工作中承担任务、发挥作用，促进了学术水平的不断提高。

✿北京市高等学校教学名师奖获得者

汪艳丽

学校名称：北京联合大学

主讲课程："大学生心理素质教育""心理学"

　　汪艳丽，女，1963 年 4 月出生，汉族，中共党员，华中师范大学硕士研究生毕业。现任北京联合大学师范学院副院长兼教务处处长，心理学教授(三级)，硕士生导师，国家二级心理咨询师，双师素质教师。兼任教育部心理学教学指导委员会委员，中国教育学会家庭教育分会理事，北京市学校中华传统文化促进会副秘书长等。

　　1983 年 7 月信阳师范学院本科毕业留校任教至今，从事教学工作 34 年。其中，1983 年 7 月至 2002 年 2 月，在信阳师范学院任公共课"心理学"教师，心理学教研室主任。

　　2002 年 3 月，调入北京联合大学从事心理学教学工作，先后任旅游学院评估办副主任、教务处处长等职。2013 年 7 月，任师范学院副院长兼教务处处长，同时任北京联合大学心理素质教育课程团队负责人。

先进事迹摘录

　　汪艳丽教授政治立场坚定，积极实施素质教育；师德高尚，爱岗敬业、关爱学生、教风端正、教书育人、为人师表；严谨笃学，富有创新协作精神。2000年荣获信阳市首届青年科技专家称号；2002年以来，荣获2005—2007年度学院优秀党员，2009—2011年度、2011—2015年度、2015—2017年度学校先进教育工作者等荣誉。

　　2002年，汪艳丽教授创立了北京联合大学第一个院级心理咨询室，第一份院级心理学报和第一个"5·25"心理咨询开放日。2004年，她被任命为学校大学生心理素质教育课程协作组长，并代表学校在北京市心理素质教育年会上介绍经验。她率领课程团队大胆进行教学建设与教学改革，主持的"积极心理学"获评校级精品视频公开课；主编3部教材，其中《大学生心理素质训练》获评学校规划教材和精品教材。她主持了"教育戏剧在小学课程建设中的应用"、地方高校教师教育类专业实践教学环节改革的探索、北京市高校参与小学体育美育发展工作等多个教改项目，"以课内外双体验教学为特色的大学生心理素质教育类课程改革与实践"等3个项目，获得了北京市优秀教学成果奖。近年发表论文30余篇。主持或参与纵向项目28项，主持项目到账经费94万元。她教学效果好，曾荣获北京联合大学第二届教学优秀奖一等奖。2013年起，她被聘为教育部心理学教学指导委员会委员。

　　在教学梯队建设方面有突出成绩，连续3年来一直被学校教师发展中心聘为青年教师和新晋教授、副教授的导师，累计指导中青年教师超过20人。在学校教务处连续组织的4届教学优秀奖和中青年执教能力比赛中，她指导的青年教师每届都获得了一等奖，并且她自己还参加了第二届优秀教学奖的角逐，也荣获了一等奖。

❈北京市高等学校教学名师奖获得者

王廷梅

学校名称：北京联合大学

主讲课程："操作系统、面向对象程序设计、基于框架技术的应用开发""计算机科学与技术"

 个人简历

  王廷梅，女，1974 年 4 月生，副教授，硕士生导师，毕业于北京理工大学软件工程专业。现任北京联合大学应用科技学院副院长，专升本计算机科学与技术、高职软件技术专业负责人，长期工作在教学、科研一线，高校教龄 17 年，主讲"操作系统""面向对象程序设计""构件化软件开发"等课程。在沈阳科技大学工作 5 年期间，为留学生用英文讲授 Operating Systems 课程。2006 年在澳大利亚 Murdoch 大学 IT 学院从教半年，承担 Internet Programming Lab 授课任务，撰写 8 门国际合作课程的教学大纲及合作方案。担任国家信息化计算机教育认证项目教学专家委员会专家。兼职在神州数码、长城软件等公司作为技术骨干开发大型软件项目。与北京顺隆科技有限公司合作开发智能售货机软件系统并完成成果转化。

先进事迹摘录

踏实做人、师德为先

王老师用实际行动向学生源源不断地传输正能量。2016 年被评为校级优秀党支部书记，2015 年被评为"发挥示范带头作用、传递正能量"的优秀教师、优秀共产党员，2010 年获校级师德先进个人。

认真做事、教书育人

王廷梅老师的教学深受学生喜爱，被学生评为"我心目中最美教师""杰出教师"和"我最敬爱的老师"等。她的教学工作也得到同事和领导的认可，近五年，获得北京联合大学教学优秀奖理工组第一名，被评为北京市职业院校优秀青年骨干教师，以及 2009—2011 年、2011—2015 年校级优秀教师。

潜心研究、提升内涵

为提高高等职业教育人才培养质量，王老师潜心研究产业、行业、职业及岗位，站在专本硕贯通培养系统框架下定位职业教育及其课程开发，并将职业领域的职业标准转化为教学领域的教学标准。研究"计算机科学与技术专业高职专升本相互衔接人才培养方法""制造业产教融合有效途径""职业教育研究主题变迁"等职业教育领域的关键课题。此外，王老师还不断提高专业技术水平，把握专业前沿。研究"基于深度学习算法的书画图像检索""基于视觉显著性的书画图形检索研究"等课题，持有多项专利。作为技术骨干完成《河南移动计费系统》等多项大型软件项目。与企业合作开发的智能售货机软件系统在首届国际创新创业博览会展出，并在联想大厦、北京联合大学校区等多地投入使用。

规范管理、培育团队

王老师作为管理教学、科研的副院长，以身作则、规范管理，打造了一支能打胜仗的教学科研队伍。在她的培育管理下，学院建立七支科研团队，完成"科技创新人才发展报告""各地落实习近平总书记对职业教育工作落实情况"等职业教育前沿课题。

❋北京市高等学校教学名师奖获得者

武 磊

学校名称：北京警察学院

主讲课程："刑事科学技术""文件检验"

个人简历

　　武磊，男，汉族，1967 年 6 月出生，中共党员，大学本科，1988 年 9 月参加公安教育工作，1995 年至今在北京警察学院主要从事刑事科学技术和文件检验的教学、科研工作。2012 年任北京警察学院公安科技系副主任，教授。中国法学会、北京法学会、北京刑侦学会会员，2013 年录入首都法学法律高级人才库。

　　近年来，由于工作成绩突出，武磊同志先后荣立个人三等功一次，个人嘉奖四次。2007年，获北京市公安局科技成就奖一等奖、公安部科学技术奖三等奖。多次荣获学院先进教师荣誉称号。2010 年，获校学历教育优秀教案一等奖。2012 年，获首届全国公安院校教学技能大赛三等奖。2013 年，获北京市优秀教师称号。2015 年，获全国公安机关优秀专业技术人才三等奖。2015 年和 2016 年，分别指导学生获第十届、第十一届公安院校学生科技应用创新成果三等奖。

先进事迹摘录

　　近年来，武磊先后承担了"刑事技术""文件检验""手印样本收集""文书物证收集与初检"等课程和专题共计 600 余课时的教学任务，指导学生毕业论文 52 篇。授课对象有本科、专科、函授、新警大学生、军转干部等共计 1900 余人次。先后组织完成 6 期北京市公安局刑侦系统刑事技术骨干和 2 期青海省刑事技术人才培训的教学任务。2012 年获首届全国公安院校教学技能大赛三等奖；2013 年获北京市优秀教师称号；2015 年获全国公安机关优秀专业技术人才三等奖；2015 年和 2016 年分别指导 10 名学生获第十届、第十一届公安院校学生科技应用创新成果三等奖。

　　在教学实践中，一是重视教师的"导"。通过教学环节的设计，采用公安实践中典型案件的现场重现分析，"学生角色转换"等方法，逐步引导学生进行理性思考，用实际操作演练的方法总结、巩固所学知识。二是重视学生的"悟"。在教学中重视学生学习思维的拓展，通过设问、置疑、解疑的方法，引导学生探究领悟知识内在规律和联系，提高自我创新能力。在课上注意启发式教学方法，充分调动学生学习的积极性，采用录像、幻灯、实物演示、实验等多种形象化教学手段，使课堂教学更加生动活泼，收到了较好的教学效果。三是重视"练"的组织、"考"的设计。针对刑事技术课程的特点，采用单人操作与小组实战相结合的训练方式，充分调动学生的积极性，利用考核形式的"指挥棒效应"，将理论知识考核与实际操作考核相结合，提升学生综合运用知识能力和实践操作能力。其先进的教学培训理念、多样有效的教学方法、贴近实战的手段赢得所教学生的好评，也得到教务部门专家高度认可。在教学过程中，注重学生"发展性学习"，注重对学生警察职业道德的培养与教育，使学生树立正确的权力观、警察意识，公正的执法观念，有效提高学生专业素养。

❀北京市高等学校教学名师奖获得者

弓宝宏

学校名称：北京第二外国语学院中瑞酒店管理学院
主讲课程："酒店人力资源管理""酒店管理"

个人简历

弓宏宝，1993—1997 年就读于山西财经学，大学本科毕业，获学士学位；2001—2004 年就读于山西财经大学产业经济专业，硕士研究生毕业，获硕士学位；2004 年 7 月—2009 年 6 月就读于中国社会科学院财贸所旅游管理专业，博士研究生毕业，获博士学位。

2009 年 7 月至今就职于北京第二外国语学院中瑞酒店管理学院，教授课程有"酒店人力资源管理""管理学原理""组织行为学"等。

先进事迹摘录

弓宝宏自 2009 年入职北京第二外国语学院中瑞酒店管理学院以来，认真履行教师职责，结合自己的专业特长和工作实践，一直在自己的工作岗位兢兢业业工作，在教学和科研的工作岗位上奉献着自己的能力。同时，践行学院"育人教书"理念，对学生在课堂课外时刻进行着如何做人做事的正确引导和教育。

教学工作

自 2009 年入职 8 年以来，承担了"酒店人力资源管理"等 8 个年级、共 4 门课、近 100 个班、7000 多课时的教学。同时，作为老教师，积极主动承担了课程改革，教材编写等新的尝试，效果良好。

毕业论文指导

完成了 8 个年级、约 90 位学生的毕业论文指导工作。每个学生在 8 个月内认真随时沟通。同时，担任教师论文指导小组组长，完成对新论文指导老师的指导。

教材编写

结合中瑞 8 年的授课经验，在学院专家顾问指导下，编写了《酒店人力资源管理》，共 19 章约 20 万字。已经投入到学生的课堂教学中，效果理想。

班导师工作

担任 2009—2015 级酒店管理专业班级的班导师工作，在校内和校外随时关注着学生的动向，对学生的学习进行及时辅导，同时在心理及生活上进行积极辅导和沟通。

其他工作

完成学院和教研室的其他工作，比如，洛桑外文资料的翻译、三亚中瑞教学大纲和人才培养方案的编写等。

✽北京市高等学校教学名师奖获得者

盖克荣

学校名称：北京工业职业技术学院
主讲课程："液压与气动""工业机器人技术"

　　盖克荣，女，1973 年 7 月出生，教授，硕士，中共党员，北京工业职业技术学院机电工程学院工业机器人技术教研室主任。从事高等教育多年，主讲过"液压与气动技术""机械装配技术""自动化制造技术"等 10 余门课程，负责液压与气动实训、机械加工实训、工业机器人技术工作站实训、顶岗实习等多项实践教学环节，在教学中不断实践探索职业教育的改革，年均课时 300 学时，教学效果优秀。近几年，主持科研项目 12 项，教改项目 5 项，发表各类文章 20 篇，获实用专利 2 项，发明专利 1 项，是国家级及北京市高等学校优秀教学团队成员、北京市高等学校学术创新团队成员，北京市青年拔尖人才，学校十佳教师，三育人先进个人，机械教职委智能制造专业教学指导委员会委员。

先进事迹摘录

　　盖克荣从事高等教育以来，一直在机电一体化领域学习、教学和研究，坚持教育教学规律，忠诚教育事业，追求教师价值的最大化。近几年主讲"机械装配技术""机电英语""液压与气动技术"等课程，负责数控加工实训、液压与气动实训、机械加工实训、工业机器人技术工作站实训、顶岗实习等多个实践环节的教学。年平均学时达300学时。在教学中，她能够积极探索改革并实践职业教育新理论新方法，注重工学结合、校企合作、行动导向教学，加强教学过程的管理，认真备课，爱护学生，对学生有爱心和责任心。盖老师在教学中不断改进教学方法，教学效果优秀，是学校的十佳教师、三育人先进个人。她坚持不断地学习与自我学习，不断更新知识和技能，近几年，先后参加十几项各种培训，具有高级装配钳工技能证书。近5年主持教改课题5项，其中主持研究的液压送料回路的信息化教学设计教改课题获2013年全国和北京市高职院校信息化教学设计一等奖，2014年全国高职院校信息化课堂教学一等奖。

　　在教学的同时，她能积极投身科研工作，在实践和摸索中不断提高科研能力。近几年共主持教科研项目12项，并参与了许多其他若干项目，不断聚焦科学研究方向，不断研究科研团队的建设方法，发表教学和科研论文20篇，获发明专利1项，实用专利2项。

　　在教学的同时，盖老师能够积极推进学院专业建设改革，作为工业机器人教研室主任，在专业成立前期做了大量调研及研讨工作，组织成立专业指导委员会及召开专业成立研讨会，进行专业申请、专业筹备，积极深入一线企业调研，不断探讨和启动校企合作、订单培养等，构建实训室建设方案，制定专业高职3年制以及7年连贯培养的人才培养方案，着手各门课程的建设，并积极投身招生宣传和咨询工作，为工业机器人技术专业成长壮大打下良好的基础。

　　盖克荣是机械教职委智能制造专业教学指导委员会委员，兼任国家级高等学校优秀教学团队成员、北京市高等学校优秀教学团队成员、北京市高等学校学术创新团队成员、北京市高等学校专业创新团队成员。

✿北京市高等学校教学名师奖获得者

王 萍

学校名称：北京电子科技职业学院

主讲课程："（商务）网页设计与制作""电子商务管理案例分析""图像处理技术""商务网站建设"

个人简历

　　王萍，女，汉族，1973年10月出生，1996年7月获学士学位，2005年5月在北京理工大学计算机学院获得工程硕士学位，2007年12月晋升副教授。自参加工作以来，一直在北京电子科技职业学院工作，1999年开始从事高职教育教学工作，主讲"Windows移动应用开发""网页设计与制作"等高职课程。先后担任过计算机应用技术、软件技术、手机游戏设计专业教研室主任，2010年至2013年任学校教务处副处长，主管学校专业与课程建设工作，2014年1月至今担任经济管理学院商务管理系电子商务专业技术方向带头人、专业骨干教师。

　　2004年至今，王萍老师分别应邀挂职北京万方数据股份有限公司、北京迅扬时代科技有限公司、北京神码在线科技有限公司、北京网拓联达科技发展有限公司等企业和单位，至今已有4年以上的企业工作经历。承担（或参与）5项技术服务项目，被中国现代职业众创空间联盟聘为联盟理事，被嘉兴安比逊电子商务有限公司聘请为电商项目运营总监。

145

先进事迹摘录

在教学方面，王萍老师主要承担了"Windows 移动应用开发""商务网站建设"等高职课程的教学工作。作为课程负责人建设的"Windows 移动应用开发"先后被评为国家精品课程、国家精品共享课程。作为课程主讲教师建设的"网站建设及 BS 系统设计""网络应用程序开发"先后被评为北京市精品课程。

由于注重提高教学质量，教学成果突出，王萍老师先后被授予"北京市中青年骨干教师""北京市优秀教师""全国优秀教师"等称号；多次在校级与北京市级教学比赛或教学设计中获奖，包括北京市高职信息化教学大赛、北京市青年教师基本功大赛等。指导学生参加技能竞赛多次获得市级奖项。

除了日常教学工作以外，王萍老师投入大量精力用于电子商务专业实训实习条件的改善。在实训室中完成理实一体化教学，注重对学生操作规范度及熟练度的培养；在校内电商创新项目实践基地，带领学生利用业余时间参与真实的企业项目，让学生在学校期间就能贴近真实的企业岗位。上述实训 4 个实训室和创新项目基地在 2015 年投入使用后，有效承担了电子商务专业的理实一体化课程、专业实训、毕业设计等实践教学任务，实训室的使用率达到 85％以上。

在科研、教研和技术服务项目方面，王萍老师积极进取、不断开拓，取得了较多的教科研成果。她负责和参与了市级及以上级别教科研项目 4 项、技术服务项目和企业横向课题 5 项；参与"国家综合改革试验区""2＋3＋2"高技能人才贯通培养等多项重大教改项目；发表中文核心期刊论文 4 篇，申报发明专利 1 项；主编出版教学相关论著 8 部，其中《ASP.NET 网站建设实战》被评为北京市高等教育精品教材。

在专业教学团队建设方面，王萍老师充分发挥骨干教师的传帮带作用，组织教师参加各类培训和企业实践，带动了整个团队的蓬勃发展。2015 年专业团队获批校级"经管专业群现代学徒制工作坊"建设项目、2016 年获评校级优秀教学团队。2014 年获得北京市信息化大赛二等奖 2 项、三等奖 1 项；2015 年获高职组"电子商务技能"赛项北京市一等奖 1 项、获全国"电子商务技能"赛项二等奖 1 项；2016 年获高职组"电子商务技能"赛项北京市一等奖 2 项；2017 年获高职组"电子商务技能"赛项北京市一等奖 1 项、二等奖 1 项。

❋北京市高等学校教学名师奖获得者

李艳芳

学校名称：北京农业职业学院

主讲课程："证券投资实务""金融学"

个人简历

　　李艳芳，1985年7月毕业于东北师范大学物理系，毕业后到中国工商银行长春金融管理干部学院任计算机专业教师。1987年考取复旦大学工业经济管理专业研究生，1989年1月毕业回原单位工作。1993年底调入北京农业管理干部学院（现为北京农业职业学院）工作。1994年12月至1995年4月，任财会金融系金融教研室副主任，1995年4月开始担任学院教务处副处长，2000年4月担任财会金融系副主任（主持工作），2002年8月任财会金融系主任。其间先后在招商证券颐和园营业部脱产实习，担任北京中科富星信息技术有限公司财务顾问，兼任北京商贸职业教育集团会计专业联盟委员会副主任委员。多年来一直兼顾一线教学、科研、社会实践和教学管理等工作。

先进事迹摘录

李艳芳从教 32 年来，在教学、团队建设、教学研究和科研等方面做出了突出成绩。

第一，师德师风高尚，教学水平优秀。多年来一直工作在教学第一线，主要讲授金融投资类课程。课堂管理严中有情，关心学生的生活和成长，资助了多名贫困学生顺利完成学业。注重教学方法、教学手段的改革，通过分组教学和过程考核等改革，激发了学生的学习兴趣，提高了学习效果，锻炼了学生的综合素质。教学效果连年被评为优秀，先后被评为北京市农口优秀教师和学院优秀教师。

第二，注重团队建设，为北京金融行业培养了大批优秀人才。在教育教学工作中以全面提高教育教学质量为总目标，带领全系教师开展人才培养模式改革，通过多年与招商银行、维度金融公司等企业的合作，基本建立了"订单式"人才培养模式。带领各专业团队进行专业建设，使全系金融管理等 4 个专业都进入学院重点专业行列。财金系教师团队 2015 年被评为北京市优秀教学团队。十几年来，已经为北京银行业培养了 500 多名一线优秀员工。

第三，注重教学研究，推进教学工作。多年来主持了多项教研课题，学院"十二五"建设期间，主持"学院'十二五'经管类专业群建设项目"和"中高职衔接研究"项目，主编的《国际金融》《金融市场》等教材连续被评为教育部高职高专"十一五"和"十二五"规划教材；发表多篇教改论文；研究成果对学院教育教学工作具有一定推动作用。

第四，立足京郊搞科研，服务"三农"献计策。先后承担了北京市农委关于"京郊农户信用体系建设""京郊农户金融保险需求调研"和北京市教委"京郊农村资金互助发展研究""京津冀协同发展下农村金融发展研究"等多项课题研究工作。研究成果为政府相关部门制定支持三农政策提供了依据。针对新机场建设大兴区拆迁户拆迁款理财存在的问题，与大兴区妇联合作，开展了"金钥匙"农村妇女理财培训班，先后培训 2000 多人次，使她们学会了规避风险，使资金保值增值。

❈北京市高等学校教学名师奖获得者

杨桂芹

学校名称：北京财贸职业学院
主讲课程："高等数学""数学"

　　杨桂芹，女，中共党员，副教授。1988 年 7 月，毕业于首都师范大学数学系，获理学学士学位，2002 年—2004 年在北京师范大学研究生院进修，"数学课程与教学论"研究生班结业。1988 年 7 月—2002 年 7 月任北京财政学校教师。2002 年 8 月以来，任北京财贸职业学院基础教育学院专职教师、教研室主任，学院教学督导。主讲"经济应用数学"课程；2 部教材获评高职高专"十一五"规划教材、主持学院"经济应用数学·微积分"精品课程；撰写《高职学生自主学习能力培养研究》等论文。组织团队指导学生参加全国大学生数学建模竞赛，荣获全国乙组一等奖 2 项、二等奖 2 项，北京赛区一等奖 5 项、二等奖 5 项。获评 2007 年、2008 年学院优秀育人奖，2013 年学院优秀教师，2015 年学院教学名师。自 2003 年以来，连续 15 次获学院教学质量优秀奖。

先进事迹摘录

杨桂芹老师在职教岗位上辛勤耕耘 29 年。凭着对职教事业强烈的事业心和责任感，始终如一地努力着、探索着、奉献着、快乐着。作为党员，严格要求自己；作为老师，以无限的爱心、耐心、精心、诚心，培育了一批又一批的学生；作为学科带头人，她站在课程开发、教学改革一线，带领团队取得丰硕成果，培养指导年轻教师迅速成长。

第一，教学水平精湛，注重教书育人，用心教书，用爱育人。

杨老师坚持理论学习和政治学习，积极研究和实践启发式、互动式、研学结合式等教学法，有针对性地开展导学研究，把抽象的数学与实际结合，培育数学思维，传承数学文化，激发学生学习数学的兴趣。她上课精神饱满，仪表端庄，语言准确精炼，形成自己独特的教学风格。

杨老师对学生倾注无私的爱，多次给家庭困难学生捐款、捐物。经常与学生谈心，倾听学生的诉说……用心铸就爱，用爱赢得学生的心，用燃烧自己、照亮别人的精神诠释卓尔不凡的教师品质，以高尚的人格来感染学生。

第二，注重教研结合，科研促教。

在教学中不断地进行教改，教研结合，主编《经济应用数学·微积分》等教材 3 本，撰写《高职数学模块化教学设计》等论文多篇，主持和参与院级、市级教改课题多项。

第三，倾心教学管理，注重团队建设。

杨老师担任 13 年教研室主任，有较强的管理能力，精心培养青年教师，带出 5 名青年教师，一名已成长为教研室主任。教研室教师 100％获得过教学质量优秀奖，整体水平一流。

第四，积极参与校企合作，实现校企双赢。

杨老师积极促进校企合作，作为北京合瑞谷农业科技发展有限公司外聘专家顾问，为企业培训员工，开展咨询服务，并带领学生到企业实习。促成了校企合作关系，并建立了党支部共建工作，为长期的校企合作奠定了基础。

杨桂芹老师用平凡的智慧启发学生的思维，用深入浅出的演算带领学生体验成功的喜悦。用自己的实际行动，在平凡的岗位上践行着严以律己、宽于待人，学高为师、身正为范，以行立教、以德立身的师德内涵。

北京市高等学校教学名师奖获得者

王　芯

学校名称：北京信息职业技术学院

主讲课程："自动化生产制造技术""机电一体化技术"

个人简历

　　王芯，女，1990年7月毕业于北京联合大学机械工程学院，工学学士。2004年取得天津大学工学硕士学位。北京市朝阳区第十六届人民代表大会代表。自1990年工作至今，讲授的课程10余门，参与编写的教材3本，独自撰写的论文10余篇。主持及参与的两个学院科研课题，均获学院二等奖，参与的国家科研课题1个。主持及参与的课程建设有3门被评为学院优秀课程，有两门课程被评为北京市精品课程。在学院精品资源共享课建设中主持的课程获得优秀，此外还多次在各类教学竞赛中获奖，是学院的骨干教师和专业带头人，多次被评为年度先进教师及学期优秀。

王芯，北京信息职业技术学院骨干教师，工作以来一直勤勤恳恳，做出了突出的成绩，多次被评为学校的先进教师。

王芯先后主讲过"电工与电子技术""单片机应用技术"等多门专业课程。指导多届学生的课程设计、实训和毕业设计。在日常教学工作中，认真备课、讲课，在教学上对自己提出高标准，积极进取，努力钻研教学业务，不断改革创新。认真进行课程环节设计，力求使课程能够实现能力目标，又循序渐进，使学生能够顺利完成项目。在教课过程中，耐心细致地辅导学生，教学效果好。

在专业建设方面王芯参与了多门课程的建设工作。作为"可编程序控制器应用技术"优秀课程建设成员之一，参与调研、研讨、教学资料编写等大量工作，为课程顺利通过优秀课程建设的验收做出了贡献。

2008年"工业控制电路分析与制作"课程被列为学院建设的示范课之一，作为主要参与者取得了非常好的教学效果，得到了学院、学生的认可。该课程同时被评为2009年北京市精品课程。

学院第一批技术中心课程（TC）建设中，作为"自动化生产制造技术"课程建设的负责人，她改变传统的主要讲授理论的教学模式，探索在技术中心现场授课的模式，编写出了新的课程标准、项目任务书、指导书等一系列教学资料，使本课程的建设迈出了一大步。2009年被学院评为优秀课程，2010年被评为北京市精品课程。

2013年王芯承担了学院精品资源共享课建设的教学建设任务，这是学院的首批建设项目。从项目立项到整个建设过程中，建设团队通过多次研讨，不断完善教学资源，精心拍摄微课，大大丰富了以往的教学资源，较好地完成了教学建设任务，并被评为优秀。

在教科研方面，王芯主持完成学院级科研课题"基于PLC的液位控制系统"等并获二等奖。参与完成全国教育科学"十二五"规划2013年度教育部重点课题的子课题。撰写了《一种适用于智能两线制变送器的LED现场显示方案》《工业控制电路分析与制作课程建设与实践》等论文。编写教材《PLC可编程序控制器教程》《可编程序控制器原理及应用》《检测技术与仪器》。

王芯作为班主任，较好地完成了班级的管理及学生的思想教育工作，有一个班级被评为学校的优秀班集体。

北京市高等学校教学名师奖获得者

王显廷

学校名称：北京劳动保障职业学院
主讲课程："汽车电气系统检修""汽车检测与维修技术"

个人简历

  王显廷，男，汉族，中共党员，1966 年 9 月出生，现任北京劳动保障职业学院机电系汽车检测与维修技术专业教研室主任，高级工程师，高级技师，国家职业技能鉴定高级考评员，国家职业技能鉴定质量督导员，IHK 考官。1984 年 9 月至 1988 年 6 月就读于湖南大学汽车设计与制造专业，本科学历；1988 年 7 月至 1991 年 7 月工作于第一汽车制造厂长春汽车研究所总布置二室，从事汽车总体布置设计工作；1991 年 8 月至 2003 年 2 月在中国石油吉林油田公司职业教育中心任教师；1994 年 9 月至 2003 年 1 月兼职于松原市一汽—大众汽车有限公司松原特约维修站维修顾问、内训师岗位；2003 年 3 月至今，调入北京劳动保障职业学院任职。

  王显廷是北京市优秀专业带头人；多次荣获学院优秀教师等奖项，是理实一体化课程改革领导者和学院后骨干校建设重点专业带头人。

先进事迹摘录

改革教学考核方法

借鉴德国工商业联合会(DIHK)的职业培训和取证实操考试评分标准，结合我国汽车检测与维修的职业技能特点，形成了自己的实操考试评分标准。实操考试是考察考生的"综合职业能力"。考核方法是将要求完成的"工作任务"从岗位的需要出发确定能力目标，将所需能力分解为 9 项必需的"职业能力指标"。

考试评分标准是按照要求完成的"工作任务"所必需的"职业能力指标"的"重要"程度给予不同权重系数。该评分标准可操作性较强，更能反映能力水平，更科学。

理实一体化课程改革领导者

基于理论与实操分开教学缺陷明显，王显廷积极建言理实一体化课程改革。他首先从"汽车发动机检修"课程入手，打破原有学科体系，将其改造为基于工作任务的、项目化的、融"教、学、做"为一体的"理实一体化"课程，将职业资格标准完全融入，使所授班级取证率达 100％。带领专业教师开发出 10 门理实一体化课程。

注重培养"工匠精神"

工匠精神落在每个学生的行动中，对于每个工作任务、每个同学，要求认真精神、敬业精神，树立起对职业敬畏、对工作执着、对工作质量负责的态度，极度注重细节，不断追求完美和极致，将一丝不苟、精益求精的工匠精神融入每一个教学环节。

因材施教

了解整体、熟悉个体。每当新接手一个班进行授课时，王显廷老师都要通过班主任了解整个班级情况；特别是找那些有特点、有个性的学生进行沟通，了解他们的状况，如其他课程的学习情况与成绩，有何兴趣、爱好与擅长以及不足之处，这样就可以预先了解整个班级情况和个别学生特点，然后有目的地因材施教。

从实际出发进行教学。目前，本专业的生源具有文化基础差、学习主动性不强的特点，因此在教学的深度、广度、进度上适应学生的知识水平和接受能力，在教学上采取学中做、做中学的方法。

帮助学生树立自信心。高职的学生往往一直不太被教师关注，缺乏自信，王显廷老师的做法是首先鼓励学生，只要肯学就能学好，在教学内容的设计上，由浅入深，逐步深入，非常注重每一个项目的设计，每个项目都能让学生体会到成功的快乐。

✿北京市高等学校教学名师奖获得者

叶承芳

学校名称：北京青年政治学院

主讲课程："知识产权法""经济法""司法口才技能训练""民商法学"

个人简历

    叶承芳，女，北京青年政治学院文秘与法律系副教授，1998年自中国青年政治学院法律系毕业后开始任教，2006年取得北京大学法学院经济法学硕士学位。

    叶承芳一直在教学一线承担大量教学工作，先后在法律系、社科部、文法系任教，讲授过宪法、刑事诉讼法、保险法、商法、环境资源法、法律基础、思想道德修养与法律基础、知识产权法原理与实务、经济法、电子商务法、司法口才技能训练等十余门课程。2011年至2013年担任思想道德修养与法律基础教研室主任。2011年至2013年担任北京高教学会思想道德修养与法律基础研究会理事。2014年6月被北京市朝阳区人民代表大会常务委员会任命为北京市朝阳区人民法院陪审员。2015年12月被选为北京市法学会不动产法研究会理事。

先进事迹摘录

　　叶承芳老师热爱教育事业，尊重爱护学生，她一贯以高度的责任心和严谨的工作态度对待每一项工作任务，勤于钻研，勇于创新，潜心积累，工作作风扎实。

　　因工作岗位需要，叶承芳先后讲授过十几门课程，学科跨度比较大。她主动学习新的学科理论知识，坚持以学生为本，潜心摸索符合高职学生学习特点的教育方法和教学模式，充分运用现代教育信息技术为教学注入新的活力，扎实开展网络课程教学改革、实践教学改革、案例教学改革，激发学生学习热情。她认真对待、精心准备每一节课，课后及时反思总结。课堂上她循循善诱，鼓励学生发问，充分肯定同学们的奇思妙想，捕捉每一个同学的闪光点。学期结束她主动请学生给自己的讲课提意见，并虚心接受和采纳，真正做到教学相长。她深深体会到自己的成长离不开所有教过学生的帮助，而且只有从内心真正尊重学生，重视学生的需求和感受，才能使自己不断进步，把课讲好。叶承芳十八年如一日坚持不懈刻苦钻研教学，教学效果一直深受督导、同行和学生的好评，评教成绩稳居前列，所授多门课程被评为优质课程，并于 2010 年获得北京市教工委组织的第四届北京高校思想政治理论课教学基本功比赛第一名，2014 年获学院信息化教学比赛网络课程项目一等奖，多次被评为院级优秀教师。在 2017 年 4 月北京市教委组织的"北京市高等职业院校课堂教学诊断和现状调研"中，叶承芳老师的两门现场授课均获得市教委领导和专家的好评，并被推荐申报优秀课程。叶承芳先后发表了 16 篇学术论文，独立或参与撰写学术著作 4 部，参编教材 4 本。她不断努力学习，为课堂教学提供重要的理论支撑和崭新视野。2013 年 9 月至 2014 年 6 月在中国人民大学访学期间被评为"优秀学员"。

　　在担任思想道德修养与法律基础教研室主任三年期间，她坚持集体备课制度，率先带领教师一起开展实践教学改革和网络课程建设，切实增强了思政课教学实效性。课程评教成绩稳步提升，教研室连续两年被评为优秀教研室，她本人也两度被评为"优秀教研室主任"。

❋北京市高等学校教学名师奖获得者

缑庆伟

学校名称：北京交通运输职业学院

主讲课程："汽车构造、汽车维护、汽车检测与维修""汽车运用技术专业领域"

个人简历

缑庆伟，男，副教授，北京市优秀青年骨干教师，北京市交通工作先进工作者，获北京"师德风尚"荣誉称号。

现任汽车工程系主任，近三年年授课在 400 课时以上。国家高级考评员，一汽丰田、一汽大众认证技术培训师，中德合作认证技术培训师，上海 AHK 考试中心汽车专业考试委员会成员，北京市职教学会理事，全国交通行指委汽车专指委理事。

科研工作有交通行业新能源汽车技术保障体系规范研究等四项。连续多年获得全国技能大赛优秀指导教师称号，北京市首席优秀指导教师，全国"创新杯"说课大赛一等奖。

获得国家专利两项，软件著作权一项。近三年，发表论文《基于轿车车身钣金异响的分析研究》等四篇，编写教材《新能源汽车原理与检修》等四本。

缑庆伟同志作为汽车运用与维修技术专业教师，认真学习毛泽东思想、邓小平理论和"三个代表"重要思想，坚持科学发展观，以"三严三实"作为行为准则，按照两学一做的要求，注重思想修养学习，积极参加党的群众路线教育实践活动，做合格党员。

近五年圆满地完成了承担的教学工作量和学院布置的各项工作。授课达到2000多课时，主讲了丰田校企合作专业技术课程、大众校企合作专业技术课程等核心课程，指导毕业综合作业100多人次；积极承担了汽车专业实训室建设任务，认真编写实训室建设方案，开发实训项目。

每年参加企业实践，多次赴德国、芬兰、日本学习，多次参加一汽大众、丰田、奔驰、保时捷等企业组织的汽车专业技术培训。缑庆伟同志还积极考取了国际注册高级汽车开发工程师(ICSVDE15728637)证书。

在担任汽车工程系主任的三年时间里，该同志除承担了大量教学工作之外，还肩负着专业发展的使命。主要落实以下几个方面的工作：招生、就业、教学管理、学生管理、实训管理。近年来，积极参与科学研究，出版教材4部，其中主编教材2本，参编教材2本；发表论文多篇并完成国家级精品课程建设一门；完成交通部、北京市交通委等课题5项，其中第一责任人1项。从2009年开始至今，每年都指导学生参加全国职业院校技能大赛，每年都获得一等奖，2011年获得全国冠军。被授予"优秀指导教师"和"首席优秀指导教师"称号。

缑庆伟同志因工作业绩突出，2007年被北京市教委评为北京市优秀青年骨干教师；2012年被北京市交通委评为"交通行业先进工作者"。2014年被《北京晨报》授予"师德榜样"荣誉称号。

❀北京市高等学校教学名师奖获得者

陈天舒

学校名称：北京体育职业学院

主讲课程："应用心理学""心理健康教育""运动心理学"

陈天舒，男，生于1963年11月，毕业于北京大学，获心理学硕士学位。现任北京体育职业学院副教授。

1982年考入北京大学，经过7年本科和研究生学习，于1989年硕士毕业。在北京体育训练指导团工作4年后，于1993年进入北京体育职业学院担任心理学教师至今。

1994年至2004年在《北京晚报》兼职担任《健康快车》整理心情栏目编辑记者工作，其间发表大量专栏文章。自20世纪90年代中期以来，作为北京市全民健身社会体育指导员专职培训师，至今已举办过专题讲座上百场，并于2016年考取国家人力资源与社会保障部颁发的国家二级心理咨询师证书，给学生提供专业心理咨询。在学院担任教科研委员会委员并承担培训部的管理工作。

先进事迹摘录

服从工作需要，纪律性强，任劳任怨

北京体育职业学院的主要教育对象是北京队专业运动员，由于训练的缘故，上课时间经常安排在晚上和周日，自参加工作以来，陈天舒从未因各种困难对教务处安排的课程有过任何迟疑和困难托词，无论是晚上还是周日上课，都愉快地接受教学任务。对于学院安排的各种工作，他从不提任何条件，不计报酬，出色地完成。

尊重、爱护、关心每一位学生

陈老师勤于学习，不断丰富自己的专业知识，只要有机会就去听各种有关心理学的讲座。关心学生的心理健康成长是他上课中始终贯彻的理念。很多没有直接接受陈老师面授的学生通过其他学生加陈老师微信，就自己在学习、训练、生活中遇到的困惑向陈老师咨询，陈老师从来都热心提供专业帮助。在帮助学生的同时，他照亮了自己的精神天空，也照亮了学生的精神天空。

陈老师上课时经常引经据典，联系当前热点话题与学生互动交流，用幽默风趣的教学风格吸引着学生。有一位周同学曾听过陈老师的心理学课，在学院征求学生意见时，他提出的要求就是能否再听陈老师的课，学生处的反馈也是很多学生都愿意听陈天舒老师的心理学课。

勇挑重任，为学院增光添彩

作为学院教科研委员会委员，陈天舒老师勇挑科研重担，多次承担学院及部级课题，如负责国家体育总局"运动员职业培训读本"《时间管理》的撰写工作；在没有任何报酬情况下完成了心理学微课制作后，又主动承担了《运动员心理健康》教材以及电子教材的编写制作任务，这项任务的完成将填补国内体育院校专门针对运动员心理健康教材的空白。陈天舒老师还多次赴企业、机关、中小学校进行过上百场心理健康讲座，受到学员热烈欢迎。

对学生的爱没有尽头，他表示，自己将在体育职业教育中不断探索和追求，力争获得更大的荣誉。

❋北京市高等学校教学名师奖获得者

李海红

学校名称：北京市东城区职工业余大学

主讲课程："翻译理论与技巧""英语国家概况""高级英语写作"等

个人简历

　　李海红，副教授，1990 年毕业于北京第二外国语学院，1994 年进入北京市东城区职工业余大学。从教 23 年，先后讲授"翻译理论与技巧""高级职业英语""高级英语写作""跨文化交际""精读""视听说"等十多门课程，年教学课时数在 300 课时以上，多次获得校级教学成果一等奖和科研成果二等奖。2007 年，荣获首届城八区独立设置成人高校英语教师基本功大赛二等奖。2008 年 9 月被评为东城区骨干教师。2016 年被评为北京市东城区教育系统优秀教师。

　　主要社会兼职：剑桥通用英语 KET，PET 资深口语考官；北京嘉途教育咨询公司托福、雅思，SAT 的资深培训讲师；长年为多家五星级酒店培训英语中、高级等级考试；文化部文化艺术人才中心职称英语培训讲师。

钻研教法，锐意创新

李老师坚持以"学生为中心"、培养学生"职业关键能力"为理念，潜心钻研成人教育的教学方法，用"交际教学法""情景教学法"及"原生态教学法"，增强课堂趣味性和实用性。开展了"视听说课程考核评价体系改革""线上线下混合的微翻转课堂实践"等教改；近5年来建设7门课程的混合式教学线上课程，并设计制作了视听说等多门课程的微课系列。通过示范、引领，"传帮带"培养了多名年轻教师，在教师中有极强的影响力。教学风格深受学生喜爱，学生历年评教分数均在98分以上，所讲课程多次被评为校"优质公开课"。

亦师亦友，情系教育

李老师能够营造轻松、和谐、互助的课堂氛围，建立了良好的师生关系。采用"异质分组法"帮助参差不齐的学生。对于学困生或工学矛盾突出的学员，用互联网手段采取个性化辅导。作为口语竞赛英语专业的负责老师，精心选拔并悉心指导学生分别获得2015年全国成人高等教育英语口语竞赛获二等奖和2016年北京市成人高等教育英语口语竞赛三等奖和优秀奖，为学校争得荣誉。在保证对英语专业学生实行个性化指导，提高其毕业论文写作质量的同时，因材施教地提升学生的科研素养及其创新和思辨能力。

以研促教，成果显著

李老师在国家和省市级学术报纸杂志上公开发表了论文十余篇，其中核心期刊4篇。先后获得2015—2016年度成人教育优秀科研成果二等奖，北京市第七届"京研杯"教育教学研究成果一等奖和二等奖等，出版了专著《大学英语教学与翻译实践研究》。参与"大学英语教学的多元评价""应用英语专业'双证融通'课程体系构建的探索与实践"等多项国家级、区级和校级课题，还研发编纂SAT辅导用书及《英文词汇3000总动员》等十余本英语精品读物。

北京市高等学校教学名师奖获得者

卜小玲

学校名称：北京宣武红旗业余大学

主讲课程："金融学"

个人简历

　　卜小玲，女，副教授，经济师，民盟支部组织委员，清华大学出版社高职高专金融保险专业教材副总编，电子工业出版社经济管理教材编委，中国计算机协会会员。北京市优秀青年教师，多次荣获校级教学质量优秀奖。

　　1985年进入管理系任教，2005年任管理系主任，主要讲授"财政与金融""证券投资学"和"金融理财"等课程，承担本专科教学、论文辅导、校企合作、社会培训和社区服务，平均课时量在400学时/年以上。出版学术专著1部；在核心刊物发表专业论文5篇并获奖；担任17本本专科应用型及规划教材主编、副主编，已被全国多所院校选用；主持参与市级、区级课改及规划课题13项，获北京市立项课题一等奖和西城区研究成果二等奖。

先进事迹摘录

　　卜小玲老师从教 32 年，政治立场坚定，积极为区域经济发展建言献策，以教书育人为己任，治学严谨，教科研能力强，教学效果好。

　　爱岗敬业、勇于奉献

　　卜老师具有强烈的事业心和责任感，顾全大局，师德高尚，有一次她生病住院，为了不耽误学生论文写作，在病床边指导同学修改，同学们高质量完成论文并获得良好成绩。还有一次她不慎扭伤了脚，忍痛坚持上完课，下课时同学们全体起立鼓掌致敬。

　　因材施教、锐意进取

　　卜老师作为一名长期坚持一线教学的双师型教师，承担大量本专科教学工作、论文辅导、校企合作、社会培训和社区服务工作，主持特色专业建设、新专业论证、会计实训室创建。

　　根据不同职业、专业和学习基础的学生，在教学中实施差异化教学和个性化辅导，采用互动式教学、混合式教学、现场教学和微课、慕课等方法培养学生实践能力和职业精神，大胆改革考评方式，加大对学习过程质量的评价，搭建成人高校学习"立交桥"，实现不同类型学习成果互认和衔接，达到了激发兴趣、启发思维、培养能力、创新实践的课堂效果。

　　科研助教、成果显著

　　卜老师撰写了 30 余万字的《信用卡理财》专著；在核心刊物发表学术论文 5 篇，个人理财业务论文获中国教育学刊论文二等奖；担任 17 本本专科应用型教材主编、副主编，近 90 万字，被全国多所院校选用；主持参与 13 项市级、区级课题并获奖，关于课堂教学改革的课题研究成果在工商管理专业应用实施并在全校推广。

　　团队建设、服务社会

　　卜老师做为系主任和学科带头人，发挥团队专业优势，带领老师研发创业基础与创新实践实训课程，充分发挥"传帮带"作用，引领团队成员科研创新与学术提升，两本专业教材获评北京市高等教育精品教材，在核心期刊发表论文 10 余篇，近 30 项市级、区级课题结题并获奖。

　　立足于服务区域经济发展，与翔达公司、清华池、元陆公司等建立校企合作，主持研发培训课程体系，根据企业实际需求定制教学计划，使学校管理类专业在区域经济内产生较大影响力。

北京市高等学校教学名师奖获得者

陈 军

学校名称：北京丰台区职工大学

主讲课程："经济学"

陈军老师自 1986 年大学毕业后从事高教工作 31 年。1998 年晋升副教授，2009 年晋升教授。现担任丰台社区学院学术委员会秘书长及工商专业教学团队带头人；历任中国商业经济学会商业经济应用与管理研究分会研究员、北京市高教学会经济学研究会会员。

陈军老师多年来一直承担北京丰台区职工大学经济类专业的"西方经济学""经济学基础"等课程的教学工作；2001 年至 2005 年，兼任丰台社区学院社区教育办主任，2002 年至 2003 年被借调到丰台区教委，兼做"丰台区学习型城区创建工作"的启动工作。

从教以来，共发表专业学术论文 30 余篇；获奖论文 20 余篇；出版著作与教材 5 部；承担市级以上课题 8 项。于 1995 年获得"北京市优秀青年教师"称号，2009 年获得"北京市优秀教师"称号。

先进事迹摘录

业绩综述——成果显著

陈军老师从事高教工作31年，2009年晋升为教授。在教育教学及教科研领域造诣较深，公开出版著作及教材5部、发表论文30余篇、获奖论文20余篇；参加各级立项课题8项，多项成果获得一等奖或优秀奖。

教书育人——荣获"中国创新教育成就奖"

陈军老师在培养学生实践能力、创新能力等方面成绩突出。特别是在互联网时代下，将微课教学手段引入课堂，并取得成效。另外，陈军老师在全区、全校多次做公开课、优秀课、观摩课，受到领导、同行及学生的充分肯定与好评。

2000年3月至2002年6月陈军老师参加了中国教育创新发展总课题的研究工作，其中《构建课堂教学新模式》一文，被教育部专家组及中国教育创新发展调研总课题组评为"中国创新教育成就奖"暨全国教育调研重点课题SSIC020060号阶段性研究成果一等奖。

教学科研——取得系统性、创造性、前瞻性科研成绩

陈军老师具有较为深厚的学术功底，1992年由北京出版社出版《改革与发展》（陈老师为副主编），该书成为当时较早系统阐述社会主义市场经济理论的具有前瞻性的专业著作；在系统研究五年之后于1997年8月又出版了《社会主义市场经济论》一书（陈老师为副主编）。此后她又相继发表了系列相关论文，在社会主义市场经济理论的研究方面陈军老师取得了系统性、创造性、前瞻性的科研成绩。

锐意创新——开拓了丰台区学习型城区建设理论研究之先河

为推进丰台区学习型城区建设工作，2002年4月至2003年3月区教委借调陈军老师对此项工作做专项调研，为区教委撰写了《丰台区开展学习型城区建设的实施方案》《丰台区社区教育三年规划》等大量文件。同期她还发表了相关论文，被"亚太国际教育研究会"评为优秀论文；开拓了丰台区学习型城区建设理论研究之先河。

首届北京高等学校青年教学名师奖
获奖教师简介
（2017 年度）

※北京市高等学校青年教学名师奖获得者

杨立华

学校名称：北京大学

主讲课程："中国哲学史"

个人简历

　　杨立华，男，1971年3月生于黑龙江省。1992年毕业于浙江大学能源系，获工学学士学位；1995年毕业于北京大学哲学系，获哲学硕士学位；1998年毕业于北京大学哲学系，获哲学博士学位。1998年7月在北京大学哲学系任教至今。2011年获评"北京大学十佳教师"。现为北京大学哲学系教授、博士生导师、副系主任，中国哲学史学会理事、秘书长。出版专著9部（其中译著4部），发表学术论文40余篇。

先进事迹摘录

　　杨立华老师自1998年从教以来，一直活跃在教学工作的第一线。在具体的教学实践当中，课堂教学的质量是杨老师始终关注的。由于时代的距离和语言的断裂，中国传统哲学的概念、理路和经典文本，对于大多数学生而言，是跟自己的生活毫无关联的。如何使学生领会到中国哲学的鲜活的生命力，就成为中国哲学教学工作的难点。杨老师通过自己对传统思想和经典文本深入钻研，赋予了中国传统哲学对于当代世界的解释力量。将传统哲学的深度，转变为反思和应对当代世界的敏锐，使杨老师的中哲课成为北京大学的一道风景。出于对杨老师的爱戴，十多年前学生们就开始尊称他为"杨子"。

　　杨老师教学的另一特色在于突显中国哲学的实践取向。早在2008年，杨老师就创立了北京大学儒行社，开始了中国哲学特别是儒家哲学面向社会的实践路径。为避免传统文化中的复古主义倾向，杨老师强调"青春的儒家"，使得北大儒行社成为学习的共同体、友爱的共同体和实践的共同体。十年来，杨老师和他的学生们在河南洛阳伊川县、云南大理和楚雄的偏远山区，给孩子们带去期许和尊重。对于儒行社的同学而言，山区小学的支教活动从来不是"慈善"，而是自己生命中内在的承担意志的体现。在支教团队中，杨老师成了自己学生的"助教"。用由衷的欣赏来鼓励学生们的成长，使得实践中的教学洋溢出盎然的生趣。

　　"责任是生命的阳光。人生因责任而充实，因充实而饱满，因饱满而光辉。"这是杨老师对学生的期待，也是他的自我期许。

✾北京市高等学校青年教学名师奖获得者

毕明辉

学校名称：北京大学

主讲课程："20世纪西方音乐"

　　毕明辉，北京大学艺术学院音乐学系副教授，复旦大学中文系文艺学博士后，中央音乐学院西方音乐史博士。教研范围涉及中西音乐史学与美学、音乐表演、音乐教育等，注重理论与实践结合，坚持讲台与舞台同步，所授全校通识课程"20世纪西方音乐"等长期保持500人次选课量之最，英文课程"中国音乐"系北大国际课程品牌项目。教学追求精进，潜心教改和研究，2013年作为首批北京大学慕课成员，以一流的教学设计、授课风格与制作品质，成为全球音乐通识课之佼佼者。一系列中英文教材与专著的研究与写作，使其跻身优秀青年学者行列。曾获首都劳动奖章、北京市高校青教赛文科组第一名、全国青教赛文科组二等奖、全国微课比赛一等奖、全国在线教育先锋教师奖等众多奖项。

先进事迹摘录

　　自从到北京大学从教以来，毕明辉就立志以教学为志业和天职。所开设的本科生通识课程"20 世纪西方音乐"，其教学理念重视"将兴趣当作教学的起点，兴趣更是教学的过程和结果"，善于以音乐的方式激发不同专业学生对知识、观点、视角的多元化拓展，在给他带来巨大的挑战和机遇的同时，也真正做到了"教学相长"的最高境界。

　　教学不仅仅是课堂之中对理论、方法、知识的传授，还要设计诸多的实践环节，才能做到理论与实践相统一。因此，与授课内容相匹配，毕明辉十余年来一直坚持每周指导一次在北京大学师生中享有盛誉的学生社团"中国音乐学社"。多年来学社乐手受邀在国内和国际上举行专场演出，除此之外，教学的实践环节还体现在带领学生观摩高水平乐团的排练、演出，并现场点评和考查学生的学习成效。学社和乐团中的学生均自愿修习他所开设的"20 世纪西方音乐"或"音乐欣赏"课程。

　　教学不只是求真，更重要的是求善和求美，毕明辉基于这种教育教学的价值取向，对课程和教学的打磨、自我反思和监测从无止境。在一开始人数不太多的时候，他有更多的与学生密切互动时间；随着人数越来越多，每学期课程的修课人数都达到了 500 人的上限，因此他内心认定的"必须每个学期与每个学生都要有针对性的、个性化的指导"就变得非常艰难，却始终保证每一份论文都亲自审阅，十余年完成的阅卷评语达到 20 余万字。为保证教学质量，他注重在课堂上观察学生的座位分布、发言提问的机会、个性倾向等特征，在每个学期中间都会设计本课程独有的"期中教学评价"和"学情调查表"，搜集学生的反馈；在期末他一般会给每一个学生发邀请邮件，从 500 个学生中挑选 50 位平时发言较少、座位靠后、记不住名字的学生，参加一个有深度互动的教学沙龙，希望学生能感受到课堂教学中他们最关心的"教学公正"和"人文关怀"。事实证明，这种做法尽管耗费心力，充满挑战，但值得付出，他也一如既往地在坚持着。

北京市高等学校青年教学名师奖获得者

王月丹

学校名称：北京大学

主讲课程："医学免疫学"

个人简历

　　王月丹，男，1972年12月生，医学博士。2002年6月毕业于苏州大学内科学专业，同年8月在北京大学基础医学院免疫学系担任讲师，2004年8月晋升副教授，2005年2月起担任免疫学系副主任，主管教学工作，2011年起担任北京大学生物医学实验教学中心（国家级示范实验教学中心）副主任，2012年8月晋升教授。在北京大学任教期间，先后入选北京市科技新星计划，教育部新世纪优秀人才计划。现在担任中国免疫学会科学普及委员会委员和中国优生科学学会青年委员会委员，以及《生物学通报》《中国中医基础医学杂志》《中国医药科学》《生物医学》和《现代生物医学进展》等杂志的常务编委或编委。

先进事迹摘录

　　王月丹从教以来，在学校和学院的关心下及教研室陈慰峰院士及白慧卿教授等老一辈教学名师的悉心指导下，逐渐从一名青年讲师成长为免疫学教授和青年教学骨干。在教学工作中，他先后主讲或主持开设了"医学免疫学""高级免疫学""健康免疫学""临床免疫学""疾病免疫学""肿瘤免疫学""基础医学实验室设备与技术"等课程。其中，"医学免疫学"获得了北京市精品课程、国家精品课程、国家精品资源共享课和国家级双语教学建设课程等荣誉。"健康免疫学"为学院路教学共同体共享课程和北京大学暑期学校课程，有台湾大学、香港城市大学、澳门大学和北京师范大学等数十所院校的超过2000名本科生选修了该课程。

　　在教材建设方面，王月丹根据北京大学医学免疫学教学的特点，先后主编了《医学免疫学》等教材4部，《轻松学习》等教学辅助教材3部，作为副主编或编委参与编写了《医学免疫与微生物学》等十二五规划教材3部，积极指导青年教师改良教学教具，与初明博士共同发明了《自制教具"抗体模型"》，并获得了实用新型专利的授权。

　　在实际教学工作中，王月丹积极推动以PBL和翻转课堂为主要特色的自主学习模式，总结撰写教学论文12篇，其中《翻转课堂和情景式教学在免疫学实验课中的设计与应用》一文获得了中华医学会医学教育分会评选的"2014年度医学教育和医学教育管理百篇优秀论文一等奖"，有关多专业PBL及实验教学改革的成果获得了亚洲医学教育学会第4届学术大会最佳发言奖二等奖（2010年）等奖项。

　　在科研工作中，王月丹先后主持了国家自然科学基金和北京市自然科学基金等科研项目10项，在国内外专业期刊上，发表学术论文50余篇，获得发明专利授权2项。2005年获教育部新世纪优秀人才计划和北京市科技新星计划资助，2007年获教育部高等学校自然科学奖一等奖（排名第6），2010年获中华医学科技奖二等奖（排名第3），2011年获得国家自然科学奖二等奖（排名第3）。

❀北京市高等学校青年教学名师奖获得者

张 翔

学校名称：中国人民大学

主讲课程："宪法学"

个人简历

　　张翔，男，甘肃张掖人，现为中国人民大学法学院教授、博导，兼任中国宪法学研究会秘书长、中国软法研究会副会长、中央国家机关青联委员、中国人民大学法学院博士生工作委员会主任等。承担中国人民大学法学院"宪法学""外国宪法""宪法案例分析""法学方法论"等课程，本科课堂评估平均得分98.56分，课堂最高得分99.57分，深受学生欢迎。

　　曾获中国法学会第八届全国十大杰出青年法学家（2017）、第二届"首都十大杰出青年法学家"（2016）、教育部高等学校优秀成果奖二等奖（2009、2015）、霍英东奖（2012）、钱端升奖（2015），中国人民大学教学优秀奖等奖励，入选中组部万人计划第一批青年拔尖人才（2013）。

张翔主要从事宪法学教学。长期以来,宪法学被看作法学专业性较弱的学科,而且是枯燥乏味的学科。然而张翔认为应通过课程改革让学生充分接受法学的专业训练,感受到自己法律专业技能的提升,从而培养出学科兴趣。为此,张翔在人大法学院第一次开设了本科"宪法案例分析"课程。这是在参考各国宪法课程设置经验的基础上进行的一次改革尝试,要点在于:在大课讲授之外,专门训练学生使用法学的框架解析案例。张翔的案例分析课,章法严谨却又生动活泼,深受欢迎。课程改革效果显著。

在开设新课的基础上,张翔对本科宪法学课程体系有这样的构想:"大一'中国宪法'——大二'外国宪法'——大三'宪法案例分析'",通过为本科学生每学年提供一门宪法专业课程,系统培养学生的宪法知识体系和思维方法。这种课程改革,也适应了国家确立的"依宪治国"的总体方略。

此外,张翔还承担了新设的"新生指导课",通过"大学是什么""法学是什么""应该怎么学"等通俗易懂的专题,帮助新生尽快度过转型期,同时让新生对法学学科有初步的理解。在专业讲授之外,张翔也特别注重资料卡片制作、笔记整理、读书报告撰写、图书馆和数据库检索等方法的传授。

张翔承担的课程种类包括专业基础课、方法课、案例课、文献研读课、论文写作课等,教学对象涵盖从本科到博士的多个层级。近期他又开始尝试"云窗慕课""翻转课堂"等教学方式,希望通过新技术手段让非本校学生也能享受优质教育资源。

张翔从教 12 年来,始终秉持"理论基础+学科前沿""知识+实践""严谨性+趣味性"的理念。同时,他总是以最大的热情投入教学与人才培养。在他看来,教学具有永远的优先性,除了因为夫人临产而有过一次请人代课以外,从无调课和请人代课情况。对于重复讲授的熟课,他也永远坚持重新备课。基于饱满的热情和精彩的内容,张翔的课得到了学生们的热情评价。

※北京市高等学校青年教学名师奖获得者

王 易

学校名称：中国人民大学

主讲课程："思想道德修养与法律基础"

个人简历

　　王易，中国人民大学马克思主义学院教授，思想政治教育专业博士生导师，中央马工程专家，北京市思想政治理论课特级教授，北京高校思想政治理论课高精尖创新中心执行主任。连续17年从事高校思政课教学，主讲的"思想道德修养与法律基础"课是对大学生进行思想政治教育的示范性课堂。作为思想政治教育专业学科带头人，已培养博士和硕士50余人，多人荣获北京市优秀毕业生和全国思政专业优秀毕业论文。王易先后获得省部级以上奖励和称号15项，包括全国优秀教师、北京市先进工作者、北京市教育创新标兵、宝钢教育基金优秀教师奖等，入选北京市"四个一批"人才、教育部新世纪优秀人才、全国思想政治教育专业中青年杰出人才、北京市思政课名师工作室主持人。

先进事迹摘录

  王易教授长期从事思想政治理论课、中国传统文化与思想政治教育的教学与科研工作，以高度的责任感和使命感教书育人，取得了显著成绩。

  在教学上，连续 17 年为中国人民大学的本科生主讲思想政治理论课，连续 12 年为思想政治教育专业研究生讲授"中国传统美德专题""德育思想史专题""专业主文献研读"等课程，教学评估连年优秀。她在教学中把教材重点、理论难点、社会热点、学生特点紧密结合，将大学生思想理论热点难点问题调研引入思政课实践教学环节，带领大学生撰写出版了系列调查报告《当代大学生价值观调查报告》《当代大学生热点问题调查报告》《当代大学生压力状况调查报告》。她还带领团队创立了以"微调总开关，指发正能量"为宗旨的"别笑我是思修课"微信公众号，在引领主流思想舆论、加强大学生思想政治教育中发挥了重要作用，受到广大青年学生、思想政治教育工作者的广泛关注。中央电视台、中国教育电视台和《中国教育报》曾经多次对王易教授的教书育人事迹进行过专题报道。

  在科研上，认真严谨、心无旁骛、专心向学。主持承担国家社科基金青年项目、教育部人文社科基地重大项目、教育部人文社科思想政治理论课专项任务多项，并作为子课题负责人参加多项国家社科基金重大招标项目、教育部人文社科重点研究项目。先后出版著作《先秦儒家国家关系伦理思想研究》《轨迹——当代中国青年价值观变迁研究》等，译著《文化与民主的反思》等，并在《中国人民大学学报》《教学与研究》《思想理论教育导刊》等核心期刊上发表论文 60 余篇，多篇论文被中国人民大学报刊复印资料全文转载。2017 年入选报刊复印资料重要转载来源作者。

  在人才培养上，共指导博士后 1 人，博士生 6 人，硕士生 34 人，各级分类访问学者 40 余人。2 名硕士生荣获全国思想政治教育专业优秀硕士毕业论文，1 名博士生获北京市优秀毕业生，多名研究生获校级优秀博士、硕士毕业论文。作为北京市思想政治理论课名师工作室主持人，在团队建设和人才培养方面做出了突出成绩。

❀北京市高等学校青年教学名师奖获得者

杨祎罡

学校名称：清华大学

主讲课程："核辐射物理及探测学"

 **个人简历**

　　杨祎罡，男，汉族，1974年11月出生，工学博士，清华大学副教授，于2002年2月参加工作。自2007年起连续主讲本科生国家精品课"核辐射物理及探测学"，2014年完成了该课程精品资源共享课视频的录制工作，2015年完成了该课程慕课课程的制作。同时长期承担"辐射探测与反应堆物理实验"的授课工作。受邀做教学方法报告3次，发表教学论文1篇。曾受国家自然基金委委托，为全国中子方向的研究生讲授短期课程"新型中子探测器技术及其在中子物理上的应用"。获2008年度清华大学青年教师教学优秀奖。主要从事中子辐射物理与探测方法的研究，已发表66篇高水平论文，被授权国内外发明专利48项，在国内外重要学术会议做口头报告50次。目前是美国核学会（ANS）会员。

先进事迹摘录

在历年的教学评估中，杨祎罡老师多次位于全校同类课程的前列，得到了师生的高度认可。受邀先后在多处做有关教学方法的报告，受到了全国核工程类专业教指委的高度评价。

在教学中，他坚持做到每教如新，像首次开课一样认真备课，不断梳理知识体系，持续完善教学课件。在每堂课之前都进行模拟试讲，熟悉细节，排查问题。在准备教学内容时，他不仅做了大量横向扩展阅读，同时又纵向追溯著名学者的早期论文和关注近期的新发展，以理解知识体系的形成过程，理顺知识点之间的逻辑关系，解决现有教材中存在的"知其然不知其所以然"的描述问题。他不迷信权威，针对英文经典教材"*Introductory Nuclear Physics*"存在的部分知识点阐述不清的问题，与作者 K. S. Krane 教授进行了深入探讨，受到了他的赞赏。

他采取了多项措施来引导学生积极学习。例如：通过设置课前作业来促进学生的课前预习，有效地改善了听课和学习效果。制作了课前 PPT 以进行知识回顾和重点提示，根据课前作业回答情况来设置课堂小问题，增加学生对课堂的参与度和兴奋度。鼓励学生在课堂上踊跃发言，每学期组织两次课堂讨论，在老师主持下由学生积极讨论课程的核心知识点。在课后，针对学有余力的同学推出了专题研究计划，引导其对本学科的前沿问题开展调研。为了提升学生的专业英语水平，他实施了英文阅读促进计划，鼓励学生同步阅读经典英文教材"*Radiation Detection and Measurement*"。在期末，为学生设置了"本课程重要问题 25 问"的口试大作业，要求所有同学完成，确保学生掌握了本课程的基本知识架构。

在科研中，他研究了光中子源技术，得到了比传统源高 2 到 4 个量级的中子产额，解决了长期困扰国土安全领域的中子源缺乏问题。在国际上创造性地用一台电子加速器将 X 射线成像技术和光中子分析技术融合起来，受邀赴国际原子能机构总部参加第一届国际射线科学与技术应用大会(ICARST—2017)并做特邀报告。在中子探测器的研究中，他在国内首次研制成功了大面积中子敏感微通道板，获得了世界最高的中子探测效率。

❋北京市高等学校青年教学名师奖获得者

张晓东

学校名称：北京交通大学

主讲课程："供应链管理""交通运输"

个人简历

　　张晓东，男，博士，副教授，2003 年毕业于北京交通大学交通运输学院，获工学博士学位，后留校任教至今。

　　2013 年 9 月至 2016 年 8 月任职北京交通大学交通运输学院副院长，主管本科教学工作。同时，兼任中国物流学会副会长、中物联物流园区专业委员会专家委员会副主任、中物联汽车物流分会副会长、中国铁道学会运输委员会专业运输分委会秘书长等十多项社会职务。

　　主要研究领域为现代物流系统规划与管理、物流节点规划与设计、铁路货运与物流、供应链管理、物流标准化等。

先进事迹摘录

教学工作

近年来，张晓东老师积极参加国家教育体制改革试点项目和试点学院专业的综合改革工作。不断加强本科教学内涵质量建设，开展学院本科教学专业认证和审核评估工作试点；改革学生招录选拔机制，推进自主招生改革；深化推进基于学科门类的本科人才培养模式和一体化人才培养方案改革，积极开展北京市"双培计划""北京学院"建设工作；完善人才培养质量保障机制，着力推进基于OBE理念的达成性评价机制，创新学生综合素质教育模式；着力提升学院的国际化水平。

张晓东老师每年承担本科生"供应链管理""物流节点设计"两门核心课程教学，主讲"交通运输大类专业导论"，积极进行教学模式和方法改革。率先开展研究型教学，翻转课堂教学实践和课程MOOC建设，取得了良好的效果。长期担任本科生"运输物流"现场实习指导教师工作，年均指导本科毕业设计(论文)4人，多人获得优秀。主讲硕士研究生"物流与供应链管理""物流园区布局规划理论与方法"等课程，近3年年均学时数逾140学时，指导毕业硕士研究生8名，高质量培养了研究生。

获得北京交通大学智瑾奖优秀青年教师和北京交通大学优秀主讲教师称号，多次被本科生评为"我最敬爱的教师"。

学科建设工作：实质性参与"物流工程"方向团队建设工作，教学、科研工作量饱满，受到本单位群众一致认可，并经学院评聘小组认定；负责完成"交通运输"实验教学中心"基于供应链的运输物流模拟平台"建设工作，保持和提升平台建设水平。

国际合作交流：张晓东老师积极推进国际合作办学和国际交流项目。参与筹建的交通运输学院与荷兰代尔夫特大学合作办学项目获批。2011—2012年受中国物流与采购联合会委托，作为中方组长与德国政府机构GIZ和研究单位DGG及不莱梅大学合作研究"绿色物流园区"项目，促成了学校与不莱梅大学的合作协议，双方实质性合作已经有序展开。

科研工作

近年来，张晓东老师围绕铁路货运组织改革与物流化发展、区域物流发展规划、综合运输与多式联运、现代物流节点(物流园区、铁路物流中心等)规划建设与运营、物流标准化、两业联动等方面进行了深入系统研究，研究成果不仅丰富了学术理论，而且为国家有关部委相关决策提供了参考。

　　张晓东老师主持完成了近 90 项来自中国铁路总公司、国家发改委、工信部、民政部、国家铁路局以及地方政府等的科研项目，获省部级科技进步奖特等奖 1 项、一等奖 5 项、二等奖 2 项。其中，2015 年获得铁道学会（省部级）铁道科技奖特等奖（排序第 1），2016 年获得铁道学会（省部级）铁道科技奖一等奖（排序第 4），2014 年获得中国物流与采购联合会（省部级）科技进步一等奖（排序第 2）。

　　发表学术论文 80 余篇，并获得 2015 年、2016 年林安杯物流十佳论文奖。

　　同时，参与了国务院"物流业调整和振兴规划""关于促进物流业健康发展政策措施的意见""关于进一步鼓励开展多式联运工作的通知""营造良好市场环境推动交通物流融合发展实施方案""'互联网＋'高效物流实施意见"等文件的研讨论证工作；参与了"铁路物流'十二五'发展规划""全国物流园区发展规划（2013—2020 年）""物流业发展中长期规划（2014—2020年）""物流标准化中长期发展规划（2015—2020 年）""中欧班列建设发展规划（2016—2020）""铁路物流中心设计规范（Q/CR9133—2016）"以及铁路货运改革相关文件等的编制起草工作。铁路货运组织改革以来，先后为 14 个铁路局中心组进行了"现代物流发展与铁路货运改革"的交流讲座，参与了历次铁总物流领域培训的策划并授课。多次作为嘉宾受到中央电视台和各类媒体的采访，在行业拥有较强的影响力。

❋北京市高等学校青年教学名师奖获得者

黄　辉

学校名称：北京交通大学

主讲课程："电路""电气工程"

个人简历

　　黄辉，女，1973年8月生于四川，在西安交通大学获本科和硕士学位，在北京交通大学获工学博士学位。2007年1月到2008年8月，在麻省理工学院做访问学者。现为北京交通大学电气工程学院教授，博士生导师。

　　1997年7月至今在北京交通大学任教，教龄19年，主讲电气工程专业主干基础课程"电路"和"工程电磁场"，以及博士生、硕士生课程。社会兼职有：中国电机工程学会理论电工专委会第六届委员会委员、中国电源学会电磁兼容专业委员会第七届委员。获得北京市青年教师教学基本功比赛理工A组一等奖、最佳演示奖，被评为北京市师德先进个人，指导本科生参加全国大学生节能减排竞赛获国家级三等奖。主持多项各级科研、教改项目，发表包括科学引文索引（SCI）检索在内的论文多篇。

先进事迹摘录

教书育人，师德高尚，忠诚党的教育事业

黄辉老师治学严谨，师德高尚，爱岗敬业，教书育人，常年为学生解决各类问题，获得多种荣誉与奖励。

黄辉老师教学基本功扎实，讲究课堂教学艺术与方法，获得北京市青年教师教学基本功比赛一等奖和最佳演示奖，所授课程深受学生好评。学生网评分数多年在学校排名前 5%；课程结束后，学生对黄辉的主观评价有这样的话语："老师上课很认真，也很负责，课堂风趣，给人非常舒服的感觉，上她的课才是最大的享受。""老师讲课风趣幽默，善于言传身教。""黄辉老师是我在大学阶段见过的最好的老师。课堂气氛活跃，积极为学生着想，知识讲解得非常清楚。我很庆幸能遇到这样一位老师。""黄老师讲课讲得一级棒，用 perfect 形容不为过。"

关爱学生，关心学生成长，被学生视为"良师益友"。获评 2012 年北京市师德先进个人；2012 年和 2015 年，两次获评北京交通大学毕业生"我最敬爱的老师"。学生这样评价："爱辉姐，不解释！幽默潇洒，讲课清晰，思维活跃，最最重要的是上课不仅是上课，还是在教我们生活和做人。"

勇于探索，勤于实践，坚持进行教学改革

黄辉老师持续承担本科生和研究生教学任务，开设全英文课程两门，教学效果良好，多次获得讲课比赛一等奖，深受学生和校内外同行的好评。

黄老师在国家级实验教学示范中心建设中发挥了重要作用，多次获得校级教学成果奖。主编高等教育轨道交通"十二五"规划系列教材一部。坚持撰写教改论文，发表多篇科学引文索引（SCI）检索的高水平教研论文。

开拓进取，全面发展，献身祖国高等教育

黄辉老师在承担繁重教学任务的同时，积极开展科学研究，承担国家、地方和企业研究课题多项，学术成果丰硕，发表科学引文索引（SCI）、美国工程索引（EI）等检索论文数十篇。将学科前沿和最新成果融入教学，产生了良好的效果。

黄老师将进一步学习贯彻党中央、国务院、教育部和学校的各项改革精神，将全部热情投入到工作中去，为国家的高等教育事业贡献全部力量。

❋北京市高等学校青年教学名师奖获得者

冯妍卉

学校名称：北京科技大学

主讲课程："传热传质学"

个人简历

　　冯妍卉教授于 2000 年毕业于北京科技大学热能工程专业，获博士学位并留校任教。2003 年晋升副教授职称，2008 年晋升教授。2011 年公派留美半年，从事高级访问学者研究工作。冯妍卉教授一直活跃在教育第一线，从事动力工程及工程热物理领域的教学和科研工作，成果突出。兼任中国高等教育学会工程热物理专业委员会理事、北京热物理与能源工程学会理事、中国金属学会能源与热工分会秘书长，《热科学与技术》《燃料与化工》等期刊编委。近 5 年发表科研期刊科学引文索引（SCI）、美国工程索引（EI）检索论文 80 余篇，科学引文索引（SCI）收录 60 余篇。出版英文教材 1 本。获亚洲热物性国际会议青年学者奖、北京市优秀教师称号和国家自然科学基金优秀青年基金资助，入选教育部"新世纪优秀人才支持计划"。

先进事迹摘录

锐意改革："传热传质学"课程建设取得突出成果

为适应 21 世纪人才培养需要，从 2002 年起，冯妍卉教授从课程体系建构到课程内容整合，从教材建设到实验教学设计、从教学模式改革到数字技术利用等全方位地对热能工程专业主干基础课程"传热传质学"进行改革和建设。经多年努力，成果颇丰："传热传质学"课程 2006 年被评为北京市及国家级精品课程，2007 年被评为国家双语教学示范课程，2016 年成为首批国家级精品资源共享课。"传热传质学双语教学策略与实施"项目 2008 年获北京市教育教学成果奖二等奖。2010 年传热传质学教学团队被评为"北京市优秀教学团队"。

因材施教：培养学生实践、创新能力

冯妍卉教授重视培养学生实践能力、创新精神、工程意识和独立工作能力。积极鼓励指导本科生参加各类科技、创新竞赛，学以致用，近五年指导学生参加"全国大学生节能减排社会实践与科技竞赛"，分获一等奖、二等奖各两项。从 2012 年开始，尝试紧密结合传热传质学课程内容开展研究型教学，组织学生自愿选择感兴趣或热门的传热学专题进行课外学习、调研、研究，并在课堂上开展墙报或口头报告交流形式的研讨。同学们反馈：这种学习方式，提高了主动了解新知识和先进技术的兴趣，培养了自主学习、系统思考、灵活应用知识的能力。

追求卓越：科研、教研与教学并重

冯妍卉教授认为科学研究工作是高等教育教学的支撑和深入。一直从事多尺度热过程、能源材料热效应等领域的科学研究。入选"教育部新世纪优秀人才支持计划"，获"国家自然科学基金优秀青年"称号。兼任中国高等教育学会工程热物理专业委员会理事、北京热物理与能源工程学会理事、中国金属学会能源与热工分会秘书长，《热科学与技术》《燃料与化工》编委等。主持国家自然科学基金项目 5 项，"十三五"国家重点研发计划课题，新世纪优秀人才支持计划，北京市科技计划等。共发表科研期刊论文百余篇。

言传身教是最有力量的教育。冯妍卉教授对自身的严苛和坚持不懈的勤勉潜移默化地感染着讲台下的每一个学生，而她对专业的热爱和教育事业的执着更是一种强大的无声号召，鼓舞着每一颗对未来有着探索欲的心逐渐萌芽壮大。

✸北京市高等学校青年教学名师奖获得者

覃京燕

学校名称：北京科技大学

主讲课程："界面设计""设计学"

个人简历

　　覃京燕，清华大学信息设计博士，北京科技大学工业设计系教授、计算机与通信工程学院博士生导师，上海美术学院博士生导师，台湾华梵大学客座教授。教育部新世纪人才，光华龙腾奖"中国设计业十大杰出青年"，剑桥大学 CRUCIBLE 成员，剑桥大学国家公派访问学者。主要研究领域为大数据信息可视化可持续设计、交互界面设计、数字娱乐设计、数字文化遗产及文化创意产业研究等。主持国家社会科学基金、国家自然科学基金，文化部、教育部人文社科项目等国家省部级项目 19 项，参与欧盟、863 项目、国家自科、国家社科重点项目、北京市社科等项目 6 项，主持 50 余项企业项目。获 GM、CES、Car Styling、红星奖等国内外设计奖项 14 项，作学术报告 46 次，发表论文 76 篇，编著及译著 9 部，发明等专利 3 项。

先进事迹摘录

提倡"唤醒真善美德自然初心，探索允执厥中永续未来"的教育理念。任教以来，每一学年至少主讲 4 门课程，敏锐把握前沿教学理念，与国际领先的教育机构同步更新教学内容，运用启发式教学，结合人工智能、大数据、互联网、人机交互、新材料等交叉学科高新技术，指导本科生科研、本科毕业论文和硕士生/博士生完成具有前瞻性与较高社会意义的高水平学位论文。学生评价与社会声誉高，曾获 2016 北京科技大学"我爱我师"、2017 年北科大"研师亦友"、2015—2016 年北科大优秀班导师、北科大优秀就业贡献教师称号。

教育理念

提出大数据＋互联网＋智能化＋创新设计教育改革路径，提出教师（Scholar）、学生（Student）、学校（School）、社会（Society）、学习（Study）的 5S 教学循环生态环境，构建生态全系统创新教育模式。

教学方法

围绕交叉学科创新设计，进行设计学、计算机科学和心理学的交叉教学改革创新，与剑桥大学、米兰理工大学、香港理工大学等进行学科交叉。

以科研促教学。承担及参与 25 项国家及省部级纵向科研项目及 50 余项企业合作项目，与百度教育等形成联盟关系，提出建立"创新设计大数据"和"数字教育丝绸之路"的概念。

建立工业设计专业课程的教学互动信息平台。采用人工智能辅助教学、在线教育大数据可视分析、剑桥大学国际网络联盟、公众微信号等，进行线上线下教育的延伸教学。

教学效果

从教 16 年来，已培养 100 余名优秀学生在设计全球排名前 50 名的学校深造，包括：剑桥大学、帝国理工、中央圣马丁、罗德岛、帕森斯、伊利诺伊、埃因霍芬、米兰理工、筑波大学等接受博士生和硕士生教育，教育品牌具有国际性的影响力。培养 19 名优秀本科毕业生，11 名优秀硕士毕业生，5 名国家奖学金获得者。

从教 16 年来，已培养 100 余名硕士研究生以及 500 余名本科生在世界 500 强企业，如谷歌、微软、奥迪、阿里巴巴、腾讯、百度、网易游戏等任职。同时有 5 名学生的设计创意获得风险投资资助，进行了学生创业，成果显著。

❋北京市高等学校青年教学名师奖获得者

李秀萍

学校名称： 北京邮电大学

主讲课程： "微波技术基础""微波工程基础""射频与微波技术""电子信息"

个人简历

　　李秀萍，教授，2004年3月参加工作，现任射频技术与电磁兼容研究中心主任，北京邮电大学电子工程学院学术委员会委员，微波、天线与电磁环境方向学术带头人，2012年10月起担任通信学会微波集成电路与移动通信专业委员会副主任，2013年7月起担任通信学会电磁兼容委员会副主任，2016年荣获"电子学会优秀科技工作者"。长期承担本科生教学工作，主讲"微波技术基础"课程。编译教材四部，其中《微波技术基础》于2016年获电子教育学会全国电子信息类和财经类优秀教材一等奖。先后主持多项国家863重大/子课题项目、国家自然科学基金面上项目和校企合作项目，发表科学引文索引（SCI）收录论文42篇。2015年主持的"远近场RFID系统及其在复杂环境中的应用"，获得通信学会科技进步二等奖。

先进事迹摘录

李秀萍教授政治思想觉悟高，为人正派，作风朴实，具有强烈的事业心和责任感，始终把教书育人贯穿在工作中，成绩突出。

思想素质过硬，政治信念坚定

李秀萍同志立场坚定，能够正确贯彻执行党的教育路线和各项方针政策，始终同以习近平同志为核心的党中央保持一致。参加工作以来，她坚持从事教学一线工作，工作热情饱满。担任射频技术与电磁兼容研究中心主任以来，很好地配合学院领导工作，表现出较强的组织观念和大局意识。在担任本科生学业班主任工作中，表现出了较强的组织领导能力和综合协调能力，得到师生一致好评。

教研相长，教学互动

李秀萍同志长期承担本科生的教学工作，主讲"微波技术基础"课程，多年未曾间断。在教学中，运用"教研相长，教学互动"的方法，在教学中认真备课，注重理论联系实践，向学生讲述本领域前沿科研动态，极大地激发了学生的学习积极性；此外积极开设微波测量实验课程，既加深学生对理论知识的理解，也培养了学生的动手能力，教学效果深受好评，学生评教位列学校前10%。

此外，李老师编译教材4部，其中《微波技术基础》于2016年获电子教育学会全国电子信息类和财经类优秀教材一等奖。

除了课堂教学，该同志每年还承担了部分毕业生的论文指导工作。悉心指导学生选题、收集材料和论文写作，使论文写作得以顺利完成。

科研能力较强，学术成果显著

李秀萍同志在教学之余，潜心科研，硕果累累。先后主持了3项国家863重大/子课题项目，3项国家自然科学基金面上项目，并承担多项中央军委装备发展部预研基金项目和校企合作项目，发表科学引文索引（SCI）收录论文44篇。2007年和2008年该同志先后入选教育部新世纪优秀人才支持计划和北京科技新星计划。2015年由李老师主持的远近场RFID项目获得通信学会科技进步二等奖。2016年荣获"电子学会优秀科技工作者"称号。

❋北京市高等学校青年教学名师奖获得者

贾云鹏

学校名称：北京邮电大学

主讲课程："镜头画面设计""数字媒体"

个人简历

　　贾云鹏，副教授，硕士生导师，北京邮电大学数字媒体与设计艺术学院副院长。

　　2000年5月至2003年7月在山西传媒学院（原广播电影电视管理干部学院）任教。

　　2006年7月至今在北京邮电大学任教。

　　2008年北京奥运会吉祥物"福娃"三维设计师。

　　社会兼职：教育部高等学校动画、数字媒体专业教学指导委员会数字媒体技术专业组专家；Autodesk官方认证大中华区三维动画教育专家；中国电影家协会新媒体工作委员会理事；中国电影家协会动画电影工作委员会理事；中国高校科学与艺术创意联盟常务理事；中国VR（虚拟现实）艺术研究中心高级专家；中国虚拟现实、增强现实、混合现实产学研联盟常务理事；北京电影学院中国动画研究院/实验·动画影像研究中心研究员。

　　长期从事数字电影、基于智能移动端的交互式微电影、计算机动画及虚拟现实等数字内容方面的创意与制作。

先进事迹摘录

本科教学工程项目

贾云鹏在2015年主持申报并成功获批"北京市高等学校市级校外人才培养基地——数字媒体类专业实习基地";2016年主持申报并成功获批"北京高等学校示范性校内创新实践基地——数字媒体创新实践基地";"北京高等学校市级实验教学示范中心——数字媒体与设计艺术学院实验教学中心"。

创立了"跨年级、跨专业、梯队形"联合实践教学模式。

贾老师主持完成了北京市级教改项目"数字媒体专业实践教学模式探索"和北京邮电大学校级重点教改项目"跨年级联合实践教学模式探索"。

成立"七维亦影工作室"

2007年贾老师组织成立了"七维亦影工作室"。工作室目前是北京邮电大学生创新实践基地之一,同时也是唯一的数字媒体交叉类学科专业实验室。

指导学生作品参赛获奖

贾老师指导数字媒体专业的学生完成的作品参加以下学科竞赛:中国国际大学生动画节;北京大学生电影节;北京市大学生动漫设计竞赛;北京市大学生计算机应用大赛;全国数字艺术设计大赛;美国旧金山亚洲电影节;微软青年科技创新杯 Imaging Cup;中国互联网应用大赛;北京电影学院国际学生影视大赛;中国国际青少年动漫与新媒体创意大赛;大学生微电影大赛;全国大学生智能生活创新创意大赛;中国大学生原创动漫大赛等。

编著教材及发表论文

2006年,贾老师编写了"十一五"全国高校动漫游戏骨干课程专业教材《三维动画制作基础》;2008年,编写了普通高等教育"十一五"国家级教材规划本科部分《三维计算机辅助设计》。

2007年至2016年,贾老师共在核心期刊发表论文22篇,其中被中文社会科学引文索引(CSSCI)收录14篇。

科研方面

2009年至2013年,贾老师主持完成国家社科基金艺术学项目"基于3G移动网络的情节互动式手机电影艺术形态研究"。

2016年至今,主持北京市社科基金项目"互联网时代的交互式微电影创作与传播研究"。

2008—2016 年，主持和参与了包括纵向和企事业横向等十多项科研项目。

获奖情况

2008 年、2009 年、2014 年，指导毕业设计三次获得北邮"优秀学士学位论文"奖。

2009 年，获得"第九届北京邮电大学教学观摩大赛"二等奖。

2010 年，获得北京邮电大学校级年度优秀。

2011 年，评选为北京邮电大学优秀共产党员。

2013 年，评选为北邮大学生创新实践工作"突出贡献指导教师"。

2010 年，获得"首届北京市大学生动漫设计竞赛"优秀组织奖。

2011 年、2014 年，两次获得"全国数字艺术设计大赛"优秀指导教师奖。

2013 年、2014 年、2015 年、2016 年，均评选为北京邮电大学"优秀指导教师"。

❋北京市高等学校青年教学名师奖获得者

曹金珍

学校名称：北京林业大学

主讲课程："木材科学与工程""木材保护与改性"

个人简历

　　曹金珍，1976年生，江苏省苏州市人，北京林业大学教授，博士生导师。林业工程学科首篇全国优秀博士论文获得者，教育部新世纪优秀人才计划入选者，中国林业青年科技奖获得者。北京市人大代表；北京市妇女代表大会代表；九三学社海淀区委委员，九三学社北京市委教育委员会委员；九三学社北京市委优秀社务干部。2001年获得北京林业大学工学博士学位后留校任教，2002年至2003年在美国密歇根州立大学访学，2004年起先后主讲本科生和研究生课程共计11门（其中1门英文授课，2门双语授课），开发了各门课程的教学课件，担任两本教材副主编并参编多部教材，教学效果优良。毕业博士生11人，硕士生16人。2013年获评北京市优秀教师，2014年获评全国优秀教师，2016年获评北京市师德标兵。

先进事迹摘录

重视教学工作，提高人才培养质量

2004 年起先后担任 11 门本科和研究生课程的教学工作，自主开发了各门课程的课件，并通过承担学校教学改革研究项目，及时将教学研究成果应用于教学工作中，提高教学质量。教学评价连续多年在学院小班理论课中排名第一。积极培养青年教师的教学基本功，连续多年担任学校青年教学基本功比赛的评委，并于 2015 年获得北京市青年教师基本功比赛优秀指导老师奖。积极参与教材的编写工作，任《木质资源环境学》和《防腐木材应用指南》副主编，参编了《木质资源材料学》等教材。迄今为止已培养博士 11 名（含越南籍博士 1 名），硕士 16 名。其中 10 名博士目前均在高校或科研院所从事相关的教学和科研工作。培养的研究生中 2 人次获北京林业大学优秀博士论文奖，2 人次获校长奖学金，5 人次获国家奖学金。

以科研促教学，给学生打开一扇窗

积极承担科研项目，并将科研成果应用于教学工作中，使学生及时了解国际研究动态，并激发学生的学习兴趣。连续主持国家自然科学基金 4 项，在木材保护与改性领域的应用基础研究方面奠定了坚实的基础。迄今为止，以第一作者或责任作者已发表期刊论文 120 余篇，其中科学引文索引（SCI）收录论文 65 篇。出版中文专著 1 部，合作出版英文专著 2 部，以第一发明人获国家发明专利 9 件，研究工作得到木材科学与技术学科国际同行的高度评价和引用。

通过邀请国际同行来校讲学和交流，以及推荐学生去国外进行短期学术交流等方式扩大学生的视野。先后有 6 名学生获得国际木材保护研究会的资助出国进行学术交流或短期访学。

有博士生在毕业论文致谢中写道："曹老师做人、做事的态度更是成了我今后的努力方向，作为一名大学教师，她竭尽所能地传道授业；作为一名导师，她耐心、负责地指导每一个学生；作为一名科研工作者，她时时刻刻都在为行业的发展寻求出路。因此，无论我走到哪里，都以是您的学生而感到自豪！"

❀北京市高等学校青年教学名师奖获得者

张 媛

学校名称： 北京中医药大学
主讲课程： "中药鉴定学"

个人简历

　　张媛，2005年毕业于北京大学医学部，获生药学博士学位。现任教于北京中医药大学，副教授，中药鉴定学专业硕士生导师。从事本科教学11年，承担"中药鉴定学"等8门课程的教学任务。承担教改课题3项，发表教学论文7篇，编写教材、教参26部，其中主编1部、副主编2部。为教育部高等学校本科教学质量与改革工程"国家级教学团队"骨干教师。国家执业药师工作专家。中国商品学会传统药教育专业委员会常务理事，世中联中药鉴定专业委员会会员，民族医药学会教育研究分会理事。

　　从事传统药物科研工作20年。近5年承担相关科研项目18项，其中国家级项目5项，省部级项目4项。发表科研论文30篇，被科学引文索引（SCI）收录7篇。获得教育部科技进步二等奖，排名13。

先进事迹摘录

张媛在教师岗位上工作了将近12年，对教育、教学工作始终怀有深厚的感情和强烈的使命感，越来越热爱这个神圣的职业。

爱岗敬业，注重自身建设

张媛作为教师，对教学工作精益求精，近5年的教学质量评估成绩平均达到97.5分，2016年教育部"中医药社杯"全国中药专业教学设计大赛获三等奖，系教育部高等学校本科教学质量与改革工程"国家级教学团队"骨干教师。在科研工作中她踏实肯干、锐意创新，承担国家及省部级项目10余项，发表论文50余篇，被科学引文索引（SCI）收录10篇，获得教育部科技进步二等奖。

认真钻研，培养学生能力

张媛作为专业骨干课程的主讲教师，注重对学生能力的培养。她秉承"授之鱼不如授之以渔"的宗旨，使学生由"学会"变为"会学"。教学中，认真调研市场变化，以实际问题导入课堂教学，注重知识的内在关联性，使学生清晰每一堂课的学习目标，激发学生的学习兴趣。针对主讲课程重实践的特点，她申请了北京中医药大学"中药鉴定学"实验课程教改项目。通过教学改革，在实验教学中增加设计性实验，配置导师给予专业指导，提高本科生对实验的设计及实施能力，并完成实验指南的编写，增强实验课程的系统性。

张媛亦潜心于本科生科研实践能力的培养。自2010年以来，多次指导教育部大学生创新团队及自愿跟师学习的本科生，陪伴学生共同从事科学研究与探索。在培养的31名本科生中有10位同学毕业时获得推免研究生的资格，被协和医科大学、北京大学、中山大学等国内一流大学录取，继续攻读硕士学位。

关爱学生，耐心陪伴成长

在学生的教育工作中，张媛相信"教育无小事，处处是教育"，努力用言行为学生作表率。工作中关爱学生，对贫困生给予经济上的资助，对"问题学生"予以更多地关爱。经常与学生谈心，参加学生毕业旅行，拉近与学生的心理距离。多年来，以真诚、公平、耐心赢得了学生的信任。

❋北京市高等学校青年教学名师奖获得者

吴 江

学校名称：北京外国语大学

主讲课程："德国外交"

个人简历

    吴江，博士，副教授，北京外国语大学德语系副系主任，主要从事德国外交和外语教学法领域的研究。长期工作在本科教学第一线，教学成绩优异，用德语讲授的本科四年级德国外交课程获北京第八届青年教师教学基本功比赛文史类（A组）一等奖、最佳演示奖和最佳教案奖。2015年被评为北京市2014年度师德先进个人。主持并完成教育部专业综合改革试点项目1项，北京市教改项目1项，已出版教材1部，专著1部，参与撰写的专著《德国外交通论》获教育部第六届高等学校科学研究优秀成果奖国际问题研究著作三等奖。全国德语专业八级考试中心命题组成员，中国欧洲学会德国研究分会会员，2017年2月起代理教育部高等学校外国语言文学类专业教学指导委员会德语分委员会秘书长一职。

先进事迹摘录

以身作则，培养学生爱国主义情怀

学习外语的学生不仅应具有国际视野，更要具有祖国情怀。由于许多大四毕业生面临出国留学的选择，吴江老师在给学生解答疑惑时经常以自己的国外经历为例，告诫学生不能盲从，要有自己的判断力，鼓励学生早日学成，报效祖国；由于课程中会接触大量来自国外媒体的资讯，吴老师时刻注意提醒学生不能一味迷信外文资料，当遇到具有片面性的观点时，她及时有理有据地给学生指明错误，积极引导学生正确理解中方的观点和立场。

因材施教，以平等之心感染学生

吴老师深知教学是一门艺术，要想建立和睦融洽的师生关系，教育工作者应该用平等之心去维护每一名学生的自尊心和自信心。德语系 2012 级本科生郭昕曾在 2013 年 4 月 20 日出版的《北京外国语大学校报》中以《青年师者》为题撰文指出："吴江老师的过人之处还在于她能让每一位同学都感受到温暖。她在上课的时候无论是对哪位同学都是微笑的，鼓励的。我们很难发现老师偏爱谁或者不喜欢谁，吴江老师把'这碗水'端得很平。也正因如此，同学们才会觉得上吴老师的课有动力，因为老师总是给我们表现的机会，哪怕出了错她也会鼓励并引导我们。"

大胆实践，以新颖的教学形式吸引学生

吴老师热爱教育事业，针对外语专业普遍存在的"思辨缺席"症，她积极探索，大胆实践，分别将漫画、图片、电影、纪录片、辩论等不同的教学形式融入课堂中，倡导以问题为导向式的教学方法，积极培养学生的创造性思维，提高学生的思辨能力。

率先垂范，以优异的教学科研成绩鼓舞学生

吴老师教学成绩优异，在多次教学评估中取得了满分的成绩。她主编的阅读教材目前已经第 11 次印刷，成为德语教学领域的畅销教科书。吴老师辅导过的学生先后获得 3 项全国团体冠军，4 项单项全国冠军。她本人荣获过 3 项省部级教学奖以及 1 次北京市师德先进个人，主持并完成 2 项省部级教学项目。

✿北京市高等学校青年教学名师奖获得者

施家炜

学校名称：北京语言大学

主讲课程："对外汉语课堂教学方法""汉语国际教育"

个人简历

　　施家炜，北京大学中文系文学博士，1997年起在北京语言大学任教，现为语言学及应用语言学副教授、硕士生导师，校教学督导，全国高校汉语国际教育本科专业负责人联席会秘书处秘书长，《国际汉语教学研究》编委、多种核心期刊审稿专家，美国福布赖特FLTA子项目主考官。主要研究领域为第二语言习得研究，发表论文近30篇，出版译著或编著5部、国家汉办规划教材一套，主持或参加多项国家级或省部级科研或教学项目。担任国家汉办外派教师和志愿者面试官和培训专家、国际汉语教师证书考试面试官，多次赴国内外进行中文教师培训或学术交流。因教学科研成绩突出，先后获校优秀教学奖一等奖、霍英东教育基金会高等院校青年教师奖（研究类）和北京市优秀教师称号。

先进事迹摘录

教学工作与教育教学改革

施家炜具有强烈的使命感和责任感，将教学质量视为生命线，取得突出的教学工作成绩。该同志始终在教学一线承担本科生和研究生教学工作，以高度事业心和严谨治学作风投入教学实践，善于教学革新，取得突出教学效果。2006年获北语优秀教学奖一等奖；2007年主讲的"第二语言教学概论"入选北京市高校精品课程；2009年被授予北京市优秀教师称号。

施家炜注重教育教学改革和教育成果转化，具有开拓创新和团队协作精神。主持北京市高校教育教学改革项目"汉语国际教育专业与汉语言专业中外学生联合实习模式的创新与实践"，注重教育成果的应用和转化，参编国家汉办规划汉语教材《新实用汉语课本》(一至三版)，该套教材2004年获北京市高等教育精品教材奖，2010年获优秀国际汉语教材奖。2014年起施老师被聘为校级教学督导，对学校教学工作积极建言献策。

科学研究与创新

施老师具有良好的科学作风和治学态度，具备优秀的研究素质和独立科研能力。先后主持教育部人文社科青年研究项目"第二语言学习者汉语疑问句系统的习得与认知研究"等多项省部级科研或教学项目。发表学术论文近30篇，出版译著或编著5部、国家汉办规划教材一套。2006年获霍英东教育基金会第十届高等院校青年教师奖(研究类)。

行政管理工作

作为兼职教育管理工作者，施家炜坚持以科学发展观指导工作，具有团队协作和开拓创新精神，将特色专业建设、学科建设、科学研究与人才培养作为工作重心。先后组织或作为核心成员参与了汉语国际教育本科专业建设多项重要工作，如教育部特色专业建设、北京市特色专业建设、北京市优秀教学团队建设、国家级教学团队建设、全国高校对外汉语本科专业建设情况调研、2010年和2013年全国高校对外汉语专业建设研讨会、"全国汉教本科专业负责人联席会"筹办和秘书处工作等，为汉语国际教育的专业建设与学科发展、各高校间的交流与协作以及服务国家战略与发挥智库作用等做出了重要贡献。

❀北京市高等学校青年教学名师奖获得者

穆　杨

学校名称：北京语言大学

主讲课程："英美文学选读""外国语言文学"

个人简历

　　穆杨，女，1974年12月出生于辽宁，1997年毕业于沈阳师范大学并留校任教。2007年毕业于北京外国语大学获文学博士学位，主要研究领域为当代西方文学批评理论及当代英美小说。现任北京语言大学英语学院副院长、副教授、硕士研究生导师，从事英语专业基础课及专业课的教学工作。主持完成教育部人文社科基金青年项目一项，主持国家社科基金青年项目一项。出版英文专著一部；主编包括"十五"国家级规划教材在内的教材三种；在《外国文学》《外国文学研究》等期刊发表学术论文十余篇。北京语言大学中国文化英文系列讲座主讲人之一，该讲座2013年入选教育部第三批"精品视频公开课"。

先进事迹摘录

　　穆杨在英语专业本科教学中探索把语言的工具性、社会性和思想性相融合的模式，注重培养学生的创新能力、思辨能力和跨文化理解能力，多次在校英语专业课堂教学质量评估中名列前茅。北京语言大学素以"小联合国"著称，承担着近万名来华留学生的中华文化教育任务，穆杨2009年至今每学期面向全校中外学生做包括"中国的君子文化""儒家五伦""中国山水诗画中的情、意、境"等主题的英文讲座，该系列讲座（集体）2013年入选教育部第三批"精品视频公开课"。此外，作为北京市共建项目"北京世界城市建设中面向留学生的中国文化传播研究"的主要参加者，她还多次为国家汉办赴海外孔子学院志愿者培训班、北京中日青年交流中心、乌兹别克斯坦师资班讲授中国文化，为中国文化对外推广和中西文化交流做出了贡献。

　　在课堂教学之外，她在本科教学实践中也投入了大量的时间和精力。指导国家级大学生创新基金训练项目三项。指导校英语辩论协会，组建英语学院演讲辩论队，利用业余时间定期对学生进行集训。学生在省部级、国家级学科竞赛中屡获佳绩：薛博洋、杨娇获第十三届"外研社杯"全国英语辩论赛全国总决赛一等奖；李靖琳获2015年"外研社杯"全国英语演讲比赛总决赛季军、第二十届"21世纪杯"全国英语演讲比赛全国总决赛季军；胡瀛获第二十二届"21世纪杯"全国英语演讲比赛全国总决赛一等奖。2017年5月穆杨被评为北京语言大学大学生学科竞赛优秀指导教师。

　　作为分管本科教学副院长，她积极组织开展英语学院本科生教学实践活动，定期组织院新生口语大赛、英语演讲比赛、校英语辩论赛、校英语"戏剧之夜"等活动，在本科生中取得了良好的教学实践效果。其中"戏剧之夜"以人文之精彩，语言之魅力为特色，已成为校园品牌文化活动，也是教学实践和学生活动结合的典范。针对部分少数民族学生孤独感强，学习吃力的情况，倡议开展了"英语学院少数民族学生语言学习文化交流"的专项系列活动，进行专题辅导，使学生体会到了学院的关怀和温暖。她负责"北语高支附项目英语子项目"，组织研究生及本科生为学区内中小学开设实践型英语第二课堂，既实现了大学的社会服务功能，也为学生开拓了语言教学实习基地。在本科教学管理工作中她任劳任怨，勤恳为学校、教师和学生服务，被评为2015—2017年度北京语言大学优秀共产党员。

✿北京市高等学校青年教学名师奖获得者

曾祥敏

学校名称：中国传媒大学

主讲课程："电视采访报道"

个人简历

　　曾祥敏，中国传媒大学新闻传播学部电视学院副院长、教授、博士生导师。教育部2012 年度"新世纪优秀人才支持计划"入选人员，国家级优秀教学团队"广播电视新闻学"核心成员。担任 21 届(2011 年)、23 届(2013 年)、25 届(2015 年)"中国新闻奖"评委。

　　主要讲授"电视采访报道""电视新闻学"，全国高等教育自学考试委员《电视采访》负责人。主要教材和著作有《电视采访》《广播电视新闻采访报道》《电视新闻学》。其中《电视采访》教材入选"十二五"普通高等教育本科国家级规划教材。

　　主持完成国家广电总局首届社科研究项目"中国电视事业发展中的制播分离问题研究"等多项科研课题。论文《探析电视节目生产的"标准化"建设》获第 12 届(2012 年)全国广播电视学术论文评选节目研究类二等奖。论文《对电视媒体传播"分与合"的哲学思考》获第二届(2011 年)星光电视文艺论文评选理论类二等奖。

先进事迹摘录

曾祥敏同志是中国传媒大学新闻传播学部电视学院副院长，教授，博士生导师。教育部2012年度"新世纪优秀人才支持计划"入选人员，国家级优秀教学团队"广播电视新闻学"核心成员。从教以来，认真踏实，坚持以学生为本，认真对待教学科研工作。

积极探索教学方法改革，努力提升教学效果

作为一名科研教学型教师，在教学上，曾祥敏同志承担了高职、本科、辅修、硕士研究生、在职艺术硕士、博士等各个层次的教学。他的主讲课程"电视采访报道"采用案例教学、启发式互动教学、实践教学、阶梯式递进教学等方式，课程体系完整、系统，理论与实践相结合，经典与前沿相结合，教学生动，课堂教学效果突出。

撰写出版教材3部，其中《电视采访》教材被列入"十二五"国家级规划教材，并在全国几十所高校使用，起到了较好的示范作用。

对待学生热心、耐心、关心。课上课下积极与本科生互动交流，他每年指导博士、硕士研究生，在日常学习、毕业作品、阶段性论文以及毕业论文写作方面积极给予悉心指导。坚持每周一次导师课，与研究生积极沟通交流，形成良好的学术指导与交流氛围。

关注前沿问题，科研促教学

在科研上，曾祥敏努力以问题为导向，积极关注学界和业界前沿问题，并努力把科研成果运用于教学。他成功申报并主持多项国家级和省部级课题，每年坚持发表论文十余篇。

积极探索推动学院整体教学改革

作为主持工作的学院副院长，他积极探索学院和专业的发展方向和重点，针对优势学科建设以及媒体融合环境的变化，在课程改革方面，积极促进协同合作，参与规划联合课程"融合新闻报道与制作"、英语实验班等。为适应新技术发展，带队学习无人机航拍、VR摄影等，带动新媒体课程教学改革。

主持参与学院实践教学和实验教学体系建设的工作。实践教学是电视学院极具特色的教学手段，他认真督促实验室管理工作科学有序地发展，支持学生实践教学活动，把学生创作活动化，多方面促进学生实践。

❋北京市高等学校青年教学名师奖获得者

李自杰

学校名称：对外经济贸易大学
主讲课程："管理学原理"

个人简历

　　李自杰，1974 年 6 月生，湖南衡阳人，博士。1999 年起在对外经济贸易大学从教，2004—2006 年在海尔集团工作，担任海尔商学院执行副院长。现任管理系教授、博士生导师、管理学系主任，学校人才培养委员会副主任委员，教育部"新世纪优秀人才"获得者。*Journal of Business Research*、《管理世界》《中国工业经济》等国内外期刊匿名审稿人。国务院政研室和北京市发改委对外直接投资领域特聘专家。多年从事本科生的"管理学原理""国际企业管理"等课程的研究和教学，主要致力于将经济学理论与管理实践相结合，将中国企业国际化的经验进行总结和推广。出版教材有《管理学原理》《管理经济学》等。发表论文 60 余篇。主持国家级和省部级课题近 10 项。

先进事迹摘录

　　对外经济贸易大学李自杰教授从事教学与科研工作已经有18年。18年来，坚持教书育人，将教学与科研相结合，力求创新，努力打造教学精品。其主讲的课程获评国家级和学校的精品课程，其进行的教学改革多次获得北京市教学优秀成果奖二等奖。其主持建设的对外经济贸易大学工商管理专业（全球管理实验班）是国内首家也是唯一一家获得中俄联合专业认证的工商管理专业。在2012年，李自杰教授被评为教育部新世纪优秀人才。他的事迹可归纳为以下方面。

　　第一，以科研促教学，以教学促科研。教学与科研，如鸟之双翼，缺一不可。从教以来，李自杰教授辛勤耕耘，在专业领域不断进取，科研成果丰厚，已在高水平国际期刊上发表论文5篇，在《管理世界》等高水平国内期刊上发表近40余篇论文，主持国家级、省部级等课题10余项。其中《企业理论与公司治理》《交易成本经济学》多次获得省部级奖励。

　　第二，教书育人。18年来，李自杰教授一直从事一线教学工作，在承担大量硕士生和博士生的课程的同时，李自杰还多次获得学院的"本科教学标兵"称号。李自杰教授每堂热情饱满、风趣幽默、严谨扎实的课程都饱含着他的心血，以及他对教学工作和学生的热爱。他的课堂有不断充实的新内容、有创新的授课方法、有对学生逻辑思维和创新能力的培养，有言传、有身教，他的课堂场场爆满。也正是因为这份无私的投入和奉献，李自杰教授主讲的"管理学原理"被评为学校精品课程，"国际企业管理"被评为国家级精品课程，"管理经济学"被评为"学生最喜爱的课程"。同时，李自杰教授已经20多次荣获"本科课堂教学质量评价排名前10％"，这是来自每一位学生的支持和肯定。李自杰教授荣获"对外经济贸易大学优秀教师""对外经济贸易大学本科教学模范"以及"对外经济贸易大学教学标兵""对外经济贸易大学优秀教学管理者""对外经济贸易大学优秀导师"等称号，被对外经贸大学聘任为"第一届人才培养委员会"副主任委员，并荣获王林生奖教金奖励等殊荣。

　　第三，加强课程建设，不断进行教学方法和手段创新。李自杰教授注重启发性教学与知识性讲授相结合，鼓励学生的参与和学生的独立判断。老师讲授与课堂讨论相结合。为了适应素质教育的要求，李自杰教授注重学生思维方式的培养，将经济学和管理学的思想置于更为宽广的视野之中。很多学生即使在毕业多年后依然会与李自杰教授保持联系，沟通思想。他们说，李老师是他们大学中一个美好的回忆。

✿北京市高等学校青年教学名师奖获得者

赵洱崇

学校名称： 华北电力大学
主讲课程： "管理沟通"

　　赵洱崇，男，武汉大学经济学博士，吉林大学管理思想史硕士，吉林大学历史学学士；华北电力大学经济与管理学院副教授、硕士生导师；2010 年至 2011 年在美国哈佛大学肯尼迪学院做访问学者；国家精品视频公开课"沟通的力量"课程负责人，中国大学慕课"管理沟通"课程负责人；哈佛大学、麻省理工学院 edX 全球慕课平台"Management Communication"课程负责人。

　　近年主持国家自然科学基金面上项目、北京社会科学基金项目、国家发改委项目等 3 项纵向课题；主持"基于信息化的企业管控体系研究"等 7 项横向课题；在 *Applied Energy*〔科学引文索引（SCI）一区〕等国际刊物发表论文 17 篇；出版著作及教材 4 部；教育部第二届全国高校微课教学比赛决赛一等奖获得者，经济管理学科全国第一名；在《中国大学教学》等杂志发表教学论文 6 篇。

先进事迹摘录

自任教以来，赵洱崇老师以其鞭辟入里的讲解、幽默风趣的言谈、精彩绝伦的演绎和慷慨昂扬的激情影响了一批批华电学子，逐渐成了学生们心中的"明星教师"。桃李争妍，却更令赵老师深感任重道远，三尺讲台不足以传道授业，互联网时代的技术迭代，激荡着他一心为学的师心。

2011年，在哈佛大学访学期间，赵洱崇老师第一次接触到蓬勃兴起的在线教育，富媒体的课程表现形式和精彩纷呈的视频教学内容令人印象深刻，也让他下定决心要采用信息技术推动教育教学变革。

国家精品视频公开课"沟通的力量"是赵老师首次尝试将传统课程搬上网络，一经上线，即连续8个月位居网易公开课全国排行榜前十名，到今天已经有115万人在线学习了该课程。在线教学的成效令人鼓舞，赵老师继而讲授并制作了微课"个性与职业的适配性选择"，最终荣获教育部第二届全国高校微课教学比赛决赛一等奖，在1400所高校、18000个参赛作品中脱颖而出，获得全国经济管理学科第一名。

2015年，"管理沟通"正式在中国大学慕课平台上线，首次开课便吸引了30000多名学生选课，如今已开课四期，近十万人选课。赵老师连续获得2015年度、2016年度中国大学慕课优秀教师，并受邀担任教育部中国大学慕课年会主持人。捷报频传，2016年，"管理沟通"英文版登陆国际慕课平台edX，供全世界学子们学习。

在不到两年的时间里，赵洱崇老师的教学成果已在全社会范围内引起了广泛关注，他先后在全国高校教师及各省市地区在线开放课程会议上多次主题报告典型经验，仅2016年，先后为北大、清华、武汉大学等165所高校、987名老师进行了专题培训，产生了积极的示范效应和重要影响。2017年，赵洱崇老师应邀在斯坦福大学做了题为"中国大学慕课发展的时代机遇及典型在线开放课程案例解读"的主题报告，教育部爱课程网给予了跟踪报道。

不惑之年恰逢时，鬓白不坠青云志。赵洱崇老师坚信教书育人的事业大有可为、信息技术推动的教学改革大有可为，中国的慕课事业才刚刚拉开序幕，还有很多事情要做，他盼着和大家一起努力前行。

北京市高等学校青年教学名师奖获得者

左建平

学校名称：中国矿业大学（北京）
主讲课程："工程力学""材料力学"

个人简历

　　左建平，男，1978年3月生，党员，教授，博导，现任中国矿业大学（北京）力学与建筑工程学院副院长。历任工程力学 A2、工程力学 B、断裂与损伤力学、张量分析等课程主讲教师，2006 年任教以来主讲本科课 25 门次，研究生课 20 门次，授课近 1988 学时，授课学生超 2000 人。指导本科毕业设计 23 人次，指导研究生 45 人（其中毕业 25 人）。指导大学生创新实验计划 4 项。担任 2010 届工程力学班主任，该班获北京市奥运先锋团支部奖，考研率 65%（全校第一），就业率 100%。教学深受学生好评，曾获中国矿业大学（北京）优秀教学质量一等奖 2 次（第一），优秀教学成果一等奖（第一），北京市教育教学成果奖（高等教育）二等奖（第五），获评中国矿业大学（北京）2016 年度"我最喜爱的青年教师"。

先进事迹摘录

左建平同志在工程力学教学和科研领域刻苦钻研,不断创新,成为学校新时期青年教学和科研工作者的杰出代表。

在教学工作上,倾心教育,关爱学生

左建平同志热心教学,深知教学不仅是传授知识,也是心智的付出。学生是主体,一切为了学生,为了学生的一切。左建平在授课时严谨教学,业余时积极主动,用爱心架起跟学生沟通的桥梁。教学中他积极探索教学改革新方法,将一个个知识点用妙趣横生的小故事串联起来,增加了学生对课程内容的兴趣;将公式推导与工程背景相结合,注意点和面的结合;还注意增加自然科学课程的人文色彩,培养学生的学习兴趣,并结合科研项目和工程背景,将力学知识点与现实生活和工程联系,深受学生好评。作为一线青年教师,留校工作11年授课总学时超1988学时(本科课1286学时),年均授课近200学时。并承担了本科毕业设计、实习、本科导师制、班主任和研究生培养等工作,指导学生参加全国周培源力学竞赛,多人次获得个人和团体奖。

在科研工作上,服务首都,潜心研究

在科研工作方面,左建平始终把"创一流、上水平、出成果"作为科研工作的标准来严格要求自己,虚心学习,潜心研究。他始终把所学的知识与首都现代化建设紧密结合,特别是为解决首都的交通拥挤现状,积极投身北京地铁建设,围绕北京地铁施工导致地表塌陷问题,提出砂卵石地层盾构掘进优化方案,为地铁六号、八号和十号线缩短工期,节省了费用。承担了北京科委重大落地成果转化项目、北京科技新星等课题,并获得北京科委好评。

他先后负责或参加了国家973项目、国家自然科学基金等科研课题30余项。相关成果发表论文100余篇,被科学引文索引(SCI)、美国工程索引(EI)收录70余篇,授权专利10项、软件版权3项、专著1部,获省部级教学和科研奖10项。曾获全国百篇优秀博士学位论文奖、北京市优秀人才项目、教育部新世纪优秀人才、霍英东青年教师奖、北京市优秀青年人才、国家"万人计划"青年拔尖人才、国家自然科学基金委优秀青年基金、北京市青年五四奖章。

❈北京市高等学校青年教学名师奖获得者

张广清

学校名称：中国石油大学(北京)
主讲课程："岩石力学""石油工程专业"

  张广清，1975 年 7 月出生，博士，中国石油大学(北京)石油工程学院院长，工程力学教授，博士生导师，优秀青年基金获得者。现任美国科罗拉多矿业学院 O—CLASSH 成员，SPE 会员，中国岩石与工程学会会员，中国岩石力学与工程学会岩石动力学专业委员会委员，中国石油天然气集团公司油气藏改造重点实验室水力压裂室副主任。研究方向为石油工程岩石力学、水力压裂。1996 年本科毕业于中国石油大学(华东)机械系，2002 年博士毕业于中国石油大学(北京)石油工程学院，2004 年博士后出站后在中国石油大学(北京)任教，曾任石油工程学院海洋油气工程系和工程力学系主任。2009 年至 2010 年在美国科罗拉多矿业学院石油工程系做博士后及访问学者。

先进事迹摘录

张广清教授作为学校教研岗青年骨干教师，承担了以岩石力学、工程力学为主干的多项课程，将大量的时间投入到课程讲授和教书育人中，平均每年承担200多课时（包括本科生和研究生教学）。在教学过程中，以问题启发方式和工程实例结合的特色，受到了广大学生的好评。对于成绩优秀的同学，他不断给予引导启发，其中一部分成长为优秀的硕士和博士生。对于成绩相对落后的同学，他利用各种时间给予补习和督促，虽然也担任繁重的行政工作，但是学生每次答疑、交流他都是非常热情和耐心，有时在会后或者休息时间，还会为学生解答问题，这令同学们都非常感动。他承担的本科高年级的岩石力学课程，每年都有一批学生后来成为岩石力学方向的硕士研究生。他承担的本科低年级的工程力学课程，每年的评教一直在全校前30％。

张老师作为教学团队负责人，在指导年轻老师助教和担任主讲课程教师上花费了较多时间，年轻老师通过跟随张老师的课程，学习到了他对学生的负责态度和课程讲授的方法。他也一直引导具有科研潜质的教师教学科研双肩挑，同时尽量为年轻教师安排主干课程，使其在教学和个人事业上快速顺利地成长。有时，他为了能让年轻老师有较充分的课程，自己主动让出一部分课程分给他们，年轻老师都倍感关怀和温暖。

张广清教授作为2013年国家自然科学基金"优秀青年科学基金"获得者，学校青年创新团队负责人，曾主持国家自然科学基金面上项目、教育部"高等学校博士学科点专项科研基金"，"十一五"和"十二五"国家科技重大专项等。发表论文80余篇，被科学引文索引（SCI）收录20余篇；授权专利6项；获得国家科技进步奖二等奖1项，岩石力学与工程学会科技进步奖特等奖1项，教育部科技进步奖一等奖和二等奖各1项，石油和化工协会科技进步奖二等奖1项。他带领30多位博士硕士研究生的科研团队和10位青年教师组成的创新团队，不断开拓进取，紧密结合国家油气开发的重大需求，十二五期间，结合"鄂尔多斯盆地大型低渗透岩性地层油气藏开发示范工程—多缝压裂"重大专项子课题的研究，进军多缝压裂难题，开辟了利用多缝压裂技术提高油气产量的新途径，拓宽了压裂应用领域，促进了油气开发技术的进步，同时提高了增产效果。

✿北京市高等学校青年教学名师奖获得者

郭　颖

学校名称：中国地质大学(北京)
主讲课程："玉雕与玉器""宝石学"

个人简历

　　郭颖，副教授。每年独立承担7门次课程，授课评价均为优秀，多次获评校优秀共产党员、师德师风优秀、十佳教师等，主持国家教研教改项目子项目，获多项校教学成果奖。2011年获"北京市青年教师教学基本功比赛一等奖"。

　　主持国家级精品视频公开课两门，上线慕课3门，第一作者出版教材3部、专著15部，包括北京市高等教育精品教材一部。发表包括国际科学引文索引(SCI)论文的学术论文60余篇。获国家级专利2项。2014年至今，获聘为"中国科协全国矿物科学传播首席科学家"。2016年获评第七届"全国优秀科技工作者"。兼任中共中央网络安全和信息化委员办公室指导的中国文化网络传播研究会常务理事、国器中心主任，北京市矿物材料与珠宝实验教学示范中心副主任等。

先进事迹摘录

任教16年以来，他一直从事教学一线工作，在平凡的工作岗位上始终把教学育人、管理育人、服务育人贯穿教书育人的全过程。他将学生的成长、成才放在首位。遵循教书育人规律、遵循学生成长规律，以玉石中的优秀传统文化、以文化人、以文育人，教育引导学生健康成长，是学生心目中的"引路人"。

教书育人，立德树人

"师者，所以传道授业解惑也"。作为一名教师，潜心钻研业务、认真教书，及时总结教学经验，主持了教育部的国家级教研教改项目"2014年'专业综合改革试点项目'"子课题。结合本专业方向升级教学模式，主讲国家精品视频公开课"玉雕与玉器""观赏石"，慕课"琥珀蜜蜡""彩色宝石""珍珠"，尤其是将中央提出的弘扬中华优秀传统文化融合到教学中，突出"以知识传授为本，以文化传承为魂"。

为更好地教授学生，郭颖积极将科研成果反哺教学。作为第一项目负责人主持2008年北京奥运会奖牌镶嵌工艺的预研究项目"常温常压下贵金属与翡翠的精细镶嵌工艺"等；以合作者身份参与多项国家自然科学基金、教育部高等学校博士学科点专项科研基金；积极探索国际上宝石学专业的最新研究方向——宝石色度学，指导多项国家级本科生的大学生创新项目，发表包括国际科学引文索引(SCI)在内的60篇学术论文。

服务社会，科学传播

主动参与科学传播。2014年至今，郭颖获聘为"中国科协全国矿物科学传播首席科学家"，并获聘为"中国地质学会珠宝玉石科学传播专家团队"团长兼首席科学家。同年创办了专家团队的官方微博、微信，并坚持每日更新。

热心公益，传承文化

自2003年起，多次应邀做客中央电视台、中央广播电台、北京电视台等；同时作为科学传播专家，多次前往国内著名高校如清华大学、北京大学、中国人民大学等举办学术讲座。

2016年，赴上海"G20与中国珠宝产业发展高峰论坛"作大会主旨报告。同年底作为唯一受邀中国珠宝专家，随中央网信办赴墨西哥参加由联合国举办的"第十一届世界互联网大会"，并作分论坛主旨报告，在国际舞台上积极弘扬中华优秀传统文化。

❋北京市高等学校青年教学名师奖获得者

钱 政

学校名称：北京航空航天大学

主讲课程："仪器科学与科技文明"

个人简历

　　钱政，教授，1973 年生，教育部精品视频公开课"仪器科学与科技文明"负责人，"仪器光电及可靠性"工业和信息化部实验示范教学中心主任。2002 年到北京航空航天大学任教以来，注重围绕教材建设、教学方法、教学团队和实验条件等环节开展工作，是教育部精品视频公开课"测控的奥妙"主讲教师、国家级精品资源共享课"传感器技术及应用"主讲教师，校级精品课程"误差理论与数据处理"负责人。出版第一作者教材 2 部、第二作者教材 4 部（含 1 部北京市高等教育精品教材）。主持或参与多项教改项目，发表教改论文 8 篇，获北京市教学成果二等奖 1 项，校教学成果一等奖 6 项。现任中国仪器仪表学会奖学金评审委员会委员、中国工程教育专业认证仪器类专业认证专家等职。

先进事迹摘录

2002年清华大学博士后出站后，面对华为和一些跨国高企的高薪诱惑，钱政不为所动，毅然选择进入北京航空航天大学任教，矢志于追逐"当一个让学生记住的老师"的梦想。

2003年仪器科学与光电工程学院成立之初，师资急缺，专业建设面临空前压力，钱政迎难而上，担任了测控系教学主任职务。一方面通过参加教学培训及随堂学习优质课程等形式快速提升教学能力，承担并陆续开设出多门本科生课程，测控专业的本科教学快速步入正轨；另一方面积极投身实验条件建设，建成了"开放式测试实验平台"，为测控专业核心课程实验能力的培养奠定坚实基础。担任330306班班主任期间，通过树立模范并发挥带头作用的方法形成良好班风，毕业当年学生深造率为82%，班集体获得了北京市优秀班集体的称号。

2009年钱政任本科教学副院长后，率先全面推进小班化教学。以身作则承担"误差理论与数据处理"课程团队建设，通过灵活多样的教学活动促进青年教师的快速成长，教学团队的发展壮大保障了教学质量，课程获评校精品课程。钱政还特别关心其他青年教师的培养，曹章博士后出站后，钱政帮助他成为"自动测试原理与系统"的主讲教师，通过与时任课程负责人联合制订有针对性的培养计划，从教材立项(入选工信部"十二五"规划教材)到实验条件建设给予了大力支持，曹章研究员教学科研相长，获批优青项目资助，在短短几年时间内从青年教师成长为课程负责人。

学校全面推进通识教育改革以来，钱政一方面积极探索结合专业特色的通识教育理念，在新浪网上发表了文章《智慧与知识——我眼中的理工科通识教育》；另一方面积极践行，主持了"仪器科学与科技文明"核心通识课程的建设。通过介绍仪器科学的发展史及对科技文明的推动作用，让学生感悟"工匠"精神的精髓，拓展视野的同时启发思维，课程2014年入选了教育部精品视频公开课。

※北京市高等学校青年教学名师奖获得者

王　菲

学校名称：北京理工大学

主讲课程："大学物理""物理学"

个人简历

　　王菲，男，北京理工大学副教授。2004 年毕业于北京理工大学物理系获博士学位，并留校任教；2008 年至 2009 年国家公派美国得克萨斯大学攻读博士后。任教以来一直担任全校公共基础课大学物理和硕士课原子结构和光谱的主讲教师。长期坚持大学物理课程全学年贯通教学。2014 年起担任徐特立英才班物理基础课主讲教师。首批入驻北京理工大学校网络教育在线开展线上线下互动教学。尝试探索与实验课程相关知识点进行衔接，以及课程内容与数学基础的对接，在徐特立班开展了提升和扩展量子物理内容的教学改革。将演示实验与动画模拟、实景视频和前沿实例有机结合，力求从现象到理论再回归实际，开展多维度立体化的物理课教学，获得学生好评，多次在北京市和华北地区高校教学比赛中获奖。

先进事迹摘录

　　从教十余年来，王菲始终秉持从学生中来到学生中去的育人理念，以及从生活中来到生活中去的教学理念，注重遵循学生认知规律，注重以物理学知识的趣味性和理论与实际相结合的教学模式，调动学生兴趣和学习积极性，获得了学生好评。他发挥青年教师贴近学生的天然优势，做学生的良师益友，在课堂内及时发现学生问题，在课堂外紧密联系学生，关注他们成长，为他们分忧解难。十几年来，王菲不但与很多学生成为知心朋友，还有一些学生通过大学物理的学习，对物理学专业产生了浓厚的兴趣，甚至选择投身于物理学专业学习和研究。积极探索教学改革和教学研究，勇于创新，结合自身科研前沿，将科学之美融入课堂教学，将物理学探究过程与物理课内容相结合，对课堂教学进行整体设计，把学生被动学习变为通过现象和问题引导学生主动探索，把单纯的习题训练延伸扩展为实际问题背景下建立物理模型进行科学分析的研究型解题。帮助学生养成在生活中观察现象、进行物理分析的良好习惯。很多学生在毕业多年之后依然保持着对物理学的兴趣，并将他们看到和收集到的物理现象素材反馈回来，真正实现了教学相长。

　　王菲先后被评为第三、第四、第八届"我爱我师"最受学生喜爱的十位教师，获第七届T-more优秀教师奖一等奖，首届迪文奖教金二等奖，霍英东基金会第十一届全国高等院校优秀青年教师奖，北京高校第八届青年教师教学基本功比赛一等奖及最佳演示奖，全国高校物理基础课程青年教师讲课比赛华北赛区一等奖，北京高校物理基础课程青年教师讲课比赛一等奖。研究方向：原子与分子物理。在国内外学术刊物上发表论文30篇，科学引文索引（SCI）收录25篇。出版专著1部、教材3部、译著1部。参编教材《大学物理》第一版荣获北京市高等教育精品教材。主持1项并参与多项国家自然科学基金及教育部博士点基金项目。

❀北京市高等学校青年教学名师奖获得者

蒙 曼

学校名称：中央民族大学
主讲课程：“中国古代史”

　　蒙曼，1975 年生，中央民族大学历史系副教授，北京大学历史学博士。2002 年参加工作，从事一线教学工作十五年。讲授“中国古代史”“史学理论与方法”“中国古代妇女史专题”“中国古代官制史”“隋唐史”等课程。其中“中国古代妇女史专题”为国家精品视频公开课。专著《唐代前期北衙禁军制度研究》获北京市哲学社会科学优秀成果二等奖。2016 年荣获宝钢教育基金优秀教师奖。在中央电视台《百家讲坛》讲授《武则天》《太平公主》《长恨歌》等系列课程，并出版同名图书。多次担任央视汉字听写大会、成语大会、谜语大会、中国诗词大会等节目嘉宾。担任国际儒学联合会理事，全国妇联妇女研究会、家庭研究会理事等，为北京市第十一、第十二次党代会代表。

先进事迹摘录

　　蒙曼，中央民族大学历史文化学院副教授、硕士生导师，主要从事隋唐五代史、中国古代女性史的教学与研究。

　　蒙曼同志潜心教学，深受学生喜爱，并获得多项教学奖励和荣誉：2002 年获中央民族大学第三届教学基本功大赛一等奖；2004 年获中央民族大学教学创新标兵称号；2004 获中央民族大学第四届教学基本功大赛二等奖；2005 年荣获北京高校第四届青年教师教学基本功比赛文史组二等奖；2005 年获中央民族大学优秀教学成果三等奖；2006 年获霍英东教育基金会第十届青年教师奖二等奖（教学类），2012 年她讲授的"中国古代妇女史专题"获评国家级精品视频公开课，2016 年获得宝钢教育基金优秀教师奖。专著获北京市第九届哲学社会科学优秀成果奖二等奖。

　　蒙曼同志致力于历史文化知识传播，在社会服务方面作出了较大贡献，引起了良好社会效应。自 2007 年起，她在中央电视台《百家讲坛》录制武则天、太平公主、唐玄宗等系列讲座。2013 年以来，担任中央电视台第一、第二、第三届《汉字听写大会》，第一、第二届《成语大会》，第一、第二、第三届《谜语大会》，第一、第二届《中国诗词大会》等大型文化节目的文化嘉宾；其中，《汉字听写大会》和《中国诗词大会》分别获得 2014 年和 2016 年"白玉兰奖"。参加中央电视台奥运会火炬传递河北站直播，在奥运会"祥云小屋"活动中讲授中国非物质遗产。她主讲的"家风家训"系列讲座获得中宣部精品课程。2017 年以来，在喜马拉雅电台讲授"蒙曼品最美唐诗"，目前点击量超过 1100 万人次。

　　此外，蒙曼同志热心社会工作，担任国际儒学联合会理事，全国妇联妇女研究会、家庭研究会理事，中国文物保护基金会历史文化专家委员会委员，中国青年志愿者协会理事，承德避暑山庄协会副会长，南开中学荣誉理事等社会兼职。并先后当选北京市海淀区第十四、十五届人大代表，北京市第十一次、第十二次党代会代表。

❋北京市高等学校青年教学名师奖获得者

薛华丹

学校名称：北京协和医学院
主讲课程："放射学""放射诊断学"

薛华丹，2003年毕业于中国协和医科大学八年制临床医学专业，医学博士学位，现任北京协和医院放射科主任医师，教授，博士生导师。北京市科技新星，北京市十大杰出青年医师荣誉称号获得者。2004年起担任北京协和医学院放射科教学秘书，2014年起任科主任助理负责教学工作。工作至今，累计为十余届北京协和医学院八年制学生授课，积极推进多项教学改革，发表多篇教学科研论文，作为主编、副主编出版多部专著，其中三本为教材类专著，一本荣获北京市高等教育精品教材。作为参与者荣获北京市教育教学成果一等奖一项。担任北京市住院医师规范化培训基地放射诊断学专业组秘书长、中华放射学分会青年委员会副主任委员等数十项学术兼职；同时是 *Radiology* 等多本科学引文索引（SCI）杂志及国内专业杂志的编委或审稿专家。曾获四项国家级及省部级科技奖项。

先进事迹摘录

　　薛华丹教授热爱教学。在自己的成长过程中她受到了很多前辈的教诲，希望将这样的传统传承下去。在参加工作的次年，即被科室任命为教学秘书，一当就是 10 年。这期间，负责课程讲授及管理工作，脚踏实地地做好每一个细节。在繁忙的临床及科研工作的同时，在教学工作中也投入了大量时间和精力。在带教小组教学期间个人年均记录专业课时达 40 余学时，累计为十余届协和八年制学生授课，目前仍然承担着"生物物理学""解剖影像联合授课""放射诊断学"等多项授课任务。在影像医学与核医学学系主任金正宇教授的带领下，薛华丹教授作为教学秘书，其所教授的"放射诊断学"课程先后被评为国家级精品课程及国家级网络精品资源共享课，其所在教学团队被评为北京市优秀教学团队。

　　薛华丹教授一直热心于医学本科教学改革。2004 年起，协助全部授课老师将课件电子化，并发挥个人绘画的特长，大量手绘示意图辅助教学；2009 年引入互动式小组教学方式；2012 年引入教室互动反馈教学系统（IRS）；2013 年起推进实现解剖—影像联合授课；2016 年引入 OSCE 考试模式；同时，一直积极探索新媒体教学模式，建立及维护精品课程网站、开发协和放射影像学辅助教学软件。作为课题负责人承担院校级教学科研项目 2 项，同时参与多项院校级教学改革项目。发表中文核心教学科研论文 2 篇，科学引文索引（SCI）英文Letter1 篇。

　　2012 年起她担任北京市住院医师规范化培训委员会放射影像专业秘书长，负责北京市放射影像专业住院医师考核手册、登记手册、住培基地标准的修订，近 3 年担任北京市放射影像专业基地评审组专家，并组织了 3 次北京市住培师资培训班，负责近 4 年北京市放射影像专业住院医师一阶段理论及技能考核的组织及实施。

　　2014 年起在科主任的指导下她建立了科室教学工作小组，协助负责八年制、研究生及住院医生的教学工作，探索合理高效的教学管理模式。

　　2015 年薛华丹作为协和医院 CMB 项目办公室的骨干成员之一，协助院内各级部门成功举办了两届"协和住院医师国际论坛"，出访美国、加拿大学习先进的教学经验，致力于创建与国际接轨、适合中国国情的放射影像培养体系。

❀北京市高等学校青年教学名师奖获得者

钱菁华

学校名称：北京体育大学
主讲课程："肌肉骨骼康复"

　　钱菁华，北京体育大学运动医学与康复学院副教授，硕士生导师。1999年起从事高校教师工作，2004年获"昆明医学院优秀教师"。2007年开始担任北京体育大学运动康复专业骨干教师，主讲"肌肉骨骼康复"等多门核心专业必修课程，历年教学成绩优异，获得北京体育大学教学成果一、二等奖，2016年获"北京市师德先锋"。连续三届备战奥运担任国家艺术体操队、国家游泳队及国家女子足球队康复师；任中华医学会运动医疗分会医务监督学组委员，北京医学会运动医学分会委员，中国康复医学会康复教育分会运动康复学组秘书，北京康复医学会康复治疗专委会副主任委员、运动伤病专委会常务委员、康复教育专委会常务委员等学术兼职。

先进事迹摘录

教学工作：爱岗敬业、硕果累累

钱菁华老师是运动康复专业的骨干教师，是北京体育大学唯一具备康复医师和国际物理治疗师资质的稀缺人才，理论与实践经验丰富，主讲4门运动康复专业必修课程，5门硕士课程，优质高效地完成教学任务，历年评教成绩优秀。立德树人，孜孜以求，2016年获北京市师德先锋。

面对新兴专业，人才需求巨大，但师资稀缺，教学资源匮乏的现状，钱老师在教学过程中注重探寻教学规律，潜心教学研究，认真琢磨教学中遇到的困难，积极探寻解决方法，多次主持和参与教改课题研究和精品课程建设工作，在教学改革和教材建设方面取得丰硕成果，连续三届组织和指导学生参加全国康复治疗专业技能比赛，成果显著，为运动康复专业人才培养贡献巨大。

科技服务工作：仁心仁术，贡献突出

钱菁华老师是北京体育大学运动康复保障团队骨干专家，实践经验丰富，连续承担了三届奥运备战科技攻关服务，为运动员远离伤痛，功能康复而保驾护航，受到运动员、教练员的一致好评。

近5年钱菁华老师主持省部级课题4项，承担各类课题18项，在运动队服务和科研工作中表现突出。2016年入选国家体育总局"优秀中青年专业技术人才百人计划"培养对象。

学科建设发展：教书育人，国际视野

作为全国首批招收运动康复专业的高校，北京体育大学在全国运动康复专业的学科建设和发展中发挥着重要作用。钱菁华老师作为执笔人，完成了运动康复专业本科、康复医学与理疗学硕士专业、2016年全国首批运动康复专业硕士博士的学科规划工作。

钱老师致力于运动康复专业教学国际化标准的推广和应用，开展双语教学，积极与国际物理治疗联盟联系与合作，多次邀请本行业知名的国内外专家来校交流，推动本专业教学的国际化认证工作，促进我国运动康复专业的国际化、标准化发展。

综上所述，钱菁华老师在教学、科研、服务中表现突出，展现了高校教师爱岗敬业，立德树人的优秀品质，在学科发展中起着先锋带头作用，成果显著。

❀北京市高等学校青年教学名师奖获得者

池丽萍

学校名称：中华女子学院

主讲课程："教育与心理研究方法"

个人简历

池丽萍，博士，中华女子学院儿童发展与教育学院教授，硕士生导师。先后主持国家社科基金项目、教育部人文社科基金项目、北京市教育科学规划重点课题及校级重大、重点课题等 10 余个科研项目，在国内外学术刊物发表论文 70 余篇，出版专著 2 部，其中 1 部获得北京市哲学社会科学优秀成果奖二等奖。

在学科和专业建设中，池丽萍组织筹建了心理学系，担任首届系主任；主持建设了 2 个专业实验室。同时，长期从事本科生的一线教学工作，教学成绩优异；主持并参与了 6 项国家级、省部级和校级教学改革项目。

目前担任中国社会心理学会环境心理学分会副秘书长；《心理技术与应用》编委；校学术委员会副主任，校学术道德与学风建设委员会主任，校学位委员会委员。

先进事迹摘录

池丽萍教授先后主持国家社会科学基金项目等 10 个科研项目。作为项目负责人，她表现出深厚的学术功底和敏锐的学术嗅觉，针对现实问题提出了独到的见解，并多次在国际和国内专业学术会议上报告研究成果。所主持的国家社科基金项目"信任的代际传递机制研究"是国内探究个体信任的家庭起源的首次尝试；教育部人文社科基金项目"青少年成长的社会微环境研究"采用"社会微环境"概念对环境与心理发展的关系进行了创新性研究；在主持北京市教育科学规划重点课题"儿童问题行为及其与家庭因素的关系"及校级重大课题"亲子沟通模型的建构与实证研究""儿童情绪与行为问题的社会认知机制研究"等项目过程中，提出的"亲子沟通的三层次模型"、婚姻冲突对儿童发展的影响过程等理论观点被多部心理学教材引用。

历年来，池丽萍教授在《心理学报》《教育研究》《心理发展与教育》等学术刊物发表论文70 余篇，其中 6 篇英文论文发表在社会科学引文索引(SSCI)索引期刊上，40 余篇为中文社会科学引文索引(CSSCI)索引期刊论文，成果获得了良好学术影响。根据"中国知网"统计，其论文单篇被引用最高达 360 次，超过 100 次的有 6 篇；她开发或修订的测评工具"亲子沟通量表""婚姻冲突量表""大学生学习动机量表"都得到广泛使用或引证。2008 年出版的专著《社会变迁中的青少年》深受学界好评，多位教授在《教育研究》《心理研究》《中国教育报》《科学时报》等报刊发表了对该书的评论文章，该书 2013 年获得了第五届朱智贤心理学奖，2013年她出版的专著《亲子沟通与儿童学业成就》获得北京市第十三届哲学社会科学优秀成果奖二等奖。

在学科和专业建设中，池丽萍教授做出了突出贡献。她负责建设了中华女子学院应用心理学本科专业，组织筹建了心理学系，担任首届系主任。她还担任学校"应用心理学优秀教学团队"负责人，并主持建设了"基础心理学实验室"和"心理实验与测量平台"2 个专业实验室，其所教授的本科及研究生课程也受到学生和同事一致好评。

✿北京市高等学校青年教学名师奖获得者

曾 薇

学校名称：北京工业大学
主讲课程："环境微生物学"

个人简历

　　曾薇，工学博士、教授、博士生导师。主讲"环境微生物学"专业基础必修课。入选教育部新世纪优秀人才、"百千万人才工程"北京市级人选、北京市科技新星、北京市属高校首届人才强教——中青年骨干教师、北京市优秀人才、北京市高校创新团队建设提升计划、江苏省"双创人才"；获霍英东教育基金会第十届高校青年教师奖和第十二届青年教师基金、北京市教育创新标兵。获北京高校第四届青年教师教学基本功比赛理工组一等奖、2008年和2013年北京市教育教学成果一等奖、2014年国家级教学成果二等奖。"水污染控制工程"国家级教学团队和"环境保护概论"国家级精品资源共享课骨干教师。科研成果获2011年北京市科学技术奖一等奖。

先进事迹摘录

曾薇教授作为一名青年教师热爱教育事业，以严谨务实的态度致力于教书育人工作，以自己的敬业精神和人格魅力影响着学生。

兢兢业业教书育人，为人师表

曾薇主讲2门本科生课程和1门研究生课程，是"水污染控制工程"国家级教学团队和"环境保护概论"国家级精品资源共享课的骨干教师。身教胜于言教，在教学过程中以严谨认真的教学态度影响学生，重视学生完整人格的培养。积极投身于教学研究工作，努力提高课堂教学质量，形成了自己独特的教学风格。在教学模式、教学内容和教学方法改革等方面取得了创新性成果，获北京市教育创新标兵称号。获北京高校第四届青年教师教学基本功比赛理工组一等奖。教案及教学实况录像被收录在《站在大学讲台上》书及光盘中，公开出版发行。在北京市教育工委的表彰大会上，教学实况录像被专家用来点评。多次在北京工业大学新入职教师培训会上做教学示范，与青年教师就"如何上好一堂课"进行交流讨论，起到了很好的示范作用。教学成果获2008年和2013年北京市教育教学成果一等奖、2014年国家级教学成果二等奖。指导的硕士研究生46人次获校科技创新奖、4人获校级优秀硕士学位论文奖、2人获光彩事业基金会"水环保优秀论文"一等奖和三等奖、2人获中国环境科学学会2013年度和2015年度"十佳论文奖"。

脚踏实地科学研究，教研相长

曾薇在努力做好教学工作的同时，以刻苦钻研的工作精神开展水污染控制方向的科学研究。将科研成果融入教学，教研相长。入选教育部新世纪优秀人才、"百千万人才工程"北京市级人选、北京市科技新星、北京市优秀人才、北京市高校创新团队建设提升计划、江苏省"双创人才"；获霍英东教育基金会第十届青年教师奖和第十二届青年教师基金。作为负责人主持1项国家重点研发计划、1项"863计划"、4项国家自然科学基金、3项北京市自然科学基金等国家和省部级科研项目18项，获北京市科学技术奖一等奖。发表国内外期刊论文75篇，其中科学引文索引（SCI）论文23篇，美国工程索引（EI）收录39篇；授权专利10项；出版专著1部。

教书育人是教师的崇高职责，曾薇教授把教师职业看作充满人生乐趣的职业，并为之孜孜不倦地努力。

❋北京市高等学校青年教学名师奖获得者

王鲁娜

学校名称：北京工商大学

主讲课程："马克思主义基本原理概论"

个人简历

　　王鲁娜，女，1974年10月出生，教授，硕士生导师，现任北京工商大学马克思主义学院副院长，北京市第十一次党代会代表，北京市高教学会马克思主义基本原理研究会常务理事。2014年入选"北京市属高校优秀中青年思想政治理论课教师择优资助计划"，2016年获聘首批北京高校思想政治理论课特级教授。主持国家社科基金项目1项，北京市哲学社会科学规划项目1项，首都大学生思想政治教育研究项目3项；在《科学社会主义》《天津社会科学》等刊物发表文章20余篇；出版专著2部。获得北京工商大学本科教学优秀一等奖，以及北京市优秀德育工作者、北京市优秀教师、北京市优秀共产党员、北京市师德先进个人荣誉称号。

先进事迹摘录

　　王鲁娜老师自 1999 年任教至今已近 18 个年头。18 年间，王老师始终坚守在思想政治理论课教学岗位，以德育德、以行导行，着力打造学生真心喜爱、终身受益的思想政治理论课程。

以丰富生动的理论课堂吸引学生

　　王鲁娜老师在教学过程中深入钻研教学内容，积极探索多元化的课堂教学模式，注重对学生进行思想政治素质的教育和引导。她执教的课程历年学评教成绩均为优秀，编写的案例获北京市思想政治理论课优秀教学案例奖，她本人也获得了校本科教学优秀一等奖，以及北京高校优秀德育工作者、北京市优秀教师、北京市师德先进个人等荣誉称号。

以对教学科研的执着热情感染学生

　　思想政治理论课课堂不仅仅是知识的传授，更是思想素质的熏陶和培养，思维方式的启发和训练。王鲁娜老师以其谦虚的作风，执着的态度给学生留下了深刻的印象。学生的课外实践作业，她总是不厌其烦一遍遍地提出修改意见，督促学生高质量完成；学生课上的话剧表演，她会摄像刻盘，留作学生的毕业纪念。她总是强调一句话："一件事情，教师认真了，学生才会认真；一项事业，教师热爱了，学生才会热爱。"有学生上完王老师的课后感叹道："王老师的课堂吸引我们的不仅仅是其透彻的教学、灵活的风格，更有其人格魅力的影响；从王老师那里学到的不仅仅是书本层面的知识，更多地会影响我们今后的学习生活和做人做事。"

以乐于付出的奉献精神服务学生

　　2003 年至 2009 年，王老师一直担任学校辩论队的指导老师，并指导团队参加全国大专辩论赛获得全国八强的好成绩，辩论社也连续多年被评为优秀社团。2009 年至今，王老师投入了更多的精力指导学生思想政治理论课暑期社会实践活动。她每年暑期都会抽出大量时间与学生讨论选题，指导学生设计调研问卷、探索调研方法、完成调研报告。该项活动开展至今，王老师共指导学生完成高水平调研论文 20 余篇，其中 13 篇公开发表，获北京高校思想政治理论课社会实践优秀论文评比一等奖 2 篇，二等奖 1 篇，三等奖 1 篇。

❀北京市高等学校青年教学名师奖获得者

张改梅

学校名称：北京印刷学院
主讲课程："包装印刷技术""包装机械概论"

个人简历

　　张改梅，中共党员，教授，博士，硕士生导师。2001年任教以来，一直致力于包装工程专业的教学和研究，主讲"包装印刷技术""包装机械概论"和"包装测试技术"等课程。其中"包装印刷技术""包装机械概论"分别被评为校级精品课和优秀课程。主持和承担教学改革项目10项，北京市级教改项目2项，校级重点教改项目1项，校级一般项目7项。作为负责人或主要完成人获得校级教学成果奖3项，其中特等奖2项，二等奖1项。坚持"以学生为教学主体"的理念，创新教学手段，激发学生的学习主动性和积极性，提高课堂教学效果，发表相关教改论文8篇。担任中国中药材物流专家委员会委员、ISTA运输包装教育委员会委员和《包装工程》杂志审稿专家。

先进事迹摘录

张改梅自 2001 年任教以来，一直在一线教学岗位辛勤耕耘。她无私奉献、时刻为他人着想，把学生的成长成才看作教书育人的第一要务；她勤勉好学，不断更新知识体系，使自己始终站在印刷包装新科技的最前沿。

教书育人一丝不苟，师德高尚

张改梅老师知识渊博，一人承担着三门专业课程，为学生专业知识的完善和提升搭建了良好的基础。她治学严谨，对待每一堂课、每一个校外实践环节、每一篇学生毕业论文，她都精心设计、用心引导，并严格考核制度，使学生学业水平有显著提高。在繁忙的教学工作之余，她利用一切琐碎时间，进图书馆、上因特网，搜索并制作各类教学所需的音视频资料和专业前沿知识，使她的课堂教学生动而精彩。为了使课本内容更接地气，理论教学紧贴实践，张老师每门课都会安排一两次深入企业生产车间的参观和实际操作体验环节，极大提升了学生对专业和行业的热爱。

"我很感谢我的毕业设计指导老师——张改梅老师，她日常工作很忙，但在我做毕业设计的每一个阶段，张老师都对我进行了耐心的指导。当我遇到困难时，张老师积极帮助我解决，热心和蔼，让我感受到家人般的温暖。"张改梅在教书育人中深受学生的爱戴，铸就了高尚的师德和良好的教师风范。

科研路上敢于攀登，成就卓著

张改梅老师始终保持着一种积极进取的心态和不知疲倦的工作热情，对未知领域一直抱有探求的欲望。在科研道路上，在基于超声原子力显微镜的先进检测技术及应用、基于有限元法的缓冲材料力学性能分析等领域，有独创性的发明和见解，为先进高端检测技术在包装材料及工艺方面的应用奠定了坚实基础。

张改梅在教学研究方面勇于开拓创新，不仅承担过市级教改项目，发表重要教改论文，还采用各类信息手段，创建课程微信公众平台，推送印刷包装最新科技进展。最近，张老师又在为"包装印刷技术"微课程的建立谋划和准备着。她紧跟技术发展步伐，敢于攀登，为学生的成长成才撑起了一片晴空。

❀北京市高等学校青年教学名师奖获得者

李 蕊

学校名称：北京农学院
主讲课程："经济法学"

个人简历

　　李蕊，女，1978年出生，中国人民大学博士、中国政法大学博士后、美国明尼苏达大学访问学者，北京农学院文法学院教授，主讲"经济法学"等课程。兼任中国经济法学、中国财税法学、中国银行法学等研究会理事，北京朝阳区行政复议委员会专家委员。

　　获北京高等教育教学成果二等奖、北京高校青年教师教学基本功竞赛二等奖、北京市属高校微课程竞赛一等奖等主要教学奖励7项。被授予北京高校育人标兵、北京高校优秀德育工作者称号。主持国家社科基金项目1项、省部级项目9项。获北京市哲学社会科学成果二等奖等主要学术奖励12项。入选北京高层次创新人才支持计划青年拔尖才等人才培养计划。在法学核心期刊、中文社会科学引文索引（CSSCI）、科技会议录索引（CPCI）来源期刊等发表中、英文论文41篇，出版著作9部。

先进事迹摘录

从教 17 年来，李蕊同志坚持以人为本，积极营造教学相长育人氛围。把亲近学生、了解学生作为育人前提，把欣赏学生、珍爱学生作为育人手段，注意实施情感教育，用师爱温暖每个学生，先后被评为校、市两级育人标兵。

坚持将教书与育人有机结合，努力钻研教法，做到因材施教

李蕊在教学中以学生收获为中心，分层次设定学习目标、尊重学生个体差异，按类别划分教学内容、突出学习者主体地位，依过程评价学习效果、注重形成性评价。以学生为主体注重学习能力养成，以师生共同创作的情景剧创设学习情境，以模拟授课促进小组探究式学习、以引导式教学法协助学生知识建构。启发学生不仅学会对于知识的归纳、分析，更要学会用大脑思考，用心灵感悟法学真谛，使其学会读书更学会做人。先后获得北京高等教育教学成果二等奖、北京高校青年教师教学基本功竞赛二等奖、北京市属高校微课程教学比赛一等奖等主要教学奖励 7 项。

坚持科研与育人相结合，努力在科研中引领学生成长成才

李蕊主持国家级项目 1 项、省部级项目 9 项，发表论文 40 余篇、出版著作 9 部。引领学生关注专业发展前沿，注重学生科研兴趣培养、能力提升，指导本科生在"农林杯"大学生学术科技作品竞赛等比赛中多次获奖。

坚持专业建设与服务三农相结合，以网为"媒"，实践育人

李蕊主动请缨建设北京农学院三农法律网，实现了我国三农法律网络服务零的突破。利用现代技术"送法入户"，即时满足农民法律需求。助推三农经济法律人才实践能力培养。

坚持自我完善与自我发展相结合，积极实践"身教胜于言教"

孩子幼小，父母公婆同时患重病，李蕊奔波于学校、医院、家之间，没有耽误一堂课。她身患神经根型颈椎病，左侧手臂麻木，仅靠右手不仅圆满完成教学、科研任务，而且修完博士生课程和教育部留学人员英语培训课程。学生从她身上不仅学到了法律专业知识，更为她乐观向上、谦虚勤奋的进取精神所感染。

✿北京市高等学校青年教学名师奖获得者

杨 静

学校名称：首都医科大学

主讲课程："人体寄生虫学"

个人简历

　　杨静，女，副教授。现任首都医科大学病原生物学系副主任，人体寄生虫学教研室主任。中华医学会热带病与寄生虫学分会第七届委员会委员，中国动物学会寄生虫学分会专业委员会第八届委员。曾在美国乔治华盛顿大学做访问学者。长期工作在教学科研第一线，讲授"人体寄生虫学"等课程。主编、副主编和参编教材教参9部，发表教学论文13篇。北京高校第四届青年教师教学基本功大赛三等奖，指导基础医学本科生获"第三届全国大学生基础医学创新论坛暨实验设计大赛"二等奖。主持多项省部级以上课题。在国内外发表学术论文30余篇[科学引文索引（SCI）收录18篇]，获国家发明专利授权6项。获北京市科学技术奖二等奖1项。

先进事迹摘录

杨静同志政治立场坚定，党性强，作风正，师德高尚，业务精通。从教17年来，始终关注学生的成长进步，把教书育人、管理育人、服务育人贯穿在工作中，尽一名教师应尽的责任。

政治坚定，以身作则，用高尚的师德培养学生高尚的医德

杨静忠诚党的教育事业，注重对学生的教育，以身作则，教育学生在学生时代就树立高尚的医德，在走出校门之前，使高尚的医德入脑入心。日常工作中，重视培养学生淡泊名利、勤奋刻苦的工作态度和不怕挫折、善于创新的科学作风。关心他们的学习和生活，师生关系融洽，深受学生的爱戴。走出校门的学生在各自工作岗位上都取得了优异成绩，受到患者和领导同事的一致好评。

立足本职，钻研业务，优质完成教学科研等各项任务

她全身心投入教育事业，爱岗敬业。在保持教学内容的科学性、先进性的同时，她不断更新教学理念并注重教学手段和方法改革，提高学生的综合素质，取得了很好的教学效果。在2004年，由她作为主讲教师之一的"人体寄生虫学"成为首都医科大学第一门"北京市精品课程"。多年来主编、副主编和参编教材及教参9部，先后主持、参加2项教改课题，发表教学论文13篇。获北京高校第四届青年教师教学基本功大赛三等奖。指导基础医学本科生获"第三届全国大学生基础医学创新论坛暨实验设计大赛"二等奖，为专业发展做出了很大贡献。

她先后承担多项国家和省部级科研项目，主持并完成国家自然科学基金、北京市自然科学基金等项目，并获得创新性成果。先后发表论文30余篇，获北京市科学技术奖二等奖1项，获国家发明专利授权6项。

积极主动，任劳任怨，努力做好其他各项事务性工作

杨静副教授除了教学任务和科学研究，还担任校外学术兼职和基础医学院病原生物学系副主任、人体寄生虫学教研室教学秘书及室主任等职，在学系及教研室的工作中投入很多精力。从教至今始终以身作则，带头挑重担，组织和带领全体教师积极参加教研活动、学科建设，任劳任怨地为学科建设和发展默默贡献自己一份力量。

❀北京市高等学校青年教学名师奖获得者

李 静

学校名称：首都师范大学

主讲课程："细胞生物学""生物学"

个人简历

　　李静，副教授，1999年获北京大学学士学位，2001年获耶鲁大学硕士学位，2006年获耶鲁大学博士学位，2007年入职首都师范大学，从事教学科研工作。主要从事"细胞生物学""肿瘤生物学"的双语教学和全英文教学工作，以及本科生的国际合作交流工作。主讲的"细胞生物学"获评北京市精品课(2009年)和教育部双语示范课程(2010年)。李静获评北京市科技新星(2007年)，获得霍英东教师三等奖(2010年)，北京市青教赛二等奖(2011年)，北京市教学成果一等奖(2012年)，教育部微课比赛教学设计奖(2015年)，北京市微课比赛三等奖(2016年)。担任《遗传》以及《中国生物化学与分子生物学报》英文编校，*Scientific Reports* 等国际学术期刊的审稿人，美国阿尔茨海默研究基金 AARG 的函评专家。

先进事迹摘录

　　李静副教授，1999 年获得北京大学学士学位，同年赴美留学，在耶鲁大学先后获得硕士以及博士学位。2007 年到首都师范大学进行教学科研工作。

　　长期留学经历使她具有雄厚的英文底蕴和扎实的专业基础。她在全校第一个进行理科专业的全英文教学，讲授专业核心课"细胞生物学"，结合英文教科书让学生在本科期间就阅读英文文献。为了帮助学生理解，课余她投入了大量的时间与学生讨论文献，帮助他们领会文献里的知识。对于李静老师的辛勤工作，大家都觉得收获颇丰。在课程评估中，有的学生写道："老师的课讲得非常清楚，因为是纯英文授课，老师担心我们理解有难度，常常举些有趣的例子帮助理解。我觉得上她的课心情愉悦，在课堂上可以记下大部分的新知识。""细胞生物学"于 2010 年被评为教育部双语教学示范课程建设项目，北京市精品课等。李静也于 2010 获得霍英东青年教师奖三等奖，2011 年获得市级青年教师教学基本功竞赛二等奖，2013 年获得北京市高等教育教学成果奖一等奖。

　　先进的理念起到了良好的社会示范效应。2013 年 11 月、2014 年 5 月李静两次在全市范围培训双语教师——在北京市高等学校师资培训中心举办的"北京市属高校骨干教师双语教学能力培训项目"中，培训赴国外进修以及双语教学课程的教师。2014 年 12 月李静赴北京印刷学院培训参加北京市青教赛的老师。

　　此外，建立健全了首师大生科院本科生赴美专业实习的制度，并与美国俄亥俄大学签约，每年招收生科院 3 名学生进行专业实习。该项目得到国家留学基金委的资助，实习后的学生大部分在国内或国外继续读研。

　　在"互联网＋"的新形势下，李静又瞄准了慕课与在线课程的新目标。2015 年获得教育部微课比赛教学设计奖，2016 年获得北京市微课比赛三等奖。现在正在主持校级的"细胞生物学"在线课程建设和"细胞生物学实验"在线视频电子教程建设项目。

※北京市高等学校青年教学名师奖获得者

刘永厚

学校名称：北京第二外国语学院
主讲课程："普通语言学"

个人简历

　　刘永厚，教授，博士，自 2003 年起在北京第二外国语学院工作至今，现任英语学院系主任。中国社会语言学会理事，北京市优秀人才计划入选者，获北京市中青年骨干教师、北京第二外国语学院青年领军人才称号。

　　曾主讲基础英语、英语写作、普通语言学等课程，获 2014 年校级第十届青年教师教学基本功大赛一等奖、2015 年北京高校第九届青教赛二等奖和最受学生欢迎奖、2015 年校级首届翔宇教学奖一等奖，教学效果深受好评。

　　研究领域为社会语言学和学术写作研究，在《外语界》《语言文字应用》《语言教学与研究》等期刊共发表论文近 40 篇，出版著作 2 部，参编《普通语言学基础》等教材 4 部，曾 6 次获得校级优秀科研成果奖。目前主持国家社科基金项目 1 项、教育部项目 2 项。

先进事迹摘录

教师最大的价值体现在对学生的培养上

刘永厚热爱教书育人工作，在教学中不断钻研，追求卓越。刘老师为本科生和研究生共开设过 8 门专业课程，熟悉人才培养环节，教学效果得到师生的高度肯定。2013 级的一名学生在给老师的信中写道："您是我上大学以来最热爱的老师了。没学语言学之前，一直听学长学姐说它很枯燥，但上了您的课之后，觉着很清晰、很有趣。看着您精心制作的课件，听着您循循善诱的教导，我真切地感受到了您的用心和努力。您不仅想传授给学生语言学知识，更希望培养我们独立思考的能力和习惯。"

刘永厚在辅导学生方面倾注了大量心血。近年来，他指导的本科生有多人的毕业论文被评为优秀毕业论文，有多名学生考取了美国北卡罗来纳大学、香港中文大学、清华大学等名校继续语言学的深造；指导的 6 届研究生学业成绩突出，其中 5 人荣获校级优秀学术成果奖，2 人获得国家奖学金、3 人获得一等奖学金，1 人考取了中国人民大学的博士研究生等。

教学工作与学术研究相得益彰

刘永厚热爱教改研究，发表 10 多篇教学类论文，主编 1 部教学类著作，参编 4 部教材。两篇高水平教改论文分别发表在中国外语类权威期刊《外语界》2015 年第 1 期和 2016 年第 5 期。"英语专业写作小组同伴反馈和教师反馈效果研究"提出了在英语写作教学中将学生自评、同伴反馈和师评三者结合起来的一条有效路径，对于国内一线的二语写作教学具有重要启示；"中外学者国际期刊英语学术论文摘要写作的对比研究"有助于提升中国英语学习者的英语学术写作和国际发表能力。这些教改成果均在国内学术界产生较好影响。

重视团队发展，乐于奉献

刘永厚是北二外商务英语专业的带头人。他和全系教师并肩作战，经过 6 年的拼搏，使商务英语这一新增专业取得了长足的发展。团队成员共开设了 15 门商务英语专业课程，发表商务英语相关论文近 20 篇，出版教材 3 部，团队合著成果 1 部，整个团队的教学、科研能力均得到显著提升。

✿北京市高等学校青年教学名师奖获得者

赵晓楠

学校名称：中国音乐学院

主讲课程："传统音乐理论"

个人简历

    赵晓楠，男，满族，博士，副教授，传统音乐理论专业，现任中国音乐学院音乐学系系主任。

    2000年从教，2008年担任支部书记、副系主任，2012年担任系主任。常年坚持一线教学，为全院本科生、研究生开设"少数民族民歌""工尺谱常识""中国传统音乐基础""汉族民歌""戏曲音乐""传统音乐研究的历史与现状""传统音乐形态研究"等课程。培养本科专业主课学生12名，指导硕士生5名。编写出版《工尺谱常识与视唱》《中国传统音乐基础》《中国传统音乐基础知识100问》等教材。

    主要社会兼职有：文化部全国文化艺术资源标准化技术委员会委员，中国少数民族音乐学会理事，北京市学校中华传统文化促进会常务理事。

先进事迹摘录

赵晓楠老师常年坚持一线工作，在教学、科研和育人等方面均取得突出的成绩。

热爱教学工作，勇于教改创新

从教以来，赵老师开设多门课程，教学态度认真，教学方法得当，基本功扎实，教风轻松幽默，深受各系同学欢迎，曾被评为2004年中国音乐学院首届"我爱我师——我心目中最优秀的公共课老师"。曾荣获2009年北京市高校第六届青年教师教学基本功比赛文科B组一等奖、最受学生欢迎奖、最佳演示奖。

他积极参与教学改革，开设"工尺谱常识"等新课程，出版《工尺谱常识与视唱》《中国传统音乐基础》等配套教材，其成果荣获国家级教学成果二等奖（2009），北京市教育教学成果（高等教育）一等奖（2009）。

善于教研结合，科研成果丰厚

赵晓楠承担、参与多个科研项目，例如，承担北京市教委项目《侗族民歌旋律与侗语声调研究》、北京市市属高校"青年拔尖人才培育计划"《"中兴礼书"郊庙歌曲律吕乐谱的考、释、译》，参与国家艺术科学一般课题《中国西南边疆人口10万以下民族音乐活动实况录制与研究》、教育部重大项目《侗族大歌研究》、国家社科基金重点项目《澜沧江—湄公河流域跨界民族音乐文化实录》等。

赵晓楠在核心期刊上发表多篇论文，主要有《南部侗歌旋律依字行腔特征及其原理之数学演算》《传统婚俗中的小黄寨侗族音乐》《对三种新型民歌演唱形式及其背景的初步探讨》《南部侗族芦笙谱的不同谱式及其历史发展轨迹》《一首满语学堂乐歌的再考证》《20世纪的汉族民歌研究》等。

坚持育人为先，推广传统文化

赵晓楠长期担任班主任工作，担任支部书记、副系主任、系主任后，指导系内全面工作，关心学生成长。他以育人为导向，从制订招生计划、培养方案，到辅导学生选择专业、遴选论文教师，直到撰写论文、答辩毕业，全程关注学生的成长。通过开办讲座、授课等形式，在社会上推广优秀传统音乐文化。曾荣获北京高校育人标兵（2010年）、北京市师德先进个人（2008年）等光荣称号。

北京市高等学校青年教学名师奖获得者

颜全毅

学校名称：中国戏曲学院
主讲课程："戏曲剧本写作"

个人简历

颜全毅，文学博士，中国戏曲学院戏文系教授，研究生导师，院学术委员会委员。

编剧作品有越剧《女吊》《救风尘》《越王勾践》《一钱太守》《倩女幽魂》《鹿鼎记》《柳梦梅》《仁医寸心》，粤剧《紫金锤》，京剧《樱桃园》《满汉全席》，花灯歌舞剧《走婚》，实验戏剧《还魂三叠》《新暗恋桃花源》等。

出版专著有《清代京剧文学史》《公开发表的京剧剧本提要》《中国戏曲论文索引》和《倩女幽魂——新古典戏文创作集》等。在《文学遗产》《戏剧》《戏曲艺术》等学术刊物上发表论文五十多篇。

北京市文艺百人工程和国家教育部新世纪优秀人才入选者。"新世纪百千万人才工程"北京市级人选。

先进事迹摘录

颜全毅是一位兢兢业业坚守在本科和研究生教学一线、同时在本专业领域取得较为丰硕成果的中青年教授，在专业领域中，又在戏曲编剧创作和理论评论两个方面齐头并进，成绩显著。

多年来，颜全毅在本科教学上不断探索、提高水平，为戏文系本科生长期开设"唱词与念白""戏曲剧本写作"(含"大戏写作""小戏写作""整理与改编")、"基础写作"；为国际文化交流系开设过"戏曲鉴赏"；为新媒体系开设"编剧概论"；为导演系开设"剧本写作""戏曲影视"等基础课程，还多年为京剧系(表演系)本科毕业生讲授毕业论文写作等，可以说，颜全毅是学院跨专业、跨院系讲学较多的一位老师，他也从来不对课程和学生挑三拣四，常以饱满热情站在各种讲台上，因而，他的课程也深受学生喜爱，特别是"唱词与念白"课程，作为戏文系学生进入戏曲创作行业的第一课，已经成为戏文系名课。因为讲课精彩生动、专业水平出色，在中国戏曲学院第一次公开讲课评选的"院内教学名师"活动中，颜全毅被教师代表和学生代表推选为"院内教学名师"，这是广大师生对颜全毅教学水平的高度肯定。

作为目前活跃在戏曲创作一线的著名编剧，颜全毅在京剧、越剧、小剧场戏曲等剧种和舞台形态的创作上成绩斐然。同时，也在戏曲理论、评论上笔耕不辍，发表过《历史与人文的现代观照——浅论二十世纪九十年代戏曲历史剧创作》《转型社会的现实写真与审美意味——二十世纪九十年代戏曲现代戏创作研究》《还原与重塑——浅论二十世纪九十年代戏曲名著改编剧目》以及《小剧场戏曲要不要讲故事》等文章。为响应中国戏曲学院京剧学学科发展的需要，颜全毅又致力于京剧文学与京剧史的研究，2005年出版《清代京剧文学史》，此后又发表了《罗瘿公京剧创作叙论》《陈墨香京剧创作叙论》等一系列京剧学理论文章。颜全毅的理论评论文章曾两度获得中国戏剧奖理论评论奖。

✿北京市高等学校青年教学名师奖获得者

李 莘

学校名称：北京舞蹈学院
主讲课程："音乐理论基础"

个人简历

　　李莘，教授，1974 年出生，音乐学博士，北京舞蹈学院人文学院音乐教研室主任。2001 年进入北京舞蹈学院担任教学工作。十多年来承担了包含本科、研究生、继续教育学院等教学部门的十多门课程。教学风格活泼生动，教学手段灵活多样，教学质量受到广泛好评。在科研方面，主要从事民族音乐理论、音乐学、舞蹈学跨学科理论研究。2013 年获得北京市属高校"青年拔尖人才"称号，同年获得北京高校第八届青年教师教学基本功比赛"一等奖""最佳演示奖""最佳教案奖""最受学生欢迎奖"等奖项。先后在各类全国中文核心期刊发表论文十余万字。先后出版 5 部学术著作。编写的教材《曲式与舞蹈音乐分析》被评为北京市高等教育精品教材。

先进事迹摘录

　　李莘教授自任职以来，始终以共产党员的高标准和高校教师"学为人师、行为世范"的训诫严格要求自己，保持坚定的事业心和高度的责任感，热爱教育事业，谨遵师德，关爱学生，工作态度兢兢业业，脚踏实地，尽职尽责。她音乐理论功底扎实，并擅长演奏各种乐器，能够发挥自身优势，将专业背景与舞蹈专业教学需求有效结合，为舞蹈教学实践和音乐舞蹈跨学科研究做出突出贡献。

教学方面

　　李莘教授始终将教学过程和教学目标紧扣舞蹈学院的专业特色和学科发展需求，高质量、高效率完成学院规定的教学工作量。除了圆满完成公共必修课"音乐理论基础"的教学任务之外，她积极开拓新型专业必修课程和各门音乐舞蹈跨学科选修课程，多年来坚持热忱为各专业系提供教学服务。其兢兢业业的工作态度和骄人的工作业绩获得了广泛认可，自2011年至2016年，三次获得年度考核"优秀"的成绩。

　　2012年，李莘教授荣获北京市"青年拔尖人才"荣誉称号。

　　2012年，荣获北京舞蹈学院第二届青年教师教学基本功比赛一等奖、最佳展示奖。

　　2013年5月，她代表北京舞蹈学院参加"北京高校第八届青年教师教学基本功比赛"，荣获"一等奖""最佳教案奖""最受学生欢迎奖""最佳演示奖"等全部奖项，为学校争得荣誉。

科研方面

　　任职以来，李莘教授先后出版学术专著3部、合著2部，发表核心期刊论文7篇，主编、参编教材3部，教材均顺利出版并投入课堂教学使用。

　　2013年9月，获得教育部"高等学校青年骨干教师国内访问学者"资格，顺利开展了"音乐舞蹈类非物质文化遗产理论研究"。

北京市高等学校青年教学名师奖获得者

宋 淼

学校名称：北京警察
学院
主讲课程："国内安全保卫"

个人简历

　　宋淼，女，1979 年 1 月出生，诉讼法学硕士，副教授，现任北京警察学院侦查系国保教研室主任，国家食品药品监督管理总局高级研修学院客座教授，北京市公安局专家教官，北京市法学会会员，北京刑侦研究会会员。从教近 20 年间，积累了丰富的学历和培训教学经验。学历教学对象包括专升本函授、专科、本科等不同层级，主讲课程既包括理论性较强的公共选修课也涵盖实践性突出的专业必修课。先后受邀到广东省、青海省等兄弟院校授课。承担了国际警务合作培训、公安部专业人才培训、北京市公安局领导干部培训、在职民警培训及文职辅警培训等多项培训教学任务。另外担任部级和院级精品课课程负责人。先后在北京市公安局刑侦总队、国保总队、海淀分局等实战单位挂职锻炼。

先进事迹摘录

宋淼，现任北京警察学院侦查系国保教研室主任，曾获全国公安优秀教育训练工作者、北京市公安局优秀教师、学院最佳青年教师等多项荣誉称号，在学院微课、公开课、教案、多媒体等多项教学评比中获奖。宋淼同志从教至今，始终立足工作实际，本着高度的责任心和使命感，认真钻研教育教学工作，切实发挥了一名青年骨干教师应有的"教育支持实战""理论服务实战""智力支撑实战"作用，得到了各级领导和同志们的一致认可与好评。

一是学历教学：勇于创新、敢于革新、勤于实践。在近20年的教学实践中，宋淼同志始终坚持以学生为主体的教学理念，灵活运用包括现场教学、案例推演和情景模拟演练等多种教学新形式，创新性地对课程内容进行模块化分割，推行课程业务导师制，改革考核模式，达到了"课堂活起来、学生动起来"，有效提高学生专业能力的教学目标。

二是科学研究：服务实战、贴近实际、体现实效。宋淼同志坚持"科研服务公安实战、科研贴近教学实际、科研体现研究实效"的原则，在课题选题方向确定等方面注重结合专业领域热点难点问题，力争使得所开展的科学研究工作一方面能为公安实战工作提供理论支撑和智力支持；另一方面研究成果能够及时转化为公安实战和教育教学的不竭动力，在突出"实际"的同时彰显"实效"！

三是培训教学：乐于思考、善于结合、甘于奉献。作为一名侦查专业教师，宋淼同志先后到北京市公安局刑侦总队、国保总队、海淀分局等单位进行挂职锻炼，在提高个人专业能力的同时寻找到了提升培训教学质量和效果的原动力！在实践中，宋淼同志真正把自己置身于基层战斗集体，发挥自身理论研究优势，积极主动研发新专题，得到了实战部门领导和同志们的认同，开拓了属于自己的专业培训根据地！

北京市高等学校青年教学名师奖获得者

祁　颖

学校名称：北京城市学院

主讲课程："大学英语"

个人简历

　　祁颖，女，中共党员，北京城市学院英语教授、教学名师，现任北京城市学院公共英语教研室主任、北京市高校大学英语教育发展中心理事、北京市高教学会大学英语研究会理事。主要研究方向：英语教学法、中英语言对比。

　　祁颖多次被评为北京城市学院优秀教师、优秀共产党员、师德师风先进个人、"我爱我师"学生最喜爱的优秀教师；2011 年获得第二届"外教社"杯全国大学英语教学大赛北京赛区综合组二等奖；同年被评为校级骨干教师；2012 年获评北京城市学院第二届教学名师；2013 年 9 月，祁颖老师所主持的教改项目"以培养综合应用能力为目标的 4I 式大学英语教学改革研究与实践"获得第七届北京市高等教育教学成果奖二等奖；2013 年 11 月获得首都劳动奖章；2015 年获得北京高校第 9 届青年教师教学基本功比赛文史类 B 组优秀指导教师奖。

先进事迹摘录

　　从教 16 年来，祁颖老师不断更新教学理念，教学方式新颖，教学效果突出，深受学生喜爱。她采用任务型、多模态、翻转课堂等先进教学方法，精心设计每一堂课，最大限度保障学生"学有所获"。在培养和提高学生语言能力的同时，她也非常注重培养学生自主学习、批判性思维等非语言能力。

　　祁颖老师潜心教学，积极开展教学研究，共编写教材 7 部，发表论文 20 余篇。祁颖老师主持多项市级课题，如 2017 年度北京市教委人才培养项目"大学英语教学指南框架下的应用型本科院校大学英语教学改革研究"，2014 年度北京高等学校教育教学改革立项重点、联合、委托项目"三位一体市属高校大学英语教育改革模式研究"北京城市学院子课题，2014 年教育部职业院校外语类专业教学指导委员会立项课题"利用英文报刊教学提高高职学生媒介素养研究"。

　　祁颖老师对工作要求苛刻，但在生活中，她心胸豁达、关爱同事。在她的带领下，公共英语教研室的老师们齐心协力、锐意进取，形成了团结、乐观、务实、进取的团队精神。在此精神的指引下，教研室所向披靡，获得多项荣誉：北京市三八红旗集体、北京市民办教育优秀教育教学团队、全国大学生英语竞赛优秀组织奖、全国四六级优秀阅卷单位、北京城市学院优秀教学团队、第一届全国高校外语微课大赛优秀组织奖。祁颖老师推行"事务性工作单一化""工作环境家庭化""成就奖励多样化"等激励机制，充分调动了团队进行教学、教研、教管活动的积极性。近年来，教研室教师 40 余人次获得省部级以上奖项，如 2011 年—2015 年连续五年在"外教社"杯全国大学英语教学大赛中获得北京市二等奖、三等奖、优胜奖；2014 年第一届全国高校外语微课大赛中，囊括北京市一等奖、二等奖和三等奖；2015 年北京高校第 9 届青年教师教学基本功比赛文史类 B 组中，获一等奖、最佳教案奖。

　　"学为人师，行为世范"，祁颖老师始终谨记母校北京师范大学的校训，也时刻用实际行动践行着这八个字。

❋北京市高等学校青年教学名师奖获得者

张丽丽

学校名称：北京工业职业技术学院

主讲课程："建筑工程计量与计价""工程造价"

张丽丽，女，1972年出生，北京工业职业技术学院建筑与测绘工程学院副院长，副教授。北京市评标专家，国家开放大学特聘教授，北京市职业资格专业教师。

1995年7月至2002年6月在北京京西建筑勘察设计院任结构设计师；2002年7月在北京工业职业技术学院建筑工程系任专职教师；2011年1月至2013年12月任建筑工程系工程造价教研室主任；2014年1月至今，任北京工业职业技术学院建筑与测绘工程学院副院长。

2013年获评北京市职业院校职教名师；2012年参加"神州数码杯"全国职业院校信息化大赛，作品《框架梁钢筋计算》信息化教学设计获得一等奖；2011年被评为北京市中青年骨干教师；2008年主持建设北京市级精品课程"建筑工程预算实操"。先后多次被评为学院"十佳"教师、三育人先进个人、"师德先进个人"等。

注重政治学习，提高政治素养，树立大局意识

张丽丽同志作为一名民盟盟员，主动接受政治教育，认真学习习总书记系列重要讲话及党的路线、方针、政策，坚决与党中央保持一致，做一个政治上的明白人。

治学严谨，教书育人，深受学生喜爱

"学高为师，身正为范""身教重于言传"是她的座右铭。她热爱学生，注重学生思想品德的培养。无论是课堂教学还是实践教学，不敷衍了事，严谨治学。以高尚的人格感染、塑造学生，受到学生的尊重和爱戴。

锐意进取，大胆改革，积极探索人才培养新模式

针对工程造价员岗位标准，按照"职业基本技能→职业核心技能→职业拓展技能→职业综合技能"的设计思路，建立以"全过程工程造价管理"为导向的课程体系。

身先士卒，深入基层，培养优秀教学、服务和科研教师团队

第一，健全制度，带头深入企业，提高教师团队的双师素质。

张老师制订《专业教师高职教育综合能力测评制度》《教师企业实践锻炼管理办法》，实施教师企业实践锻炼双薪制的激励机制，提高教师实践水平。率先垂范，到生产一线，不畏艰苦，磨炼意志，练就职业本领。

第二，强化社会服务，提升教学团队的行业影响力。

组织专业教师开展以"贴近一线，实境育人，检验效果，回馈社会"为主题的社会服务活动，提高教师的实践能力，也使学生的职业素质和实践水平得到显著提升。

第三，甘做人梯，助力青年教师成长。

对青年教师的培养，除了继续发扬传帮带的优良传统以外，她还针对青年教师信息技术扎实，但职业实践经验缺乏的特点，采取有效措施，甘为人梯，帮助他们做好职业生涯规划，提升职业综合能力。

关爱学生，因材施教，成才路上不让一个学生掉队

作为一名女教师，张老师对学生有着慈母般的爱，针对职业教育学生的实际情况，因材施教，不让一个学生掉队。根据学生的勤奋程度、基础知识等因素，采取超前培养、启发培养、督促培养、耐心培养等不同的培养方式，深受学生好评。

❋北京市高等学校青年教学名师奖获得者

李双石

学校名称：北京电子科技职业学院

主讲课程："食品生物技术"

个人简历

　　李双石，女，博士，副教授，1980年出生。2004年从中国农业大学生物学院获得硕士学位后，就一直在北京电子科技职业学院从事一线教学工作，至今已有13年的高职教学经历。作为一线年轻教师，积极承担大量的教学任务，每学年都承担500余课时的工作量，主讲"微生物技术""生物化学实用技术""食品微生物检测技术"等课程。2011年9月起任生物工程学院食品教研室主任，曾兼任基础学院生物学科组长半年，2017年5月起任食品技术系系主任。曾在中粮华夏长城葡萄酒有限公司、明日百傲(北京)科技有限公司、北京珈叶生物科技有限公司等企业的研发岗或技术支持岗实践，至今已有4年的企业工作经历。被明日百傲公司聘请为技术顾问，被国家开放大学聘为讲师。

先进事迹摘录

　　李双石老师在教学过程中积极探索基于工作过程的教学改革，得到同行和学生的好评，近5年教学质量评价连续优秀，获得多项教学教改成果和荣誉。先后被授予"北京市师德先锋""北京市属高等学校青年拔尖人才"，校级"优秀教师""师德榜样""专业带头人""十佳毕设指导教师""十佳班主任"和"我心目中的好老师"等称号。曾获得全国职业院校信息教学大赛一等奖、全国高职高专生物技术职业技能竞赛优秀指导教师奖、北京市高职信息化教学大赛三等奖3项、北京市职业院校加工制造类专业教师一体化课程教学设计竞赛一等奖、北京市教育教学成果二等奖、校级教育教学成果一等奖、学校首次说课比赛二等奖等成绩。在北京市高职院校课堂教学诊断工作中单元课堂教学被遴选为北京市优秀课程案例。共编写高职教材12本，其中主编4本（含2本国家规划教材，1本北京市高等教育精品教材），任副主编2本（含1本北京市高等教育精品教材）。近3年作为骨干参与多项国家级或市级重点教改项目，如国家综合改革试验区项目（负责食品饮料研发中心建设），2＋3＋2高技能人才贯通培养项目（负责高中阶段生物学科建设，高中生物和化学实验室建设，食品质量与安全专业贯通培养项目建设）。

　　在科研方面，李双石老师曾参与国家级科研项目2项，主持市级科研项目1项；发表中文核心论文或科学引文索引（SCI）论文50余篇，其中含第一作者19篇，通讯作者9篇。获得发明专利证书2项，正在主持申请发明专利1项。

　　在实训室建设方面，李双石老师负责北京市高职教育示范性实践基地——食品生物技术实训基地和贯通培养高中生物和化学实验室的建设。此外，在校内与悦康科技集团等企业共建"食品研发中心"，在校外与中粮营养健康研究院等20余家企业共建学生实践基地。

　　在教学团队建设方面，李双石老师充分发挥骨干教师的传帮带作用，带动食品团队蓬勃发展。团队曾获得北京市学术创新团队和校级专业教学团队项目资助，主持国家和北京市自然科学基金项目各1项，主持北京市教委面上项目6项。

❋北京市高等学校青年教学名师奖获得者

程建军

学校名称：北京农业职业学院
主讲课程："园艺植物植株调整""园艺植物育种及栽培"

个人简历

　　程建军，男，汉族，河北昌黎人，1972年生，副教授、技师(二级)，园艺技术专业带头人。获评2011年北京市职业院校优秀青年骨干教师。主讲"园艺植物植株调整技术""果品生产技术""绿色果品标准化生产"等课程，主要研究领域为园艺植物育种及栽培。先后主持和参与省部级、院级教科研项目10多项。在国内期刊上发表科研和教学论文10多篇，主编教材10本，取得国家发明专利1项，实用新型专利1项。

先进事迹摘录

师德、师风

作为一名教师，程建军谨记"师者，传道授业解惑也"的古训，在政治思想方面，其本人长期坚持学习，努力提高自身的思想政治素质，学习《教育法》《教师法》，严格要求自己，奉公守法，遵守社会公德。忠诚人民的教育事业，为人师表。

教育教学水平

第一，教学中突出以教师为主导、学生为主体的教学理念。

在教学中，程老师重视培养学生获取知识的能力。他抽出一部分内容让学生来讲，使学生了解到知识就在他们身边，知识并不是老师的特权，使学生在准备这一节课的过程中学习获取知识的方法和途径。

程老师充分考虑学生的需求，指导学生开展科研实践活动，目前指导园艺1611班马万里等同学开展香草植物驱除果园害虫效果研究，指导园艺1612班苗纪伟等同学开展多肉植物繁育技术研究，指导园艺1613斑周钰宁等同学开展葫芦创意产品研究。

第二，重视学生实践技能的培养。

职业教育是培养生产第一线的从业人员，程老师根据这一目标制订和实施教学计划，教学向实践环节大幅度倾斜，降低对理论教学的要求，以满足生产一线工作需要为度。在教学中，程建军老师充分利用实习基地，在不同季节，根据实际工作的安排，合理制订教学实习和生产实习计划，使教学和生产紧密结合。

班主任工作

程建军在担任班主任工作期间，坚持"一切为了学生，为了学生的一切"，重视对每个学生的全面素质和良好个性的培养，与每一个学生建立平等、和谐、融洽、相互尊重的关系，努力发现和开发每一个学生的潜在优秀品质。在工作中积极培养学生正确的人生观、价值观，培养学生的爱国主义。其所带的班级先后有2名学生光荣入伍。

教科研成果

程建军在完成教学任务的同时，积极参加课题的申报和研究工作。从教以来，参与完成教育部课题3项，市级课题12项，主持市级课题2项，院级课题2项。发表论文10篇。主编教材1本。取得1项国家发明专利和1项实用新型专利。2011年被评为北京市职业院校优秀青年骨干教师，2014年获得北京市推广奖三等奖。

❀北京市高等学校青年教学名师奖获得者

曲琳娜

学校名称：北京财贸职业学院

主讲课程："英语北京导游""旅游英语"

个人简历

　　曲琳娜，女，1979年11月生。2003年7月毕业于天津师范大学外国语学院英语系英语教育专业。2003年9月受聘于北京财贸职业学院英语系教师。教授会计、工商、金融专业英语公共基础课和商务英语专业英语类课程，如"实用英语""英语精读""英语语法"等课程。

　　2005年9月受聘于北京财贸职业学院旅游系旅游英语专业教研室教师岗位。开始教授旅游英语专业课程。

　　2011年8月赴菲律宾中部大学学习，并分别于2013年4月和2015年11月获得该校商学院管理学硕士学位和博士学位。

　　2004年考取北京市英语口语等级考试高级考官证，并连年作为高级考官参与此考试。从教14年间多次下旅行社走访、实习，并以培训教室身份参与培训。

先进事迹摘录

　　曲琳娜同志在她从教的14年间，一直站在教育第一线。作为与学院高职教育共同成长的青年教师，教学表现一向突出，深受学生喜爱。

　　2003年大学毕业之后，曲琳娜进入北京财贸职业学院成为一名专业教师。她工作认真负责，课堂活跃有趣，不失热情，所教授的"实用英语"课程受到学生好评。2005年曲琳娜转入旅游系工作，承担"英语北京导游"等旅游英语专业课程的教学任务。本着以学生为主导，分组教学、任务驱动的教学理念，她将学生分为小组，将教材中枯燥的英文讲解内容分配给学生小组，每个小组成员分工合作，课前自学完成5分钟左右汇报PPT。课上邀请小组代表对PPT进行全班展示，锻炼学生的英语理解能力、小组合作能力和讲解能力，提升学生的英语使用能力和自信。让学生参与到教学活动中来，学生表现很积极，接受知识的主动性也大大提高。

　　将一门课"讲活"是曲琳娜老师的特点，课堂中，她会注意学生的动态，注意学生状态的把握，调动学生的学习热情，以学生为中心，锻炼学生的英语能力的同时提高专注力和自信心。高职层次的在校生英文能力普遍不突出，但是不影响该老师的课程在历年的学生座谈会上被同学们称作喜爱的课程。她多次获得学院"教学质量优秀奖"，并2007年、2008年两次获得学院"教书育人"先进称号。2015年获院级"优秀教师"称号，2016年获院级"教学名师"称号。

　　2010年开始，曲琳娜作为指导教师参加由旅游行业执业委员会举办的"神州视景杯全国导游服务大赛"英语组的比赛，指导学生罗凯获三等奖。本着以赛促学、以赛促教的根本原则，作为指导教师，曲琳娜老师在此之后为全国大赛不断输送优秀比赛选手。如2011级刘泽曦，2012级陈萌，2013级路晓宇，2014级张京颖，2015级李明伦等。多位选手获北京市导游服务大赛一等奖并代表北京赛区参加全国大赛。

　　回顾曲琳娜同志的执教经历，每一个时期都离不开学生，融入学生，站在学生的角度看问题，已经是她在教学中不断重复和努力的工作。2016年大赛指导期间，祖母去世，曲老师参加完葬礼后，顶着悲痛回到大赛指导岗位，坚持不能因为个人原因耽误大赛指导工作。她坚信，教师是要成就学生的职业。只有培养学生们成功了，自立了，才是教师最大的欣慰和自豪！

❋北京市高等学校青年教学名师奖获得者

刘 昂

学校名称：北京政法职业学院

主讲课程："法理学""刑事诉讼学"

个人简历

　　刘昂，女，1978年9月生，北京政法职业学院应用法律系副主任、副教授，中国人民大学法学博士，北京师范大学法学博士后，北京市十一届青年联合委员会委员，北京金虎律师事务所兼职律师，北京市律协职务犯罪预防与辩护委员会委员，北京大学、清华大学等高校多家院所特聘研究员及客座教授。自2001年7月起从事高等职业教育工作，获北京高校第七届青年教师教学基本功比赛一等奖、最受学生欢迎奖、最佳教案奖，北京市三八红旗奖章、北京市政法系统"十百千"人才工程"百"层次人才、北京市职业院校优秀青年骨干教师等各类奖励40余项。出版著作8部，在《法学家》等期刊发表论文60余篇；主持、参加国家级、省部级课题30余项。

先进事迹摘录

　　刘昂同志自 2001 年以来一直从事法律职业教育教学工作，累计授课 4500 余学时。她带领教师开展专业建设，抓住司法改革的契机，主动调研北京市各级司法机关司法辅助人才需求并开展对接工作；她组织开展 4＋1＋1 人才培养模式改革，建立了 30 余家实习实训基地，有效保证了 98％的学生能够一次性找到理想的实习岗位，实习后平均留用率超过 80％，被众多学生家长深情地称作"改变孩子人生命运的领路人"，彻底解决了所在系部学生对口就业岗位不足的瓶颈问题。她勇于创新，带领教师开展课程建设，开发了系列高职法律技能课程，主持了法检两院书记员培训包等 5 个岗前培训包的课程开发和实施工作，解决了长期以来法律人才技能培养不足的难题。她教学能力强，教学成果突出，深得师生好评，曾获得北京高校第七届青年教师教学基本功比赛一等奖和最受学生欢迎奖、最佳教案奖以及北京市职业院校优秀青年骨干教师。她始终坚持育人为先，家距学院 50 多公里，却坚持每日 7 点到校，用自己的工作热情感染学生。她创建微信群加强与学生的联系，利用课外时间帮助学生解决课业问题、心理困惑及就业、生活中遇到的难题，很多同学毕业多年仍和她保持着密切的联系，并称她为"永远的朋友和老师"。她着力应用法学研究，独著、合著著作 8 部，在《法学家》等刊物发表论文 60 余篇，获各类科研奖励 20 余项，主持或参加国家社科基金课题等国家级、省部级课题 30 余项。她积极投身社会服务，具有广泛的行业影响力。从事兼职律师工作近 10 年，承办多个重大案件。主持完成多项中央政法委委托课题，研究成果得到中央司改办的书面致谢。接受朝阳区检察院等司法机关的委托开展未成年人犯罪社会调查，被共青团中央等机关评为未成年人健康成长法治保障最佳事例。她荣获北京市政法系统"十百千"人才工程"百"层次人才、北京市三八红旗奖章称号等多项省部级奖励。

❋北京市高等学校青年教学名师奖获得者

冯秀娟

学校名称：北京经济管理职业学院
主讲课程："报税实务""税收实务"

个人简历

　　冯秀娟，女，副教授，经济学博士，会计学院副院长，中国社会科学院研究生院硕士生导师，北京市青年拔尖人才，院级重点专业建设项目负责人。

　　从教以来，主要从事税收实务方面的教学和科研，主讲"报税实务""会计与税务综合模拟""特殊业务财税处理""税务管理"等课程。

　　研究成果丰硕，出版著作2部，发表税收理论与实务类的论文20余篇，主持参与20多项课题研究，对我国政府的税务管理、企业财务管理等有深入的研究。同时，利用业余时间深入各地方税局、企业考察学习，收集丰富的实践教学资料。

　　获得北京青年教师教学基本功比赛二等奖、北京经济管理职业学院优秀教师、教学质量优秀奖、教育教学成果奖等教学类奖项6项；院级科研成果奖20余项。

先进事迹摘录

　　从教以来，冯秀娟始终坚持追求卓越，进取向上，不断提升自己，同时，努力提升团队的实际教学能力，关爱学生，助力成长。

追求卓越，进取向上

　　教师是一个学无止境的职业，是一个充满智慧而不断创造智慧的职业，面对新时代的学生，教师需要不断地学习，锐意进取，与时俱进。虽然从事的是职业教育，但是理论素养对教师提高职业教育水平至关重要，因为理论来源于实践并指导实践，为了提高理论素养，在繁忙的工作之余，冯秀娟攻读了博士学位。同时，为了具备适应职业教育要求的"双师"素质，一方面积极参加各种职业技能培训，先后取得会计师、"国际高级创新管理师""ERP"财务应用师等职业资格证书，另一方面多次利用寒暑假深入企业进行挂职学习。将实践成果用于课堂教学，取得了优秀的教学效果和丰硕的科研成果。

努力提升团队实践教学能力

　　作为专业负责人，深知专业教师的素质是一个团队的灵魂，为了尽快提高团队实践教学水平，2013年6月起冯秀娟率先进入企业进行挂职锻炼，初步掌握了代理记账岗位工作流程后，又安排税务专业全体教师暑期深入企业挂职锻炼。经过这次集体突击，专业教师的实践操作水平得到大幅提高。冯秀娟等人与用友、航天信息等多家企业建立了长期紧密的合作关系，为企业会员提供财税咨询、财税培训等服务，在与市场不断接轨的过程中，团队实践教学能力迅速提升。

关爱学生，助力成长

　　"没有爱的教育是残缺不全的。"教师职业道德的精髓就是一个字"爱"，教师面对的不只是一个个学生，更是千万个家庭，这就需要教师无私奉献爱心，需要坚守一份责任。冯秀娟在教育教学工作中，将教书与育人紧密结合。既培养学生的工作能力，更注重职业道德、团队合作、有效沟通等方面职业能力的培养。组织开展往届毕业生对在校生的"传帮带"工作，建立起校友网络，为学生搭建"职场绿色通道"。

北京市高等学校青年教学名师奖获得者

方　麟

学校名称：北京教育学院

主讲课程："中国传统文化"

个人简历

　　方麟，北京教育学院传统文化教育研究所主任，副教授；全国国学素养水平测试专家委员会副主任；北师大中国儿童阅读提升计划项目专家；清华大学国学研究院哲学博士后；北京大学中文系古典文献硕士、博士。

　　先后在北京开放大学、清华大学、武警特警学院和北京教育学院，从事高等教育十年，有着丰富的传统文化暨语文教育教学与培训经验。

　　2016年，担任北京市六城区第十一届"京城杯"小学课堂教学交流活动点评专家。

　　主持开发了中国国学水平测试体系。

　　受邀在清华大学、北京师范大学、北京西城教委、北京丰台教委、黑龙江大庆教委、广州黄埔教委和相关国家机关，主讲国学讲座。

　　担任中央电视台第六套电影频道百集历史纪录片《中国通史》编剧，撰写了《门阀政治》《魏晋风度》等解说词。

教学风格朴实厚重，典雅从容，循循善诱，因材施教

在武警特警学院，给外国学员开设了《中国传统文化及舆情》，被学员评为"最受欢迎的老师"。在北京教育学院，为全疆班学员与和田班学员开设写作、书法、传统文化通识课程，被学员评为"最喜爱的老师"；参与或主持了北京市骨干教师培训、绿色耕耘培训、新教师培训、重点定制和协同创新培训等众多项目，深受学员好评。

教学效果优秀，取得了喜人的成绩

2003 年，获得北京开放大学青年教师教学基本功大赛一等奖。

2004 年，获得北京市高等院校第四届青年教师教学基本功大赛二等奖。

教学策略方面进行重点定制

第一，注重维护民族团结，积极宣讲"一带一路"，为促进统一战线，推进西部大开发，做出了积极有效的探索与实践。

第二，根据北京教育地域差异、学校差异和师资差异，前期进行专题调研，项目分析与论证，中期持续跟进项目，根据教学需要动态微调，后期及时反馈总结，打造北京继续教育培训品牌。

教学研究踏实深入，注重理论联系实际

谙熟教材编写和课程开发工作，参与过京版小学、初中语文教材的编写，主持开发过"中国传统文化"课程。迄今为止，在中文社会科学引文索引(CSSCI)来源期刊上发表论文 4 篇，在核心期刊上发表论文 9 篇，在省部级期刊上发表论文 5 篇，在书籍报刊上发表书评 9 篇，其他史评、时评、散文类文章 100 余篇。

积极投身资源建设

方麟参与了北京教育学院"中华传统文化教育"学科创新平台建设。

"中华传统文化教育"学科创新平台，是一个跨学科的综合平台，结合了中文、历史、哲学三个方向的专家、骨干教师，力图为北京市中小学教师传统文化培训提供一揽子策划方案和实施方案，大力提升北京市中小学教师的传统文化通识修养与专业修养。

❀北京市高等学校青年教学名师奖获得者

柳 健

学校名称：北京市东城区职工大学

主讲课程："物流管理""工商管理"

个人简历

　　柳健，毕业于北京航空航天大学经济管理学院，管理学硕士，副教授，管理咨询师，中国物流学会会员，研究方向为工商管理、物流管理。现担任北京市东城区职工大学财经系经管教研室主任，崇文开放大学工商管理专业责任教师，北京信息职业技术学院客座副教授。从事工商管理专业成人高等教育教学工作13年，谙熟成人教育教学的特点和规律。承教本科、专科"物流管理""电子商务物流管理""供应链管理""生产运作管理""国际贸易实务""组织行为学""人力资源管理"等多门工商管理类课程。近10年来，主持或参与7项市、区级科研课题，在国家、省市级学术期刊发表学术论文20余篇，主编出版教材4部，担任1部北京市高等教育精品教材副主编。

先进事迹摘录

　　柳健老师热爱成人教育事业，潜心研究成人教育教学的特点与规律，认真履行各项职责，为人师表、教书育人，在教学岗位上勤勤恳恳，兢兢业业，锐意创新，表现出了很好的职业道德和工作作风，显示了很高的学术水平和科研能力。教学成果突出，是学校的业务骨干、学科研究带头人、教学团队的领头人，2014年获得东城区区级骨干教师称号。

　　自在东城区职工大学任教以来，一直担任工商管理专业主干课程的教学任务和毕业设计、毕业论文的辅导工作。在教学工作中严谨规范、务实求新、生动活泼，时刻关注学科的发展动态，不断学习，更新知识，拓展学科领域，逐步具备了系统坚实的专业基础。他积极探索新形势下高等教育现代化教学的有效模式，为了拓展学生的专业知识，提高学生职业能力，增强实践教学效果，他曾投入大量的心血和精力，利用三年时间深入多个物流企业拍摄了大量物流管理活动的素材，制作出不同的教程、课件和微课，并用于教学中，形成了独特的教学风格和灵活多样的教学方法，取得了很好的教学效果，为提高学生的实际应用能力，培养更多的实用型人才做出了很大的贡献。

　　近十年以来，柳健老师先后主持、参加了全国成人教育协会、中国交通运输协会、北京市教委、北京市成人高等教育研究会、北京开放大学及东城区"十二五"规划等多项课题的研究。在这些课题的研究中，他和课题组成员一道对二十余家企业和多所高校开展调研工作，形成了丰硕的科研成果。他先后在国家、省市级学术期刊上发表二十余篇学术论文，且多篇论文在不同级别的论文评比中获奖。他先后主编、出版了《现代物流管理电视教程》《现代物流基础》《新编物流管理案例及解析》《物流管理概论》等四部物流管理类教材，作为副主编参与了北京市高等教育精品教材《电子商务实用教程》的编写工作，这些教材具有全面、具体、直观、实用的特点，深受学生的欢迎。

❈北京市高等学校青年教学名师奖获得者

孟红霞

学校名称：北京市石景山区业余大学
主讲课程："艺术学"

个人简历

　　孟红霞，1976 年 10 月生于北京，党员，2001 年毕业于首都师范大学美术系，获学士学位；2011 年毕业于首都师范大学美术学院，获艺术硕士学位。2001 年至今在北京市石景山区业余大学工作，美术教师，副教授，兼任北京工笔画会会员，清华大学出版社高等院校学前教育专业系列教材编审委员会副总编等职。所授课程：素描、色彩、儿童画与教学模拟、手工制作与环境设计、工笔花鸟、工笔人物、宋人花鸟画临摹、经典传统人物画临摹等课程。16 年本专科教学经验，课堂授课理论与实践结合，深入浅出，细致入微，善于针对不同水平层次学生进行授课，深受学生们的喜爱。

先进事迹摘录

孟红霞老师作为一名青年美术教师,对待本职工作认真负责,注意专业水平的钻研与提升,针对不同专业层次的学生采取多种教学方法,讲授案例与学生岗位工作要求相结合,深受学生喜爱。

孟老师从2006年至今一直教授工笔花鸟、工笔人物课。每次上课都为学员打印讲课的资料。每次打印的材料足有1斤多重,加上画画的工具有3斤多,早上她6:30就要出门,8:15准时在教室给学员上课,春夏秋冬风雨无阻。曾有学员因故未学前一学期的课,孟老师不辞辛苦为其补齐了所有教学资料。正是这份敬业与奉献精神赢得了每位学员的尊敬。2012年8月,在孟老师的辅导下学员张新宁作品《刘胡兰》在中央直属机关"喜迎党的十八大书画展"中获一等奖;同年12月张新宁作品《福星高照》在"首届媒体业全国书画大展"中获金奖。孟老师在教授幼儿艺术教育专业课中,善于钻研,注意平时的搜集与整理,自己还将难于理解的手工做成幻灯片给学生一步步播放,利用网络上传学习资料,想学生之所想,热心服务学生。

教学同时,孟老师不忘学习提高,2008年9月她考取了首都师范大学美术学院的艺术硕士,三年来,白天学习,晚上和周末上班,风雨无阻,没有因为个人原因耽误过教学,2011年取得了艺术硕士学位。2009年参加"东方红"书画作品邀请展获优秀奖。2013年入选北京美协"创意大兴"作品展。2009年获北京市教委中小学教师作品展特等奖。2009年参加"巨人杯"当代艺术院校大学生年度提名展。2011年入选第二届全国青年工笔画新锐艺术展。孟红霞老师在课余时间不忘科研,在《中国美术》等杂志上发表多篇专业论文;从2011年至今参与清华大学出版社编写的教材就有11本,主编出版的教材有:《中外美术作品欣赏》《中外美术鉴赏》《中国工艺美术史》《幼儿美术基础》《幼儿美术线描》《幼儿手工制作》等。服务学生、关爱学生、为人师表,这就是孟红霞老师的座右铭。

北京市高等学校教学名师奖
获奖教师简介
（2018 年度）

❀北京市高等学校教学名师奖获得者

付志明

学校名称：北京大学

主讲课程："基础阿拉伯语""阿拉伯语语法"

　　付志明，教授，北京大学外国语学院副院长。1991年研究生毕业后留校任教，从教以来一直担任基础阿拉伯语（一至四）课程的讲授任务，同时还讲授了阿拉伯语语法、阅读、口语、视听教程，翻译等本科课程及语言学、词汇学、语义研究及汉语阿拉伯语比较研究的研究生课程，每周的课时量不少于8节课，坚持为本科生上课，讲课认真，获得学生的好评。曾担任阿拉伯语系副主任、主任，现任外国语学院副院长，主管本科教学工作。曾担任中国阿拉伯语教学研究会秘书长、副会长等职务。现任教育部外语教学指导委员会阿拉伯语分委会委员，中国中东学会理事，中国人民对外友好协会中阿友协理事。

先进事迹摘录

付志明老师自1991年从事教学工作以来，坚持正确的政治方向，与党中央保持高度一致，工作认真，兢兢业业，教学态度端正，教学效果良好。教学工作中，不断改进教学手段，活跃课堂气氛。他承担每学期的周课时量（包括研究生与本科生）平均为8至10节，主讲的课程主要有基础阿拉伯语课程及相关的课程。

本科阶段是学生大学阶段学习最主要的时期，帮助学生完成大学时期的学习任务是每一位教师的责任。由于付志明老师教学态度认真，因此教学效果良好，并得到学生的认可，教学评估成绩良好。

付老师积极参与并主导本科教学改革项目"外国语言与外国历史跨专业课程建设"，由北京大学外国语学院、历史系和元培学院三个院系跨院系教学改革项目，该项目打破了传统的院系壁垒，实现了根本上的不同学科的深度融合，该项目获得北京大学2017年度教学成果一等奖，北京市高等教育成果一等奖，并被推荐国家教学成果奖。

在教书育人方面，同学们有事总喜欢与付老师交流，特别是当同学们在学习和生活中遇到困难时，他也总是伸出友爱之手，力所能及地给予帮助。付老师在教书的过程中，既要求学生注意学习成绩提高，也要求学生们在做人方面不断进步，要求他们互敬互爱，团结友爱，互相关心。

付志明老师在课堂教学过程中，不是照本宣科，而是有的放矢地教学，教学中引进互动机制。鼓励学生积极参与"校长基金"的科研工作中。每年都指导本科"校长基金"项目1～2项。他认为本科生提前进入科研项目非常有意义，他所指导的学生均能较好地完成"校长基金"项目，他们阅读大量阿拉伯文、英文及中文参考书，这对于培养学生的研究能力、开阔视野打下了良好的基础。在这些项目结项后，有的发表在期刊上，有的获得北京大学各种论文奖。

近年来他发表了专著（含教材）三部，其中《阿拉伯语语义研究》是这一领域的首部中文著作，开创了这一研究课题的先河，发表论文多篇，参加多次国际学术会议。在教材建设方面，积极参与教材的编写工作，出版了口语教材并积极编写方言教程及语法教程。

✿北京市高等学校教学名师奖获得者

段丽萍

学校名称：北京大学

主讲课程："内科学—功能性胃肠病"

个人简历

　　段丽萍教授自 1991 年北京医科大学博士毕业后在北医三院消化科工作以来，已有 27 年教龄。其间先后以德国洪堡基金会学者及高级访问学者身份在德国歌德大学附属医院及美国哈佛大学附属医院做博士后和科研工作。长期从事医、教、研及管理工作。坚持本科生、研究生的一线教学。现任北大医学部副主任、北医三院消化科副主任。兼任国务院学位委员会学科评议组委员，北京市学位委员会委员，全国医学专业学位教指委委员兼秘书长，中国医师协会专科医师培训委员会副主任、整合医学委员会副主任，北京市继续医学教育委员会副主任等。担任《中国毕业后医学教育杂志》副总编辑、《胃肠病学和肝病学杂志》共同主编、《中华医学杂志》(中、英文版)等编委。重点研究神经胃肠病及肠道微生态。先后主持国家自然科学基金、国家科技部"863"项目、"十二五"科技支撑计划项目、教育部及北京市等科研项目。在国内外学术期刊发表科研及教学文章百余篇，主编或参编教材、著作 15 部。

先进事迹摘录

扎根一线，勇于创新，构建专业领域医学人才培养模式

段丽萍教授自1991年北京医科大学博士毕业后，始终奋战在医、教、研及管理工作一线，在27年的教育教学生涯中，几十年如一日坚持承担本科生、研究生的一线教学工作，不断总结经验、梳理理念、革新观念，培养了消化内科领域的临床教学团队，建立本领域住院医师、专业学位研究生和进修医师的培训流程并实施培训。带领北医三院消化内科教学团队，以敦良之质育桃李芬芳，凭仁厚之心系莘莘学子，真正做到了学生锤炼品格的引路人、学习知识的引路人、创新思维的引路人、奉献祖国的引路人。

心系国家，勇担责任，引领全国医学教育教学改革

长期工作在医学教育和医疗工作一线，她深知国家和百姓对医学高端人才的需求，也明晰培养体制机制的问题症结所在，注重从国家层面、学校层面、教师层面做好医学教育教学改革的顶层设计，借鉴国际先进经验并结合中国国情，扎根中国大地积极推进医学教育改革。主导或参与多项国家教育改革文件，推动全国医学教育改革。

德育为先，春风化雨，严慈相济做学生的良师益友

高端医学人才同时也必须是社会主义的建设者和接班人，因此，段丽萍教授在学生培育培养过程中坚持德育为先。她乐于为学生之懵懂指点迷津，愿意为学生之成长吐丝万缕，她认真对待每一个具体的教学、科研、医疗工作，认真践行着医者仁心，师者善心，长者爱心。满腔热忱，全情投入，为医学教育事业鞠躬尽瘁。在段丽萍教授身上，学识魅力、人格魅力并济，将做人和做事和谐统一，始终把教育放在心上，学生放在心上，她把对医学教育事业的热爱，全部凝聚在工作中，从不惜力。2011年底，她被查出恶性肿瘤肝肺转移，她既没有被病魔击倒，也没有懈怠工作，而是一边积极配合治疗与疾病抗争，一边以积极的态度和顽强的精神继续投身教育、教学工作，为即将毕业的学生认真修改论文。她自己先后主持的国家级省部级科研项目数十项，取得重要的研究进展和成果。她还笔耕不辍，在国内外学术期刊发表科研及教学文章百余篇，主编或参编教材、著作15部。正是因为对医学教育教学的突出贡献，段丽萍教授先后获得省部级及以上教育成果奖近10项。

✺北京市高等学校教学名师奖获得者

王晋斌

学校名称： 中国人民大学

主讲课程： "中级微观经济学"

个人简历

　　王晋斌，1994年毕业于中国人民大学，获经济学硕士学位。1999年毕业于中国人民大学，获经济学博士学位，并留校任教。现任中国人民大学经济学院副院长、教授、博士生导师，中国人民大学首批"杰出学者"B岗特聘教授，中国人民大学理论经济学学位委员会委员。在《经济研究》《世界经济》等国内期刊发表论文几十篇。《经济研究》等杂志匿名审稿人，国家自然和社科基金通讯评委。入选教育部"新世纪人才"（2007年），获得宝钢教育基金优秀教师奖（2009年）和教育部第7届高校科研论文三等奖（2015年）。2018年获得中国人民大学教学标兵。兼任中组部和教育部司局级干部培训大讲堂教员。

先进事迹摘录

　　王晋斌老师讲授的经济学基础课程名称叫"中级微观经济学"(以下简称"中微")。这门课程有两个基本特点:一是"中微"是"微观经济学基础"和"高级微观经济学"之间的桥梁,从基础概念讨论过渡到模型分析是"中微"教学技术上的一大特点。二是要着力培养学生从复杂的经济现实抽象到模型分析的能力,以及从模型出发来讨论分析现实问题的能力,并以此反过来思考模型的优点和不足。这两大特点决定了要上好"中微"这门课,必须做到以下四点:一是激发学生学习"中微"的兴趣,让学生对数学模型感兴趣、不陌生;二是要让学生充分了解本课程模型的逻辑、优点和不足;三是通过课堂经典习题的讲解和课后适度的作业训练,巩固课堂所学;四是让学生通过对"中微"学习能够写作出具有逻辑性和模型分析的研究报告或者小论文。

　　第一,王老师花了大量的时间去搜集与课程有关的现实问题。在每一讲的重要模型之前,都会通过恰当的现实问题作为引导。比如讲到寡头时,王老师就列举石油输出国组织对国际市场油价的决定和影响的例子。石油输出国组织每年的部长会议决定全年原油产量,这就是一个寡头协议。结合石油输出国组织决定油价的现实来讲寡头,让模型生动化,贴近现实世界的实际情况,往往能够很好地激发学生兴趣,让学生对数学模型不陌生。第二,王老师投入了大量的精力去与学生课后讨论,要求学生当天必须复习课堂讲解。第三,王老师鼓励学生依据课堂讲解写小论文。比如,讲完劳动力市场他就让学生写劳动力市场就业与工资关系的小论文,然后和学生讨论修改,提高学生运用知识的能力。第四,"中微"已经是人大的网络课程,方便课程时间冲突的学生通过网络学习,王老师还需要花时间去完成学校电教中心网络课程的答疑。第五,王老师每周都要和助教一起讨论课后作业的设计和批改标准,以尽力确保习题的效果和平时作业成绩的公正性。

❋北京市高等学校教学名师奖获得者

扈志明

学校名称：清华大学

主讲课程："微积分"

扈志明，男，九三学社社员，现任清华大学数学系副教授。

1993年8月至1997年7月，清华大学数学系，讲师。

1997年8月至今，清华大学数学系，副教授。

1999年至今，参加教育部考试中心的相关工作，是工作组核心成员。

2001年至今，参加北京教育考试院的相关工作，是工作组核心成员。

2003年，当选海淀区十三届人大代表。

先进事迹摘录

　　过去的二十多年中，扈老师将主要精力投入到了教学工作，在清华大学先后主讲过"计算方法""数值代数""线性代数""数值分析""数学建模实习"与"微积分"等本科生和研究生课程。讲授的所有课程都得到了同学们的肯定，获得了较高的评价。尤其是在参与"微积分"的教学工作以来，在教学内容、教学方式和考核方法上不断探索，取得了较好的教学效果。

　　1996年开始，扈老师讲授的课程多次成为校级观摩课，在全校同等规模课程的教学评估中，总体评价一直保持在前百分之十五，并多次位于前百分之五。教学方面的付出，得到了学生和校系领导的认可，2003年被选为海淀区十三届人大代表，2012—2014年被聘为清华大学教学顾问组专家，自2012年开始，被系岗位聘任小组特批为四级岗位。

　　在工作中除了注意学生课堂上的学习之外，他也非常关注学生课外的情况。为方便同学答疑，扈老师与助教团队除了固定的答疑时间之外，还将联系方式告诉同学，同学们只要有问题，随时都可以联系他们。老师对学生的影响是多方面的，可能有时就是与学生聊天时的一句话，或者就是老师做过的一件事。有一件事对他触动很大，他教过的一位学生现在已是天津某高校的教授，有人问他大学时期印象最深的事情时，他提到的一件事就是扈老师在黑板上一步一步地推导有关结论的过程。他认为老师的态度对他形成严谨的做事风格影响很大。还有一件事，影响也有些出乎意外，在清华大学2016年江西省的招生工作简报中，有一位被录取的同学说他对清华大学的认识是从扈志明老师的微积分慕课开始的。

❀北京市高等学校教学名师奖获得者

阎绍泽

学校名称：清华大学

主讲课程："机械原理"

　　阎绍泽，男，博士，清华大学机械系教授，博士生导师，系教学委员会主任，摩擦学国家重点实验室智能与生物机械分室主任，国家级机械实验教学示范中心教学指导委员会副主任，兼任教育部高等学校机械基础课程教学指导委员会副主任委员、全国机械原理研究会华北分会副理事长、北京市机械原理研究会副理事长、全国机械动力学学会副理事长。长期从事机械设计及理论方面的科研及教学工作，发表教学研究论文 30 余篇，获得国家级、北京市级、校级教学成果及奖励 40 余项，出版教材 9 本，编写的教材分别被评为普通高等教育"十五"和"十二五"国家级规划教材、北京市高等教育精品教材，主持的"机械原理"课程被评为首届国家级精品资源共享课。

先进事迹摘录

阎绍泽老师始终从事一线教学工作，坚持教学的改革创新。他遵循清华大学倡导的知识传授、能力培养和价值塑造"三位一体"的教学指导方针，在教学体系、教材、多媒体课件、研究性实验、研讨课、教学方法等方面进行了卓有成效的教学改革与建设。提出了基于学习成效的机械原理课程"能力与素质"培养的教学理念，以"激发兴趣、夯实基础、提升能力、引导创新"为指导思想，提出课程教学目标和学习成效的期望达成度，建立教学目标与能力培养的关联矩阵，构建了基于学习成效的机械原理课程教学环节和学习成效评估方法，实现了由以教师传授知识为主要特征的传授型教学模式，向培养学生认知能力、实践能力、质疑和探究能力为主要特征的研究型教学模式转变。

阎老师曾到美国麻省理工学院和康涅狄格大学访学，亲身体验美国大学的教学过程，深深体会到国内大学教学中科教融合不足，缺少培养学生质疑和探究能力的教学环节。阎老师回国后锐意改革，基于因材施教和科教融合理念，将课程教学分为三个层次：基本型、免试型和专题研究型。基本型的教学要素为授课、作业、实验、研讨和考核；免试型引入了Project训练及设置免试通道，为拔尖人才提供发展空间；专题研究型是通过设立科研专题，教师科研引航，学生自主研究，实现本科生课堂学习与科学研究深度融合，将研究性学习落到实处。例如，在阎老师和博士生吴嘉宁指导下，本科生杨珩发现了蜜蜂口器吸蜜的"机械原理"，他作为第一作者的论文刊登在应用物理顶级期刊 *Applied Physics Letters* 上，2014年杨珩获得清华大学特等奖学金，他的科研事迹被清华大学英文网站和人民网等多家媒体报道。自2014年以来，有近百名本科生参加了专题研究，取得一系列研究成果，本科生参与申报发明专利17项，参与发表论文20余篇，其中作为第一作者或共同第一作者科学引文索引（SCI）论文10篇，国际Honeybee网站根据本科生的3篇论文分别改写了Mouthparts和Stingtipanimation部分。

阎绍泽老师一直将教书育人作为自己的第一学术责任，做好教书育人的工作一直是阎老师努力的目标。

北京市高等学校教学名师奖获得者

吴建平

学校名称：清华大学

主讲课程："计算机网络原理""下一代互联网"

个人简历

　　吴建平，计算机网络专家，中国工程院院士。现任清华大学计算机系教授和系主任、网络科学与网络空间研究院院长，兼任中国教育和科研计算机网 CERNET 专家委员会主任和网络中心主任、国家信息化专家咨询委员会委员、中国互联网协会副理事长和 IEEE Fellow。

　　长期从事计算机网络技术研究、工程建设和人才培养，我国互联网工程科技领域的主要开拓者和学术带头人之一。先后主持研制成功中国教育和科研计算机网 CERNET，中国下一代互联网示范工程核心网 CNGI—CERNET2，突破 IPv6 核心路由器关键技术，攻克和引领国际下一代互联网真实源地址验证 SAVA 和 4over6 过渡两项技术创新。先后获国家技术发明二等奖 1 项（2013 年）、国家科技进步二等奖 3 项（2007 年、2005 年、1997 年）和三等奖 1 项（1997 年）。还先后获国家杰出青年基金（1998 年）、长江学者特聘教授（2000 年）、何梁何利科技奖（2008 年）、国际互联网协会乔纳森·波斯塔尔奖（2010 年）和入选 ISOC 国际互联网名人堂（2017 年）。

先进事迹摘录

2010 年，国际互联网最高荣誉"乔纳森·波斯塔尔奖"的颁奖大会评价吴建平说："二十年前，吴博士认识到互联网的重要性和未来影响力及其将会在中国的社会改革、技术发展和经济增长中所起到的关键作用……在推动中国互联网发展方面扮演了重要角色，并且对全球互联网产生了重要影响。"

心系祖国，一心做大互联网

1989 年，吴建平结束在加拿大不列颠哥伦比亚大学(UBC)的公派留学。吴老师说："多学一天，多学一年对我来说当然是可以学到更多的知识，但是我同时有更紧迫的心情。因为在国外学习你才知道国外和国内的网络方面有多大差距。我学到知识就立刻要回来，把国外网络方面的知识用到中国的网络建设中来。"恰逢 20 世纪 90 年代初中关村地区网立项，当时专家意见不统一，而了解国际前沿技术的吴建平始终坚持正确的观点，也因此促成了后来国家提出建设高校网络时，由清华大学制定方案。1994 年开始主持研制中国第一个全国性国家计算机互联网 CERNET，吴建平也因此被称为"中国建网第一人"。

胸怀世界，网络强国催奋进

"我从 20 世纪 70 年代末期开始进行计算机网技术研究，那时的中国面临着国际上的技术封锁，我们的研究举步维艰。"时至今日，他仍然负责很多重大课题，而他的热情和执着一如既往，吴老师的办公室总是很晚才熄灯。

"做事业就要有做一流事业的勇气和决心。"吴老师经常这样鼓励自己和学生们。"如果我们失去对下一代互联网的发言权，我们也将在很大程度上受制于别人。"他用实干精神和远见卓识，为中国互联网的发展赢得了重要机会。吴老师的努力远未终止，他还在为中国早日成为互联网强国而奋斗着。

❋北京市高等学校教学名师奖获得者

何世伟

学校名称：北京交通大学

主讲课程："运输组织学""铁路行车组织"

个人简历

　　何世伟，1996 年 6 月获博士学位，1996 年 9 月到北京交通大学工作，1998 年 11 月聘为副教授，2001 年 12 月聘为教授，执教 21 年，先后担任运输组织研究所副所长、运输管理工程系主任、交通运输学院副院长等职务，2000 年获评北京交通大学优秀主讲教师，2009 年获评校级教学名师，目前是交通运输（铁道运输）专业负责人。主要社会兼职包括第五届国家安全生产专家组（铁路、城市轨道交通组）组长、第一届国家安全生产应急专家组成员、国家铁路局专家委员会委员、全军安全管理领域专家、中国仿真学会理事、离散系统仿真专业委员会主任、《铁道学报》《中国铁路》等刊物编委、美国密西西比州立大学兼职教授、教育部战略研究培育基地——行业特色研究型大学发展战略研究中心兼职研究员等。

先进事迹摘录

第一，爱岗敬业、珍视师德、教书育人、关爱学生，获得宝钢教育基金优秀教师奖、智瑾奖教金"优秀青年教师"奖、校优秀共产党员、"三育人"先进个人等荣誉。

第二，作为铁道运输方向专业负责人，完成了面向卓越工程师计划和基于 OBE 的新专业培养计划的修订；负责国家级精品课程"运输组织学""铁路行车组织"建设；出版 80 万字的《铁路运输组织学》教材，累计发行 4 万余册，为"十一五"和"十二五"国家级规划教材；编写出版《运输组织学》，被评为国家级规划教材、北京市高等教育精品教材。

第三，注重学思结合、因材施教，提出从"通识""辨识""卓识"到"创识"的课堂讲授方式，培育学生的主动探索精神和创造性思维；开展翻转课堂、辩论、科研成果进课堂等研究型教学方法改革，激发学生的学习兴趣。指导本科生获北京市"挑战杯"课外学术科技作品大赛一等奖、全国大学生交通科技大赛二等奖等。

第四，建成"运输组织学""铁路行车组织"（网络）国家精品资源共享课程，完成双语和全英文的多媒体课件，制作课程精品教学资源库，并实现校内外资源共享，现"运输组织学"正在建设慕课课程。

第五，注重知行统一，参与建成一批包括国家和北京市校外人才培养基地在内的铁路实习基地群；开发具有自主知识产权的实验软件系统，满足学生校内实验及实践技能培养需要。

第六，教学效果好，资源共享课程选课人数均在万人以上；作为校教学名师开设示范公开课，并受邀到其他高校和铁路现场进行示范授课，每年还承担 10 余个国家"铁路行车组织"全英文培训课程。网评成绩在全校前 5％，被本科毕业班评为"我最敬爱的老师"。

第七，承担"交通运输类专业平台系列课程教学团队"国家级教学团队的建设工作。对培养青年教师，传承铁道运输最重要专业特色课程的教学文化，形成本校铁道运输领域优质课程的历史地位做出重要贡献。

第八，取得一批标志性教学成果，获北京市高等教育教学成果二等奖两项，全国多媒体教育软件大奖赛一等奖、北京高教学会"金烛奖"一等奖等。

北京市高等学校教学名师奖获得者

王志海

学校名称：北京交通大学

主讲课程："数据结构"

　　王志海，北京交通大学教学名师。从事高等教育工作 30 多年来，一直工作在教学与科研工作的第一线。长期担任计算机大类专业责任教授，全面负责专业规划与建设。担任专业主干课程"数据结构"等 3 门本科课程负责人。近 3 年年均本科生实际授课在 125 学时以上。所负责的"数据结构"是学校优质课程。同时，主持了学院工程教育专业认证工作。近年来，先后有十几所院校前来调研，相关工作得到了高度认可，并在校内外同行中产生较大的影响。受聘为学校"专家进校园公益讲座"讲师，先后到十几所中学进行讲座。曾被评为学校"三育人"先进教师，北京交通大学优秀教师，被聘为 2016 年北京市高等院校计算机类专业教学水平评估专家，2016 年被评为北京市师德先锋。

先进事迹摘录

王志海，北京交通大学教学名师，计算机与信息技术学院教授。从事高等教育工作30多年来，一直工作在教学与科研工作的第一线。忠诚于人民的教育事业，热爱自己的本职工作，深爱自己的学生。

潜心本科教学工作

近年来，王志海为本科生主讲了计算机类专业主干课程"数据结构"与"计算机类专业导论"等3门本科课程。2015年本科生实际授课为112学时，2016年本科生实际授课为128学时，2017年本科生实际授课为138学时，年均本科生实际授课为125学时以上。

赢得学生广泛赞誉

王志海的教学工作得到了学生的广泛赞誉，学生普遍认为其"教学态度认真，有责任心"；"治学严谨，整个课程很轻松而又充实，很有收获"；"我印象中计算机学院最好的老师之一，讲课很注重细节，是一个很有经验的老师"等。2011年被评为学校"三育人"先进教师，2014年被评为北京交通大学优秀教师，2016年被评为北京市师德先锋。

精心投入专业建设

王志海长期担任学院计算机大类专业责任教授，全面负责计算机大类专业建设与重要教学团队建设。主持了"计算机科学与技术专业"的工程教育专业认证工作。近年来，先后有十几所大学的相关学院，通过各种形式前来调研，相关工作获得了校内外同行的高度认可并产生了较大影响，提升了本专业的全国学科排名。

科研工作融入课堂

目前，王志海的研究项目包括两项国家自然科学基金项目和一项北京市自然科学基金项目。教学过程中，紧跟学科发展前沿，融入授课内容，不断拓宽学生思路。许多学生感受到"能很好地调动大家的积极性，知识扩展得多，帮助同学了解更多"；"知识面广，和蔼可亲，认真负责，讲解详细，课堂生动，学到很多"。

积极参加社会服务

王志海根据专业国内外发展动态与社会需求，研究并起草每年度本科生招生简章与报考指南等，并受聘为"专家进校园公益讲座"讲师，先后到许多中学现场进行了"无处不在的大数据时代"讲座。2016年被聘为北京市高等院校计算机类专业教学水平评估专家，实际参与了市属高等院校所有计算机类专业的评估工作。

❋北京市高等学校教学名师奖获得者

彭付芝

学校名称：北京航空航天大学

主讲课程："毛泽东思想和中国特色社会主义理论体系概论"

个人简历

　　彭付芝，女，北京航空航天大学马克思主义学院教授，教研部主任，硕士生导师，全国台湾研究会理事。讲授过 9 门本科生和 3 门研究生课程，年均近 400 学时。具体负责北京市精品课"毛泽东思想和中国特色社会主义理论体系概论"的建设，提高团队教学水平。

　　教学效果优秀，教改成绩卓著，是北京航空航天大学教学型教授和首批优秀主讲教师。获近 40 项省部级及北京航空航天大学教学科研奖，如教育部全国高校首届思政课教学能手、北京市教学成果一等奖、高校思政课教学基本功大赛一等奖等。获得的荣誉：北京市师德先进个人、高校优秀德育工作者、优秀共产党员等。指导学生获得北京市优秀实践队。

　　主持或参与教育部、北京市教改项目 6 项；独立或参编学术专著、教材 20 多部；发表论文 50 多篇。

先进事迹摘录

彭付芝 32 年扎根教学一线,主讲过 9 门本科生和 3 门研究生课程。她师德高尚、爱岗敬业,获北京高校优秀党员、优秀德育工作者、师德先进个人等。

2008 年北京航空航天大学成立思政学院(马克思主义学院)以来,在师资紧缺、教学任务重的情况下,她担任教研部主任,负责 3 门课,统筹学院及教研部的课程建设工作,承担大量的教学任务,带领团队完成了量大、面广、质优的教学任务。她本人近 5 年年均 400 多学时,多是 200 人的大课,如 2015 级 3800 名学生上"毛泽东思想和中国特色社会主义理论体系概论"(下称"概论")课,选她课的学生占总数 40%。学生评教 90 分以上。指导学生获得北京市优秀实践队。

她是 2 门北京市、4 门北京航空航天大学精品课主讲教师,具体负责北京市精品课"概论"的建设工作,打造了优秀教学团队,获得 10 多项教学奖。

为提高思政课的教学效果,在教学任务繁重的情况下,她深化教改创新,以重难点问题为抓手,发表重难点研究论文 11 篇,获批 2 项教育部重难点研究项目,形成"理论+问题"的专题化教学体系。

她引入积极心理学,研究思政课教师怎样培养学生积极心理品质,创建积极课堂环境,帮助学生树立正确的三观。发表 16 篇论文探讨如何讲好思政课,获批 3 项北京市思政课教学方法研究项目,探索了大班教学中的参与式教学模式,如"三三三"参与式、课堂展示法、体验教学法等,提高了教学效果。

专题化教学体系和参与式教学 2015 年被人民网报道,为北京航空航天大学成为首批北京高校思政课改革示范点做出了贡献。

她加强教材建设,独著 2 本、主编 2 本共 4 本教材,其中 3 本获得北京航空航天大学教学成果二等奖。

为北京和河北高校思政课教师进行示范教学 10 多次;北京市和北京航空航天大学有近两百名教师随堂听课,为高校师资队伍建设尽一份力量。

教学深受学生欢迎,她获得了 29 项教学奖励,如教育部首届全国高校思政课教学能手,北京市教学成果一等奖,北京高校思政课教学基本功大赛一等奖等;北京航空航天大学教学奖一等奖 7 项、二等奖 5 项、首届优秀主讲教师、学生心目中最爱戴的十佳教师等。

北京市高等学校教学名师奖获得者

刘 芳

学校名称：北京理工大学

主讲课程："学术用途英语"

个人简历

　　刘芳，1993年8月起在北京理工大学外国语学院任教。北京理工大学大学英语本科教学责任教授。现任教育部学位与研究生教育评审专家；教育部人文社科项目评审专家；多个国家级语言测试命/审题专家。主要研究方向为应用语言学、语言测试。

　　近年来教学科研成果显著，包括：以第一完成人获第五届国家级教学成果奖一等奖；教育部第一批大学英语教学改革示范点项目负责人；国家级精品课"大学英语视听说"课程主要负责人；两部国家级精品教材第一副主编；参编大学英语国家级规划教材6部；中文社会科学引文索引（CSSCI）及核心期刊发表论文20余篇；主持部级、校级及横向科研项目10余项。

　　教学工作中注重立德树人、关爱学生，历年学生评教成绩优异，先后多次荣获学校"三育人"先进个人、"师德先进个人""T－MORE优秀教师奖"等荣誉。

先进事迹摘录

　　刘芳从任教以来始终从事大学英语一线教学工作，每学年坚持为本科生授课不低于256学时，并且在教学工作中勤于思考、刻苦钻研，认真研究新的教育理念、教育技术，注重语言教学与国家人才培养战略的对接以及学生语言水平、学习需求的不断变化，对大学英语课程设置、教学内容、教学方法、评估手段进行持续改革和创新。

　　作为语言教师，教育技术的更新带来机遇的同时也带来巨大挑战。刘芳老师为了能够学习和掌握最新的教育技术并将这些技术应用到语言教学当中，在课余时间经常参加教育技术学习和培训，积极与技术人员进行沟通、探讨，在国内率先在大学英语教学中引入了网络化教学技术，建立了网络教学与课堂教学相结合的教学模式，为全国大学英语教学新模式的建立、实施和推广做出了巨大贡献。课堂教学中经常使用视频演示、立体图示、动画模拟等科技化教学手段，持续进行线上学习资源库、评估资源库等资源库的建设，提升学生获取知识的维度、广度，使得学生能够从教育信息化当中充分获益。

　　教学当中刘芳老师注重教书育人，课堂中不仅仅传授知识，培养技能，更是言传身教，以自身的道德行为、人生价值对学生产生积极的引导。每堂课都细心准备、全情投入，课堂上注重对学生正面评价、热情鼓励，这些都潜移默化地向学生传递着做事认真、一丝不苟的工作态度，以及乐观向上、善良平和的生活态度。

　　注重教学当中对学生个体的关注，虽然公共英语课学生较多，但是刘芳老师每个新学年都向学生承诺并做到两周之内可以叫出每一位学生的名字。学生在课堂中表现出来的学习困难、学习专长、兴趣爱好都会认真记录，并且在课上课下注意对有困难的同学进行耐心辅导，对在某些方面表现出特别爱好和专长的同学给予及时的鼓励和帮助，让每位同学都感受到来自老师的关爱。每次下课后都会有学生主动找刘芳老师谈心，把刘芳老师当成朋友和家人，畅谈对自己学业、生活、未来的想法和困惑。

　　刘芳老师用一点一滴的努力、始终如一的坚持，受到学生的爱戴，在教学科研上取得显著成果。

✿北京市高等学校教学名师奖获得者

刘兆龙

学校名称：北京理工大学
主讲课程："大学物理"

个人简历

  刘兆龙，北京理工大学物理学院教授，理学博士，曾赴美国俄亥俄州立大学、托莱多大学，英国西英格兰大学做访问学者。获得北京市教学成果奖等省部级和校级教学奖励 20 余项。学生评教成绩常年保持优秀。出版教材 12 本，发表包含科学引文索引（SCI）、中文社会科学引文索引（CSSCI）、核心期刊在内的第一作者论文 20 余篇。

  主讲"大学物理""双语大学物理""物理实验"等课程，其中讲授的"大学物理"课程在 2008 年被评为北京市精品课。在"爱课程"中国大学慕课平台上开设了 5 门在线课程。近 5 年内每年课堂教学学时为 192 学时。

  科研工作领域为材料物理，主要方向为磁场对材料力学性质的影响，如强磁场对金属材料弹塑性的影响、强磁场中材料的断裂行为等。此外，还从事物理学发展史的研究。

先进事迹摘录

热爱讲台，倾情一线教学

教师是崇高的职业，教学是刘兆龙老师热爱的工作。从教 28 年来，以学生为中心，兢兢业业，反复钻研教材，不断更新教学内容和提升教学效果，课上认真教学，课下耐心回答学生的各种问题，取得了较好的教学效果。

两次被学生评为学校"最喜爱的老师"。2015 年被评为北京理工大学师德先进个人，2007 年 12 月 14 日的《北京理工大学校报》在头版以《课上的良师，课下的益友》为题肯定了刘兆龙老师的教学工作。主讲的"大学物理—力学与热学"课程在爱课程中国大学 MOOC 网站上受到好评。

坚持教改，放眼国际水平

只有不断改革，课程才具有生命力。刚走上教学岗位时，站在讲台上手持教鞭，采用的是粉笔＋黑板的单一模式授课。有幸赶上了一个飞速发展的时代，如今刘老师已采用互联网＋多媒体等综合模式教学，从教 28 年来致力于教学改革。主要工作如下。

课程建设与开发：多年致力于"大学物理"课程的建设，并新开设了"英文大学物理"，并在中国大学慕课爱课程网站上开设了 5 门在线课程。

教学内容的更新：进行研究型教学，探究如何将物理学的最新成果有机地融入课程之中，及如何以现代物理的角度诠释古典教学内容，并将所得成果固化于教材之中，近 5 年内出版了包括新形态教材在内的 6 本教材。

教学手段的更新：跟进教育技术的发展，综合合理地利用互联网、多媒体、演示实验等多种教学手段。

科学评估教学效果：倡导物理教学是艺术更是科学，致力于利用新技术对教改成果和课程的效果进行定量化评估。

中外大学物理教学合作与交流：与耶鲁大学、康奈尔大学、俄亥俄州立大学等学校建立了合作关系，翻译国外优秀大学物理教材，洞悉国际物理教育的动向，开拓视野，促进"大学物理"课程改革以及课程本身的国际化。

❀北京市高等学校教学名师奖获得者

陶 然

学校名称：北京理工大学

主讲课程："信号处理理论与技术"

个人简历

　　陶然，长江学者特聘教授，国家杰出青年科学基金获得者和新世纪百千万人才工程国家级人选，国家自然基金委创新研究群体带头人、教育部创新团队带头人，北京理工大学信息与电子学院教授，博士生导师，担任兼职：国际无线电科学联盟中国委员会副主席、无线通信系统与信号处理委员会主席。

　　1996 年北京理工大学博士后出站留校工作至今，有多年的教学科研经验，获高校青年教师奖，被评为北京市师德先进个人、北京市优秀党员、工信先锋、校师德标兵。他组织实施了面向徐特立学院英才班的"信号处理理论与技术"贯通课，每学年完整讲授前两个学期理论部分，共 96 个学时。讲授研究生课程"分数域信号处理及其应用"。

先进事迹摘录

　　优秀的教学科研团队是提高教学水平和质量的有力保障。陶然老师主持多项教改项目，在信息安全与对抗专业信号类课程组的基础上筹建了"信号处理理论与技术"核心贯通课程教学团队。获全国高校黄大年式教师团队(排名第二)、国家教学成果奖二等奖(排名第三)、北京市教育教学成果一等奖(排名第三)。陶老师多年来重视教学研究、课程建设、青年教师培养等工作。率先垂范，以自己的知识和品德为教书育人尽心尽力。

　　陶老师主持国家自然科学基金(创新研究群体项目、重点、面上)等多项国家级科研项目；获教育部自然科学一等奖 1 项、教育部科技进步一等奖 2 项、部级科技进步二等奖 3 项；在 $IEEE Trans. Signal Process.$ 等国际著名学术期刊发表科学引文索引(SCI)源刊论文 127 篇，授权发明专利 80 项。科教融合是高等教育强国建设的必然选择，科研反哺教学。他注重教学科研相结合，出版信号处理领域教材、著作 3 部，包括北京市高等教育精品教材《多抽样率数字信号处理及其应用》和国家科学技术学术著作出版基金资助教材《分数阶傅里叶变换及其应用》。将上述科研和教学成果引入教学内容中，不断丰富、充实教学资源，提高教学效果。

　　陶老师借助国家自然科学基金，北京市自然基金等项目的研究以及分数域信号与系统北京市重点实验室的建设，采用本硕博贯通培养思想，理工交叉的教学理念，教学与科研相结合、理论与实践相结合，有机地将科学研究、人才培养、队伍建设和平台建设结合起来。指导本科生创新创业训练项目、本科毕业设计等培养环节，获得工信创新创业奖学金、优秀国家级创新创业训练项目。他作为导师，指导博士生获全国优秀博士论文提名奖 2 项、北京市优秀博士论文奖 1 项。作为导师组成员指导博士生获全国优秀博士论文提名奖 2 项。

❀北京市高等学校教学名师奖获得者

付冬梅

学校名称：北京科技大学

主讲课程："自动控制理论"

个人简历

　　付冬梅，女，教授，中共党员，1963年1月生于辽宁大连，1987年开始从教，1997年进入北京科技大学从教至今。

　　主要社会兼职包括：中国图形图像学会理事及女工委常委、北京自动化学会会员。任国家、天津和江苏等国家和省级自然基金函评专家、教育部博士论文抽检通讯评审专家。担任《中国电机工程学报》《东南大学学报》《北京邮电大学学报》等学术期刊审稿人。

　　从教31年，坚持教学一线，钻研教学方法。主讲的3门本科课，"自动控制理论"是校级研究型教学示范课、"人工神经网络应用"是校级免检课堂、"多角度思考与分析方法"连年学生打分均在95分以上。

打造特色课程体系和教学模式

自动控制理论课程群面向控制、测控、智能、机械多专业。面对该情况，付老师团队制订各具特色的教学大纲，改传统教学体系"授课＋作业＋实验"为"授课＋作业＋实验＋研究报告＋课程设计"体系，使学生得到全面锻炼。

在教学方法上，强调"启发式"＋"研究型"。压缩授课时间，丰富授课内容。为学生搭建立体化交流方式，如课程软件平台和微信等，鼓励学生提出问题并表达认识和见解。

探索"教"＋"导"模式。"教"是指专业知识上的因材施教；"导"是指培养学术精神、态度和方法的内涵。付老师承担的教学任务横跨本科生的初、中、后三期，这提供了探索"教"＋"导"的更多机会。

设计研究课题群

付老师建立了以国家自然科学基金为背景的图像处理课题群；以科技部和部分横向课题为背景的数据采集与分析课题群；以横向课题为背景的软件设计与管理平台建设课题群。本科毕业设计真实背景 90％以上。吸收部分学有余力的本科生参与课题组学术活动，4 人次发表核心期刊以上论文、5 人次获实用新型专利。

指导 SRTP 项目

付冬梅老师共指导 SRTP 项目 10 项。获批实用新型专利 2 项；发表论文 1 篇；校级科技创新特等奖 1 项、二等奖 2 项。

班主任

她三次担任班主任，是学生们愿说心里话的领路人。所带班级上研率在学院名列前茅，毕业时全是校级优秀班级。

研究生培养

已毕业 4 名博士，1 人在哈佛攻读博士后，其余 3 人均为大学教师；毕业硕士生 77 名，其中 5 人获校优秀毕业论文。

教学奖和科研成果

付老师曾获北京市优秀教师；北京市高等教育教学成果二等奖（2018 年）；5 次获得北科大"我爱我师——我心目中最优秀的老师"奖，成为该奖的金质奖章获得者。近 3 年来，发表学术论文 20 余篇；专利 2 项；软著 4 项。获教育部科学技术进步奖一等奖 1 项、中国石油和化工自动化应用协会科技进步三等奖 1 项。

❀北京市高等学校教学名师奖获得者

张英华

学校名称：北京科技大学

主讲课程："燃烧与爆炸""防灭火设计""风险不确定性分析与实践"
"防火防爆技术""安全技术新进展"

个人简历

　　张英华，男，中共党员，汉族，博士。1986 年至 2001 年，在河北工程大学工作，任助教、讲师、副教授；2005 年至今，在北京科技大学土木与资源工程学院任教，教授、博士生导师，安全科学与工程系主任；2012 年在悉尼大学访学。国家安全生产专家，科技部项目评审评奖专家。主持和参与教育部"新工科"研究等教研项目 15 项，教研获奖 3 项，其中国家级规划教材 1 部、北京市精品视频公开课 1 项，出版教材 6 部；主持和参与"973"项目、国家自然科学基金和校企攻关等项目 40 余项，获省部级奖 8 项，获批专利 12 项，发表论文 116 篇；获北京市"师德先锋"，校"师德榜样""教学名师""我爱我师""优秀班导师"和院"我最喜爱的导师"称号。

师德师风，教书育人

张英华老师积极参加组织的各项活动，学习习近平新时代中国特色社会主义思想，同党中央保持高度一致。持续开展国际交流与合作，近十年共邀请十余位来自加拿大、澳大利亚、韩国的学者到学校讲学。2013年特别邀请挪威卑尔根大学国际粉尘爆炸及应急研究领域前沿专家 RolfK. Eckhoff 教授到本科生课堂小班授课，为学生答疑解惑，在师生中引起强烈反响。他对待学生春风化雨，关心班级中每位同学。在了解到05级贫困学生刘同学面临辍学的困境后，资助其6000元钱使之顺利完成学业；每次接手新的班级都找经常旷课的学生谈话，以"学习永远不晚"鞭策鼓励后进，15级学生石同学沉迷网络游戏屡次缺勤，对其耐心劝导，最终使其重新步入学习的轨道。

教学教改，敬业爱生

张英华老师每年承担4—5门课程，超额完成教学任务；他通过"1＋X""PPT与板书"等教学研究，形成了"10＋3＋15＋5＋80＋5"的课堂教学模式，每堂课提前10分钟到教室，课前3分钟教大家做手操，铃响15秒大声说一句格言让班级安静，课堂前5分钟回顾上次课的要点，互动式教学80分钟培养学生创新思维，课间传签到表、才艺展示，最后5分钟总结提问。张老师暑期带学生到矿山实习当队长近10年，并将青年教师欧盛南培养成新任队长。历年学生评价都是优秀，获"师德先锋""教学名师""我爱我师""优秀班导师""我最喜爱的导师"等称号。

团队建设，甘为人梯

奖掖后辈、引进人才，张老师带领的安全系由2009年建系之初的8人发展到目前的22人。建系伊始，作为系领导便树立传统，每年为青年教师发放勤奋贡献奖金。在教学和科研方面注重培养青年教师，热心而耐心地指出并帮其解决面临的问题，课题组内现已发展至2位副高职称教师、3位讲师、3位博士后。

科研学术，教研并举

张老师主持和参与"973"项目、国家自然基金项目等40余项，发表论文116篇。他严把治学关，力求实验数据准、论文细，累计指导本科生60余人、硕士76人、博士10人，对学生论文的摘要、结论、创新点等关键内容都逐字逐句进行修改，用行动培养学生的严谨作风。

❋北京市高等学校教学名师奖获得者

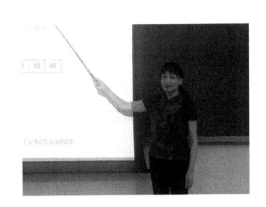

高敬阳

学校名称：北京化工大学

主讲课程："C语言程序设计"

个人简历

　　高敬阳，女，中共党员，博士，教授，博士生导师，现就职于北京化工大学信息学院计算机系，担任计算机专业负责人、计算机公共基础课群实际负责人。兼任中国计算机学会CCF教育工委委员、CCF教育专委会委员，全国高等学校计算机教育研究会理事。

　　自1989年留校任教以来，承担计算机专业本科教学全部环节的教学工作。讲授课程包括"C语言程序设计""数据结构""数据库原理""多媒体技术基础及应用""大学计算机基础""计算机实用技术"等。

　　自2003年担任计算机公共基础课群实际负责人以来，带领团队不断改革创新，取得了多项省部级以上丰硕的教学成果。同时，作为计算机专业负责人，不断优化培养方案，选拔培养了四届实验班学生，大大提升了人才培养质量。

先进事迹摘录

　　高敬阳教授从事高等教育29年以来，忠诚党的教育事业，一直工作在教学和科研第一线，始终保持着满腔的工作热情。教书育人，为人师表，深受学生爱戴，曾被学生评选为"我心中最亮的星——十佳教师"。

　　教书育人，教学与德育教育有机结合

　　作为一年级基础课教师，有责任对学生进行"信息社会的社会责任与道德"教育，引导学生正确处理虚拟和现实的关系、树立正确的网络交往道德观、规范网络行为，培养广大学生的自律能力和明辨是非的能力，使其形成正确的世界观、价值观，有效地把课程教学与网络道德教育有机结合。

　　打造一流教师队伍，成为北京市级优秀团队

　　作为"计算机基础课群组"实际负责人，带领20名团队成员优质高效地完成每一年繁重的计算机公共基础教学任务。坚持集体备课，实现老中青传帮带。2010年被评为北京市级优秀教学团队。

　　教学改革与时俱进

　　第一，突出专业应用，以专业应用案例驱动教学。

　　第二，点线相连系统架构新体系，持续不断培养学生的基本技能和应用能力。

　　第三，面向过程和实战的考核方式，增强学习效果。强化实训，分解任务，分段考核学生，强调过程积累。增加大作业权重，考核学生的综合应用能力。

　　第四，微视频助力教学。团队自制的91个微视频被植入到教材中，通过扫描二维码在手机上可以随时观看重点内容的视频讲解、观看每个实验的全过程和步骤，下载程序源代码可直接运行。

　　第五，以竞赛为导向，营造创新能力培养的环境。

　　一系列教学改革，特色显著，效果突出。2006年"大学计算机基础"被评为北京市精品课程；主编的《大学计算机基础》《大学计算机基础实验指导》和《C程序设计教程与实训》教材为北京市高等教育精品教材，前两册是国家级"十一五""十二五"规划教材；荣获北京市教育教学成果二等奖；中国石化联合会教学研究论文一等奖；全国高等学校计算机课件大赛二等奖；指导学生竞赛荣获省级一、二等奖。曾被评为校优秀教师、校大宝奖教金、校级优秀班主任等。

❋北京市高等学校教学名师奖获得者

门爱东

学校名称：北京邮电大学

主讲课程："数字信号处理"

个人简历

门爱东，1983 年考入北京邮电学院攻读本科，1994 年于北京邮电大学获工学博士学位。现任教研中心责任教授、博士生导师、校学术委员会委员、中国标准化委员会委员、中国电子学广播电视分会常务委员、九三学社北京邮电大学委员会主委。

发表论文过百篇，出版著作多部，其中《数字信号处理》是普通高等教育"十一五"国家级规划教材、普通高等教育电子通信类国家级特色专业系列规划教材。

主讲过多门本科和研究生课程，曾获评"北京市优秀教师""北京市高等学校优秀青年骨干教师""北京市青年学术带头人"，教育部"高等学校青年教师奖"等。

曾获得国家科技进步三等奖 1 次、部级科技进步一等奖 2 次、部级科技进步二等奖 1 次等。

先进事迹摘录

在平时的教学工作中，门爱东老师秉承教学与科研紧密结合的思想，在不断提高自身学术素质的同时，注重在课堂上把科研工作中的心得和收获传播给学生，点滴之间提高学生的工程能力和科学素养；通过课堂理论教学与多层次的实验相配合，培养学生理论联系实际的能力，使之对所学内容有深入的领会，透彻的理解；充分利用多媒体工具来提高教学效率，较早在教学工作中使用电子课件，并开发了 Flash 动画演示及 Audition 等多媒体演示方法，丰富了学生的学习资源，并激发了其学习兴趣，开阔了其学习视野；积极参与 Matlab 演示的开发工作以及对"数字信号处理"和"数字图像处理"每部分内容的 Matlab 程序编写工作，率先在数字信号处理中开展了关于 Matlab 内容的教学；积极建设"数字信号处理"课程的专有习题库，有效地改善了学生抄袭既有答案的现象，促使学生真正自己动手，认真思考，巩固课堂所授内容；大力提倡课程考核及学生学习效果评价体系的建立，积极探索科学合理的课程考核办法。此外，门老师在历年的学生网上课堂教学评估中都名列前茅，客观得分均超过了 97 分，从学生信息反馈员所反映的情况来看，其教学工作受到学生的一致好评。

门爱东老师作为一线承担教学任务的教研中心责任教授、电子信息工程专业负责人和电子信息类核心专业基础课的主要负责人，在以后的工作中将继续专注于相关课程内容和实验环节的建设，以保持专业固有特色，满足学校人才培养的需求；并进一步提高教学水平，跟踪电子信息新技术的发展；进一步培养创新型人才，着重培养学生在信息泛滥时代的知识应用能力；进一步完善和加强网络平台建设，分别为教师和学生提供更加丰富的教学和学习资源。

❀北京市高等学校教学名师奖获得者

戴志涛

学校名称：北京邮电大学
主讲课程："计算机组成原理"

　　戴志涛，北京邮电大学计算机学院教授，实验中心主任。先后主讲本科和研究生课程12门，国家级教学团队成员，国家级精品课程主讲教师。编著教材十余本，一本教材获国家级精品教材奖，主编国家级规划教材《计算机组成原理(第五版)》。2005年获国家级教学成果二等奖，2004年、2008年和2012年均获北京市教学成果奖。担任北京邮电大学嵌入式系统与智能硬件创新实践基地主任，指导本科生参加全国智能车竞赛、"嵌入式系统"专题竞赛和微软全球"创新杯"等各级学科竞赛，三十多个代表队获得国际、全国和省部级奖励。从事嵌入式系统、可重构计算和数据通信系统等领域的研究工作，完成科研项目三十余项，获省部级科技奖励两项。

先进事迹摘录

戴志涛老师在北京邮电大学从教以来，一直工作在教学和科研第一线。他始终以教书育人为己任，把教学作为首要工作，积极主动参与课堂教学、实践教学、教学改革和指导学生创新活动。

戴老师主讲"计算机组成原理"课程20余年，课程被评定为国家级精品课程。课堂教学注重知识更新与拓展，随时补充最新科技成果。教学过程中坚持引导学生积极主动学习，充分调动学生的积极性。把最新的科研成果贯穿于课堂教学中，在讲授专业知识的同时，更注重传授学习和研究方法，有效地提高了教学质量和水平。所授课程深受学生喜爱，学生反映"讲课清晰，重点突出，风趣幽默"，"认真负责"，"细心，课堂气氛很活跃"。

他先后编著教材10余本。编著《计算机组成原理》系列规划教材，引入国内外最新科技成果和先进教学手段，获得国家教学成果二等奖，被数百所学校选定为教科书。教学成果辐射全国，所在团队被认定为国家级教学团队。

戴老师还担任实验中心主任和创新基地主任，协调组织全院实践教学和实验室建设工作。完成多项教学改革项目，教书育人过程中坚持理论与实践一体化的指导思想，指导学生积极参与动手实验、学科竞赛和课外创新活动，鼓励学生通过动手实践深入理解书本概念，融会贯通不同课程的专业知识，拓展创造性思维。他坚持以引导为主，主动为学生创造自我学习的条件。近年来指导200多名学生参与各级各类学科竞赛和创新训练项目，学生在创新活动中不仅能运用书本中学到的理论知识，更能够培养创新能力、团队组织能力和运筹规划能力。

他积极从事科学研究。近年来承担国家及企事业单位科研课题10余项，主持项目到位科研经费200余万元。获得邮电部科技进步奖和国家级新产品奖。为全院学生开设"创新创业实践"课程，将多年的科研成果融入教学过程。自行设计生产的嵌入式实验设备填补了嵌入式系统实验教学的空白。

戴老师在工作中始终与学生平等相待，教学相长。与学生沟通过程中耐心细致，注重根据学生个人特点和专长因人施教，获得学生好评。

❀北京市高等学校教学名师奖获得者

徐 杨

学校名称：中国农业大学
主讲课程："工程材料及成形技术"

　　徐杨，教授，博士生导师，自 1985 年以来在中国农业大学任教，先后担任助教、讲师、副教授，2006 年起担任教授，2007 年 7 月至 2008 年 11 月担任工学院副院长，2006 年 7 月至 2010 年 7 月担任工学院分党委委员。兼任中国农机学会制造与材料委员会委员、热处理技术与装备学术期刊编委、国内外多家学术期刊的审稿人、国家"863 项目"评审专家及北京市科委科技项目评审专家。

先进事迹摘录

　　徐杨30多年一直工作在教学第一线，先后承担近10门本科生专业基础课程，除课堂教学外，她每年均指导本科毕业设计、课程实验、金工实习等，年均达200多标准教学学时。主讲研究生课程3门，参讲4门，编写教材或专著8本，发表核心期刊教学论文6篇，主持或参加教改项目20余项，主讲的课程是北京市优秀教学团队课程和学校精品课程。

　　作为一名教师，她的教学工作得到学生的一时认可并不难，难的是30多年一直受到学生的高度认可，尤其对于"上大班课"的专业基础课教师，有时学生人数近100人，获得大家的好评更难，但徐老师做到了，下课时常常获得学生的热烈掌声。这既需要有扎实的专业基础和教学功底，更需要有一份对教学工作持之以恒的爱。

　　30多年徐杨老师的学生评价一直名列前茅，学生评价分数平均近95分，在学校和北京市青年教师教学基本功比赛中连获佳绩，获得第一届、第二届学生评选的学校"十佳教师"和"我最喜爱的教师"称号。先后获得北京市教育创新标兵、学校杰出教师和优秀教师，2017年当选中国农业大学教学名师。

　　如何将科学原理与人生哲理结合起来，收到"随风潜入夜，润物细无声"功效一直是徐杨思考和实践的课题，充分挖掘专业课中的思想政治教育资源，对学生进行德育渗透，教学成果以"以严立教，以爱育人"为题，在校园网宣传报道。

　　近些年徐杨的科研课题主要集中在农业机械装备关键材料、纳米硫化物材料、农产品无损检测技术装备等领域。先后主持或主要参加了15项国家科研课题，目前在研项目5项，主要包括主持"十三五国家重点研发项目课题"——密植高产玉米机械化收获关键技术研究与适应性评价（2016YFD0300302），参与"十三五国家重点研发项目课题"——玉米与大豆精量播种技术与装备研发（201710210711468），年均科研经费175万元。

　　曾获奖项有：教育部科技进步二等奖1项（2014年），中华农业科技进步一等奖1项（2015年），北京市科技进步二等奖1项（2015年）。发表学术论文近50多篇[其中科学引文索引（SCI）、美国工程索引（EI）收录30多篇]，获国家发明专利8项，培养博士研究生8人，硕士研究生30人。

北京市高等学校教学名师奖获得者

施正香

学校名称：中国农业大学
主讲课程："设施农业工程工艺"

　　施正香，女，教授，博士生导师。1985年毕业于南京农业大学畜牧专业，分配至北京农业工程大学（现中国农业大学）任教至今，2006年晋升教授。兼任中国农业工程学会畜牧工程分会副理事长，中国畜牧兽医学会家畜环境卫生学分会副理事长，国家奶牛产业技术体系岗位科学家，农业农村部畜牧科技咨询专家委员。从事畜牧环境、动物福利等教学科研工作，主持或参加了国家科技攻关、支撑、重要技术标准研究、公益性行业专项等纵向课题18项，获省部级成果一等奖2项、二等奖5项，发表论文150余篇，出版教材及专著18部，授权发明专利19项，制定国家标准7项。曾获北京市高校优秀共产党员、北京市教育创新先进个人、宝钢教育基金优秀教师、教学名师等称号。

三尺讲台体现人生价值

施正香老师从教 33 年，始终坚守在教学第一线，引导学生正确认识形势、修身养性、把握人生，履行育人天职。她先后主讲过 11 门本科和研究生课程，1 门入选国家精品课程，出版教材、著作 18 部，2 部为北京市精品教材。

多种教学方法并重与融合

施老师将知识点设成小专题，组建学习小组，通过查阅文献、准备课件，课堂中心发言、集体打分等环节，发挥主观能动性和教学参与性；以问题为导向，对重点难点或抽象理论，利用精品资源课和学校网站平台，与学生常态化交流互动。她利用现代多媒体等教学手段，巩固教学效果；设立综合性实验，强调实验设计和操作过程并重，启发学生思考、培养动手能力。

注重学生科研能力和人格培养

她结合学科和产业特点，培养学生创新性思维和分析问题、解决问题的能力，强调科学性和探索性，指导的学生曾 3 次获校百篇优秀论文。将 URP 纳入教学必修环节，每人应至少完成 1 项科研训练项目。把业内有影响力的企业建成稳定实践教学基地，校企双方导师给予专门化和个性化指导，实现了学生能力提升和企业主动人才储备的共赢。

助推兄弟院校教学团队建设

为扩大专业影响力，施老师组织参与了学科标准和规范制定。为发挥"设施农业工程工艺"国家精品资源共享课作用，不断完善网络教学内容和远程服务，使之成为全国农业工程相关专业必备教学资源，定期为兄弟院校培养年轻骨干教师。筹备创立了全国农建相关专业大学生创新设计竞赛，已连续举办 5 届，在农业工程界反响强烈，为提升学科的整体教学水平和学生科研创新能力提供了支持。

以科研促团队建设，为产业贡献绵薄之力

作为农业生物环境学科带头人，施老师在设施养殖工艺模式、畜禽舍局部环境控制等领域有较大的影响力，利用自身在业内的知名度，为年轻教师铺路搭桥。施老师先后承担了 18 项国家级科研项目，获得的多项成果得到了广泛应用。施老师每年应邀做各种技术报告 10 次以上，受益听众 1 万余人。

※北京市高等学校教学名师奖获得者

戴秀丽

学校名称：北京林业大学

主讲课程："思想道德修养与法律基础""现代生活与法律""旅游法规"

个人简历

  戴秀丽，教授，博士，硕士生导师，思政学科负责人。北京高校第二批马克思主义理论课和思想品德课学科带头人培养人，北京高教学会"基础"课研究会常务理事，北京市法学会旅游法研究会常务理事；北京林业大学第四届教学名师。

  本硕博分别就读于东北师大、北京大学、北京林业大学。1985 年至今一直工作在林大德育教研室、人文学院、马克思主义学院。2001—2012 任人文学院教学副院长。

  从教 34 年，承担过"思想道德修养与法律基础"等 8 门本科生课程和 1 门研究生课程，指导过 36 名硕士研究生。主持各级项目 20 多项，主编参编教材 20 多部（主编副主编 8 部），近年发表论著 40 多篇/部，获得各级各类奖励 20 多项。

  教学理念：修身修业敬业爱生，培养学生追求真理，良善做人，躬身践行。

先进事迹摘录

教师风范

"学高为师，身正为范"，戴老师从教34年，不忘初心，以高度责任心和过硬业务能力践行"四有"好老师，受到学生爱戴同行认可。先后获得校第四届教学名师(2017年)、"三八"红旗标兵(2016年)、优秀研究生学位论文指导教师(2017年、2014年)等荣誉。

教学能力与水平

戴秀丽老师始终耕耘在教学第一线，承担过"思想道德修养与法律基础"等8门本科生和1门研究生课程，年教学工作量300多学时。作为思政课教师，付出了更多智慧和艰辛，教法不断更新，教案次次修改，新的研究成果、中央精神及时反映在教学中。她不断研究并遵循教学规律和学生成长规律，坚持以学生为本，内容为王，方法为助。教学内容，注重科学性与思想性相结合；教学方法，注重知识性与趣味性相统一，综合运用互动式、情景式等调动学生参与的积极性。她始终站在教改前沿，主持部级校级课题10多项(教育部重大课题专项和校重大课题)，研究成果均在本校应用，有的在全国或兄弟校应用，提升了学生的获得感和教学实效性。教学质量评价多个学期进入全院前10%，多次获课堂教学优秀奖，学生满意度比较高。

科研教学并重，互相支撑

戴老师的研究方向为思想政治教育、法治教育、生态文明教育。主持国家级省部级课题10多项，科研经费近10年80多万元，她将科研成果及时吸纳进教学，教学内容更具时代性、科学性和丰富性。尤其是思政课，没有内容的深刻性，难有价值的引导性；没有理论的穿透性，难有现实指导性。

积极参加公共事务

戴老师对年轻人培养尽职尽责，指导申报课题，制定教学方案，提供自己的教学课件做参考等；作为教研室及学科创始人之一、曾任人文学院教学11年的副院长，为教研室建设、学科发展、学院壮大付出了心血；作为校聘兼职教学督导，为全校的教学质量尽力。

老骥伏枥，戴老师仍将为培养合格的建设者和接班人尽自己绵薄之力。

❀北京市高等学校教学名师奖获得者

张建军

学校名称：北京林业大学
主讲课程："水文与水资源学""植物地理学"

    张建军，北京林业大学水土保持学院教授，博士生导师，地理学科负责人。中国水土保持学会工程绿化专业委员会委员，生态修复专业委员会理事，中国林产工业协会桑产业分会副秘书长。

    1987 年于北京林业大学毕业后留校任教至今，先后为本科生主讲"流域水文学""工程水文计算""水文与水资源学""植物地理学"等课程，为研究生主讲"资源环境监测与管理""水土保持与荒漠化防治实验研究方法""自然地理"等课程，主持或参与完成教学改革项目 14 项。

    主要从事水土保持、植被恢复、森林水文研究。目前主持科研项目 2 项，主持完成科研项目 12 项，参与完成 14 项，发表论文 110 余篇，出版著作 15 部，获发明专利 4 项，实用新型专利 5 项，软件登记 4 项。

先进事迹摘录

张建军教授严谨治学、锐意创新，寓教于情、教人求真。坚持"师者仁心""学生如子"的理念，从教 30 余年，培养学生百余人。

"善之本在教，教之本在师"，作为北京林业大学教学名师，严谨治学，爱岗敬业。主讲"水文与水资源学""植物地理学""水土保持与荒漠化防治研究方法""流域自然地理"等多门课程，主持或参与完成教改项目 10 余项，主持或参与完成科研项目 30 余项。获林业部科技进步一等奖 1 次，国家林业局科技进步二等奖 1 次，中国水土保持学会科学技术一等奖 1 次，已发表学术论文 100 余篇，获发明专利 5 项、实用新型专利 4 项、计算机软件登记 4 项，出版教材和专著 15 部。

擅长将科研和学术交流中取得的成果和新知识，深入浅出地传授给学生，致力于采用新方法开展教学，教学效果优秀，教学评价排名学院前三。"千教万教，教务实求真""这才是大学教授""传道授业，善思明辨""有底蕴，有新意""最好的老师"等，这都是学生们对张建军老师的评价。

"绿满黄土霜染鬓"，从事水土保持工作 30 余年，张建军教授长期投身于黄土高原的科学研究，绿了黄土坡，白了少年头。张建军教授作为山西吉县森林生态系统国家野外科学观测研究站水文组负责人，在蔡家川流域开展了多项生态水文和水土保持的科学研究，长期坚持生态、水文、泥沙等监测，钻研水土流失监测的新方法，擅长改进监测设备，为国家野外科学观测研究站的建设、水土保持监测做出了重要贡献。在科学研究和野外实践中，言传身教，一丝不苟，毫无保留地将多年经验和知识传授给青年教师和学生。生活中诙谐幽默，爱好体育，陪学生打篮球，冬月寒冷留羽绒服给学生，苦口婆心帮助学生推荐深造的学校和导师，东奔西走联系单位给毕业生推荐工作。

❀北京市高等学校教学名师奖获得者

梁 涛

学校名称：北京协和医学院

主讲课程："临床护理学：氧合"

　　梁涛，女，博士，教授，硕士生导师，美国普渡大学北方分校护理学院及约翰霍普金斯大学护理学院访问学者。1990年参加工作，1994成为北京协和医学院护理学院教师，是协和护理融合课程改革后，第一批教授临床护理课程的专业护理人员；是学院本科生"临床护理学：氧合""护理教育概论"的课程负责人。承担本科生"健康评估""护理研究""社区护理学"教学任务，承担研究生高级护理实践、临床思维训练、循证护理等相关课程的授课任务，授课风格与内容深受学生欢迎与肯定。现任中华护理学会内科专业委员会委员、北京护理学会静脉治疗专委会副主委、北京医学会流行病学与循证医学分会循证护理组组长、《中华现代护理杂志》副主编、《中华护理教育》编委和《中国护理管理》特约审稿专家。

先进事迹摘录

梁涛教授坚守教学一线工作岗位24年，始终把教书育人作为自己的使命，不断提高教学与研究能力，坚持教育教学改革，培养学生与建立教师团队并行，在推动护理教育发展中做出突出贡献。

潜心教书，用心育人

在教学过程中不断钻研授课技巧，激发学生热爱护理专业的内在动力，引导学生将所学知识应用于护理实践，创造性地在课程中开展学生健康教育海报大赛，鼓励学生参与社会实践，指导并帮助学生完成大学生创新计划。她热爱学生，也深受学生的喜爱，学生们都称她为思想导师和精神朋友，多次获得优秀教师称号。

锐意进取，推动变革

自1996年以来长期致力于护理教育教学改革与实践，敢于尝试、不断探索最佳教学模式。将现代实践教学理念与模式引入护理教育，开展情景模拟教学、体验式教学、OSCE考核等新型教学与教学评价方法，取得良好效果。分获中华护理学会科技进步一等和二等奖1次，主编教材1部，论著2部，发表教学论文15篇，其中1篇获校级优秀论文。教学同时完成科学研究，指导15名研究生毕业，发表学术论文50余篇。

建设团队，培养骨干

注重团队共同进步，坚持开展教师的专项业务学习与培训，促进团队整体水平的提高。在平时工作中，将自己的经验无私地与同事分享，帮助年轻教师快速成长。获得优秀教学团队称号，辅导马伟光老师获得北京市青年教师基本功比赛一等奖。

社会担当，精神传承

梁涛教授不仅专注于教学，更是关注护理专业的发展。为传播协和先进的护理教育理念与模式，对全国1200余名教学骨干进行新型教学方法的培训，起到了协和教师应有的示范和引领作用。创造性开设协和护理微论坛，每年进行2次以临床需求为出发点的公益性学术交流活动，服务人数多达3000人；建立"协和慧眼之雾里看花"微信公众号，持续推送300多期护理教学、研究和临床实践等内容，关注人群遍及全国，点击量达92万人次。

梁涛教授在职业生涯中秉承协和"严谨、博精、创新、奉献"的精神，不忘初心，砥砺前行，为护理专业发展贡献力量。

❋北京市高等学校教学名师奖获得者

刘雁峰

学校名称：北京中医药大学
主讲课程："中医妇科学"

 个人简历

　　刘雁峰，主任医师、教授，医学博士，博士生导师，北京中医药大学中医妇科临床学系主任。兼任中华中医药学会妇科分会副主委，中华中医药学会生殖分会副主委，北京中医药学会妇科专业委员会秘书长，中国中西医结合学会生殖委员会常务委员等。从事中医妇科临床医、教、研工作30余年，多年潜心研究及实践在临床第一线，在中药干预女性生殖健康方面成就显著。具有丰富的教学经验，多次获北京中医药大学优秀主讲教师、优秀教师称号。为"十三五"国家级规划教材《中医妇科学》《中医妇科临床研究》及《中医妇科临床技能实训》主编。近年来发表学术论文100余篇，作为课题主要负责人承担国家级、市级课题多项。获国家科学技术奖1项，北京中医药大学科技进步二等奖、三等奖各1项。国家中医药管理局肖承悰名医工作室负责人。北京中医药大学教学名师。

医术精湛，重视临床

刘雁峰教授从事临床教学工作二十余年，忠诚党的教育事业，坚持为人师表，注重本科教学、科学研究与临床工作相结合，为中医药事业辛勤奉献。在中医药维系女性生殖健康、治疗妇科疑难疾病方面有显著成就，担任多项社会兼职，具有一定的学术地位及影响力。

心系教学，呕心沥血

刘雁峰教授深知本科教学是中医高层次教育的基础，多年来承担中医妇科本科生课堂教学及临床带教工作。课堂教学中重视经典传承与临床实践，强调理论与实践相结合，讲课内容丰富，课堂气氛活跃；带教过程中注重传授诊疗经验和理念；在教学改革方面，以问题为中心，以病例为模板，取得了良好的效果，多次获校级、院级优秀教师及优秀主讲教师称号；在教材建设方面，立足于传承与创新并重、知识传授与能力培养并重两个原则，妥善处理基础与临床、古代与现代、理论与实践、普适化与个体化之间的矛盾，融合中西，博采众家之长，担任多部中医妇科学教材主编或副主编。

言传身教，人文情怀

刘雁峰教授作为研究生导师，坚信身教胜于言教，对学生学习上严格要求，生活上关心帮助。她强调临床能力和科研能力的训练，对学生书写的病历严格把关，培养学生的临床思维；注重对学生人文情怀的培养，鼓励学生提升人文修养，更好地理解病患的期望，建立良好的医患关系；认真批阅学生的学术论文，并多次指导学生成功申报校级自主课题，曾四次荣获博士生优秀论文指导老师称号，培养妇科硕博研究生多名，许多已成为妇科临床骨干。

传承发扬，勇于创新

刘雁峰教授深入了解学术流派发展壮大规律及流派的构成要素与传承内容，为肖承悰名医工作室负责人以及京城四大名医肖龙友工作室成员，通过学术交流和文化展示平台，继承发扬与创新共进。作为师承导师，于2009年起担任首届北京市通州地区中医师承指导老师，又先后担任第二批、第五批北京市朝阳区中医药专家下基层暨学术经验工程指导老师，培养多名优秀临床人才，为中医妇科教育事业做出了重要贡献。

❋北京市高等学校教学名师奖获得者

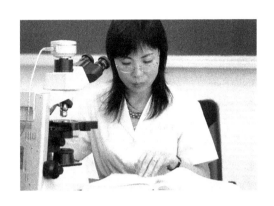

石晋丽

学校名称：北京中医药大学

主讲课程："药用植物学"

　　石晋丽，1990 年 7 月北京中医药大学中药系毕业，获学士学位；1993 年 7 月北京中医药大学中药系硕士毕业，获硕士学位，后留校任教；2004 年 6 月北京中医药大学药用植物方向博士毕业，获得博士学位。

　　现为北京中医药大学教授，博士生导师，药用植物与民族药教研室主任，中药生药与资源系支部书记，国家中医药管理局"中药鉴定学重点学科"后备学科带头人，北京中医药大学学位委员会委员，北京中医药大学中药学院教学指导委员会委员。兼任世中联中药鉴定学会常务理事、中华中医药学会中药鉴定分会理事。国家自然科学基金评审专家、教育部学位与研究生教育专家、中华中医药学会科学技术奖励评审专家、农业部第七届兽药新药评审专家等。

先进事迹摘录

热情工作，积极生活

石晋丽教授1993年毕业于北京中医药大学，以优异的成绩留校任教至今。从事药用植物学教学及科研工作20余年，为国家培养出大量的中医药专业优秀人才。

石晋丽教授说："教育本身就是享受，是多姿多彩生活的一部分！"她以乐观豁达、合作包容、积极进取的心态，把平平淡淡的工作做得有声有色，把乐享生活的态度、把对中医药教育事业的热爱自然地传递给每一位学生。付出汗水，终将收获桃李！

严谨治学，以身垂范

近年来，石晋丽教授主持和参加的课题20余项。作为第一发明人获得国内发明专利授权4项。在科学引文索引（SCI）及国内核心期刊发表论文80余篇，担任16部教材主编或副主编，出版科研著作11部。

无论是作为项目负责人还是参与者，石晋丽教授都以身作则，率先垂范。工作中，她求真务实，刻苦钻研，精益求精，治学严谨。要求他人做到的，她首先要做到。主持国家"重大新药创制"科技重大专项"复方抗焦虑胶囊的开发研究"、国家自然科学基金"葶苈子黄酮成分止咳平喘的机理研究"等项目，取得了重要科研成果。

敢于担当，勇于创新

她常说"敢于担当、富有责任感是一种优秀的品质"。在平时的教学工作中，她这样说，也是这样做的。2016年6月27日，当药用植物教学团队面临学生实习人数多、带教老师少的困难时，她带头坚守松山采药实习第一线29天，在同学们面前树立了良好的榜样。

教育不是简单重复，而是创造。石晋丽教授及时把握国内外研究动态，更新充实教学内容，灵活运用新的教学手段，善于将自身的科研体会与教学实践相结合，做到教学思路、教学内容、教学手段的创新。教学中还注重学生实践能力的培养和锻炼，经常利用周末和课余时间，去北京药用植物园、药草园进行实地教学，努力探索新形势下中药专业学生的培养模式。善于将科研课题的选题思路、研究方法灵活应用于课堂教学中，极大地调动了学生对中药研发的积极性，取得了良好的教学效果。多次获得省部级教学成果奖、北京中医药大学教学名师奖和校级优秀主讲教师称号。

❋北京市高等学校教学名师奖获得者

张　萍

学校名称： 北京师范大学
主讲课程： "基础物理学""电磁学"

　　张萍，教授，博士生导生，曾担任北京师范大学物理系教学副系主任。北京物理学会高教物理研究会理事，研究方向为高等物理教育。主持和参与国家、教育部和北京市教学改革项目 10 项（国际合作 1 项）；3 次获得北京市教学成果奖。出版教学方法专著 1 部、教材 3 部，获北京市高等教育精品教材奖 1 项；在国内外发表高水平教育研究论文 45 篇。获钱瑗教育基金优秀教师奖、北京师范大学师德先进个人提名奖、名师奖、本科教学优秀奖、研究生教学优秀奖等 17 个教学奖。

　　曾在美国哈佛大学 MazurGroup、澳大利亚悉尼大学 SUPER 研究小组和美国俄亥俄州立大学教育学院研究高等物理教育。同时也是美国物理教育研究权威杂志《物理评论—物理教育研究》和《欧洲物理杂志》的编委会成员。

先进事迹摘录

　　张萍老师拥护党的领导、拥护社会主义，有扎实的学识，热爱教育工作，关心学生，治学严谨，符合"四有"好老师标准。在 2001 年获北京师范大学师德先进个人提名奖。

　　张萍老师三十几年来在教学中投入极高热情和大量精力，重视教书育人，在教学中关注学生德育教育和能力培养。有强烈的责任心，深入钻研专业知识，研究学生认知规律，精心加工课程内容，讲课逻辑严密，语言表达生动，受到学生好评，获得教学先进奖 17 项。作为任课教师张萍老师不仅关心学生的学业成长，还关心学生生活，多次捐助家庭困难和生病的学生。

　　张萍老师积极参与教育教学改革和教学基本建设，承担多项省部级研究项目，结合我国高等教育实际，开发设计出适合中国国情的教学模式，在激发学生学习兴趣，培养学生学习能力，获得终身学习能力、创造性的思维、高水平的推理和批判性思维能力等方面取得显著效果，解决教育中的多个实际问题。撰写出版了《基于翻转课堂的同伴教学法：原理、方法和实践》专著，参与编写教材三部，引进和翻译教材两部，发表四十余篇教学研究文章，受邀在国内几十所高校交流教学方法改革经验，多次接待兄弟院校教师观摩课程。FCBPI 教学模式在国内大中小学的许多学科中得到广泛应用，已有上百所大中学不同学科的教师使用这个教学模式，产生很好的辐射效应，得到国内专家好评，教育部高等学校物理学类专业教学指导委员会秘书长、中国物理学会物理教学委员会秘书长、北京大学教授等专家一致认为张萍老师教学方法改革的工作有"重要的理论意义和应用价值，为我国由教育大国到教育强国的转变进行了积极的探索，具有引领作用"。

　　张萍老师是物理教育研究领域在美国权威杂志上发表文章的第一个中国学者，被称为实现"零的突破"，也是亚太地区第一名受聘为物理教育研究领域两个权威杂志的编委会委员，为中国物理教育走向世界、为促进国际物理教育研究的发展做了大量的工作。

✳北京市高等学校教学名师奖获得者

张淑梅

学校名称：北京师范大学

主讲课程："应用多元统计分析"

个人简历

　　张淑梅，女，教授。1984 年本科毕业，1987 年获硕士学位，同年在北京师范大学数学系任教，1998 年晋升副教授，2012 年获北京师范大学博士学位，2013 年晋升教授，高校教龄 31 年。历任统计系系主任、副院长，现任统计学院党总支书记。

　　致力教改，获评国家精品课程、北京市高等教育教学成果二等奖、国家级精品资源共享课、精品视频公开课；坚持在教学一线，获评北京师范大学教改示范课程、教学优秀奖、"最受本科生欢迎的十佳教师"、教学育人模范党员教师、高等教育教学成果奖一等奖 5 项及教学名师。研究方向为教育统计，主持、参与国家自然科学基金 8 项、教育部重点课题 1 项，发表论文 40 余篇。

先进事迹摘录

　　张淑梅同志忠诚党的教育事业，理想信念坚定，能模范践行"学为人师、行为世范"的北京师范大学校训精神。她关爱学生，深受学生爱戴。她勤奋敬业，治学严谨，教学中善于调动学生的积极性，教学相长，是学生信任的好老师、教师效仿的好榜样。

　　致力教学改革，培养"有理论""懂原理""强数感""重实践"的统计学人才

　　张淑梅教授致力于统计学专业培养模式探新，敢为人先，构建了前置式统计学本科专业培养体系，获评北京市高等教育教学成果二等奖，力学笃行，加强实践教学，提高应用能力培养，经过多年的探索实践，效果明显，学生受益良多。她三十年如一日主讲本科生专业基础课，不断总结教学经验、完善教学方法，借助典型案例讲解统计方法和统计思想，开发教学课件，编写上机实践任务。功夫不负有心人，她的课程获得学生的一致好评，讲授的课程分别获评国家精品课程、国家级精品资源共享课、精品视频公开课及北京师范大学本科教改示范课程。

　　注重梯队建设，关心青年教师成长

　　她关注统计学学科的建设与发展，重视培养和扶植中青年教师，根据教学计划、学科发展，给青年教师全方位的指导。多年来，她坚持听新教师的课，课下及时与他们交流，提出改进意见。组织通识课程"统计学导论"教学团队集体备课，就教学内容、教学方法和教学形式等问题进行研讨，促进教学水平的共同提高。她指导了近10名青年教师，多数已成为统计学院的教学科研骨干，其中晋升教授1人，晋升副教授2人，获得北京师范大学最受欢迎的十佳教师2人，获通鼎教学奖2人。

　　潜心研究教学，助力高中统计课程改革

　　她担任中国统计教育学会基础教育分会秘书长，多次组织高中教师进行统计教学研讨活动。自2004年起，作为人民教育出版社"数学课程标准"《高中数学》教材（A版）的分册主编，被聘请为培训专家，进行40多场教师培训，并在线回答教师的问题。

※北京市高等学校教学名师奖获得者

邢国文

学校名称：北京师范大学

主讲课程："有机化学"

个人简历

    邢国文，教授，博士生导师。1999 年在北京大学获得博士学位，先后在中国科学院上海有机所、美国 Polytechnic University、美国 The Scripps Research Institute 从事博士后研究。2004 年到北京师范大学化学学院工作，现任北京师范大学化学学院有机化学研究所所长，第 30 届中国化学会化学教育委员会委员，北京化学会中学生化学竞赛委员会主任，《有机化合物命名原则》审定委员会委员（2015）。主讲本科生国家级双语示范课程"基础有机化学"和北京市精品课程"化学综合设计实验"。作为教学团队负责人，建设了本科生通识 MOOC 课程"普通化学"和研究生综合性实践类 SPOC 课程"合成实验"。作为教学团队核心成员，开设了北师大首批新生研讨课"有机化学的魅力"。参与《有机化学》（科学出版社，上册为第一副主编）和《化学综合设计实验》（北京师范大学出版社）教材的编写。目前主要从事生物有机化学领域的研究工作，承担国家自然科学基金 3 项、北京市自然科学基金 1 项，发表论文 80 余篇。

先进事迹摘录

邢国文教授多年来潜心教学，主讲四门化学专业核心课程。其中，"基础有机化学"和"化学综合设计实验"分别是国家级双语示范课程和北京市精品课程。"基础有机化学"多媒体课件获得"第十四届全国多媒体课件大赛"高教理科组一等奖。作为教学团队负责人，组织老中青合理搭配形成教学团队，充分发挥传帮带的积极作用，建设了两门在线课程，"普通化学"慕课课程在"学堂在线"和"中国大学 MOOC"平台累计选课人数超过 6000 人。

创新教学方法，首次提出了基于双思维循环的"四疑四探"式教学法。在双语"基础有机化学"教学中，按照学生学习能力和学习水平的不同，以小组为单位开展课程教学。采用"疑探式"教学模式，教师课堂讲授与学生基于专题的讨论相结合，指导学生对重要知识点的自主性和拓展性学习。

邢国文教授精心科研，以科研促进教学，做到教学科研并重。他主要从事生物有机化学领域的研究工作，是我国糖化学研究领域有影响力的青年学者，目前是 Nature 出版集团 *Scientific Reports* 杂志编委。在教学中他结合自身的科研情况，把最新的研究成果引入到"基础有机化学"和"综合设计实验"等课程的教学中，提高了学生对课程的兴趣；加深了学生对课堂所讲授概念的认识和理解，缩短了课堂教学和研究前沿的距离，在很大程度上激发了学生对科学研究工作的热情。其科研工作"以 a－胰凝乳蛋白酶为催化剂在有机溶剂中合成 N－保护的亮－脑啡肽三肽片段"和"酰胺键缩合试剂 DEPBT 的合成"成功地转化为大学有机化学综合实验。该实验已经在化学学院高年级本科学生中连续多年开设，收到了良好的教学效果。

邢国文教授爱心育人，热心社会服务工作，将其所学传授给热爱化学科学的高中生、大学生和研究生。他先后获得北京师范大学优秀共产党员、优秀新生导师、优秀辅导员、励耘奖学基金优秀青年教师奖、通鼎青年教师奖、本科优秀教学奖、北京师范大学教学名师奖等荣誉称号。作为北京化学会中学生化学竞赛委员会主任，基于国家级双语教学"基础有机化学"示范课程和北京市精品课程"综合设计实验"的引领效应，卓有成效地开展了面向中学生的奥林匹克化学的组织与培训工作。在 2016 年第 30 届中国化学奥林匹克决赛中，北京市代表队奖牌数位列金牌榜第三。在第 48 届国际化学奥林匹克竞赛中，北京代表队选手刘静嘉同学获得了国际化学奥林匹克竞赛金牌。

❋北京市高等学校教学名师奖获得者

李笋南

学校名称：北京师范大学

主讲课程："篮球教学与训练""体能训练理论与实践"

个人简历

　　李笋南，男，1973 年 9 月出生，教授，博士生导师，中共党员，北京师范大学体育与运动学院院长助理，北师大女子篮球队主教练。1997 年毕业于北京师范大学体育系并获教育学学士学位，2006 年毕业于北京师范大学体育与运动学院并获得体育学硕士学位，2011 年毕业于北京师范大学体育与运动学院，获得教育学博士学位，高校教龄 21 年。现任中国篮球协会教练委员会副主任；教育部大学生体协教练委员会副主任；北京篮协副秘书长；北京师范大学国内合作办基础教育体育类专家等职。

　　多年来承担本科生篮球专项课、研究生体能训练理论与实践、球类运动与专项技能、体育教育训练学研究进展等课程教学，具有丰富的教学经验。研究领域为篮球教学与训练、体能与动作发展、体育教师专业发展研究。

先进事迹摘录

　　李笋南老师在工作、生活中严格按照一名党员的标准要求自己，贯彻党的方针政策，领会"两学一做""四个意识"精神，在教学工作中以"四有好老师"的标准规范自己，尊重师长，爱护学生。

　　教学中，他将科研与教学结合，促成"教科医"三维一体教学模式，特别在高水平运动队教学训练中用科学手段进行监控指导，利用信息科学技术手段进行信息反馈，也将运动训练最前沿的方法理论运用到课堂教学中，使学生学习掌握前沿知识。科研与教学相结合、理论与实践相结合、科学与经验相结合、心理与表征相结合是李笋南老师的教学理念，出版女子篮球体能训练领域的专著两本。

　　在探究体育教学与运动训练的前沿研究趋势的同时，李老师作为"体教结合"的先行者，贯彻北京师范大学和四川体育局联合培养队员的战略路线：以北京师范大学女篮为班底代表北京市取得 2017 年第十三届学生运动会女篮冠军；2017 年第十三届全国运动会青年篮球比赛亚军；2017 年第十三届全国运动会成年篮球比赛第九名，均为创造历史的成绩。

　　2017 年在探索"体教结合"的道路上继续深化，提出"大学生篮球运动员参加职业联赛预赛"的人才培养策略并被教育部大体协采纳。北京师范大学女篮自 2009 年以来共取得 6 届中国大学生篮球联赛全国总冠军；3 届全国大学生超级联赛全国总冠军；2 次全国学生运动会冠军；共计培养国际级运动健将 1 名，国家级运动健将 10 名；中国女子篮球职业联赛运动员 7 名；邵婷为现中国女篮队长。

　　在改变高水平运动员培养路径的同时，李老师创造性提出"校体企"运动队运行新模式。新模式发挥了高校教育管理的优势、体育局及企业提供资金、政策、医疗、科研保障的优势，共同培养篮球高水平人才。这种运行模式先后引导清华、北大和天财等高校的加入，新型运动队模式得到了国家体育总局、职业俱乐部等广泛关注，取得了巨大的社会效应，7 年来为北京师范大学女篮筹集资金 1000 余万元，并为四川省取得队史首个全国 U19 女子青年联赛冠军。同时将继续引领深化"体教结合"，培养"高素质、高技能"双优高水平的人才模式。

❋北京市高等学校教学名师奖获得者

张　浩

学校名称：北京语言大学

主讲课程："初级综合汉语"（留学生）

个人简历

　　张浩，教授，博士生导师，汉语学院总支书记，校教学督导专家。长期担任留学生本科生基础课教学工作，高校教龄 27 年，有丰富的对外汉语教学和科研经验。治学严谨，积极组织和参与教学改革，取得了突出的教学效果。先后在欧美三所高校从事汉语和中国文化推广工作，作为汉办培训专家，多次为海外大学和孔子学院举办中文教师培训讲座。曾获北京语言大学优秀青年教学奖一等奖、北京语言大学教学名师，以及北京市师德标兵等。

　　主要研究领域为汉语国际教育及跨文化研究。主要科研成果有相关研究专著 3 部，教材 4 部，译著 2 部，核心期刊论文 30 余篇，主持省部级及校级项目 6 项等。

先进事迹摘录

　　张浩教授任教 27 年来，一直工作在教育教学的第一线，治学严谨，开拓创新，具有团队协作精神，在平凡的工作岗位上做出了不平凡的贡献。下面分别从教学、管理、科研及服务社会等方面对张浩教授的工作事迹加以介绍。

教学工作

　　多年来一直承担留学生本科生的基础课教学任务，她针对留学生特点，因材施教，注重教书育人工作，鼓励学生参与教学活动，赢得了学生的好评。近年教学质量评价等级全部为优秀，获得北京语言大学优秀教学奖一等奖，以及北京语言大学教学名师奖。

学院建设

　　张浩教授曾任教研室主任、系主任多年，目前担任学院总支书记、校教学督导专家、院学术委员会委员等职务。她长期关注专业课程的建设与发展，在学院学科建设的总体思路上，具有自己的发展理念，既尊重对外汉语教学的历史传统，又感应时运、积极回应时代新变，努力开拓汉语国际教育的新发展。

科研成果

　　在完成教学任务的同时，她潜心于汉语国际教育课程论及跨文化研究。作为课题负责人，申请并主持了省部级项目 2 项，主持 4 项校级项目，在多家有影响的核心期刊上发表了 30 余篇论文，出版学术专著 3 部，其中的观点与见解对跨文化研究和汉语国际教育具有深刻的启发意义。

服务社会

　　张浩教授作为北语教学经验丰富的教授，除了教书育人工作之外，还承担着推广汉语和传播中国文化的重任。她作为汉办资深专家，前往多所海外大学从事汉语教学和中国文化海外推广工作，多次参与出国教师和志愿者培训工作，赢得了海内外汉语教师的广泛赞誉。

　　总之，教学方面，张浩教授培养了一批又一批的留学生本科生，可谓是桃李满天下；科研方面，潜心汉语国际教育及跨文化研究，成果颇丰；社会服务方面，在培训海外本土教师和传播中国文化方面，做出了特殊贡献。她把教书育人作为自己神圣的使命，在平凡的事业中见证了一名教师对党的教育事业的忠诚。

北京市高等学校教学名师奖获得者

郑 月

学校名称：中国传媒大学
主讲课程："电视节目导播"

　　郑月，中国传媒大学教授、硕士生导师，现任戏剧影视学院院长助理、导演系主任。从教 23 年，坚守教学一线，主讲"电视节目导播""影视剪辑艺术""电视文艺晚会创作""文艺编导专业创作"等本科、研究生课程。在全国首次确立了"电视节目导播"课程教学体系，著有全国正式出版的第一本该课程专用教材，其教学体系、内容与方法在全国高校相关专业中起到引领示范作用。

　　兼任中国电影剪辑学会理事、中国电视艺委会电视研发委员会副会长、北京国际女性戏剧节副秘书长、中国检察官文学艺术联合会影视协会理事、北京市朝阳区党外知识分子联谊会理事。常年担任中央电视台及多家地方电视台导播、剪辑培训专家，并多次担任北京市教育委员会高校教师资格认定教育教学能力测试评审组长等。

先进事迹摘录

郑月同志从教以来，始终践行着"立德树人"的教育目标，并自觉将本职工作与新时代理想联系起来，服务社会、服务学生，以精湛的专业能力、丰富的创作经验、严谨的治学态度、规范的工作作风、博爱宽广的为人情怀感染、鞭策着学子们，为学生们搭建了通往实践创作与未来从业的平台，并培养出大量一线创作及教学人才。

教学业务精湛，对所授课程具有原创性贡献

郑月在全国首次确立了"电视节目导播"课程教学体系，撰写了全国正式出版的第一本该课程专用教材，并荣获"第八届全国高校出版社优秀畅销书"一等奖、"中国大学出版社图书奖首届优秀教材奖"一等奖；该课程也被学校列入优质示范课程、精品课程与国际课程，并荣获北京市第七届青年教师教学基本功比赛（高校）二等奖、最佳教案奖。

承担大量教改、科研工作，成果丰硕

郑月主持完成省部级和校级科研、教改课题 10 项，参与完成省部级和校级科研、教改课题 5 项，其成果被学界和业界广泛采用；在权威、核心期刊发表多篇影视教学与影视创作研究领域的学术论文；目前主持省部级和校级教改、科研课题 8 项，参与国家社科基金重大项目 1 项。

富于教学管理经验，勤思专业建设谋略

在先后担任剪辑教研室主任、文艺系主任、导演系主任期间，郑月对相关 3 个专业的专业培养定位、教学体系结构、系列课程教法、实践教学管理以及师资队伍培养均制订了多版建设性方案。在任期间，这些专业方向均取得显著的教学成绩，稳固提升了其在影视教育领域的标杆作用和业界认可度。

具有极强的团队合作精神与资源整合能力，在工作中富于主动性、创造性和饱满激情

在学校 45 周年校庆晚会、2014 年全国大学生电视节，以及连续 12 年戏剧影视学院多专业学生联合实习等实践活动中贡献突出。作为指导教师带领学生将实践教学成果成功转化为公众文艺作品，原创音乐舞台剧《周末要毕业》在第八届全国大学生创新创业年会荣获最高奖项"优秀创业项目"奖等多个奖项，原创综艺舞台剧《你好，周一见！》在线直播点击率总计60 余万人，这些富于创造性的实践项目均为学生提供了全方位可持续的实践平台。

北京市高等学校教学名师奖获得者

郭红玉

学校名称：对外经济贸易大学
主讲课程："货币银行学""财政学""货币经济学"等

个人简历

    郭红玉，教授、博导。对外经济贸易大学金融学院教师，第八届校学术委员会委员，北京市金融学会学术委员会委员，国家开发银行专家委员会专家。主要从事宏观金融理论与政策研究。近5年来发表学术论文34篇，其中中文社会科学引文索引（CSSCI）学术论文18篇，出版专著一部，主编教材一部；同期主持的项目包括：国家社科基金项目、北京市社科基金项目，以及国家发展与改革委员会、国家开发银行、北京地方政府招标项目共计8项，2014年获校级"服务社会科研奖"。两次被评为校级优秀指导教师和优秀班主任，先后被评为最受欢迎研究生教师、教学标兵、对外经济贸易大学好导师等，2017年获得校级优秀共产党员和北京市优秀共产党员称号，2018年获得校级教学名师和北京市第十四届教学名师称号，2018年获得王林生奖教金，2018年获得第四届全国优秀金融硕士学位论文指导教师奖。

先进事迹摘录

30 年来，郭红玉为不同层次学生开设了"货币银行学""财政学"等大量课程，指导了 100 多名硕士研究生。据近 5 年的统计，5 年完成本科、硕士和博士 3 个层次共 796 学时教学工作量，担任本科班主任，指导本科学生毕业论文 67 人，在校硕士研究生 65 人（毕业 42 人），博士研究生 11 人（毕业 6 人），留学生硕士研究生 2 人，留学生博士研究生 3 人，其他同等学力 10 人。郭红玉潜心研究教育教学方法，作为主要负责人参与了教育部和北京市质量工程建设项目"金融学特色专业建设"和"北京市金融学优秀教学团队"建设工作，撰写《金融学专业培养方案》，先后发表了 5 篇教学研究的学术论文，建立"货币银行学"学习网站。

郭红玉认为，教学的最高境界在于唤醒青年学生对生活的热情，养成正确的价值观以及掌握认识世界的方法。郭红玉主动为学生讲党课、专业宣讲课。坚持每周两次在业余时间分别开设硕士研究生（吸收本科生参加）和博士研究生讨论班，资助多名博士研究生赴台湾、上海等地参加学术会议。为多位同学提供实习就业机会。

郭红玉坚持将科研成果运用到教学实践中，引入哲学分析范式，加强课堂互动，提高学生的参与度。在教学手段上，与年轻老师合作利用互联网手段提高教学效果。注重与青年教师互帮互学，与青年教师合作教学 3 个课堂，合作发表学术论文 6 篇，合作出版专著一部，2017 年与青年海归教师获得校工会"优秀师徒"奖励。

精心的投入获得了丰硕的成果。郭红玉指导的 2017 届研究生获得第四届全国优秀金融硕士学位论文奖；连续 2 名博士研究生毕业排名第一，获得"鸿儒奖学金"和国家奖学金；先后有 3 位研究生获北京市优秀毕业生称号；3 名博士研究生因学业和科研成果优异获得提前毕业资格。担任班主任的班级先后 2 次获得"首都高校'先锋杯'优秀团支部"称号。郭红玉本人也获得了优秀本科指导教师和班主任、最受欢迎研究生教师等奖励，被研究生会评为"贸大好导师"。

在教学之余，郭红玉潜心学术研究、积极关注中国经济金融改革实践。近 5 年来发表学术论文 34 篇，其中中文社会科学引文索引（CSSCI）学术论文 18 篇，出版专著一部，主编教材一部，支持国家社科基金项目和北京市社科基金项目共 2 项，以及国家发展与改革委员会等横向课题共 6 项，多次就货币政策、汇率改革、中小企业融资等问题接受媒体采访，将理论服务实践，2014 年获得"服务社会科研奖"。

北京市高等学校教学名师奖获得者

吴庆军

学校名称：外交学院

主讲课程："英国文学史及选读"

个人简历

　　吴庆军，外交学院英语系教授，英语语言文学博士，英国剑桥大学英语系博士后，硕士研究生导师，英国文学学会常务理事。瑞士苏黎世詹姆斯乔伊斯基金会访问学者，英国利兹大学英语系访问学者，美国塔尔萨大学（国际詹姆斯乔伊斯基金会）访问学者。研究领域主要为英国文学和文学翻译等方面。先后主持国家社科基金项目2项，北京市社科基金项目2项，其他各类社科基金多项，发表学术论文20余篇，出版学术专著2部。

致力教学

吴庆军多年来一直致力于本科一线教学工作，其主讲的课程受到学生高度评价，教学效果优秀。吴庆军是国家级外交外事翻译教学团队的主要成员，该团队于2010年被评为国家级优秀教学团队。所讲授的泛读课程团队集体获得北京市教育教学成果二等奖。吴庆军在主讲课程英国文学史及选读教学中一直"秉承文本细读，洞察大千世界；加深阐释厚重，再现经典魅力"，在授课中融文学于文化之中，融作品于时代视野。与同学们分享文学中的艺术、分享文家的人格魅力。

教研相长

吴庆军在教学的基础上将英国文学作为自己的科研阵地潜心钻研，近年来在《外国文学》《外国文学研究》等权威性期刊发表学术论文20余篇，出版学术专著2部。主持国家社科基金项目2项、北京市社科基金项目2项。发表的论文及专著曾多次获得外交学院科研优秀成果奖。

教书育人

吴庆军热爱教学事业，为本科生开设过多门课程，目前英国文学史及选读和文学翻译成为主讲课程，教学效果得到师生的高度肯定。与此同时，吴庆军热情地指导和辅导学生，在科研教学工作之余，倾注大量的精力和心血指导学生参加各种比赛，每周设定固定时间在办公室与学生交流，对学生进行指导。

他甘做铺路石，每年指导多名本科生到国外求学深造，积极为研究生继续深造提供力所能及的学术支持；其所指导的本科生和研究生多次获得外交学院本科及研究生优秀论文奖。在教学和同学生的交流中，做到为人师表，以热情的态度尊重学生，将广博的知识讲授给学生，用品格的魅力感染学生。

团队协作

作为外交学院英语系英美文学方向带头人，吴庆军积极带领青年教师投身教学科研工作，在实际教学中，将自己长期总结的英国文学课程设计、内容讲解同青年教师分享，共同编写相关教材。在科研工作中将科研方法、科研视角创新以及申报课题注意事项等与青年教师共同分享，积极邀请青年教师参与到课题申请及课题执行中，并鼓励青年教师积极申报英美文学相关科研课题，目前英美文学团队已经获得多项国家及省部级社科基金项目。

❀北京市高等学校教学名师奖获得者

石 斌

学校名称：中国人民公安大学
主讲课程："警察实战能力的培养"

个人简历

　　石斌，男，汉族，1968年10月生，湖北黄石市人，中共党员，专业技术二级警监，教授，硕士学位，硕士生导师，现任中国人民公安大学警体战训学院副院长，警察职业风险与安全研究中心主任。

先进事迹摘录

　　石斌教授多年来始终工作在警务战术教学训练第一线，多次荣获公安大学青年教师讲课比赛一等奖。2003年被公安部警务实战训练基地和北京巡总教育训练处聘为常任教官，2004年被公安部评为全国刑警大练兵优秀教官，并荣获公安大学个人嘉奖；2005年被公安大学聘为中青年骨干教师；2006年荣获公安大学师德标兵称号；2009年荣获首都教育先锋教学创新个人标兵和中国人民公安大学优秀教师荣誉称号；2010年被评为全国公安机关优秀教育训练工作者。2014年被评为公安大学教学名师和学科带头人。2015年被评为公安大学先进个人。2016年荣获第二届全国公安院校教学技能大赛一等奖。2017年荣获全国公安系统优秀教官称号。

　　石斌教授积极倡导和开展警务实战案例研究工作。形成了具有鲜明公安特色的警务实战案例教学方法，并得到了公安教育界同仁的一致认可，是全国知名的战例研究专家，为我国警察实战训练战例研究领域作出了开拓性的贡献。2004年主持完成校极科研项目"警务实战案例库组建工程"；2006年主持完成校级课题"警务实战案例教学法研究"；2007年出版专著《警务战术案例教程》（2010年被评为全国公安机关优秀培训教材）。

　　石斌教授先后多次为警监班授课并多次应邀为全国实战教官班和基层民警讲学指导，享有较高的声誉。

北京市高等学校教学名师奖获得者

李文良

学校名称：国际关系学院

主讲课程："解码国家安全"

　　李文良，国际关系学院公共管理系教授，博士生导师，法学博士，英国南安普顿大学访问学者。主要研究领域为国家安全管理、公共管理、全球治理等。

先进事迹摘录

　　李文良的学术著作主要有：《国家安全管理学》《2011年中国国家安全概览》《西方国家行政伦理研究》《美国政府运行机制》《公共部门与人力资源管理》《WTO与中国政府管理》《中国政府职能转变问题报告》等。

　　他主要的获奖情况：2010年获部级"特殊人才一等奖"；2011年获"第七届北京高校青年教师教学基本功比赛"最佳指导教师奖；2013年获"第八届北京高校青年教师教学基本功比赛"最佳指导教师奖；2014年被评为"部级优秀教师"。"解码国家安全"（课程负责人）荣获2017年"国家精品在线开放课程"。

北京市高等学校教学名师奖获得者

任 弘

学校名称：北京体育大学

主讲课程："体质测量与评价"

个人简历

  任弘，生于 1968 年 10 月，博士，教授，博士生导师，2009 年入选教育部新世纪优秀人才计划。1991 年 8 月毕业于北京体育学院基础理论系，获得学士学位。由于学业成绩优异、组织能力较强、政治表现良好而留校任教，主讲"体质测量与评价"课程。1995 年 9 月至 1998 年 6 月，在职攻读北京体育大学硕士研究生，获得运动训练学专业硕士学位。2000 年 9 月至 2004 年 6 月，在职攻读北京体育大学博士研究生，获体育教育训练学专业博士学位。

  主要研究方向为体质测评与健康促进，现为国家体育总局和北京市体育局"全民健身、科学健身"讲师团讲师，中国体育科学学会"运动处方师"培训讲师，为工矿企事业单位及学校做科学健身、运动处方等讲座 80 余场。

先进事迹摘录

任弘同志自 1991 年参加工作以来热爱教师岗位，全身心投入到一线教学中，每年本科和研究生的教学工作量达 500 学时以上。在教学中不断引入自己和他人的最新科研成果，以实际的研究案例带动教学，教学效果生动活泼，受到学生的爱戴。在"体质测量与评价"课程教学中注重理论与实践相结合，指导全体学生进行身体形态、生理机能和身体素质相关指标测试方法的反复练习、利用全班同学的测试数据进行统计分析，指导学生完成个人体质综合评价，利用多年教学积累的各年级数据库，指导学生进行体质研究论文的撰写。学生们在此过程中不仅学到了体质测评的理论，也亲自做了测试与数据统计分析和论文写作，实践能力得到很大提高。教师在完成这样的教学课程中投入了大量的时间和精力进行分组教学指导、作业修改、论文指导，因此也得到了学生和专家组的一致好评。近三年评教成绩在全校教师中名列前茅。

任弘同志在多年的教学中始终坚持教书育人，以身作则，以积极的正能量引导学生，在每一堂教学课前增加"个人素养之每课一句"，以一件件的小事来引导学生怎样做事、怎样做人，以润物细无声的方式慢慢地影响学生认真做事、踏实做人。这一教育方式得到学生的认可和好评，许多学生表示今后自己做教师的话也要这样教学生。2017 年任弘同志作为教师代表在全校毕业典礼上讲话，传达了时刻感恩、努力前行、善心待人，勇于承担社会责任的基本理念，受到与会领导和毕业学生的好评。任弘同志作为一名共产党员和教研室支部书记，时刻严格要求自己，努力学习，带领支部党员共同进步，2010 年被评为北京体育大学优秀党支部，2011 年被评为北京体育大学优秀党员。

任弘同志近十年参与承担了国家科技部"十一五""十二五"科技支撑项目、国家体育总局、教育部、北京市教委、美国得克萨斯州立大学、北京体育大学、中国儿童中心等 22 项科研课题，主要研究涉及体质测评方法、运动促进健康效果、运动员科学选材等内容，发表学术论文 28 篇，参与编写教材及专著 7 本。

❀北京市高等学校教学名师奖获得者

黄俊亚

学校名称：北京体育大学
主讲课程："艺术体操教学与训练"

黄俊亚，女，出生于 1962 年 5 月，博士。1982 年 2 月至 2000 年 9 月，任职于西安体育学院，从事艺术体操教学、训练、科研工作。2000 年 10 月至今，任职于北京体育大学，现为北京体育大学艺术学院艺术体操教研室教授，博士研究生导师，艺术体操国际级裁判。

在从事教学科研工作的同时，黄俊亚教授担任着多项社会工作。2006 年 3 月至 2009 年 12 月，担任国家艺术体操队领队，率队摘得北京奥运会艺术体操集体项目银牌，也是中国军团第 100 枚奖牌，实现了我国艺术体操历史性突破。现为国家艺术体操队备战奥运会科研团队负责人，国家艺术体操队专家组成员。参加《艺术体操运动员技术等级规定动作》音像教材的创编和推广工作。近些年多次担任全国艺术体操比赛高级裁判。

先进事迹摘录

黄俊亚自 1982 年参加工作以来，始终严格要求自己，爱岗敬业，成绩卓著。在长期的教学科研工作中呕心沥血、孜孜不倦，写就了一位教育工作者平凡而鲜活的人生篇章。

加强修养，践行师德

黄俊亚老师自执教以来，认真贯彻党的基本路线和方针政策，不断提高自身的思想道德修养，为人师表，以德施教。在教学、训练工作中，注重传授学生专业知识技能的同时，高度重视塑造学生正确的世界观、人生观、价值观。培养学生自强不息的人生进取精神以及厚德载物的博大胸怀，使学生形成高尚的人格。

不断进取，追求卓越

学无止境，作为一名教师，黄俊亚老师在教学岗位上锐意进取，不断提升自己的执教水平。善于引导学生主动探究，激发学生的学习兴趣。教学成效得到学校专家组的充分肯定，历年评教成绩均名列前茅，并于 2015 年荣获全校第一名。

从教 36 年来，黄俊亚老师主要承担了本科、硕士、博士专业训练理论与实践以及健身瑜伽等课程的教学任务，指导本科生 50 余人，博士和硕士研究生 60 余人，圆满完成了本科和研究生的授课和论文指导工作。

求真务实、投身科研

黄俊亚老师积极投身科研工作，以求真务实的科研作风，取得了丰硕的学术成果。

主持及参与国家体育总局体操运动管理中心艺术体操 2004 年、2008 年、2012 年、2016 年和 2020 年奥运会科研攻关与科技服务项目以及北京体育大学重点课题 30 余项（其中主持课题 14 项）；参加国家科技部"十五"科技攻关课题"奥运会优秀运动员科学选材（优秀体操运动员选材）"和国家社科基金项目研究工作；参与多部艺术体操教材的编写工作；出版专著和主编艺术体操等级规定动作音像教材；在国内外体育学术期刊和学术会议上发表论文 30 余篇。

黄俊亚老师在教书育人的道路上付出极大的热忱和辛勤的汗水，收获了一份份充实。在今后的教育生涯中，她将继续秉持"学高为师，德高为范"的信条，将余生奉献于她所钟爱的教育事业。

北京市高等学校教学名师奖获得者

周 望

学校名称：中央音乐学院
主讲课程："古筝演奏"

周望，古筝演奏家、教育家，中央音乐学院教授，博士生导师，民乐系弹拨教研二室主任，美国巴德音乐学院古筝教授，中国古筝学会副会长，中国民族管弦乐学会古筝专业委员会副会长，陕西筝派重要代表人。

从事演奏、教学 40 年来，大量录制出版个人专辑、古筝教学光盘等音像文献，出版多部专著。多次在美国哈佛大学、麻省理工学院、普林斯顿大学、丹麦皇家音乐学院等校演出讲学。

先进事迹摘录

　　周望，2014年获第五届文华奖优秀指导教师奖，2016年获宝钢教育基金优秀教师奖，2017年获文化部主办的"全国青少年民族乐器教育教学成果"指导教师奖。同年获首届中央音乐学院颁发的"金校徽"优秀教师奖。2018年6月被中国民管学会评为全国"杰出民乐演奏家"，作为著名古筝演奏家被收入《中国音乐家辞典》《中国名人录》等多部辞书。

✾北京市高等学校教学名师奖获得者

姜 涛

学校名称：中央戏剧学院

主讲课程："导演艺术及表演艺术"

个人简历

　　姜涛，从事大学教育工作 31 年，讲授导演及表演，任教前在解放军艺术学院期间多次获嘉奖。2014 年于中戏完成创建"戏剧教育"专业方向任务，数年间撰写了多篇调查论证，研究了国内外教学理念与课程，设计了该专业主干课程，制定了教学大纲和计划，并于当年领导了该专业的招生工作。曾为中国国家话剧院、中国歌剧舞剧院、中国全总文工团、中国铁路文工团导演多部话剧、歌剧。其导演作品《红岩魂》曾奉调中央党校演出。2016 年为学院导演话剧《罗密欧与茱丽叶》赴欧洲锡比乌戏剧节演出并获好评。近来导演红色题材话剧《掩不住的阳光》《潜伏》并获好评。

先进事迹摘录

姜涛，1974年入伍进入军队专业文工团学习艺术，1987年毕业于解放军艺术学院并留校任教，带军校学员进过深山，上过海岛，到过边防，在艰苦的"小散远"营区采风时重病不撤退，坚持完成带队任务，并创作出了他的第一部获奖演出作品。

从军队转业进入中央戏剧学院这所有着延安鲁艺红色基因传承的院校后，他一心扑在教学排练上，多次婉拒社会上的创作邀约。他和同学们在那个阶段排演的苏联戏剧作品受到国内外专家的称赞，国外媒体也有报道。

他积极完成实践课程授课任务，同时抓紧进行科研课题的研究工作，他虽然是教授实践课程的老师，仍发表论文数十篇，并承担了教育部新世纪优秀人才课题项目，出版了两部专著。他参与撰写的《导演学基础教程》被评为北京市高等教育精品教材。姜涛赴俄罗斯访学期间学习用功，成绩优秀。学习结束时他自费购买大量影音资料贡献给了学院，竟忘了留出钱来买回国的机票。

姜涛任教研室、副系主任期间积极配合领导工作。担任二级学院院长达6年，主管人事、财务、教学，在北京职业教育评估中获得很高评价，受到表扬。担任导演系主任后，受上级委派完成了创建"戏剧教育"专业方向的任务，制定了该专业的主干课程及教学大纲。姜涛同志积极投身社会上高水平剧院团的创作，其导演作品曾获中国话剧金狮奖，并奉调进入中央党校演出。他担任指导教师的班级排演的作品，代表学院远赴欧洲锡比乌戏剧节演出并获好评。2018年他用8年时间完成了《斯氏体系在中国的创作与教学》，填补了教材空白。

姜涛多次获教学与创作奖，但他自己最看重的，还是"北京市优秀教师"这个光荣的称号。

北京市高等学校教学名师奖获得者

杨宗丽

学校名称：中央民族大学

主讲课程："中国近现代史纲要""中共党史""中国近代政治思想史"

个人简历

　　杨宗丽，中央民族大学马克思主义学院教授。从事"中国近现代史纲要""中共党史""中国近代政治思想史"等本科、硕士、博士课程的教学和科研工作，她讲授的多门课程被评为精品课。发表论文50余篇，多篇论文获奖，著有《领袖之间》《周恩来二十六年总理风云》等书，担任《中国共产党历史大博览》的总撰稿人，北京市第十次党代会代表。获北京高校教学研究会优秀教学成果一等奖，被评为北京市马克思主义理论课优秀教师、北京市高校优秀骨干教师、宝钢教育基金优秀教师、中央民族大学"十佳"教师，中央民族大学首届杰出育人奖，北京高校优秀共产党员、北京高校优秀德育先进工作者、北京市师德榜样。

先进事迹摘录

　　杨宗丽教授自从教以来，长期担任本科教学工作，既教书又育人，被学生誉为慈母般的好老师。

　　教学具有感染力、吸引力和亲和力。杨老师的课堂经常有学生抢占座位，课堂上还有旁听生。学生评价均在 90 分以上，多次排名学院第一。所授课程多次成为观摩课，教育部社科司司长、国家民委教育司司长等领导、专家都曾随堂听过她的课，并给予高度评价。社科司前司长杨瑞森教授听了杨老师课后这样评价："把思想政治理论课讲得这样受欢迎，实属不易。从听课中可以感到杨老师在讲台下花了很大工夫。"

　　关爱学生，教书育人。她告诉学生："有困难了，心里难受了，无人诉说了，就找我吧，24 小时开机。"对远离父母的学生，她是老师，也像妈妈。法学院 1998 届毕业生匡俊英上了慈善家排行榜，他应邀回校做讲座时，学校要求他请一位老师做嘉宾，他请的就是杨宗丽，他说："杨老师是一个不是天天想起，但永远也不会忘记的好老师。"

　　在团队建设方面，她担任教研室主任 18 年，帮扶年轻老师。在她的悉心指导下，教研室年轻老师先后获得北京市教学大赛一、二、三等奖。由她负责建设的课程"毛泽东思想概论"和"中国近现代史纲要"先后建设成为校级精品课。

　　身患癌症仍心系学生。2013 年 4 月，她被查出患淋巴癌，在住院的头一天晚上依然在给研究生上课，下课后才告知学生病情，闻知杨老师病了，学生们哭了……出院后，她又积极地投入到工作中去。尽管身体里还有肿瘤，但她以积极乐观的心态与癌共存、面对生活和工作。在北京肿瘤医院住院治疗期间，她的乐观精神感染了周围的人，出院后的她被请回医院给医生们做有关"医德"的讲座，医院党委书记朱军说："这是难得的一场几乎无人刷屏的讲座。"

　　热心公益，服务社会。她应邀到高校、部委、博物馆、医院、企业等单位做有关历史、政治、职业道德、素质教育等方面的讲座。《新华每日电讯》以题为《"马克思主义老太太"引发的"抢座大战"》一文，报道了杨宗丽的事迹，浏览量近 130 万。

　　对于怎样看待自己从事的工作，她在发表的文章中有一段真情独白："学生并非教师讲台前的匆匆过客，而应是教师精神生命的延续。能从事教书这样一种职业，真是我的福气。'教师'，是我无悔的选择。"

❀北京市高等学校教学名师奖获得者

曹立波

学校名称：中央民族大学

主讲课程："红楼十二钗评讲""《红楼梦》导读"

个人简历

  曹立波，中央民族大学文学与新闻传播学院教授、博导，中国红楼梦学会常务理事，中国徐霞客学会副会长。

  著有《红楼梦东观阁本研究》《红楼梦版本与文本》《红楼十二钗评传（修订版）》等5部专著。主持国家社科基金"红楼梦清代木刻本海外流布与影响研究"等科研项目5项。在《文学遗产》《北京师范大学学报》《红楼梦学刊》等刊物发表论文70余篇。《红楼梦》相关讲座在《百家讲坛》《文明之旅》《国宝档案》等栏目播出。曾获得宝钢教育基金优秀教师奖、北京市教育创新标兵、国家民委社会科学研究成果三等奖、首届北京市大学生人文知识竞赛冠军队指导教师等荣誉。主讲的"红楼十二钗评讲"为2012年国家精品视频公开课，高等教育出版社录制的在线开放课程"红楼梦经典章回评讲"2018年上线。

先进事迹摘录

"种竹交加翠，栽桃烂熳红"是曹立波老师的座右铭。1988年起，她在高校古代文学教学的讲台耕耘了三十年，从汉唐诗文到明清小说，从情境设置到编演体验，她都锐意进取。2002年到中央民族大学从事教学工作，至今虽已十六载，却仍能与时俱进，常讲常新。

坚守讲台，乐在其中。"腹有诗书气自华"是对曹老师最好的形容，她对学生有着相同的期许。教学任务繁重，她却乐在其中。2015—2017年三年间，工作量达到了1299个标准学时，年均433学时，超额99％完成教学任务。在学校本科教学评估中，曹老师被评估专家抽中听课，她优秀的表现得到评估专家的首肯。曹老师坚持指导好每一篇本科论文，毕业生均取得优异的成绩。

立足本科，春风化雨。在中央民族大学，曹立波是一位"明星"教师，常有很多校内校外的"插班生"来旁听她的课。除了教学，在班主任工作中，曹立波开展了一系列富有创造性的班团活动。全班40多名同学，将近20位学生攻读硕士研究生，还有近10位同学当村官或考取公务员，即使本科直接就业的学生，工作也很出色。在担任另一个班的班主任工作时，她将学生分为过渡、适应、准备三个培养阶段，通过讲解试卷、轮岗当班干、回乡见闻提炼等环节，在学习和素质方面强调对本科生的培养，"如果脱离本科教学这一基础工作，对于我们大学的文化传承无疑是一种遗憾与缺失"。

网络时代，与时俱进。曹立波老师录制的国家精品视频公开课"红楼十二钗评讲"，自2012年12月上线之后，至2018年3月点击量共855万次。2017年8月，曹老师在高等教育出版社录制了"红楼梦经典章回评讲"，2018年3至6月，她在《红楼梦》导读课上实施翻转课堂教学实践，构成了线下与线上的互动。她感慨道："作为一名执教三十年的高校教师，能逢互联网时代，得以拓展三尺讲台的宽度，未尝不是一件乐事。"

※北京市高等学校教学名师奖获得者

田力男

学校名称：中国政法大学
主讲课程："学术英语读写"

个人简历

　　田力男，女，中共党员，教授，博士，硕士生导师，现任中国政法大学外国语学院副院长，坚守本科一线教学岗位 25 年，近 3 年为本科生年均授课 221 课时，主讲"学术英语读写""法律英语""英语语言对比与翻译"等课程，曾 3 次获得北京市高等教育教学成果奖，编写教材 8 部，出版了《法律语言的模糊性》等著作，先后主持并完成了"涉外法学实验班外语课程体系改革研究与实践"等 6 个校内外立项，发表论文多篇，多次获评校级优秀教师和优秀教学特别奖。主要社会兼职有：中国政法大学外国语学院学术委员会委员、学位委员会副主席，全国译协法律翻译委员会副秘书长，中国法律外语教学与测试研究会副会长，中国法律语言研究会常务理事，北京市大学英语研究会理事。

先进事迹摘录

锐意进取——上好每一堂基础课

从教 25 年以来她每年都超额完成教学工作量，每学期评教成绩都是优秀。25 年中，她始终坚守在本科教学的第一线，始终以本为本，从每一堂基础课做起，陪伴刚刚步入成年的学子度过最美好的大学时光。

她信守"课比天大"的教学观念，从未因为任何个人原因延误上课。她从课堂上的口头报告、小组研讨、辩论演讲到课后论文的反复审定、学生创新项目的悉心指导，她为每一个学生的专业知识学习、语言能力的培养和批判思维的训练创造了多样化的学习平台，悉心帮助学生在完成学习任务、解决学习问题的同时，感受语言文化的魅力，感知自身成长和提升的快乐。

她因材施教，坚持每学期进行学生课程学习需求和意见调查，引导学生科学制订学习计划并督促他们适时调整学习进度和学习方法；她强调学有所得、学以致用，她的课堂是延展的，学生经常有问不完的问题，而她经常有因为讨论问题而吃不上的饭。

立德树人——呵护每一颗求索的心

在学生的眼中，田老师不仅是学业上的好导师，而且也是指点迷津的引路人。尽管肩负专业教学和学院管理的双重重任，她数十年来坚持定期与学生座谈，了解学生在成长和发展中的问题和困惑。为了便于和学生们交流、沟通，她创建了"Joy"微信群，借此，她先后帮助多名学生走出学习和生活的困境。2016 年，当她得知一名学生想要退学的情况后，立即约谈了该名学生，在确认这名学生因不适应大学生活而产生厌学情绪之后，她与辅导员一起积极引导该生对自己进行重新定位，合理规划，最终帮助他回到了正常的大学学习和生活当中。

开拓创新——勇当教改先行者

她始终坚守求实创新的教育教学理念，从 2007 年开始带领大学英语教学团队进行了多次教学改革，2012 年建立起以学术英语为核心、以分科英语为特色，通用英语与学术英语交流能力并重，英语与专业、语言与文化相结合的多元大学英语课程体系。该体系已经过 5 轮教学实践，教学效果多次获奖。

✿北京市高等学校教学名师奖获得者

陈 雷

学校名称：华北电力大学

主讲课程："大学物理""物理实验"

个人简历

　　陈雷，男，1963 年 5 月出生，博士，应用物理教研室教授。大学物理和物理实验双语教学团队负责人，华北电力大学第三届教学名师，北京市物理学会理事。

　　长期承担基础课教学任务，建立了多层次理论教学内容体系和以能力培养为目标的开放式实验教学体系。先后讲授"大学物理""物理实验""热学""量子力学""数理方程""现代物理"等课程，每年的教学工作量平均超 700 课时（是规定工作量的两倍）。主持完成北京市教改项目 1 项、校级重大教改项目 1 项，荣获 2017 年华北电力大学教学成果奖一等奖。指导学生参加全国部分地区大学物理竞赛和北京市物理实验竞赛，多次获一、二、三等奖。

先进事迹摘录

寓教于乐，培养学生创新能力

陈雷老师忠诚党的教育事业，恪守教师职业道德，师德高尚，教学经验丰富，对理论和实验教学都有独到的见解和方法。建立了针对不同教学对象的多层次的理论教学内容体系和开放式、以能力培养为目标的实验教学体系。他的课堂教学将科学教育与人文教育相融合，大大提高了学生的学习兴趣，反响很好。

他视教学为生命存在的价值，视学生为民族复兴强盛的希望。他应用物理学科最新成果和前沿技术来启迪学生，充分激发学生的求知欲，注重培养学生发现问题和解决工程实际问题的能力，使得学生知识掌握牢固、实践能力和创新意识都有所提高，教学效果显著。获学校教学优秀特等奖、2017年华北电力大学教学成果奖一等奖，华北电力大学第三届教学名师。

传帮带，助力青年教师成长

陈雷老师注重青年教师及团队的培养，经常讨论教学问题，分享自己的教学经验，先后培养了多名青年教师，现已担任各级领导职务，多人晋升高级职称。两名青年教师入选名师培养计划，现在担任他们的指导教师。入选学校优秀教学团队支持计划。

身正为范，做好学生的指路人

陈雷老师积极参与学科建设，领导组建了应用物理的本科专业，并亲自担任第一届学生的班主任，第一届学生大部分是调剂的学生，入学成绩在全校倒数，他跟每一个学生进行过交谈，听过每一位老师上的课，激励学生努力学习，树立远大理想，毕业时，超50%的同学考上研究生，还有一名北京籍的同学自愿去西藏工作。从这一届学生开始，应用物理专业的学生每年的考研率都超过50%，一直名列全校前茅。获"三育人"先进个人、校十佳班主任等荣誉。

陈雷老师主持完成北京市教改项目一项和校重大教改项目一项；担任学校与北京市共建的优秀教学团队的负责人。参编教材一部，主编校内讲义两部。指导学生参加各类竞赛，多次获奖；在承担繁重的教学任务的同时，还积极开展科研活动，主持完成教育部基金项目一项，参与国家自然科学基金项目三项和国家重大专项一项，发表检索论文多篇。

❀北京市高等学校教学名师奖获得者

司　茹

学校名称：中华女子学院
主讲课程："税务会计"

个人简历

　　司茹，中华女子学院教授，博士，硕士研究生导师，注册会计师。2007年获得管理学博士学位，从事高校教学20年。热爱教育事业，重视"以学生为本"的教育理念，主讲"税务会计""税务模拟实验""高级财务会计""税务筹划"等课程。出版《上市公司财务报告舞弊》《税务会计》等著作，在《中央财经大学学报》《经济管理》等杂志发表论文数十篇。在税务领域，具有扎实的理论功底与丰富的实践经验，担任深圳建发集团、北京建投集团等多家国有企业税务顾问，重视企业的实际调研，注重把企业的实际案例融入到教学中，培养学生把税务法律知识、企业实践案例与沟通协调技巧相结合，提升学生分析问题、解决问题的能力。

先进事迹摘录

司茹，教授，博士，硕士研究生导师，从事高校教学 20 年，二十年如一日，热爱祖国教育事业，爱岗敬业，教书育人。

第一，具有坚定的理想信念。始终把教书育人当作自己的伟大使命，深知自己作为人民教师肩负的使命和责任，是社会主义核心价值观的自觉践行者、积极传播者，用自己的实际行动引导学生对真善美的向往和追求。

第二，热爱学生，热爱教育事业。执着于教学，兢兢业业做好本职工作，每年都超额完成工作量，课堂教学效果好，深得学生喜爱和信任。在专业教学中能够以学生为本，培养学生把税务法律知识、企业实践案例与沟通协调技巧相结合，提升学生分析问题、解决问题的能力，获得中华女子学院"优秀教师"称号。

第三，具有深厚的理论功底和扎实的学识。有胜任教学的专业知识，宽阔的视野。踏踏实实做学问，远离浮躁之气，坚持到企业实践中去。在研究税收法律理论的基础上，每年坚持去企业实践，深入调研中国石油、中国联通、双汇集团、张裕集团、建发集团、建投集团等上百家企业，用企业实践案例引导学生对学习的兴趣，注重对学生能力的培养。树立终身学习的理念，刻苦钻研，以企业鲜活的案例为学生提供知识的清泉。

第四，踏实工作，认真做事。在教学中勇于承担责任，积极帮助青年教师的成长，从工作、生活中关心青年教师，做好专业的梯队建设。在家庭负担较重的情况下，不计较个人得失，圆满完成院系各项工作，用实际行动显示出对学生的负责，对学院的热爱，对祖国教育事业的忠诚，彰显出当代高校教师的风采。

✿北京市高等学校教学名师奖获得者

郑晓雯

学校名称：中国矿业大学(北京)
主讲课程："机械设计基础"

个人简历

郑晓雯，女，教授，博导，中国矿业大学(北京)教学名师，北京市师德标兵，北京市优秀共产党员。1987年以来主讲"机械设计基础""机械原理""工程制图"等8门本科生和6门研究生课程，多次获优秀教学质量奖一等奖、优秀课程奖、优秀本科生全程导师奖等，合编教材3部。作为课题负责人或主要成员承担了国家自然科学基金项目、国家重点环保科技攻关项目、煤炭科学基金项目、教育部重点学科建设项目及横向项目等研究，发表学术论文80余篇，获授权国家发明专利、实用新型专利及软件著作权8项。现任北京机械原理研究会常务理事、北京大学生机械创新设计大赛评委、北京图学学会会员、教育部高校工程图学课程教指委委员等。

先进事迹摘录

辛勤耕耘爱岗敬业

郑晓雯教授从教 30 年来，爱岗敬业，甘愿奉献。工作中坚持教学和科研并重教学优先，始终把培养好学生放在第一位。尽管她患癌症 24 年，先后 4 次手术，爱人肾移植 27 年患淋巴癌 11 年，但她没有因疾病和家庭负担影响工作，倾心投入教学，并完成多项课程建设和改革项目。

她刻苦钻研业务，努力提高教学质量，甘愿付出大量时间和精力用于备好课、讲好课、答好疑，无论大课小课都坚持 100% 批改作业。对学生因材施教，以使教学内容能与授课学生专业更好地相吻合，并做到下有底线，上不封顶，让不同层次的学生都有成就感。

弘扬师德关爱学生

郑老师学风严谨，为人师表，以良好的师德和人格魅力教育影响学生，注重进行正确的人生观和价值观的培养，鼓励学生积极进取。在每一届本科授课的第一次习题课最后，她都会特别讲道："人生没有彩排，只有现场直播。所以我们应该努力做好每一件事，尽最大的可能少留遗憾。——与大家共勉。"

她重视学生的身心健康，做良师益友，不仅关注学生的学业，还热心解决生活中的问题。当学生对学业缺乏兴趣或感到困惑时，当学生出现家庭或个人问题时，当学生患抑郁症或焦虑症时，当学生遇到突发事件时，她总是尽力关心和帮助，并与学生一起领悟人生，受到学生的好评。

与时俱进潜心育人

郑老师把学习、教学、科研、创新有机结合，努力探索新的教育理念和方法，并热心帮助青年教师开展工作。她坚持及时将学科前沿的研究成果及工程和生活中的例子引入教学，让学生在了解所学课程学科发展和应用热点的同时，也能感到所学课程与自己身边发生的事和日常生活紧密相连，提高学生的学习兴趣，培养学生的创新意识与综合素质。

她积极鼓励学生参加学科竞赛，并尽力发挥本科生全程导师制作用，指导的国家级大学生创新项目成果突出，结题均获优秀，发表学术论文 12 篇，获授权专利和软件著作权 5 项，15 人获学科竞赛一、二等奖。学生普遍反映收获颇丰，使他们在后续的学习和工作中受益匪浅。

❀北京市高等学校教学名师奖获得者

郭绍辉

学校名称：中国石油大学(北京)
主讲课程："高等仪器分析""环境工程设计"

个人简历

　　郭绍辉，长期工作在教学、科研工作第一线，作为环境工程领域的学科带头人，主要从事石油工业环境污染治理与修复领域的科研与高层次人才培养工作，在难降解石油工业废水高效处理、石油污染土壤/地下水修复以及石油污染环境生态修复等领域形成了鲜明的研究特色。近5年来获北京市教学成果一等奖1项，获省部级科技成果二等奖1项，在国内外学术期刊发表论文30多篇，被聘为油气污染防治北京市重点实验室学术委员会副主任，石油石化污染物控制与处理国家重点实验室学术委员会委员，首届"中国石油和化学工业联合会专家委员会"委员，陕西省油气田环境污染控制技术与储层保护重点实验室学术委员会委员。现为教育部环境科学与工程类专业教学指导委员会委员。

先进事迹摘录

　　郭绍辉老师在平凡的岗位上坚持理想和信念，热爱教育事业，在工作中起到培育和践行社会主义核心价值观的示范引领作用。

　　做一名合格的教师，从讲好每一堂课开始。郭老师在面向全校开设的"高等仪器分析"课程（2002年学校第一批品牌课）教学过程中，每年都要针对生源情况变化认真备课，针对往年学生学习过程中以及毕业论文评审过程中发现的问题，对内容做必要的补充和调整，课后耐心辅导。该课程是面向化学、化工、能化、环境、材料类专业最受欢迎的一门课程（近3年选课学生人数都接近300人），由于教室容量（298个座位）有限，部分旁听的学生从隔壁教室借来椅子坐在过道里听课。2018年4月12日的《中国石油大学学报》、5月7日学校手机网平台（1个月内阅读量达到了4800多）进行了专题报道，5月18日北京市教工委V思想平台以"坚守初心，纯粹的教书匠人"为题，《中国科学报》2018年6月26日以"郭绍辉：二十余年讲好一门课"为题进行了专题报告。

　　作为一名导师，他注重教书育人。针对当前社会风气比较浮躁的现象，郭老师在指导大学生科技创新和研究生论文工作的同时，狠抓学风建设，确保每一位学生都得到严格的训练；对同学亦师亦友，为学生营造了良好的学习、工作、成长氛围。在每年的大学生科技创新和研究生报考过程中，他带领的团队成了所在专业最受欢迎的学术团队，被授予了2014—2015学年度大学生科技创新优秀指导教师。

　　作为一名老教师，郭老师在教学改革过程中勇挑重担。在理学院成立之初提出了从教学大院向教学强院的改革目标，带领理学院教学团队，从教学理念和顶层设计开始进行教学改革，在《高等工程教育研究》发表的教学改革成果，在兄弟院校的同行中引起了良好的反响，经过六年坚持不懈的努力，获得了2017年北京市教学成果一等奖。同时获得了2017年中国石油教育学会成果特等奖，2016年北京市高等教育学会科学研究一等奖。被授予2014—2016年度中国石油大学（北京）师德标兵称号。

✳北京市高等学校教学名师奖获得者

赵长春

学校名称： 中国地质大学（北京）
主讲课程： "大学物理"

　　赵长春，女，1964 年生，山西太原人，博士，教授，现任物理学科主任，北京高校物理学会理事；1986 年 6 月毕业于山西大学物理系，1995 年在北京师范大学获得物理学硕士学位，2011 年在中国地质大学（北京）获得岩石矿物材料学博士学位；长期从事矿物材料成分—结构—性能之间关系的研究及热释电和发光材料合成与表征。主编和参编教材 3 部，专著 1 部。作为主要研究人员参与完成国家 863 项目 1 项，国家自然科学基金项目 3 项，横向项目 3 项，校内基金项目 2 项，中央高校基本科研业务费项目 5 项。目前主持国家自然科学基金面上项目 1 项，近几年在国内外期刊上发表科研论文 30 余篇，其中科学引文索引（SCI）收录 15 篇，申请国家发明专利 3 项。在此期间，获得 2009 年度中国地质大学（北京）教学优秀二等奖，2006 年和 2012 年获中国地质大学（北京）师德先进个人奖。

先进事迹摘录

诚信做人，以情育人

在教学工作中，严格履行人民教师的光荣职责，以优良的思想品德，严谨的治学态度，良好的工作作风，从事本职工作，做到既教书又育人。

其一，注重教学效果，注重与学生沟通。在基础课程的教学中，大学物理对于部分学生来讲，可能是一门难度较大的课程。针对这种情况，赵老师常常利用课间或课下时间与他们进行沟通，起到了很好辅助教学的作用，同时也拉近了与学生之间的距离。

其二，要求学生做到的，首先自己要做到。比如要求学生上课不迟到自己首先不迟到，所以，从事教学工作多年来，每次上课总是提前 5～10 分钟进教室。

其三，尽心尽力帮助学生。当他们遇到困难和一些想不开的问题时，及时伸出援助之手去帮助他们。

兢兢业业，做好本职工作

注重教学方法与教学管理的研究。

积极探索教学方法，改革教课程体系，将创新教育融入教学中。为了更深入、系统地开展专业与课程体系的改革，作为项目负责人成功申报了 2006 年中国地质大学教学研究项目"大学物理分层次教学"，通过 2 年多的潜心研究与实践，逐步形成了较为规范的专业人才培养体系，修订和完善了大学物理和相关的选修课程的教学大纲、相关辅导及教材等，并荣获校 2008 年教学成果二等奖。完善了大学物理教学的科学化管理。

创设情境，培养学生学习的兴趣。每年组织一次校内大学物理竞赛、物理学术竞赛和实验技能竞赛，其目的就是提高学生对物理的学习兴趣。

注重人才培养

在从事教学、教研工作的同时，常常利用业余时间对本科生的创新实验进行辅导。2009年指导的沈恋、郑允星参加大学生课外科技活动，荣获北京市大学生优秀科技作品竞赛二等奖。

注重科学研究

积极从事科研工作，把最新成果应用到课堂上。目前主要集中在国家自然科学基金项目——类电气石结构新型热释电性材料的研究上。

❀北京市高等学校教学名师奖获得者

丁文龙

学校名称：中国地质大学(北京)
主讲课程："石油构造分析""新能源地质与勘查"

　　丁文龙教授自1989年从中国地质大学(武汉)硕士研究生毕业以来，一直在高等学校从事"石油构造分析""新能源地质与勘查""页岩气构造分析""石油地质学"等方面的教学与科研工作(29年)。其中，1989年至2002年在大庆石油学院勘探系任教，2004年到中国地质大学(北京)能源学院石油地质教研室任教，先后担任支部书记、副主任、主任等职务，负责教研室的全面工作。除了完成日常的课程教学、野外地质实习、油田生产实习、毕业设计(论文)等教学管理工作以外，还协助学院圆满完成了资源勘查工程(能源)专业的课程体系建设、本科教学评估、工程教育专业认证、新一轮本科培养方案的修订、与密苏里理工大学"2+2"合作办学的日常工作联系和课程对接、"含油气盆地构造分析"校级优秀教学团队建设的申报等工作。先后获得了中国地质大学(北京)教学优秀奖(3项)、教学成果奖(1项)、优秀共产党员(2007年)、师德先进个人(2009年)、育人标兵(2010年)、第十三届我爱我师"十佳教师"(2015年)、暑期社会实践先进工作者(2016年)、教学名师(2016年)、北京市优秀教师(2017年)等荣誉称号。

先进事迹摘录

　　丁文龙教授为人师表，立德树人，坚持以学生为本的教育理念，热爱学生，关心学生全面成长，教书育人，重视学生健康人格的培养，始终用正能量教育和引导学生树立正确的世界观和人生观；将培养学生的爱国主义、集体主义、科学精神、学习能力、实践能力、创新能力等内容渗透到课堂教学、科研、生产实践教学等各个环节中。

　　始终以高昂的热情积极投身到本科生和研究生的教学工作之中，认真出色完成了教学工作任务。做到了认真备课和精心准备好每一节课的教学内容，开拓创新、自觉更新知识，善于把握学科前沿领域发展，提升自己的科研水平，以科研促教学，及时将自己科研成果引进课堂教学中，注重课堂教学的实效性和提高教育教学质量，能够将学科知识与教育理论、现代信息技术(富媒体、翻转课堂、慕课)有机结合，极大地调动了学生们的学习兴趣，教学效果受到了专家和同学们的好评，评教结果连年达到优秀。

　　在教学工作过程中，重视"教学改革、教材建设"，负责完成了校级教学改革项目5项，发表教学改革与研究论文5篇；作为主编负责编写出版或待出版(已列入"十三五"规划教材)本科专业课程教材6部、研究生课程教材1部；这些成果已在地质、矿产普查及能源勘探领域方面的人才培养中得到了比较好的应用。

　　在实践教学环节中，近年来有7名本科生的毕业论文获得校级优秀奖、院级优秀论文奖13名；指导研究生撰写发表高水平的学术文章，近5年已发表的学术论文共计95篇，其中，国外科学引文索引(SCI)12篇，美国工程索引(EI)17篇，近3年已有4位博士生获得了"博士研究生国家奖学金"、2名博士生获得了国家留学基金委博士联合培养；6名硕士生和2名博士生获得了校级优秀毕业学位论文。

　　积极参与科学研究工作，不断提高自己的学术水平。先后负责主持了"国家自然科学基金面上项目"2项、中国博士后科学基金项目1项、中国石油科技创新基金项目1项、国家科技攻关专题2项、国家"973"项目专题2项、国家油气重大专项专题6项和重大横向科研项目等80多项。先后获得了"教育部科技进步二等奖"1项、"国土资源部科技进步二等奖"2项，"新疆维吾尔自治区科学技术进步三等奖"1项，局级科技成果奖励5项和校优秀博士论文奖。近年来已出版的教材和专著共计8部；论文139篇，其中科学引文索引(SCI)收录30篇，美国工程索引(EI)收录26篇。

北京市高等学校教学名师奖获得者

燕晓飞

学校名称：中国劳动关系学院

主讲课程："发展经济学"

　　燕晓飞，女，1970 年 3 月出生，中共党员。1996 年 7 月东北师范大学经济学专业硕士毕业后到中国劳动关系学院（原中国工运学院）经济管理系任教至今。2004 年晋升为副教授，2009 年晋升为教授，其间，2003 开始在华中师范大学在职攻读教育经济学博士学位，2008 年获得博士学位。

　　2006 年开始，担任经济管理系副主任，2011 年起担任经济管理系主任至今，其间，2015 年 12 月开始担任学校科研处处长。2017 年当选学校党委常委。

　　在社会兼职方面，担任中国劳动经济学会常务理事、副秘书长，全国工会学研究会秘书长，劳动关系与工会研究中心执行主任，中国职工发展研究所所长等。

先进事迹摘录

　　燕晓飞主要从事经济学教学科研工作。主讲的课程有"发展经济学""微观经济学""宏观经济学""经济学名著选读""当代中国经济专题"等,每年均超额完成教学工作量。教学成绩卓著,多次被评为学校"十佳教师",并在学校中青年教师教学基本功大赛中获奖。除了本科生外,还为MPA研究生、工会干部培训、港澳班、劳模本科班授课,担任本科生导师和硕士研究生导师。在科研方面,主持和参与包括国家社科基金、国际劳工组织、教育部人文社科、中华全国总工会等各类研究项目50余项,在全国重要期刊上发表论文40余篇,撰写《非正规就业劳动力教育培训研究》《发展经济学》《经济学原理》等著作。近年来,带领"中国职工状况研究"课题组跟踪我国职工状况最新发展变化,构建中国职工状况指数,发布《中国职工状况研究报告》,得到全总领导及社会各界广泛关注。

　　燕晓飞是中国劳动关系学院国家级教学实验示范中心和北京市教学实验示范中心的主要负责人之一,是"企业综合模拟仿真实训"经管类课程的主要开发者与实施者。担任系主任期间,主持开办学校特色专业劳动经济学本科专业方向,主持申办劳动经济学本科专业;主持北京市教改项目"经济管理类大学生综合实践能力研究——人才培养共建项目研究",主持学校教改项目"经济管理类课程评价体系理论与实践",主持经济管理系的教学基地建设,建设完成"生活中的经济学"等全校通识课程,主持开设了全校第一个辅修专业——财务管理辅修专业等。

　　作为中国劳动经济学会副秘书长、全国工会学研究会秘书长、劳动关系与工会研究中心执行主任、中国职工发展研究所所长,每年筹备并成功举办全国工会学研究会年会、工会劳动关系论坛等学术会议。

　　燕晓飞的多项教育教改项目获得学校教育教学成果一等奖,多项科研成果获得优秀科研成果奖,多次获评学生科研优秀指导教师;指导的教师在最近两届学校的教师基本功大赛中取得了讲课第一名、最受学生欢迎奖、最佳教案奖的好成绩。2016年荣获优秀共产党员称号。

✿北京市高等学校教学名师奖获得者

赵 亚 溥

学校名称：中国科学院大学

主讲课程："力学""材料力学"

个人简历

赵亚溥，1963 年 8 月出生。1994 年在北京大学力学系获得博士学位。1998 年在中科院力学所晋升为研究员。2000—2005 年担任非线性力学国家重点实验室主任。

2002 年获得国家杰出青年科学基金。2014 年获得国家自然科学二等奖（排名第一）。在国际权威期刊 PRL（封面）、JFM 等发表论文 200 余篇。科学引文索引（SCI）他人引用 4900 余次，其中包括多位诺贝尔奖得主的引用。历年被 Elsevier 评为中国高被引学者。

在科学出版社出版学术专著、教材四部。兼任《中国科学：物理学、力学、天文学》中英文版副主编，中国力学学会微纳米力学工作组组长、物理力学专业委员会副主任。担任多个科学引文索引（SCI）国际期刊的编委。

在国科大为本科生主讲两门课程，获得中科院朱李月华优秀教师奖和中科院教育教学成果奖。

先进的教学理念的创设、高水平独具特色教材的出版：国科大的定位是探索培养出国际高端的能够开辟出新方向的科技帅才。按照该定位，国科大的本科课程设计就应该是和几个顶尖级国际名校一样独树一帜，对教材的要求极高，市面上的绝大多数教材不能满足国科大的要求。赵亚溥曾到莫斯科大学、巴黎高师、剑桥大学以及美国多所常青藤大学实地考察相关课程，以朗道、费曼、伯克利等著名教程作为起点和参照体系，加之授课者本人在力学领域有着高的学术水平和知名度，在国科大开设两门本科生课程从一开始就保证了高起点和高影响力。

基于在国科大连续三年的授课心得，在借鉴和吸收朗道理论物理教程中的第一卷《力学》突出优点的基础上，结合近年来相关的重大科学进展，教材中适当地增加了许多新的内容。所出版的《力学讲义》将启人心智的"思想实验"、发人深省的科学典故以及鲜活生动的学科前沿巧妙、生动地结合在一起，在教学改革方面做了深入探索。《力学讲义》比国内任何同类教材都难。教材中有著者自己很多独到的观点和思考。著者认为一部优秀的教材，首先是要能感动著者自己，才有可能感动学生。可以毫不夸张地说，这部《力学讲义》中的多个章节是著者含着泪花写成的！

《力学讲义》一经出版发行，便立即热销。浙江大学航院固体力学研究所为每位教授和常聘副教授购置了几十本《力学讲义》；国家自然科学基金委员会前主任、中国力学学会理事长、中国科学院技术学部主任、浙江大学教授杨卫院士主动向赵亚溥索要《力学讲义》；中国科技大学的相关课程已指定该书为主要教学参考书。

学生的质疑和批判性思维的培养：赵亚溥坚定地认为，批判性思维的培养是国际名校的本质之一。他经常性地将国际权威期刊如 PRL 上有错误文章的原题作为本科生的考题，同学们受到了极大震动，表示从此质疑性和批判性思维能力得到了极大提升。

授课特别有活力和激情，受学生爱戴：被历届听课的本科生广泛地尊称为"赵爹"。

✸北京市高等学校教学名师奖获得者

陈 熙 霖

学校名称：中国科学院大学

主讲课程："概率论与数理统计"

　　陈熙霖博士，中国科学院大学教授，计算机学院副院长，中国科学院计算技术研究所副所长，IEEE/IAPRFellow，CCF 会士，兼任中国计算机学会副秘书长，学术工作委员会主任。

　　陈熙霖博士 1994 年从教，先后在哈尔滨工业大学、上海科技大学、中国科学院大学等讲授过计算机视觉、虚拟现实、概率论与数理统计等多门课程。

　　陈熙霖博士在学术服务方面，曾任 IEEETrans. on Image Processing 和 Frontiers of Computer Science in China 的 AE，目前是 IEEETrans. on Multimedia 和 Journal of Visual Communication and Image Representation 的 AE、Journal of Computer Science and Technology 领域主编、计算机学报副主编和模式识别与人工智能的副主编。

　　陈熙霖博士先后获得国家自然科学二等奖 1 项，国家科技进步二等奖 4 项。合作出版专著 1 本，在国内外重要刊物和会议上发表论文 200 多篇。

先进事迹摘录

陈熙霖老师从事教学、科研工作多年，在教学和科研上勤勤恳恳，任劳任怨。特别是负责教学工作以来，为本科和研究生教育付出了辛勤的汗水。

陈老师在国科大本科招收之初，受命负责制定本科教学体系，在调研全球多所著名高校的课程体系之后，确立了通识和专业相结合，以培养能力为核心，以系统思维为主线的课程体系设计原则，制订了本科生的培养体系。通过过去四年的实践，特别是通过学生出国访问交换的实践，验证了这一体系对于培养高素质学生是有效的。首批毕业生的顺利毕业以及毕业后继续深造和就业的去向均表明这一体系能够培养出高素质的学生，同时也得到了同行的认可。

精心准备、认真教学。从2014年招收本科生以来，陈熙霖老师连续三年承担了面向计算机专业的"概率论与数理统计"的教学工作。结合专业特点，在课程设计上源于一般工科需求，同时考虑到专业特点，增加了大量与机器学习、模式识别等相关的内容，同时以计算的思维融入"概率论与数理统计"的教学，帮助学生加深认识和建立课程间的体系化思维。陈熙霖老师除了教学工作之外还承担了大量的科研和学术服务工作。为了保证教学工作，常常是头天晚上披星戴月赶回北京保证教学工作不受影响。2016年全国计算机大会期间，陈熙霖老师为了保证上课不受影响，特地协调大会，将两个活动分别安排在课程的前后两天，中间返回北京按时上课。虽然多花了从北京往返太原路上的时间，但利用高铁上的时间可以备课，保证了教学的效果。

2016年秋季学期，尽管当时有课程安排，为了推动国科大与卡内基梅隆大学的本科合作，陈老师特地利用国庆节期间飞赴匹兹堡，与CMU计算机学院院长Andrew Moore、计算机系主任Frank Pfenning等会谈，详细介绍学校的培养理念、课程体系、教学内容等，获得对方认可，为后续规模化的本科生交换扫清了障碍。

❋北京市高等学校教学名师奖获得者

杨红卫

学校名称：北京工业大学
主讲课程："大学物理"

个人简历

　　杨红卫，博士，教授，北京工业大学教学名师，北京工业大学优秀教师，北京工业大学推进国际化进程工作先进个人，高等学校计算物理教学研究会理事。从教 20 年来，一直承担本科生校公共基础课教学工作。作为北京市精品课程大学物理的主讲教师，积极开展教育教学研究和教学方法改革，注重学生素质培养，教学效果好。获全国多媒体课件大赛一等奖、优秀奖，校优秀教学质量一等奖、教学优秀奖，校优秀教育教学成果一、二等奖。主持省部级教育教学研究项目 4 项、校级教育教学研究项目 4 项。以第一作者发表教研论文 9 篇，其中核心期刊 6 篇；主编出版双语教材 1 部。主持和参与国家自然科学基金等各类科研项目 10 余项，发表科研论文 40 余篇。

先进事迹摘录

　　从教20年来，一直承担本科生校公共基础课的教学工作和计算物理领域的研究工作。主讲课程"大学物理"为北京市精品课程。

　　在多年的教学实践中，杨红卫老师不忘初心，始终将教书育人放在首位，在思想上引导学生，在生活上关心学生，做学生的良师益友，以人格魅力吸引学生，把思想政治教育贯穿于整个教学之中。杨红卫老师在工作中认真负责、兢兢业业，为教学工作倾注了大量心血和精力。积极开展教育教学研究和教学方法改革，遵循教育教学规律，以先进的教育理念为指导，科学组织教学内容，注重学生素质的培养，让学生充分体会学习物理的重要性，感受物理之魅力，取得了突出的成绩。被评为首届北京工业大学教学名师、北京工业大学优秀教师、北京工业大学推进国际化进程工作先进个人。获全国多媒体课件大赛一等奖、优秀奖、校优秀教学质量一等奖、教学优秀奖，校优秀教育教学成果一、二等奖。主持省部级教育教学研究项目4项、校级教育教学研究项目4项。以第一作者发表教研论文9篇，其中核心期刊6篇；主编出版双语教材1部，参编教材2部，出版电子出版物1套。

　　以科研项目为支撑，教研相长是杨红卫老师长期追求的目标。杨红卫老师主要从事电磁场辛体系、物理问题的数值计算及模拟、多学科优化等方向的研究工作，在其研究领域发表研究论文40余篇，其中近5年以第一作者发表13篇，其中科学引文索引(SCI)论文8篇(1篇一区)，美国工程索引(EI)论文3篇，申请软件著作权4项。主持国家自然科学基金项目(11172008)1项，主持横向及校级研究课题多项，参与国家自然科学基金项目多项。在研主持横向课题1项，2018年新增国家重点研发计划重点专项(2018YFB0703500)1项。

　　指导的学生在各种比赛及评比中取得好的成绩。多人在全国部分地区大学生物理竞赛、全国高等学校学生创新课件评比中获奖；多名学生获国家奖学金、校优秀硕士论文及校优秀毕业生称号。

❋北京市高等学校教学名师奖获得者

陈　喆

学校名称：北京工业大学
主讲课程："建筑设计Ⅳ－2"

个人简历

　　陈喆，男，1963 年 11 月生，建筑设计及其理论专业工学博士，教授、博导，北京市优秀教师。国家一级注册建筑师，中国建筑学会教育评估分会理事、北京市绿色建筑标识委员会专家。

　　1990 年开始从事建筑学专业高等教育至今 28 年。目前为北京工业大学的教育部特色专业、教育部卓越工程师培养计划试点专业、国家工程教育实践中心（与北京建筑设计院联合）、北京市特色专业、北京市两个校外人才培养基地（建筑学、城乡规划）等教学基地和改革项目负责人。主持北京市教委重点和面上项目各 1 项，两次获北京高等教育教学成果二等奖，获北京市教工委"先锋号"优秀实践教学团队（负责人）。发表教改论文 15 篇，其中 2 篇发表在中文社会科学引文索引（CSSCI）期刊《中国大学教育》和《建筑学报》上。

先进事迹摘录

　　陈喆老师从教多年来，满腔热情、爱岗敬业，忠诚党的教育事业，为人师表，深受广大教师和学生的喜爱，是 2013 年北京市优秀教师。具体突出表现如下。

作为普通教师，爱岗敬业、忠于职守

　　第一，承担难度和负荷大的教学工作任务，教学效果突出。

　　承担建筑学专业难度大的建筑设计课程，年本科教学工作量 240 学时，尽管工作负荷大，但每学期学生评教均在 90 分以上。辅导本科生、研究生多次获国内外建筑设计竞赛奖项及优秀论文奖。

　　第二，积极推动教学改革、努力践行教学研究成果。

　　完成北京教改重点和面上项目各 1 项，发表教改论文 15 篇，其中 1 篇在教育学核心期刊发表。出版本科和研究生教材各一部。

　　第三，关爱学生，尊重学生。

　　结合专业特点，培养学生树立正确的职业观，关心学生就业，主动为学生就业出谋划策。积极疏导学生心理问题，作学生的良师益友，特别是在学生个人情感、就业方面给与关注。

　　对青年教师进行传帮带，为青年教师成长提供阶梯和机会。在各类项目申报中，积极推举年轻人，自己甘作人梯。

作为专业责任教授：积极谋划、争创一流

　　积极倡导课堂教育、校外实践和国际交流相结合的开放式教学理念。作为负责人，为建筑学专业申获：教育部特色专业、首批"卓越工程师培养计划"专业、国家工程实践教育中心等 7 项本科教学建设项目。主持建筑学和城乡规划专业 4 次通过住建部全国专业评估（4 年一次）。

作为科技工作者：求真务实、服务社会

　　积极投身服务北京、关注社会弱势群体的农村规划建设中。2015 年承担北京市美丽乡村建设活动，先后深入山区农村，完成 1300 个美丽乡村评估及指导工作，得到北京市农委表扬和当地政府的肯定。

　　带领研究团队，深入研究保障房和老龄化社区建设中的各类问题，主持和参与国家《公租房建设标准》《绿色住区建设标准》和北京《绿色建筑设计标准》等多项规范和科研项目，为社会公平和服务弱势群体投入了满腔的热忱，得到了社会的认可和好评。现为北京市绿色建筑标识专家委员会专家。

✿北京市高等学校教学名师奖获得者

吴 正 旺

学校名称：北方工业大学

主讲课程："城市环境与城市生态学"

个人简历

　　吴正旺，男，1972 年生，同济大学工学博士，清华大学博士后，教授，国家一级注册建筑师，硕士生导师。在福州大学、北方工业大学历任讲师、副教授、教授。主讲"城市环境与城市生态学"等 6 门课程。主持国家自然科学基金面上及北京市社科基金一般项目等 6 项。出版专著 2 部，发表学术论文 60 余篇，含本学科最权威的中文期刊《建筑学报》9 篇。获北方工业大学"教学名师""教学基本功比赛一等奖""最佳教学演示奖"、校级"十佳优秀班导师""北京市青年教师教学基本功大赛二等奖""最佳教案奖"等荣誉。任国家一级学会期刊《中国园林》审稿专家、教育部学位中心"研究生学位论文"通讯评议专家、国家自然科学基金委"面上项目"通讯评审专家。

先进事迹摘录

吴正旺同志是一位对待专业极热爱，对待学生很有耐心，对待科研非常用心，对待同事热情、热心的老师。

重视培育学生对专业的热爱

他认为，只有热爱专业，才能"为祖国健康、快乐地工作50年"。为此他喜欢琢磨各种方法，2006年，他指导的毕业设计真题真做，和学生同甘共苦，参加竞赛并中标，该毕业设计获福州大学当年"校级优秀毕业设计"及"福建省工程设计优秀奖"，极大地激发了整个学生团队的专业热情。2014年，他带领学生前往韩国釜山参加2014韩国釜山国际建筑文化交流会及其设计竞赛，和学生同吃同住，共同努力，最终荣获"2014韩国釜山国际建筑文化奖"。2015年，该设计作品获"中国建筑学会2015中国建筑院校境外交流学生优秀作业奖（最高奖）"，参与竞赛的学生全部去往美国、英国继续深造。

吴正旺同志还连续获得"优秀班导师""先进工作者""十佳优秀班导师""校教学名师""优秀指导教师"等荣誉称号。他指导的班级和学生先后获得"北京市先进班集体""国家奖学金""北京市优秀毕业研究生""第3届城市立体农场国际竞赛佳作奖""校大学生科技活动一等奖"等20多项荣誉。

主张团队合作，学科交叉

他领导的研究团队致力于PM2.5领域，在2013年、2015年、2017年连续3次获得国家自然科学基金资助。他本人连续在本学科最权威的中文期刊《建筑学报》上发表学术论文9篇，其中多篇在相关领域的引用率位于前列。多次参加境外国际会议，并担任国际会议分论坛主席1次。他主张学科交叉，提出的"智能镜面"将建成环境中太阳能的利用率大幅提高。

潜心专注教学，乐在其中

他主张"用心教学"，关注学科前沿发展，每次讲课结束都马上修改课件，持续提高教学质量。他提出的利用现代技术改进课堂教学等方法，在青年教师中得到广泛推广，受到好评。他先后获得"北方工业大学青年教师教学基本功大赛一等奖""最佳教学演示奖""最佳教案奖""北京市青年教师教学基本功大赛二等奖""最佳教案奖"等荣誉。

❋北京市高等学校教学名师奖获得者

詹 凯

学校名称：北京服装学院

主讲课程："插图设计"

　　詹凯，1969年生于北京，1993年毕业于中央工艺美术学院装潢艺术设计系，同年任教于北京服装学院工艺美术系。曾任艺术设计学院副院长、视觉传达设计系主任、纺织品艺术设计系主任。2005年硕士毕业于清华大学美术学院。2009年获中国艺术研究院设计艺术学博士学位。担任全国艺术专业学位教指委专业分委会专家、文化部国家艺术基金专家委员会评审委员、英国伯明翰城市大学博士生导师等工作。曾在英国皇家艺术学院、英国剑桥艺术学院、布赖顿大学、澳大利亚堪培拉大学做访问学者。参与并主持多项国家和省部级研究及评审、验收项目。发表艺术设计相关论文数十篇，出版专著、译著十余部。作品先后在丹麦、德国、英国、捷克、俄罗斯、韩国等国家展出并被收藏。

先进事迹摘录

詹凯教授 1993 年开始任教于北京服装学院，曾任艺术设计学院副院长、视觉传达设计系主任、纺织品艺术设计系主任。在 25 年的任教生涯中，获得了较为突出的教学与科研成果。

教学工作方面

他始终保持勤奋、敬业、进取的工作态度。坚持以学生为本，严谨治学、不断创新。他注重教学方法，效果显著。与学生做朋友，将育人思想、为人准则与教学环节相结合。先后为本科生、研究生主讲多门课程，担任本、硕毕业设计和论文指导工作，指导研究生 46 名。积极参与教改，集体获得北京市 2008 年教育教学成果二等奖。他一方面积极引入国际先进教学理念，主持翻译了设计系列教材多部。作为访问学者，先后在英国皇家艺术学院等高校进行相关研究，并与多所国际知名院校进行学术交流和项目合作。另一方面他也关注中国当代设计思维与设计教育体系的构建，提倡将传统文化内容引入到当代设计教学。他积极指导学生开展第二课堂活动，指导学生参加国内外各类设计竞赛和设计项目。

詹凯长期从事设计专业教学，先后被评为北服学者、北京服装学院优秀教师、北京市人才强教计划中青年骨干教师，两次被评为北京服装学院优秀共产党员，并获桑麻奖教金。

科研工作方面

詹凯在科研和学术研究上也获得了突出的成绩。他主持北京市创新团队工作，科研项目包括北京市哲学社会科学规划项目、北京市教委人文社科和科技面上项目等。多年来，他在中文核心期刊和一般期刊、集刊上发表论文数十篇，出版教材专著、译著十余部。设计和艺术作品先后入选国内国际重要展览并获奖。

其他工作

在教学科研工作的同时，詹凯还担任全国艺术专业学位教指委专业分委会专家、文化部国家艺术基金专家委员会评审委员等工作，以及多项设计赛事的评委。在担任艺术设计学院副院长期间，他认真做好管理工作，开拓进取。作为系主任，团结同志，深入、细致地完善本专业的教学及科研工作，提高教学质量。

总之，25 年来詹凯始终坚持工作在教学的第一线，打下了较为深厚的学术基础，在教学及科研方面的工作都取得了很大的成绩。

❀北京市高等学校教学名师奖获得者

李　艳

学校名称：北京印刷学院

主讲课程："机械设计"

　　李艳，女，1965年生，教授，硕士生导师，印刷装备创新设计与仿真学术带头人，中国发明协会发明方法研究会常务理事，北京市高等教育学会机械设计分会常务理事，国际TRIZ－3级。

　　从教29年，主讲"机械设计""机械原理""机械设计基础""机械创新设计""创新设计方法"等机械专业基础课程。指导学生参加机械创新设计大赛入围2018年全国机械创新设计大赛决赛、获北京市大学生机械创新设计大赛一等奖等优异成绩。获得全军科技进步二等奖，二次获得雅昌教育奖，多次荣获校优秀共产党员，获校教学名师奖，发表学术论文57篇，美国工程索引(EI)/ISTP收录9篇，参与制定行业标准6部，获授权发明专利14件，出版学术专著2部，参编"十一五"国家级规划教材2部，2017年北京市优秀教师。

先进事迹摘录

李艳从教29年来，主讲"机械设计""机械原理""机械设计基础""机械创新设计""创新设计方法"等机械专业基础课程。参编"十一五"国家级规划教材《机械设计基础》和《机械设计综合课程设计指导》，任"北京市精品教材立项项目"《机械原理课程设计指导》副主编，主编《机械设计基础》。所负责的"机械设计"课程2007年获校级精品课程，主持"深化机械设计课程内容结构改革，强化学生实践、创新能力培养"获学校教学成果二等奖。

李艳在教学方面兢兢业业，在"机械设计"课程中尝试"探究式"和"课堂讨论式"教学，极大调动了学生的学习积极性、激发了他们探究知识的兴趣、培养了学生实践能力和创新意识，获学生高度认可，2015年被学生评为"我最尊敬的教师"，2017年北京市优秀教师。对此她说"金杯银杯不如学生的口碑，金奖银奖不如学生的褒奖"。

她在指导学生科技活动方面付出大量心血，取得显著成绩。指导"北京市大学生科研训练计划深化项目"及"北京市大学生研究计划项目"多项；"北京市机械创新设计大赛""全国3D机械建模大赛"，获得过北京市机械创新设计大赛和全国3D机械建模大赛的一、二等奖多项；指导学生参加首届教育部与机械工程学会主办"全国机械专业卓越工程师毕业设计大赛"，获得佳作奖。作为本科生导师组责任教授，她承担培养计划导师任务，经常利用周末在实验室给学生辅导，在寒暑假指导学生科技活动，学生们常常在深夜收到她及时回复的邮件，同学们深情地说"李老师这种拼劲，感动和激励了我们"。

多年来，李艳扎根实验室开展科研活动，科研能力和学术水平有很大提高，近年来，她主持参与了科技部支撑计划子课题、重大科技成果转化项目、科委计划项目等重大课题10余项，撰写《基于TRIZ的印刷机械创新设计理论和方法》《基于TRIZ理论的印刷装备创新设计案例》学术专著2部，编著《印刷机械创新设计》，上述著作在印机行业产生了很大的影响，受到业界专家、学者的认可。获得全军科技进步二等奖，两次获得雅昌教育奖。

🌸北京市高等学校教学名师奖获得者

马晓燕

学校名称：北京农学院
主讲课程："园林制图"

个人简历

　　马晓燕，女，教授。1989年7月毕业于同济大学建筑城规学院风景园林专业，毕业后即到北京农学院园林学院风景园林专业任教，从事风景园林专业教学和城乡景观规划设计方面的研究与实践。从教29年，多次获得教学奖励。曾任园林学院院长，现任图书馆馆长。现主讲"园林制图"和"风景园林建筑"本科生课程2门，主讲研究生课程2门。其中主讲"园林制图"课程26年，主编本课程使用教材6部，是教学团队负责人。曾获北京市优秀人才、北京市中青年骨干教师、北京市绿化美化积极分子称号。担任国家科学技术奖评审专家、中国花卉协会理事、北京市工程技术系列（正高级）专业技术资格评审委员、北京市花卉协会常务理事、北京市园林绿化评标专家。

先进事迹摘录

马晓燕教授从教29年，爱岗敬业，教书育人，关爱学生成长，教学经验丰富，长期讲授专业基础课，重视入门第一课的教育，不只是教授知识，更通过"延伸课堂"和"调动课堂"潜移默化将社会需求与课堂教学紧密结合，从课堂延伸到课外、从理论延伸到实践，重视对学生兴趣和专业素养的培养，对后续课程乃至就业及考研具有重要意义，真正体现了以学生收获为目的的理念。在教授知识的过程中，更注重学生全面发展，为人师表，率先垂范，以自己良好的思想品质言传身教，是同学们的良师益友，用学生的话说他们是马老师忠实的"粉丝"。教学中，十分关注学生的全面发展和身心健康，对经济困难、精神波动、迷恋网游耽误学习、生病等情况能做到及时了解，采取多种方法进行帮助。能根据学生的学习情况，因材施教，进行个性化指导，鼓励和指导学生从大一开始树立四年目标，为考研深造或者就业做好必要的准备。利用在社会上的兼职指导和推荐就业，曾多次获得"就业工作先进个人"奖励。和很多毕业生校友建立了良好的联系，在马晓燕教授的指导下，许多校友的企业成为学校校外人才培养基地，双方签署了合作共建协议，为"3＋1"人才培养的改革做出了重要贡献。

马晓燕教授长期从事城乡景观规划设计方面的理论研究与实践，科研实力强，科研有力支撑和服务于教学。近年来，带领学生以大学生科研训练计划项目和毕业设计的形式参与实际规划设计项目达10余个，学生们在真实的项目中得到综合训练和提高，为他们走向社会工作岗位奠定了基础。在担任院长期间，更积极引导和推动老师带领学生参加规划设计项目和指导学生参加学科竞赛，教学、科研、服务社会三位一体有机结合，实现了学院、老师和学生共同受益。已形成了园林学院的教学特色，教学水平得到较大提高，学生收获的同时也全面提升专业的社会影响力。她本人指导学生获得校内外各类奖励10余项。

✺北京市高等学校教学名师奖获得者

王振常

学校名称：首都医科大学
主讲课程："医学影像学"

　　王振常，主任医师(二级)、教授，博士研究生导师，现任首都医科大学附属北京友谊医院副院长、医学影像中心主任，首都医科大学耳鸣临床诊疗与研究中心主任、医学影像学系主任。

　　任中国医师协会放射医师分会会长、中华医学会放射学分会常委、北京医学会放射学分会主委、中国影像技术研究会副会长等。任《中华医学杂志》《中华放射学杂志》等23种专业杂志副主编、编委。

　　主编或主译《头颈部影像学(耳鼻咽喉头颈外科卷、眼底卷、颅底卷)》《中华影像医学·头颈部卷》等专著或教材37部。

　　作为第一完成人，获国家科技进步二等奖1项、教育部科技进步一等奖2项，专利5项。

先进事迹摘录

　　王振常教授师从业界北斗吴恩惠教授，是我国医学影像学界的早期博士。在30多年医学影像学的临床、科研和教学实践中，他注重加强临床应用基础研究，开展了头颈部影像专业领域的技术创新，先后获得7项国家、省部级科技成果奖；他注重人才培养、带领团队开展多学科交叉研究，促进学科发展；他注重国际学术交流，提升我国头颈部影像专业领域在国际的学术地位和影响力；他具有强烈的国家使命感，先后承担了支援非洲、"非典"防控救治等多项政治任务。

　　作为一名临床医生，他遵循教育规律和人才成长规律，教育思想先进，符合时代要求；理论联系实际，注重学生综合素质和能力培养；及时把国内外教改成果以及学科最新发展成果引入教学；主讲课程在全国同领域内有较大影响力；采用PBL教学法，强调实践性教学以问题为核心。

　　参编《医学影像诊断学》《医学影像学》分别获全国高等学校医药优秀教材一等奖、二等奖，《医学影像学放射诊断全集》获中华优秀出版物奖电子出版物提名奖；主持校级精品课程"医学影像学"。

　　以前沿热点触发为主线，打破传统医学教材编写思路，主编完成研究生专用教材《医学影像学》（2012年第一版）；紧跟教改步伐，受卫生部教材办公室委托，主编创新性PBL教材《医学影像学——PBL教程》（2014年第一版）；主编的《中华影像医学·头颈部卷》《中华临床医学影像学·头颈分册》分别获学校第八届优秀公开出版教材二等奖、第十届优秀公开出版教材三等奖；主编教材《中华临床医学影像学·头颈分册》、全国高等学校临床医学专业试题库《综合二》、本科教材《医学影像学》《头颈部影像学·颅底卷》、研究生教材《头颈部放射诊断学》获学校教材建设资助；"《医学影像学》PBL教材建设与实践"获校级2017年教育教学成果一等奖。

　　他承担了首都医科大学第二临床医学院本专科"医学影像学""临床辅助诊断技术"的教学任务，研究生、住院医师理论教学与实践教学。在教学过程中，注重学思结合，注重因材施教，注重知行统一；激发学生的学习兴趣，培育学生的主动精神和创造性思维；积极开展教学方法研究与应用，科学、合理、有效使用现代教育技术，有自己编制的多媒体课件；中文授课使用普通话，同时针对不同层次的学生授课时使用双语教学。

　　正是他一丝不苟的教导，使得学生们一步步地成长。

✾北京市高等学校教学名师奖获得者

朱　虹

学校名称：首都师范大学
主讲课程："电路原理"

　　朱虹，从事高校教学工作20余年，主持课程"电路分析"于2008年获评国家级精品课程，2016年获评国家级精品资源共享课。2017年获北京市教育教学成果（高等教育）一等奖，2008年获北京市教育教学成果（高等教育）二等奖，2009年入选国家级优秀教学团队。出版教材4部，其中2部为北京市高等教育精品教材，1部为北京市高等教育精品教材（重点）立项项目。2017年获首都师范大学优秀教师奖，首都师范大学师德先进个人。曾连续5年获首都师范大学优秀主讲教师称号。

　　承担多项国家自然科学基金项目，科技部科技支撑项目等，发表论文20余篇，其中被美国工程索引（EI）检索7篇。2008年获北京市科学技术奖二等奖，2007年获北京市中青年骨干教师称号，获国家发明专利多项。

先进事迹摘录

　　朱虹，在高校教育一线辛勤耕耘二十多年，教书育人，2017年获首都师范大学师德先进荣誉称号。2014年获学生科研优秀指导教师称号。他主持"电路分析"课程的建设（校内名称为电路原理），把一门普通的课程建设成了国家级精品课和国家级精品资源共享课，成为全国师范院校"电路"课程中唯一的一门的国家级精品课和国家级精品资源共享课。有效地解决了师范生的专业能力培养与师范技能培养脱节的问题，培养了一大批既"讲得出"，又"做得到"的优秀学生。对师范院校同类课程的建设与改革，具有示范与辐射作用。

　　他始终秉持一个教学理念，那就是对计算机专业师范生的培养，既要培养"讲得出"能力，即要求学生能系统地讲授一门信息类课程，又要培养"做得到"能力，即要求学生具有较强的实践应用能力。为此，构建了面向教师教育的计算机电路课程体系，优化教学内容与教材体系，建立了课堂教学、实验教学、网络教学、竞赛教学、科研实践五个维度的立体化教学模式，建立了分层次实验教学体系，改变静态实验内容为动态实验内容；改变实验辅导为实验引导；改变面向结果为面向过程。使学生在有限的时间内得到充分的实践能力训练，培养了学生的创新意识和创新能力。

　　积极推进网络课程建设，他的课程于2013年在国家精品资源共享课网上线。2016年慕课课程在北京航空航天大学学堂上线。2018年3月在中国大学慕课网开课，第一次开课就吸引5800余名各地学子加入课程，产生了积极的社会效应。

　　他积极参与社会服务，把计算机电路课程与高中通用技术教育相结合，建立了面向教师教育的电路课程体系，对高中通用技术课程的建设具有现实的指导意义。针对北京市中学通用技术课程师资缺乏或业务能力不足，按北京市教委的要求，在2009至2013年期间，共培训了13个区县的900多名教师，有效地解决了北京各区县，尤其是远郊区县的中学开设"电子控制技术"课程的问题，培训效果显著，受到了广大一线教师的一致好评，也受到了北京市教委的高度肯定，为首都基础教育的发展做出了积极的贡献。

❋北京市高等学校教学名师奖获得者

田培培

学校名称：首都师范大学

主讲课程："青少儿舞蹈教学与编创"

　　田培培，首都师范大学音乐学院副院长，教授，博士生导师，于1986年就职于首都师范大学至今，已有32年高教经历，建构了舞蹈教育理论与技术研究、舞蹈创作理论与技术研究、舞蹈艺术经营三大完整研究体系，由清博大数据发布的"2017年中国高校最具学术影响力200强"教授。兼任国家艺术专业学位指导委员会委员、中国舞协理事、中国宋庆龄基金会理事、中国中小学舞蹈教育专业委员会副主任、韩国祥明大学终身特聘教授。已出版《形体训练与舞蹈编导基础》《舞蹈艺术经营》《舞蹈创作法》等著作10部、主持"互联网＋舞蹈艺术教育创新模式研究"等国家及省部级课题15项，在权威核心期刊发表论文30余篇，获得海内外重要艺术创作奖20余项。

先进事迹摘录

依托北京市重点项目"舞蹈力学研究实验室"，田培培组织2004级本科生葛秋霞、2005级本科生高永鹏、2006级本科生张烨、2007级本科生王诗施等学生，参与到"舞蹈启蒙教学科学训练法"研究、实验活动中，依据该项研究完成的本科生学位论文20篇，其中优秀论文10篇，参与该项研究活动的学生50％以上考取硕士研究生。

2010年，研究室成员第一时间前往四川地震灾区，选出35名羌族学生，结合实验室项目研究，对其进行为期6个月的定制化科学训练，使这些从废墟中被救出、未学过舞蹈的羌族学生参加第五届中央电视台舞蹈大赛，作品《废墟上的赞歌》获得优秀表演奖，同时全部以舞蹈特长生考入大学。迄今，这批学生多数已成为舞蹈教师，活跃在全国青少儿舞蹈教育领域中。

2015年4月，首都师范大学舞蹈专业2004级本科、2008级硕士生葛秋霞父母同时查出身患癌症，其父患咽喉癌，母患肺癌。田培培教授得知后，率先捐款10万元，并立刻组织志愿者团队发起捐款，共募集捐款20余万元，为葛秋霞父母解决了手术费不够的难题。

田培培依托北京市教委民办教育促进项目"青少儿舞蹈教学与创作实训基地建设""社会舞蹈与传播人才培养教学改革与探索"，以及北京市教委、大兴区教委委托研发项目"舞蹈教育基地建设"、宋庆龄基金会中国少年儿童科技培训基地项目"校外舞蹈课程研发"，以项目带教学及创作，形成联动教学实训系统，在更宽泛的教育教学领域中促进人才培养和学生就业发展。

她撰写的《形体训练与舞蹈编导基础》再版多次，是教育部指定的全国普通高等学校（教师教育）本科专业必用教材；北京市教委项目"北京市小学舞蹈课程教材研究——学生使用教材建设"研究成果《小学生舞蹈课领先教材》已被全国上千所培训机构和两百所小学试用。

田培培主持教育部人文社科项目"互联网＋舞蹈艺术教育创新模式研究"，带领本、硕、博团队参与研发O2O教学模式研发，针对该项研究，在读生已在权威核心期刊发表相关学术论文2篇、一般期刊5篇。

✿北京市高等学校教学名师奖获得者

谭朕斌

学校名称：首都体育学院

主讲课程："篮球主修专项（运动训练专业）"

个人简历

    谭朕斌，男，1964年7月出生，教授，硕士生导师，中共党员。2000年6月获教育学博士学位，是我国培养的第一位篮球专业方向博士。2002年9月至2003年2月赴美国新英格兰大学学习。现任全国校园篮球联盟副秘书长、中国篮协教练员培训委员会委员、全国校园篮球专家组成员。曾任北京市运动机能评定重点实验室副主任，篮球教研室主任、书记，青少年篮球训练研究中心主任。2016年9月，被北京市教育工会授予"为党的教育事业辛勤工作三十年"荣誉称号；2005年6月，被北京市教委授予"北京市中青年骨干教师"荣誉称号；2007年12月，被首都体育学院评为"本科优质课教师"。主持和参加多项国家级、省部级课题的研究及全国统编教材的编写，出版专著12部，译著4部，在国内体育期刊发表了50余篇学术论文，并有多篇论文在奥科会、世界大学生运动会科报会、全国体育科学大会上交流或获奖。

先进事迹摘录

　　谭朕斌同志热爱党的教育事业，能以丰厚学识及人格魅力教育和感染学生。始终坚守在教学工作第一线，26年以来，承担了首都体育学院各专业本科生篮球副修、主修专项、篮球竞赛公共选修、体育游戏及研究生专业课等课程的教学工作。在教学实践中虚心求教并努力钻研业务，始终贯彻教书育人的指导思想，坚持教学与科研相结合。根据自己的教学实践撰写了《树立以素质教育为核心的教学指导思想》《全队战术教学与指导案例教学》等多篇教学论文并公开发表，逐步形成了极具个人特点的教学理念和教学方式。即注重教书育人，重视专业理论知识的传授，强调学生教学训练能力的培养和分析问题、解决问题能力的提高；课前准备充分、课堂环境好、组织教学严谨、示范规范准确、讲解简练清楚，教态大方、口令洪亮、上课投入、有激情，教师的主导作用突出。教学态度、教学能力和教学水平得到了学生的好评，教学效果得到了同事及专家的认可，被评为"本科优质课教师"。曾担任年级辅导员、班主任工作，用独特的工作思路和工作方法，坚持管理育人，做了大量深入细致的思想工作，曾被评为校级优秀辅导员和校级优秀教师。作为国家级篮球精品课程和优秀教学团队的主讲教师，能自觉指导和帮助青年教师不断提高教学和科研水平，对形成结构合理的队伍梯队做出了一定的贡献。3次担任首都体育学院体育教育专业本科人才培养方案修订工作专家组组长及主笔撰写；曾担任首都体育学院教学督导组专家（2009—2013年）；担任体育教育训练学院体育教育专业委员会主任（2013—2016年），负责本科生实习、毕业论文及本科生导师工作。目前已指导毕业研究生45名，在读研究生11名。平均每年担任10名本科生导师。所指导的研究生及本科生有多名获得优秀毕业论文，被评为优秀毕业生。在首都体育学院从教25年以来，所带的体育教育专业及运动训练专业的本科篮球主修学生有多名考上研究生，所指导的本科生论文多篇获优秀论文奖，所教的学生有多名在全国教育、体育战线上取得了可喜的成就。

❀北京市高等学校教学名师奖获得者

张喜华

学校名称：北京第二外国语学院
主讲课程："英语公共演讲"

　　张喜华，1969 年 11 月出生于湖南益阳，女，共产党员，北京第二外国语学院英语教授，文学博士，硕士生导师、国家公派留学归国人员。高校教龄 25 年。2009—2014 年担任北京第二外国语学院英语教育学院院长，2014—2016 年担任北京第二外国语学院教务处处长，长期担任一线教学工作。自大学毕业后，一直在高校任教，担任"大学英语""外国文学""跨文化研究""文化研究"等课程的教学工作，同时还服务社会，担任一些学术兼职。张喜华教授工作投入，教学热情高，教学能力强，过去五年先后获得北京市教学成果二等奖和一等奖。

严于律己，关爱学生

作为一名共产党员，张喜华教授严于律己，知行合一。她总是以饱满的热情、积极认真的态度投入到教学和科研工作当中，脚踏实地、尽心尽责、率先垂范、敢于担当。在25年的教学生涯中，张喜华教授辛勤耕耘、乐于奉献，毫无保留地将自己的知识和精力奉献给学生们，成了学生们眼中的"好老师""好朋友"甚至是"张妈妈"。学生的认可是她作为教师最大的幸福。在教学工作中，张喜华教授热情饱满，严中有爱。她经常利用周末和午餐时间指导研究生，了解学生思想动态，答疑解惑，与学生结下了深厚的师生情谊。很多学生都表达了对她深深的敬爱和感恩。毕业多年后，都一直与她保持着亲密的联系。

潜心教学、教研相长

张喜华教授大力推进教学改革，在市教委的指导下开展大学英语应用能力口语测试研究工作。2012—2017年间主持召开20多次校级交流协调会议，确保改革在市属高校中的稳步推进。2014—2016年主持了北京市教委大学英语教学改革重点联合项目"三位一体市属高校大学英语教育改革模式研究"，带动12所市属高校大学英语教学改革整体提升。迄今，中心团队已出版了两本论文集以及30余部TEP系列教材，成果丰硕，社会反响良好。该项目的核心研究成果获得2018年北京市高教成果一等奖。

严谨科研，反哺教学

张喜华教授具有国际化视野和国际学术交往能力。近十年发表学术论文40余篇，主持2011—2013国家社科基金一般项目"战后中国题材英语作品的跨文化研究"、2015—2017北京市社科规划项目"首都开拓中东欧十六国文化市场研究"等。

课堂教学中她将中国文化与核心价值观有机融合到英语学习中；科学研究中她结合自己跨文化研究专长，贯彻实施国家"一带一路"倡议精神，努力践行"中国文化走出去"的战略要求；国际合作交往中她不遗余力传播中国文化，乐于担当中国文化使者。先后获得学校最美女教师、师德标兵、优秀教学奖等荣誉。

教师是她无悔的选择，在以后的工作中她还会再接再厉，耕耘不辍。

❋北京市高等学校教学名师奖获得者

张旭凤

学校名称：北京物资学院

主讲课程："仓储与库存管理"

张旭凤，女，物流管理专业教授，管理学博士，北京市级一流专业物流管理专业负责人，中美物流联合会专家，北京市中青年骨干教师。现任北京物资学院教务处处长，北京市通州区第六届人大代表。

1997 年来北京物资学院工作至今，始终工作在教学第一线，从事物流管理的教学与研究工作，主讲"仓储与库存管理""运输管理"等课程。先后担任物流学院副院长、院长，国际学院执行院长、教务处处长等职务。4 次荣获北京市教育教学改革成果奖；获得学校最受学生欢迎的教师、优秀教师和优秀教育工作者等称号。

张旭凤同志以企业物流系统优化为研究方向，主持 3 项省部级课题研究，共发表论文49 篇，完成著作成果 14 项，专利成果 11 项，大型横向课题 11 项。

先进事迹摘录

长期工作在教学第一线，教书育人，无私奉献

张旭凤同志自1997年来北京物资学院任教至今，全身心投入教学工作，教学态度认真负责，课堂上注重与学生的交流，在主讲课程"仓储与库存管理"中，探索讨论式教学方法，教学效果突出，先后荣获"本科教学十佳教师""北京市中青年骨干教师"以及"校级优秀教育工作者"等荣誉称号。在课堂之外，关心学生的思想动态，帮助学生解决生活和学习中的困惑，做学生的良师益友。

勇于探索教育教学改革与研究，把握规律，硕果累累

张旭凤同志是国内较早从事物流教育的教师，在物流管理专业建设、人才培养模式创新以及拓展国际化合作等方面取得了突出成绩。她勤勤恳恳，勇于探索，辛勤耕耘，硕果累累。在她的带领下，物流管理专业先后被评为"国家级特色专业"和"北京市一流专业"；创建了全国第一个"物流人才培养模式创新试验区"；4次获得市级教学成果奖；组织"中美物流教育与研究合作论坛"，推动了学校国际化整体水平的提升。她心系物流，在建设北京物资学院物流管理专业的同时，还致力于提升全国高校物流教学与研究水平。2015年，北京物资学院成立了"中国物流高校师资培训中心"，使物流教学与研究的成果在全国高校中得到广泛的推广和运用。

注重科研项目研究，以"传帮带"为依托，"产学研用"相得益彰

在科研领域，张旭凤同志积极从事物流相关课题研究，推动科研成果的转化与应用，与"南方电网"等大型企业进行合作，实现"产学研用"的良好融合。在研究生的培养上，张旭凤同志注重培养学生的科研能力，带领研究生参与科研项目，她累计指导研究生60余人，其中3人被评为"北京市优秀毕业生"。

总之，张旭凤同志勤恳敬业，积极探索，求真务实，她是学生学习和生活的良师益友，是广大教师教书育人的榜样，是物流学科的铺路者和领路人。

❋北京市高等学校教学名师奖获得者

王士魁

学校名称：中国音乐学院

主讲课程："声乐表演"

个人简历

　　王士魁，声乐教育家，博士研究生导师，中国音乐学院声乐歌剧系主任，中国声乐家协会副主席，中国国际声乐艺术研究会副主席，全国多所艺术高校客座教授和特约专家。

　　1985年考入中国音乐学院声乐系，师从著名声乐教育家、国家教学名师金铁霖教授。1992年获得硕士学位并留校任教。1994年至2015年，相继任声乐歌剧系教研室主任、声乐歌剧系副主任、声乐歌剧系常务副主任。2015年至今任声乐歌剧系主任。

先进事迹摘录

　　王士魁老师多次担任中华人民共和国文化部"文华奖""金钟奖""全国高等艺术院校民族声乐大赛"等国家级和省部级各类声乐大赛评委,并多次在国内成功举办各种专题讲座与专家课。作为金铁霖专家团队主要成员,他参与的科研课题"构建中国民族声乐教学体系"曾获教育部国家级教学成果一等奖、第二届文化部创新奖、北京市教学成果一等奖、北京市创新团队一等奖、中国音乐学院教育教学成果特等奖,并多次被评为"北京市高等院校优秀青年骨干教师和学术带头人"及中国音乐学院"我心目中的优秀教师"。

　　王老师从教二十多年来,始终坚持继承与借鉴相结合、立足共性、强调个性,积极探索既符合声乐艺术的发展规律又具有民族特色、地域特色和时代特征的声乐人才培养模式,提出了"中低声部民族化""声乐教学个性化""运用哲学原理教学"等一系列具有开拓性和指导性的建议。在声乐教学实践中,他提倡运用灵活多变、形象直观的启发式教学法引导学生,并提出"图示解析""灵性启发""捕捉闪光点""听觉引导"等教学法,既快速有效地解决了声乐教学中的诸多难题,丰富了教学的手段,也拓宽了声乐教学的思路。多年来,培养的一大批优秀声乐人才中,有近百人分别在"文华奖"大赛、"金钟奖"大赛、全国高等艺术院校民族声乐大赛、金唱片声乐大奖赛等国内外重大比赛中获奖,并活跃于国内外各种大型文艺演出及晚会活动中,还有一部分声乐人才成为优秀的声乐教育工作者。

　　主要著作有:《民族声乐教学新论》《继承与借鉴》《中国民族声乐演唱实用教材》《全球化与中国音乐教育》《用哲学原理指导声乐教学》《论个性化的声乐教学》《用心传情、以情润声》《灵活多变的启发式声乐教学》等。

※北京市高等学校教学名师奖获得者

雷载兴

学校名称：北京电影学院

主讲课程："电影高级照明技巧"

个人简历

  雷载兴，北京电影学院教授，摄影系副主任，中国影视摄影师学会理事。

  1985年考入西安美术学院附中，1989年考入北京电影学院摄影系，1993年大学毕业并留校任教至今。先后开设"电影照明技巧""经典电影影像研究"等课程。

  个人论著有：《电影照明技巧与创作》(中国电影出版社)；《注重技术细节强调艺术韵味——歌剧〈白毛女〉3D舞台艺术片摄影创作漫谈》。

  近年电影作品有：《阿良的长征》(3D电影，任摄影指导)；《白毛女》(3D电影，任摄影指导)；《王朝的女人·杨贵妃》(任摄影师)；《木兰》(任摄影指导)；《大明宫传奇》(3D-IMAX胶片电影，任摄影指导)。

先进事迹摘录

　　雷载兴在摄影系任教的 25 年时间里，始终把教学放在首位，从未因任何原因请假而影响教学，表现出一名优秀教师的职业品德，也代表了电影学院教师共同的优良品质。

　　他主讲的"电影高级照明技巧"课，是一门理论与实践高度结合的摄影专业主干课，也是院级精品课程之一。他讲授理论部分时总能够深入浅出，将教学理论与实践创作紧密结合，课堂气氛生动活泼，能够掌握每届学生不同的基础特征、审美倾向、文化背景等为他们制定更容易理解的教学方法，充分调动学生的学习积极性，学生受益匪浅，实习作业质量很高，得到广泛好评。为了上好该课程，他每次都要重新备课，重新挑选最新片例和截图，讲授的是最新的技术技巧和艺术观念。在该课程实习开始后，为了能够让学生充分利用实习资源，历来都是将周末纳入实习时间内，并且都是亲自辅导实习，每周实习时间达 6 天之多，而每天也时常会陪同学生加班到晚上八九点钟，而他从未向系里提过任何要求。他在行课过程中，能够及时发现并掌握后进生的困惑，并能够利用业余时间与学生沟通，帮助他们消解困惑，建立了良好的师生关系。用他的话说就是"我愿意为教学付出更多的精力，教学是实现自我价值的最好途径，我喜欢这份高尚的工作！"摄影系专为研究生新开设课程"经典影像研究"，从该课的设计到实施，他都非常认真，翻阅大量的相关资料，走访许多其他美术院校，试图设计出更适合摄影系研究生理解和研究电影影像的独特方法，本课程的设计就是一门科研。课程结束后学生反映良好、学生积极性十足，已有初步的研究成果，已将学生本课的论文汇集成《经典电影影像研究·第一集》。在本课的准备阶段，他亲自拉片几十部电影，做了许多的拉片笔记，从中筛选出八部适合本届研究生学习和研究的经典影片，并且亲自截取大量的电影画面，提供给学生，在学生中口碑良好。兢兢业业、甘为教学事业付出心血的作风和品德使他成为值得尊敬的楷模。

❀北京市高等学校教学名师奖获得者

张 军

学校名称：北京舞蹈学院

主讲课程："中国古典舞身韵"

张军，北京舞蹈学院学术委员会副主任，北京舞蹈学院教授、硕士生导师。1991年毕业于北京舞蹈学院首届中国民族舞剧系教育专业，2009年首届艺术硕士编导专业研究生毕业后，留校任教至今已有26年，担任了古典舞系、编导系、民间舞系本科及研究生部"基训""身韵—徒手""身韵—剑舞""教学法""教学剧目""技术技巧""教学实习指导"等多门专业课程教学。任中国舞蹈家协会会员、北京舞蹈家协会会员、中国少数民族舞蹈学会会员、中国武术协会会员、国家级社会体育指导员，中国文化部艺术系列高职评委、全国"桃李杯"舞蹈比赛评委。承担和完成北京市"长城学者"等多项省部级科研项目，在表演、教学、编创等方面荣获多项国家级、省部级最高奖项和荣誉。

先进事迹摘录

张军老师长期教授的身韵系列课程中的"中国古典舞剑舞课程"曾两度被评为北京舞蹈学院优质课程,张军老师被评为"北京市优秀教师""北京市高等学校优秀青年骨干教师"。

在教学工作中,张军老师充分利用课上时间悉心传授其所思所研成果,采取"走出去、请进来"教学方式,利用电化多媒体辅助教学,组织学生观摩学习交流,倡导"功夫在课外",课上耐心引导,课后更不惜利用闲暇时间继续教研,不定期邀请各领域专家与学生们共同探讨、观摩,带领学生到兄弟院校、外地采风研习,提高了学生对专业学习的认知和兴趣。在近30年的教学生涯中,培养了大批本科生成为国家级院团优秀舞蹈表演人才和各高校舞蹈教育人才。自2005年至今招收和指导了硕士研究生和艺术硕士二十余名,成为各地舞蹈表演、教育教学、理论研究、编创等方向的专业人才。

在学术研究方面,2007年至今主持完成了国家级、省部级近十项科研项目,注重从传统文化精粹到舞蹈表演的转化,从理论到实践的转化,丰富了课程内涵,有关中国剑文化的资料整理,切实有效地推动中国古典舞剑舞教学与创作,为剧目创作注入了新的活力。在人才培养、教材建设、教学方法、剧目创作等方面,贡献自己的智慧和力量。

在多年的科研工作中,采访了众多专家,印象最深的一次是采访中国古典舞剑舞创始人张强老师,老前辈已不能自己行走,在听到邀请后依然硬撑着身体欣然前往,途遇楼梯,张军老师毫不犹豫立刻屈身背起张强老师一直走到三楼的采访室,令周围的师生十分感动,张强老师由此侃侃而谈了五个小时,使大家对20世纪中国古典舞身韵中的剑舞课程初创的这段历史有了更清晰的记忆。张军老师具有尊师重道、精益求精、勇于创新的精神,并时刻保持严于律己、以身作则、育人为先的师德风范,秉承了"治学严谨,追求卓越,继承传统,开拓创新"的学科优良传统,为学校努力成为世界一流的舞蹈高等学府和学科可持续发展不断奋进、默默奉献、上下求索着。

马 洁

学校名称：北京信息科技大学

主讲课程："现代控制理论"

个人简历

　　马洁，女，汉族，1965年1月出生。中共党员，博士，教授，硕士生导师。北京信息科技大学自动化学院党委委员，控制工程系教工党支部书记，北京市重点建设学科"控制理论与控制工程"带头人，"控制理论及应用"系列课程优秀教学团队负责人，兼任中国自动化学会技术过程的故障诊断与安全性专业委员会委员。学校教学名师、创先争优优秀共产党员、"三育人"先进个人和优秀班主任等。

　　1987年7月本科毕业于哈尔滨船舶工程学院工业自动化专业，高校教龄31年。主讲本科生课程有："控制工程数学基础""现代控制理论""工程技术创新导论"和"数字媒体技术"，均有自编的教材和自己研制的多媒体课件；她还指导毕业设计等。历年来，教学评价均为优秀，深受学生爱戴。

先进事迹摘录

　　马洁教授是北京市重点建设学科"控制理论与控制工程"带头人，她主持并完成了国家自然科学基金面上项目、北京市自然科学基金面上项目各1项；参与完成了国家自然科学基金面上项目（4项）、北京市自然科学基金面上项目（3项）、国家科技重大专项项目、北京市科技计划项目和黑龙江省科技攻关重点项目等高级别科研项目，支配科研经费共187万元；研究成果获得黑龙江省科技进步二等奖和中国烟草总公司黑龙江省公司科技进步一等奖；出版专著1部；获国家发明专利，软件著作权10项；以第一作者在国内顶级期刊《自动化学报》《控制理论与应用》等上发表高水平论文，已被科学引文索引（SCI）、美国工程索引（EI）检索50余篇；经过多年的研究积累，已形成复杂系统故障诊断、预报与容错控制的研究方向，指导硕士研究28名。

　　马洁教授是学校"控制理论及应用"系列课程优秀教学团队负责人，她带领团队的教师，按照工程教育专业认证标准，重新整合教学内容，修订教学计划和教学大纲。她主持和作为主要成员完成了北京市级教改项目3项，学校高教研究室重点项目3项，学校教改项目5项；获学校教学成果二等奖4项；指导学科竞赛获省部级二等奖2项；在《黑龙江省高教研究》等核心期刊上发表高质量教改论文10余篇。

　　科研成果进教材，主编、出版有工程背景的教材4部，其中《控制工程数学基础》是高等院校电子信息与电气学科特色教材，2014年获学校优秀教材二等奖；《自动控制原理》是教育部高等学校自动化专业教学指导分委员会规划，工程应用型自动化专业系列教材。

　　科研成果进课堂，她将最新科研成果开发为工程案例，对学生进行热爱专业教育，激励学生树立科技报国的志向。她还使用智慧教学工具"雨课堂"授课，增强了教与学的互动性，教学效果好。

　　科研成果服务社会，她带领学生深入北京郊区，帮助贫困户科学种植蘑菇，互联网销售，实现了脱贫，引导学生将激昂的青春梦融入到伟大的中国梦。经过专家评审、北京市教委推荐，参加了第四届中国"互联网+"大学生创新创业大赛全国"青年红色筑梦之旅"活动启动仪式（革命老区古田会址），以及河北阜平县科技扶贫现场对接活动等。

❀北京市高等学校教学名师奖获得者

贾少英

学校名称：北京联合大学

主讲课程："思想道德修养与法律基础""形势与政策"

个人简历

　　贾少英，北京联合大学马克思主义学院教授，2017 年被评为北京市优秀教师，2009—2011 学年度、2011 至 2015 学年度两次被评为北京联合大学优秀教师，多次获得三育人先进个人、优秀党员等称号，多次获得各级各类科研、教学成果奖。从事高校教育教学与研究工作 30 年，忠于党的教育事业，具有坚定的政治立场，教风端正、富有创新精神。在教育教学方面，注重教学内容的更新和教学方式方法的改革与创新，讲究教学艺术，教学效果好，教育教学质量优秀。在学术研究方面，具有深厚的学术功底和较高的理论水平，在教研科研中取得多项创新成果，重视队伍建设。在社会服务方面，担任研究会理事、北京联合大学教师资格认定评委会委员、学术委员会委员、教学指导委员会委员等。

先进事迹摘录

　　贾少英在教学过程中，坚持理论研究与实践创新相结合，重视教学内容的更新和教学方式方法的改革与创新，教学效果好。2017年是"高校思想政治理论课教学质量年"，教育部社科中心主任王炳林教授听取了贾少英老师的课堂教学，给予了充分肯定和高度评价。贾老师极为敬业、师德高尚，深受师生爱戴，2013年11月15日《北京联合大学学报》在"我爱我师"做了专门报道。具有深厚的学术功底和有较高的政治理论水平，在教育教学研究、科学研究取得创造性的成果。主持完成"思想道德修养与法律基础精彩教案（本科）"并获得优秀成果结项等教育部课题3项；主持全国教育科学规划课题子课题2项；主持教育部重大攻关课题子课题2项；主持校级教研课题2项。作为主要成员参与完成"90后大学生人际价值观与行为模式教育研究"等省部级、局委办级课题5项。作为主要成员参与"马克思主义理论重点建设学科项目"等校级科研教研课题10余项。主持"思想道德修养与法律基础"校级精品课程。2013年被教育部社科司增选为高校思想政治理论课程网站共建团队。出版《思想道德修养与法律基础课教学法》等学术著作6部。参与马克思主义理论研究与建设工程重点教材《思想道德修养与法律基础》审改工作，担任《思想道德修养》（北京市高等教育精品教材）等10余部高等学校教材、教参主编及副主编；在《思想理论教育导刊》等刊物发表教育教学、科研等学术论文30余篇。重视教师队伍建设和对青年教师教学科研方面的指导，对形成结构合理的教学团队、形成本校该领域教学的历史地位做出重要贡献。

❋北京市高等学校教学名师奖获得者

迟松剑

学校名称：北京警察学院

主讲课程："公安人口管理"

　　迟松剑，博士，教授，学科带头人，北京人口学会理事。从事公安教育工作21年，获首届全国公安机关公安院校技能大赛一等奖，教案评比第一名、课件评比第一名；立个人二等功一次、获全国公安优秀技术人才奖金、市局优秀教师等局级以上荣誉六项及多项学院嘉奖。同时为瞭望智库专家、中国人民大学社会与人口学院人口学习博士论文答辩专家、公安大学硕士论文评审和答辩专家、中国人民公安大学高级访问学者。

　　作为教研室主任带领教师一起打造社区防范业务教研室教学团队品牌，所在教研室被北京市公安局授予"迟松剑先锋示范岗"称号、两次荣获集体三等功及优秀教学团队称号。2017年，教研室6人次被评为学科带头人、教学名师、青年骨干教师等。

迟松剑同志自1997年在北京警察学院治安系任教，21年来，以学生为本，刻苦钻研，政治立场坚定，先后承担公安人口管理等4门学历教学课程，同时承担110警务等6项在职民警培训专题。

迟松剑始终将政治学习摆在基础性位置，以政治学习带队伍建设，以队伍建设保业务工作，成功打造教研室品牌，教研室先后被北京市公安局授予"迟松剑先锋示范岗"称号、荣获集体三等功两次和优秀教学团队等多项荣誉。

十九大安保期间，迟松剑参加公安部"双千计划"，在朝阳分局安贞里派出所挂职锻炼，她将安保实践工作和教学科研调研工作统筹好，做到两不误。一方面，事前把要调研的课题与承担的工作进行匹配，找到结合点；另一方面，白天与民警和治保积极分子一道，穿梭在大街小巷，晚上整理相关材料，为科研和教学储备资料。

围绕当前公安机关和市局重点工作，迟松剑同志针对公安机关流动人口服务管理工作的热点、难点问题，潜心研究，形成了系列科研成果，发表论文30余篇，专著1部，主持公安部级项目2项。

迟松剑将服务市局中心工作、服务一线实战单位作为教学科研工作的出发点和落脚点。在市局各项重大安保活动中，坚守在前线。在日常工作中，紧抓培训课题研发和支持一线业务指导和调研工作，先后开发了6项培训专题。

迟松剑与青年教师王一伊结成师徒，三年时间里，王一伊老师基本养成教师和警察综合职业素养，成绩突出，多次获得嘉奖、学院青年骨干教师、优秀党员和优秀教师、微课比赛一等奖等荣誉。日常教学中，坚持教研工作为人才培养服务原则，课前、课上、课下全程参与学生培养，注重学生论文写作质量，曾对学生论文辅导修改十余次，从教学的各个环节提升教学人才培养质量。

北京市高等学校教学名师奖获得者

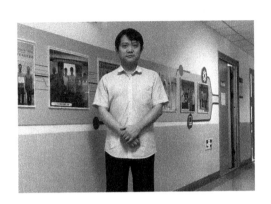

方 园

学校名称：北京工业职业技术学院
主讲课程："路由交换技术"

个人简历

　　方园，从 1999 年至今从事专业课程的教学工作，2013 年获得副高级职称。2009 年开始担任计算机网络技术专业教研室主任，2014 年成为专业带头人。

　　2010 年至 2012 年，完成北京市属高等学校人才强教深化计划"中青年骨干人才培养计划"项目；2017 年，被列为北京市职业院校教师素质提升计划专业带头人，带领团队被列为北京市职业院校教师素质提升计划网络技术（云计算与大数据）专业创新团队；2017 年带领本专业成为教育部现代学徒制第二批试点建设专业。

　　2010 年受邀成为 H3C 网络学院培训课程开发专家组成员；2012 年受邀担任北京市中职技能竞赛网络综合布线赛项裁判长；2016 年成为北京市职教学会电子与信息技术专业委员会理事；2016 年受邀作为全国职业院校技能大赛高职组计算机网络应用赛项申报专家组成员；2017 年受邀作为全国职业院校技能大赛中职组网络空间安全赛项申报专家组成员。

先进事迹摘录

作为一名高职高专的专业教师，方园老师始终坚持认真努力、勤奋踏实、创新进取的工作精神。在教学和日常工作中始终充满积极向上的精神，把爱党爱国、乐观向上的思想传递给学生。

由于网络技术发展迅速的特点，本专业每年都会有全新的专业课程和教学内容，他始终坚持主动承担新课难课，主动帮助年轻教师。先后完成了多门专业核心课程的教学工作以及课程开发建设工作。

方老师充分利用现代信息化技术，为每一届专业学生建立 QQ 群、微信群等移动互联手段，随时与学生保持沟通交流，为学生在学习和生活上排忧解难。即使学生毕业后也保持通畅的沟通联络渠道，帮助不少学生解决在工作上遇到的问题。

为了提高教学质量，让更多的学生努力学习掌握专业技能，方老师在教学方法和教学手段上认真思考创新，不断提高自己的教学水平。同时在教学过程中坚持教书和育人相结合、言传身教、以身作则，着力培养学生的思想品质和职业素质，深受学生好评与尊敬。

在圆满完成各项教学任务的同时，他树立终身学习的学习理念，积极参加各种教学能力、专业技术培训，积极参与企业实践，不断提高自己的专业水平，受到了合作企业的好评。把最新的知识传授给学生，2015 年至 2017 年参加了 8 次师资和技术培训。

为了实现对学生的个性化培养和因材施教，方老师积极组织学生参加各类技能竞赛。在指导技能大赛的过程中，不计个人得失，和团队成员一起牺牲节假日和休息时间，主动加班加点完成竞赛辅导等工作。2014 年至今，累计获得职业院校技能大赛全国一等奖 3 项、全国二等奖 10 项、全国三等奖 2 项，竞赛成绩在国内名列前茅。

他在专业发展中充分发挥自身的引路作用。及时掌握国内外专业发展动态，主持完成了本专业的三年制人才培养方案重构工作、贯通制高端技术技能人才培养项目的方案制订工作、教育部现代学徒制试点项目方案制订工作。构建一平台多方向的人才培养模式，专业建设水平和人才培养质量不断提高。

❋北京市高等学校教学名师奖获得者

王 巍

学校名称：北京电子科技职业学院
主讲课程："三维动画"

　　王巍，男，硕士，现任北京电子科技职业学院艺术设计学院传媒艺术设计系副主任，副教授职称，从事职业教育17年。师从北京师范大学艺术与传媒学院肖永亮博士，主修数字媒体专业。任教前工作于北京郑智光动画有限公司，并长期担任天禹文化集团有限公司技术支持，为其培训员工、参与企业的三维动画及数字媒体演示项目。于2008年接受中国最具影响力的创意门户网站"视觉中国"的专访。对动漫设计、数字媒体设计有深入的了解和丰富的教学经验，在教学中能充分考虑行业的需求和学生的认知水平。主编普通高等教育"十一五"国家级规划教材《视频处理软件》和北京市高等教育精品教材《漫步动画舞台》，并在国家级学术期刊发表过多篇专业性学术论文。

先进事迹摘录

　　王巍老师在校任教期间，不断努力进取，提高自身的专业技能和业务水平，全身心地投入工作，将社会实践融入教学，取得了良好的教学效果。

教书育人

　　作为一线教师，王老师以教书育人为己任，入校以来，几乎每个学期都承担300多课时的满工作量教学任务。在教学中，他不但注意在专业知识上提高学生的水平，更加注重对学生素质的培养和道德修养的提高，被学校评为优秀教师和师德先进个人。

　　王老师积极组织学生参加各种行业大赛，在他的指导下，邓哲同学荣获全国职业院校技能大赛高职组动漫制作比赛二等奖。由于王老师在业界的影响，于2008年接受了中国最具影响力的创意门户网站"视觉中国"驻法国记者的专访，提高了学校的知名度。

教学科研

　　王巍老师将科研作为提升教学质量的催化剂，出版了普通高等教育"十一五"国家级规划教材《视频处理软件》，校企合作开发的动漫专业教材《漫步动画舞台》被评为北京市高等教育精品教材。依托国家级资源库建设项目，开发了"非遗动画设计"课程，成为校级公共选修课，并出版教材《数字造型基础——"非遗"数字化应用》。

　　对于动漫专业的发展，王老师有着自己独到的见解，改革课程体系。对2013版人才培养方案进行修订，主持制订2015级贯通人才培养方案，并与新西兰和英国学校对接，开展学分互认工作。

　　主持和参与多项校内外课题，其中省部级课题一项，并在中文核心期刊发表了多篇专业性较强的学术论文。

学生就业指导

　　王巍老师在学生毕业设计环节，用自己的专业知识为毕业生提供了良好的就业辅导，职业能力和专业技能并重，培养出不少优秀的毕业生。王老师从入校以来就一直承担着兼职班主任工作，在毕业前夕凭借与行业企业的联系，积极为学生推荐工作，使班级就业率连续多年都率先达到了100%。除了引导学生就业，王老师还积极帮助学生自主创业，连续5年作为大学生创业项目指导教师，在动漫衍生品领域为学生开辟创业道路。

✿北京市高等学校青年教学名师奖获得者

江 洁

学校名称：北京青年政治学院
主讲课程："管理沟通""涉外商务礼仪"

个人简历

　　江洁，管理学博士，副教授。北京青年政治学院现代管理学院教师，毕业于北京大学信息管理系，主要从事创新政策、创新行为、企业竞争战略等领域研究。从教以来，先后获得北京高校第九届青年教师教学基本功比赛二等奖及最佳教案奖、北京市属高校"创想杯"多媒体课件制作与微课大奖赛二等奖等多个市级奖项，并于2013年被评为北京青年政治学院教学名师，于2018年被评为北京市教学名师。作为项目主持人主持省部级课题2项；作为骨干研究人员参与国家级、省部级研究课题10余项，积极在政策咨询、服务社会等方面发挥自己的专长。共发表学术论文30余篇，荣获国务院发展研究中心奖学金、北京市哲学社会科学出版支持基金资助等。

先进事迹摘录

江洁老师扎根教学一线十六年，热爱教育事业，尊重和爱护学生，一贯以高度的责任心和严谨的工作态度对待每一门课程，静心钻研、潜心积累。

一是立场坚定，爱岗敬业，具有良好的道德风范。政治态度方面，始终坚持认真学习、了解、掌握并自觉拥护党和国家的各项路线、方针、政策，在思想上、行动上始终与党中央保持一致。职业道德方面，严格遵守《师德师风建设规范》，身体力行、言传身教，对工作认真负责，具有为学校教育事业无私奉献的强烈事业心和高度责任感。

二是兢兢业业，投入教学，高质量完成教学任务。由于教学改革和院系发展需要，江洁老师先后在国际学院及现代管理学院承担了近 10 门专业核心课程的教学工作，开发了具有职业特色的课程实训模式，在不同岗位上均取得了良好的教学成果。

三是踏踏实实，专注科研，提升自己的理论修养和学术能力。近 3 年来在国内外期刊上共发表 10 余篇论文，其中有 7 篇发表在《中国金融》《金融理论与实践》等影响因子较高的核心期刊或 SSCI 期刊上。此外，出版专著 1 本，获得了 2012 年北京市社会科学理论著作出版基金资助。主编教材 3 本，一本被列为"十一五"规划重点出版图书，另一本进入"十二五"职业教育国家规划教材系列。为进一步提升自己的专业能力和研究水平，2014 及 2018 年间，江洁老师通过北京市教委遴选，分别参加国外访问学者项目和国内访问学者项目，在麻省大学波士顿分院金融系和清华大学经济管理学院进修，学习前沿的金融学知识、课堂教学方法并开展科研合作。

四是勤勤恳恳，主动参与学生工作，积极扮演好学院和学生之间桥梁的角色。不仅做学生学习上的指导者，也做他们生活上的贴心人。指导新生入校登记、查访学生宿舍、敦促学生参加各种讲座与座谈等，全面了解与掌握学生的思想动态、学习状况、生活状态，为学生及时答疑解惑。

五是认认真真，注重实效，努力开拓社会服务新路径。任现职以来，先后在北京双雄对外服务公司、中国农业银行下属的农银智库等单位担任培训师、咨询顾问等职，参与建立和维护多个校外实训基地，如北京凯撒国际旅行社、招商银行、中信证券等；担任北京青年政治学院金融服务研究所所长助理，以金融研究服务所为平台，凝聚了大批业界精英专家，为教师科研、金融证券专业发展及学生与业界接触提供了良好机会；参与筹备与组织第六、第七届北京青年政治学院金融服务论坛，在专业、行业领域扩大了学院的知名度，提高了美誉度，受到专家的好评。

❀北京市高等学校教学名师奖获得者

周珍辉

学校名称：北京农业职业学院

主讲课程："动物病理"

个人简历

　　周珍辉，兽医病理硕士研究生，教授，从教27年，主讲"动物病理"等5门课程，现任牧医系副主任。主编教材7部(其中3部为农业部规划教材)，副主编8部，参编6部。2014年指导学生获全国农业职业技能大赛"鸡新城疫抗体水平测定"一等奖。主持省部级课题3项，院级项目6项，参与其他课题30余项；获得国家发明专利1项。发表在北大核心期刊论文20篇，专业核心论文6篇。在北京市职业院校农林类师资培训基地教师说课大赛及技能大赛中均获得一等奖。先后在学院多次获得"先进个人""优秀授课老师""优秀班主任"等称号。现为北京资源亿家集团、北京方庄宠物医院的技术顾问，并为京郊多家养殖企业提供技术服务。

先进事迹摘录

    周珍辉老师潜心教书育人，教学效果良好，从教 27 年，主讲"动物病理"等多门专业课程，多次被学院评为优秀授课教师。她主编教材 7 部，审定教材 1 部，副主编 8 部，参编 6 部，主编教材中有 3 部为农业部规划教材，获得市级以上奖励 2 项。完成动物病理课程资源库建设，被全国中等职业学校师生及社会相关工作人员广泛应用，收到了很好的效果。她撰写的 2 篇教改论文在全国职教论文评选中分别获一等奖和三等奖。

    周老师投身专业建设，成效显著。历任专业副主任、专业主任、系副主任职务。是专业水平评估、畜牧兽医专业示范校建设及北京市分级制改革试点项目的主要负责人之一，因系部和专业建设成绩显著，畜牧兽医系及相关专业连续多年被学院评为先进系部和先进科室。她 2014 年被北京市教委评为"北京市职业院校专业带头人"。畜牧兽医专业"岗位轮动"人才培养模式的实践与创新，2013 年获得第七届北京市高等教育教学成果奖二等奖。

    她以技能大赛为抓手，根据专业教师特长及各赛项特点全面提升学生专业技能，组成多个指导团队，并亲自挂帅，指导师生主持、承办、参加各级各类技能大赛，屡获殊荣，特别是 2014 年带队参加全国高职院校"鸡新城疫抗体水平测定"获得全国一等奖，实现了学院在国家比赛上一等奖零的突破，为北京市争得了荣誉。2018 年 3 月，"畜牧兽医专业学生综合实践能力培养模式的创新与实践"获北京市教委教育教学成果一等奖。在 2017 年北京市职业院校技术技能比赛中，被北京市教委评为优秀工作者。

    周老师深入生产一线，服务"三农"大业，积极参与科研、三农服务，结合技术服务内容，开展 20 多项课题研究，主持市级、院级科研课题多项，以第一作者在核心期刊上发表论文 26 篇，以第一作者撰写的 7 篇科研论文获得市级以上奖励。她多年来为宠物医院、京郊多家养殖场提供技术服务和技术培训，编写农民培训丛书 8 部，有效控制了各养殖场疾病的流行，取得了良好的经济效益和社会效益。

❋北京市高等学校教学名师奖获得者

徐红霞

学校名称：北京政法职业学院
主讲课程："安全保卫实用英语口语"

个人简历

　　徐红霞，女，1970 年 5 月出生，中共党员。1994 年毕业于哈尔滨师范大学外语系，获得文学学士学位。2004 年毕业于首都师范大学教育科学院，获得教育管理硕士学位。1994 年 7 月参加工作，现在是北京政法职业学院安全防范系国际安保教研室教师，副教授。

　　徐红霞老师忠诚党的教育事业，从教 24 年一直工作在教学一线，全身心投入安保专业建设和课程改革。爱岗敬业，关爱学生，为人师表，师德表现和教学业绩非常突出，深受学生爱戴，在教师中享有很高威望。2012 年被评为北京市高校师德先进个人。2014 年获评学院首届教书育人标兵。2017 年获评学院教师教学质量评估考核一等奖。

　　徐红霞老师是华信中安（北京）保安有限公司兼职培训师，特聘翻译。同时也是北京"一带一路"法律研究会理事会员。多年来承担了大量安保行业企业的社会服务和培训工作，深受行业企业好评。

先进事迹摘录

致力教学，爱岗敬业，教书育人，成绩突出

徐红霞老师 24 年立足第一课堂，常年超额完成教学任务。政治素质过硬，以德立身，爱岗敬业，为人师表，关爱学生，治学严谨，深受学生爱戴，在教师中享有很高威望。2012 年被评为北京市高校师德先进个人。2014 年获评北京政法职业学院首届教书育人标兵。

立足安保专业，致力课程改革，默默奉献

专业建设：2008 年开始徐红霞老师成为北京市示范校建设一级项目"安全保卫专业建设项目"专业团队的核心成员。2012 年学院安保专业开始启动中澳合作办学项目，其成为该项目负责人，为申报和建设七年贯通海外安全官专业方向做出了积极贡献。

课程改革：从安保职业对英语技能的迫切需要出发，带领教学团队积极进行安保专业英语课程改革，校企合作开发了新课程"安全保卫实用英语口语"。为打造安保职业精英，负责组建安保特勤分队，开发并撰写了《安保特勤分队能力特训课程体系》，开发了"特勤英语"课程。特勤分队 80％的学生走上安保高端就业岗位。

服务安保行业和企业，享有美誉度

一直是华信中安（北京）保安有限公司的兼职培训师，特聘翻译。负责完成海外安全官等各类培训及大量翻译工作。多年来还代表学院承担了包括华远卫士在内的 8 家企业在职人员专业技能培训，培训人数超过千人，受到各方好评。同时还协助中国保安协会完成出国考察，帮助北京保安协会完成澳洲安保与风险管理证书培训的推广工作。

建设教学团队，无私"传帮带"

组建了安防系第一支国际安保专业方向优秀的双语师资团队，圆满完成澳大利亚安保与风险管理文凭证书的各项教学任务，实现取证率 100％。先后培养了王楠等 7 名青年教师。无私帮助指导苏娜等 10 多名青年教师在北京市及学院各项教学基本功大赛上获奖。

进行教科研研究，成果较丰富

徐红霞主编的《保安员实用英语》是职业院校保安专业教学用书，保安专业紧缺人才培养培训推荐教材，国内保安行业企业培训使用教材。《安全保卫实用英语口语》是北京政法职业学院及杭州司法警官学院安全保卫专业指定使用教材，同时也是国内安保行业企业培训推荐教材。先后主持参与各级各类课题多项并发表论文多篇。

❀北京市高等学校教学名师奖获得者

王莉莉

学校名称：北京财贸职业学院

主讲课程："毛泽东思想和中国特色社会主义理论体系概论"

个人简历

  王莉莉，现为北京财贸职业学院副教授，教研室主任，哲学博士。2013年和2014年先后被评为北京财贸职业学院优秀教师和北京财贸职业学院教学名师。近年来连续获得学校教学质量优秀奖、精品党课评比一等奖、北京高校"两学一做"专题精品党课二等奖等教学奖项；主持的各类科研项目和12篇学术论文均获得不同科研奖项。在承担北京市烟草税务系统干部培训以及担任青年教师导师、大学生"读书读经典"活动指导教师、金融系兼职政治辅导员、学校高级党校主讲教师、北京财贸职业学院"曙光学社"学生理论学习社团指导教师等各项工作中，王老师发挥专长，授业解惑，真诚交流，精心指导，分享经验，贡献智慧，为学校服务社会和校园文化建设做出了自己的贡献。

先进事迹摘录

王莉莉老师在高职教育岗位默默耕耘了20年。

作为一名一线思想政治理论课教师，王老师勤奋努力，刻苦认真，关注教学实效，研究学生需求，积极探索教学育人规律，勇于改革和创新，取得了突出的教学业绩。2013年和2014年，先后被评为学校优秀教师和学校教学名师。从2010年到2017年，6次获得学校教学质量优秀奖，其间所教授的课程曾被评为学生认为"收获最大、最喜欢的课程"和学生"课后最喜欢学习的课程"，王老师被评为"教书育人最好的教师"和"课后导学最好的教师"。2016年，党课"《共产党宣言》与共产党人的使命"获得北京市精品党课二等奖，该课程还获得学校精品党课评比一等奖。2015年，"概论课"E化课程建设项目获得"北京市信息化教学大赛"二等奖。2017年，"能力本位高职思政课改革"项目获得北京财贸职业学院教学成果三等奖。

教学出题目，科研出思路。王老师把教学中遇到的问题变成科研题目，再通过深入研究提出解决问题的总体框架和思路。王老师经常针对不同专业的学生做需求调研，也时常利用假期外出调研，力图把马克思主义理论活学活用，不断提高理论联系实际的能力。这些努力，也取得了优异的成果。担任副教授以来，发表学术论文20余篇，其中中文社会科学引文索引（CSSCI）期刊论文7篇，12篇论文获得各类奖励，12篇论文被引用。作为总主编策划组织编写国家示范性高职院校建设成果"职业英语系列丛书"18本，合作编写著作1部。主持完成北京市项目和校级课题3项。主持完成的党建和思想政治工作研究课题"高职院校审美教育的方法与路径选择——以北京财贸职业学院为例"，获得校级党建和思想政治工作研究课题一等奖。

作为老教师和老党员，王老师信守先公后私、先人后己的理念，甘为人梯，乐于奉献。王老师长期坚持在距离较远的涿州校区上课，每年都超额完成工作量，近五年年均课时量在380课时以上。王老师还发挥业务优势，拓展校内服务工作。在担任青年教师导师、首都大学生"读书读经典"活动指导教师、金融系兼职政治辅导员、学校高级党校主讲教师、北京财贸职业学院"曙光学社"学生理论学习社团指导教师的过程中，悉心指导，深入交流，分享经验，贡献才智，深得同志们的认可和喜爱，所指导的工作均有改善和提升。

此外，王老师积极开拓社会服务工作领域，持续多年为北京市烟草局、地税局和河北涿州市讲授干部培训课程，培训总量近1万人次。

北京市高等学校教学名师奖获得者

季 琼

学校名称：北京劳动保障职业学院

主讲课程："报关实务""外贸单证实务""进出口税费核算实务"

个人简历

　　季琼，中共党员，教授，国际商务专业带头人，教研室主任；教育部全国报关行指委校企合作专委会委员、北京市职业技术教育学会国际商务专业委员会副主任委员。

　　先后在中南大学、北京劳动保障职业学院从事教学工作16年。主要承担报关实务等多门课程教学任务，年均授课约400学时，专家和学生教学效果评价均在96分以上。先后9次被评为学院优秀共产党员、优秀教师和奖教金获得者，5次荣获全国职业院校报关技能大赛团体一等奖优秀指导教师；荣获北京市教学设计成果奖二等奖1项。被辽宁经济技术职业学院聘为专家。

　　公开出版学术著作8部，发表学术论文20多篇，主持和参与完成院级及省部级科研课题10项，荣获学院科研奖14项。社会服务约500人次。

先进事迹摘录

季琼热爱党的教育事业，具有强烈的使命感和责任感，实践经验丰富，专业功底扎实，具有优秀的职业道德和较高的教研水平。

爱心滋润，教书育人

在教学过程中，坚持以学生为主体、以能力为主线、以核心价值观和职业素养为基础，把立德育人落到实处。将爱国、诚信、善良、正直、忠诚、坚韧、担当等精神融入到专业课教学中，让学生树立正确的人生观和价值观，坚定理想信念，学会做人做事；将行业企业职场环境和典型案例引入教学过程，让学生了解将来从事工作的性质和特点，树立正确的职业观，培养和训练学生具备良好的职业素养；采用"课赛融合"教学模式，将"学、训、赛、考、评"一体化贯穿于教学活动的全过程，既训练学生的专业知识和技能，又培养学生的交流沟通、团队合作等能力。季琼所带领的教学团队，指导学生在北京市及全国职业院校报关技能大赛中先后荣获了7次团体一等奖，学生的职业素养和能力也受到用人单位的一致好评。在学生心目中，季琼既是严师又是慈母，学生们亲切地称呼她"季妈妈"。

以人为本，教研并重

季琼治学严谨、敬业勤奋，能够根据职业教育特点和学生自身优劣势，深入进行教育教学改革，精心选择教学内容和教学方法，先后建设了"报关实务""外贸单证实务"两门项目化课程，并充分利用信息化教学手段，搭建了"进出口商品归类实务""外贸单证实务"等课程资源库，实现了线上学习与线下学习的有机结合，分散学习与集中学习的有机统一。在教学方法上，充分发挥学生的主体作用，通过任务设计、角色演练，让学生成为教学的主角。能够根据教学和企业实践中遇到的问题，积极开展科研工作，以服务于教学和服务于企业实际为目标，先后与企业合作开发了《报关与报检实务》《外贸单证实务》等多部教材，完成了"校—行—企协同创新的高职教育人才培养模式研究"等5项实证课题研究，公开发表了《协同创新视阈下高职经贸类专业人才培养模式构建》等多篇论文，为企业提供业务指导和培训800余人次。

北京市高等学校教学名师奖获得者

悦中原

学校名称：北京交通运输职业学院

主讲课程："发动机机械系统及检修""发动机管理系统及检修"

个人简历

　　悦中原，2002 年应聘到北京交通运输职业学院汽车工程系任教。2006 年开始先后担任学院上汽通用汽车 ASEP 校企合作项目专任讲师、项目负责人。2013 年通过北京市专业技术职务评审委员会评审，获得高级讲师资格，2017 年获评学院副教授资格。

　　2008—2014 年连续指导学生参加全国"汽车运用与维修"专业技能大赛，共获得冠军、一等奖等 14 项。2012 年获得北京市教委授予的"汽车基本维修技能首席指导教师"称号。2015 年考取全国职业院校汽车运用与维修赛项裁判员资格。

　　2008—2018 年承担北京市汽车维修职业资格鉴定工作，先后考取国家中级、高级考评员资格，多次承担职业资格鉴定题库的编写和修订工作。

　　2009—2017 年先后承担北京市课改实验班、中德合作 SGAVE 班以及德国 IHK 认证班、上汽通用 ASEP 班的教学及教学资源建设等工作。

先进事迹摘录

　　悦中原老师于 2002 年大学毕业后受聘于北京交通运输职业学院，16 年来一直担任汽车运用与维修类专业课教学工作。2015—2018 年年均承担 430 学时的教学工作量。他在教学过程中认真研究课程标准，合理确定教学任务，积极实践先进的教学方法，体现"以工作过程为导向"的职业教育理念。此外还积极承担学院和北京市课程改革、校企合作等工作。在校企合作运行、教师企业实践、教学方法、教学资源建设、评价考核方式改革等方面积累了大量的经验，也取得一定的成果。

　　2002—2015 年连续 14 年担任辅导员工作，逐渐积累了一套符合职业院校学生管理的工作方法，所带班级班风正、学风浓、能力强，得到了任课教师的一致认可。

　　2006—2017 年一直担任上汽通用 ASEP 项目的校企合作项目负责人，带领项目教师团队认真做好项目运行，先后 7 次获得"上汽通用 ASEP 优秀教师团队""上汽通用 ASEP 最佳合作院校"荣誉称号。为北京地区上汽通用汽车售后服务站培养出 500 余名优秀的汽车售后服务人才。通过深度参与校企合作项目的管理工作，他的专业技术能力、项目管理能力、育人特别是学生实习期间的管理能力得以快速提高。

　　2008—2014 年连续 7 年指导学生参加全国职业学校技能大赛，获得冠军一项、亚军两项、一等奖五项、二等奖四项、三等奖四项的好成绩。悦中原老师也多次获得"全国技能大赛优秀指导教师"称号。并于 2011 年荣获"北京市青年骨干教师"称号，2012 年获得"北京市汽车运用与维修技能大赛首席指导教师"称号，2015 年考取全国职业院校汽车运用与维修赛项裁判员资格。

　　2010—2015 年，悦老师被学院推荐至北京市教委与德国 IHK 的国际合作办学项目，全面系统地学习了德国"双元制"职业教育模式和"以工作过程为导向"的教学方法。完成学院"中德 IHK"合作项目中学习领域 3 和学习领域 8 的教学大纲及配套教学资源开发工作。

　　2013 年以后悦老师开始兼任汽车工程系教学管理和实训室管理工作，保证汽车工程系每年在校近 30 个班级的日常教学正常运行，同时负责 26 个实训教学区域的实训设备和实训教学的管理工作，获得本系教师的充分肯定。

❁北京市高等学校教学名师奖获得者

韩艳辉

学校名称：国家开放大学
主讲课程："媒体辅助英语教学"

个人简历

　　韩艳辉，国家开放大学副教授，英国政府志奋领奖学金全奖学者。2000年在北京第二外国语学院研究生毕业后留校任教，讲授本科英语课程"翻译""阅读"和"口语"等。2002年以特殊人才引进形式调入国家开放大学（前身为中央广播电视大学），讲授本科的"高级英语阅读（2）""变化中的英语""媒体辅助英语教学""国际贸易实务"和"对外贸易概论"等。从2013年开始承担"基于媒体辅助英语教学"的"跨区域、一站式团队在线辅学"教改模式的探索，课程已连续运行9个学期，各方面的反馈都比较好。2017年，该课程开始在中国大学慕课平台运行，首期吸引了3000多名学习者，包括新疆师范大学英语专业6个班级的学生，社会反响比较好。近年来，多次在普通高校做学术讲座。2018年被兰州交通大学外国语学院聘为数字化语言实验教学中心顾问。

先进事迹摘录

作为国际语言文化教学部的一名普通英语教师，韩艳辉在本职岗位上，兢兢业业，努力探索国家开放大学"跨区域、一站式在线教与学模式改革"，有效地推进学校基于办学组织体系内跨地区的教学改革，同时也为普通高校探索在线教学模式提供了有益的经验。同时，他还勤于钻研，参与全国教育科学"十二五"规划课题"开放大学教学质量保证体系的研究与实践"（课题批准号：FKB120430）等课题研究。

第一，创新教学模式，探索建立国开办学组织体系在线教、学、评相结合的全新"一站式"新模式。该教学理念不但在国内处于领先地位，而且是对国开办学组织体系内教学的一种突破和创新。教学方面，教学团队精心挑选学生的优秀作业，作为典型教学案例，融入课程资源中，充分发挥学生的积极性和主动性，使学生参与到课程的建设和完善过程中。为所有学生提交的用于互动评价的作业提供预点评，推动学生不断根据教师反馈进行修改，加强了师生之间的良性互动。评价方面，借鉴 MOOCs 的互动评价任务类型，在课程中通过学生之间的互评，增强学生的评价能力和互相学习的能力。

第二，组建"跨区域"的教学团队。既充分发挥国开办学组织体系的优势，又突破了电大原有的基于行政区划的地域限制，汇聚办学组织体系内的教师，建立了一支优秀的、打破地域限制的教学团队，并领导团队开展教改模式的探索。为了支持教学团队的发展，他不惜舍弃自己应得的报酬，用以补贴跨区域团队的老师们。他努力为基层老师创造学习条件。例如，在国家开放大学的支持下，他为教学团队核心成员争取到了赴北京参加骨干教师培训的机会。

第三，提供及时学习支持服务。带领教学团队为学生提供每天早 8 点到晚上 0 点全方位、不间断的学习支持服务，周六日和节假日不休息。

第四，非常注意深入基层调查研究，了解教学一线老师和学生的实际情况，听取反馈，为国开的教学改革提供第一手的资料和有价值、有建设性的意见或建议。2014 年春季学期"媒体辅助英语教学"网络核心课程成功完成首次试点后，他马不停蹄地利用周末休息时间，从北京到达参加试点的广东汕尾电大，行程 2000 多公里，和学生们进行了长达一个多小时的面对面的录音访谈，全面了解学生们对这门网络核心课程以及教学过程的意见或建议，进一步加深了师生的感情。

❀北京市高等学校教学名师奖获得者

李　哲

学校名称：北京开放大学

主讲课程："金融学"

　　李哲，1997年进入北京广播电视大学，从事经济管理学科教学工作，从教逾20年。先后讲授"金融学""商业银行管理""金融理论前沿课题""基础会计""金融企业会计""信托与租赁""投资银行"等课程。2009年起先后担任财经教学部主任、远程教育与开放学习研究院院长、经济管理学院院长。

　　科研：主持北京市社科规划课题、教育部在线教育研究重点课题、北京市教委面上项目。多项成果发表于核心期刊，被新华文摘、人大复印资料转载。专著获得2014年北京市哲学社会科学优秀成果奖二等奖。

　　学术兼职：中国数量经济学会远程教育分委会常务理事；《开放学习研究》杂志副主编；国家开放大学学术委员会委员；北京开放大学学位评定委员会管理学分委会主席。

先进事迹摘录

李哲教授多年来致力于为首都经济建设实际需要和发展培养应用型人才，提供职业教育和学历教育支持服务，1999年起广播电视大学与中国人民银行合作开办开放教育金融学专业，为金融系统升级转型储备人才。李哲所负责的金融学专业至今已为北京市金融系统培养了1万多名各级各类人才，绝大多数已成为金融系统业务骨干，不少人已走向领导岗位，正为北京市金融业的发展发挥着积极作用。金融学课程作为工商管理、会计学专业的基础课，为数万学生培育良好财经素养。所建设精品课程浏览学习者数量均已突破10万。

李哲教授在多年远程教育教学中逐步形成"系统设计、模块组合、行动导向、过程渗透"的实践经验。根据社会行业需求和学生学习特点对教学内容进行整体的规划和设计，教学内容进行模块化设计，便于学生重点学习、按需学习。着眼于学生职业素养和能力的提升，最大特点是积极的行动导向教学。在课程中引入职业能力测评和在线模拟实训，重视金融分析工具和方法的传授和实际运用。尝试整合实验实训资源，开展全联通、一体化的跨专业综合实训。

这一实践经验应用于探索建立适应成人学习特点和需求的开放大学经管类课程体系、学习制度和人才培养模式。形成"教—学—研"互动的优化瀑布模型网络课程开发与教学模式，应用于学校经管类的"金融学""人力资源管理""职业生涯规划"等网络课程建设，获得国家精品课、全国电大精品课；代表性成果发表于《中国电化教育》《成人教育》等核心期刊，获得全国教育技术理论与实践大赛一等奖；总结性应用性成果"网络环境下'人力资源管理'课程远程教学创新实践"获得北京市高等教育教学成果奖二等奖、"积木组合学税法，成人学习脚手架"获得北京市高等教育教学成果奖一等奖；在教学与教师能力培养上所做的改革创新获得了首都教育创新先锋、北京高校育人标兵、北京高校优秀共产党员等荣誉。

第二届北京高等学校青年教学名师奖获奖教师简介

(2018 年度)

※北京市高等学校青年教学名师奖获得者

归泳涛

学校名称：北京大学

主讲课程："民族国家概论""比较政治学"

个人简历

　　归泳涛，2005年起任职于北京大学国际关系学院，先后任讲师、副教授。从教以来，给本科生开设了民族国家概论、比较政治学等课程，给研究生开设了用英文授课的东亚国际关系等课程。2013年获北京大学杰出青年学者奖。2017年作为第一完成人获北京大学教学成果一等奖，主持的北京大学本科教改项目经专家验收结题。

　　2013年起担任北京大学国际战略研究院院长助理，2018年起担任上海交通大学日本研究中心学术委员会委员。2009年至今任日本早稻田大学留学生中心非常勤讲师，2015年1—2月任日本北海道大学公共政策学院特任讲师。2011年赴奥地利维也纳大学、德国维尔茨堡大学讲学半年。

先进事迹摘录

归泳涛，讲课内容深入浅出，条理性强，及时引进国内外最新研究成果。鼓励和引导学生自主学习，着力培养学生的科研创新能力。在教学评估中，他主讲的课程连续多年总平均分在 90 分以上，名列前茅。以 2017—2018 学年第一学期的"民族国家概论"课为例，评估总分达到 94.99 分，学生中表示会向朋友推荐此门课程的占到 96.8%。

归泳涛平时细心发现和培养具有学术潜力的学生。通过言传身教，他引导学生走上独立从事科研工作的道路。在担任班主任班级的毕业生中，有很多继续前往国内外知名大学深造，其中学有所成、已经在大学任教的有：新加坡南洋理工大学 1 人，日本早稻田大学 1 人，复旦大学 1 人，澳门科技大学 1 人，北京外国语大学 1 人，首都师范大学 1 人。还有 1 人已经以优异成绩通过北京大学招聘考试，即将任教于北京大学。

归泳涛在教学中，十分注重引入中国学术界的最新成果和理论创新，着力改变以往国际关系学科偏重发达国家理论的情况。引导学生立足国情，用多元的视角分析国际政治，增进对中国道路、中国理论、中国制度和中国文化的理解和自信。同时，注重分析发展中国家自主选择发展道路和社会制度的案例，揭示发展中国家整体力量上升的大趋势。

在潜心教学的同时，归泳涛努力提升科研水平。从教以来，在国内外发表中、英、日文的学术文章 30 余篇，出版专著 1 部，译著 1 部。主持的外交部委托课题，经验收结项，受到好评。多次受中央办公厅、外交部、中央外宣办邀请提供政策咨询。2013—2016 年，3 次受邀作为外交部专家团成员，访问美国、日本、韩国、印度、缅甸、巴基斯坦，参与撰写了内容丰富的调研报告，提出了有益的政策建议。2016 年，作为团长率领外交部专家团访问日本、韩国，主持撰写的调研报告受到好评。2013 年以来担任北京大学国际战略研究院院长助理，主持和参与多项国内外课题研究，并选拔优秀学生参与科研工作，取得了教学与研究相辅相成的效果。

✸北京市高等学校青年教学名师奖获得者

吴 飞

学校名称：北京大学

主讲课程："宗教学导论"

个人简历

　　吴飞，2005年毕业于哈佛大学，获得博士学位，回到北京大学哲学系，相继做博士后、副教授、教授。平均每学期主讲一门本科生课和一门研究生课程，至今已经有13年的教学经历。2013年12月至2018年4月，任哲学系副主任，主管本科教学工作。现在卸去行政职务，重新将主要精力集中于教学科研。

　　主要研究领域包括基督教哲学、宗教人类学、中西哲学比较研究、礼学等，出版《麦芒上的圣言》《浮生取义》《心灵秩序与世界历史》《人伦的"解体"》等11部专著，包括译著4部。

　　任中国宗教学会理事，中国比较文学学会古典学分会会长，北京大学礼学研究中心主任。

先进事迹摘录

吴飞于 2005 年从美国回到北京大学哲学系之后，一心投入到教学科研当中。他于 2007 年博士后出站后担任哲学系 2007 级本科生班主任，对于本科生的各方面发展都投入了巨大精力，取得了明显效果，于 2008 年被评为北京大学优秀班主任。

"宗教学导论"和"哲学导论"是北大哲学系的两门经典课程，是大一本科生的必修课，是本科生对哲学和宗教学专业获得的第一步认识。但长期以来，国内各高校开设的"宗教学导论"就不很理想，要么是对各个宗教的简介，要么是对宗教学理论的灌输，学生提不起兴趣来，没有很大收获。吴飞 2006 年开始讲"宗教学导论"时，认真研究了此前各高校的课程和教材，做出了大胆的尝试，并在以后十多年的时间里，除 2009 年这一年外，都主讲本科生最先接触的这门必修课(以后改称专业核心课)。经过多年的尝试和调整，他逐渐形成了自己的一套讲法，即中西宗教核心文本深入细读和对比的方式，使同学不仅对传统文明中最主要的宗教形成一定的了解，而且学会阅读、思考、写作。

吴飞也积极投入到通识教育的改革当中，多次担任通识教育讲习班的主讲，从 2012 年开始，大胆尝试大班授课、小班讨论的模式，取得了很大的成功。2013 年，他当选为哲学系副系主任，主管教学工作，将这种行之有效的教学模式推广到哲学系的全部专业核心课当中，都取得了成功，得到校内外师生的广泛认可，成为北大通识教育改革的一个亮点。吴飞带领的教学团队获得了北京市教学成果奖一等奖。此外，吴飞多次主讲北大的核心通识课程，积极参与到跨学科本科教学项目的开发、建设和教学活动当中，都取得了丰硕的成果。

吴飞研究兴趣广泛，在宗教人类学、基督教哲学、比较哲学等领域都有广泛的兴趣。他尽可能做到融会贯通，将自己的研究成果迅速转化为教学内容，带领同学不断深入到各门学科的前沿，而他自己的每门课程也随着学术界的进展而不断修改。他的课程受到了同学们的广泛欢迎，曾于 2009 年被评为北京大学十佳教师。

❋北京市高等学校青年教学名师奖获得者

许雅君

学校名称：北京大学

主讲课程："营养与食品卫生学""身边的营养学"

个人简历

　　许雅君，女，1976 年出生。2000 年毕业于北京大学预防医学专业获医学学士学位，2005 年毕业于北京大学营养与食品卫生学专业，获医学博士学位。毕业后一直在北京大学公共卫生学院从事营养与食品卫生学的教学与科研工作。现任北京大学公共卫生学院院长助理，营养与食品卫生学系教授、博士生导师，食品安全毒理学研究与评价北京市重点实验室副主任，北京大学预防医学实验教学中心副主任。兼任教育部农村义务教育学生营养改善计划专家委员会理事，中国环境诱变剂学会常务理事、科普工作委员会主任委员，北京市营养学会副理事长，中国研究型医院学会营养医学专业委员会常务理事，北京市预防医学会常务理事，中国营养学会妇幼营养分会常务理事，中国食品工业协会营养指导委员会理事，中国医学教育慕课联盟专家委员会委员，北京市继续医学教育学科专家组专家，中华医学会公共卫生分会第九届青年委员会委员，环境与生态部新化学品评审专家委员会委员，国内 4 种核心期刊编委和国内外 20 余种学术期刊审稿人等。

先进事迹摘录

　　许雅君教授热爱祖国，热爱科教工作，为人师表，勤勉治学，在教书育人和科学研究等方面都做出了突出的成绩，深得师生的尊敬、信任和赞誉。

　　许雅君教授积极进行教学改革。近年来主持中华医学会医学教育分会/中国高等教育学会医学教育专业委员会及北京大学医学部教学改革课题7项，发表教改论文6篇。许雅君教授注重传统教学方法与现代科技相结合，2013年起即加入北京大学第一批慕课建设团队，建立了我国营养学领域第一门"慕课"——"身边的营养学"。2014年在国际知名慕课平台edX正式开放，这也是我国高校教师在国际慕课平台开设的第一门预防医学专业课；2016年该慕课获"中华医学会全国医学教育技术优秀成果奖"一等奖。2015年起将慕课＋翻转课堂的教学形式运用于校内本科生日常教学。2017年，其作为课题负责人的"身边的营养学"慕课及翻转课堂获北京大学教学成果一等奖。由于其在信息化教学方面的突出贡献，2017年国家教育部授予其"在线教育先锋教师奖"。许老师毫无保留地和一线老师们分享教学经验，自2014年起至今，教学经验分享和混合式教学培训的脚步遍及全国20余个省、自治区和直辖市。

　　许雅君教授深谙教学之道，在教学中注重学生能力的培养，教学效果良好。她的课堂充满师生互动，授课中融入学科发展进展，注重学科交叉内容的介绍和引导，注重理论联系实际和科研思路的提领。出色的教学工作受到师生的一致好评。在北京市高校第六届青年教师教学基本功比赛中，获得理工组一等奖第一名，并囊括了"最佳教案奖""最佳演示奖"和"最受学生欢迎奖"全部3个单项奖。

　　许雅君教授是学院青年科研骨干，近年作为课题负责人承担国家自然科学基金、北京市自然科学基金、教育部博士点基金、科技部区域重点研发专项、科技部重大专项子课题、863子课题、联合国粮农组织、联合国儿童基金会国际合作专项等多个纵向科研项目及40余项横向科研项目，近年在国内外发表学术论文90余篇，获得科技成果奖8项，参编教材和论著20余部。2009年获得北京市"首都教育先锋"科技创新个人称号；2012年获得北京大学"黄廷方/信和杰出学者奖"；2009年和2012年两次获评北京大学医学部优秀青年学者称号；2017年度获评"中国营养科学十大青年科技之星"称号，在全国20多万营养工作者中，当年获此殊荣的仅10人。

❀北京市高等学校青年教学名师奖获得者

张成思

学校名称：中国人民大学
主讲课程："金融学"

个人简历

张成思，1999年8月参加工作，从事高等教育教学工作14年，曾在大连理工大学任教三年，自2006年10月起至今一直任教于中国人民大学财政金融学院，2006年起担任国家级教改项目"金融—数学"双语双学位实验班项目主任，2007年晋升副教授，2010年破格晋升教授、博士生导师，2015年起兼任全国金融系统青年联合会第二届委员会委员，2017年8月起担任中国人民大学财政金融学院副院长，2018年起兼任教育部高等学校金融学类专业教学指导委员会秘书长，另外还兼任国家社科基金、国家自然科学基金和国家留学基金评审专家。主要讲授课程为"金融学""金融时间序列分析"等，主要研究领域为货币金融和金融时间序列分析。

先进事迹摘录

张成思老师长期坚守本科和研究生教学一线工作，连续12年担任本科生班主任，每学年承担本科生课程113学时，教授"金融学""金融时间序列分析"和"中央银行学"等专业核心课程。形成50万字的"金融学"课程讲义，即将由中国金融出版社出版；已经出版的代表性教学成果《金融计量学——时间序列分析视角》(2016年第二版)被全国110余所高等院校选为指定教材，并入选北京市高等教育精品教材。张老师的课程教学成果入选国家级双语教学示范课程、国家级精品视频课程，并荣获国家级教学成果奖二等奖，北京市第七届、第八届高等教育教学成果一等奖，北京市第七届青年教师教学基本功大赛二等奖，宝钢教育基金优秀教师奖，中国人民大学青年教师基本功大赛特等奖等。张老师在教学科研工作中，秉承夯实学术研究基础、培养创新性拔尖人才的理念，指导并推荐了上百位优秀学生到MIT、剑桥大学等世界一流大学继续深造，目前已有多位毕业生在美国普渡大学、香港中文大学等知名大学任教，另有数十位毕业生在国内外大型金融机构从事研究和实务工作，还有多人在剑桥大学、加州理工、加州伯克利等世界顶尖大学攻读博士和硕士学位。

张老师不仅在教学工作岗位上成绩卓越，而且在科学研究岗位上取得了突出成绩，近年来以独立作者和第一作者在货币金融领域国际一流学术期刊发表论文40余篇；在《经济研究》等国内经济金融权威学术期刊发表论文50余篇，中英文研究成果半数以上是封面文章或刊首文；专著入选国家哲学社会科学成果文库一部；研究成果入选国家外管局保密内参1份、中宣部《成果要报》一份；荣获"孙冶方金融创新奖""薛暮桥价格研究奖""邓子基财经学术论文奖"和"中国青年金融学者奖"等重大奖项。因在金融学领域取得突出成绩，张老师于2008年入选教育部"新世纪优秀人才支持计划"，2016年入选教育部"长江学者"特聘教授奖励计划。

※北京市高等学校青年教学名师奖获得者

臧峰宇

学校名称： 中国人民大学
主讲课程： "当代哲学热点问题"

　　臧峰宇，男，1978年生，中国人民大学哲学院副院长、教授、博士生导师。哲学院教学委员会副主任。清华大学博士，伦敦国王学院访问学者。入选国家"万人计划"青年拔尖人才、中国人民大学首批"杰出学者支持计划"。从事马克思主义哲学史与政治哲学研究。兼任中国人学学会常务理事、全国应用哲学研究会副秘书长等。曾在《哲学研究》《教学与研究》等学刊发表论文100余篇。主讲国家级精品视频公开课"当代哲学热点问题"。出版《通往智慧之路》《马克思政治哲学引论》等专著、教材、译著7部。曾获北京高校青年教师教学基本功比赛一等奖、霍英东教育基金青年教师奖、吴玉章人文社会科学青年奖、首届贺麟青年哲学奖、中国人民大学"十大教学标兵"。

先进事迹摘录

　　臧老师从事高校哲学教学与研究工作 11 年，先后讲授 6 门本科生课程和 6 门研究生课程。遵循哲学教育规律，积极探索符合时代发展要求的哲学教学改革思路与方法，合理安排和更新教学内容，及时将学界前沿成果转化为课堂教学，课堂信息量大。注重因材施教和学思结合，考虑到教学对象的认知特点，培育学生的创造性思维。合理、有效使用多媒体教学方式，呈现哲学的时代性和现实性，引导学生在运用哲学思考现实问题的过程中做到知行合一。授课使用标准普通话，注重课内教学与课外研学相结合，在以问题为导向的教学中将文本研读与理论探讨相结合，将国际哲学前沿讲座与中国人民大学"名师沙龙"作为第二课堂，形成哲学教学的独特风格，在同行中得到好评。

　　臧老师主讲的本科生课程"当代哲学热点问题"被评为国家级精品视频公开课，曾获北京高校青年教师教学基本功比赛一等奖、最佳教案奖、最佳演示奖，课程在爱课程网、央视网、爱奇艺等网站在线开放。他注重改进和更新教学内容和方式，主持中国人民大学本科研究性课程教改项目和原典原著类重点建设课程，将科研获奖成果与教学改革模式融为一个学术整体。出版教材《通往智慧之路》，参编教材 3 部。主持研究生课程"哲学前沿与研究方法"建设，组建结构合理的教学团队，对推进中国人民大学哲学教学改革做出一定贡献。

　　他关爱学生，师德高尚。臧老师坚持有教无类，注重通过哲学教育实现能力教育和价值观教育。坚信教学无止境，每门课程都形成内容丰富且根据学科发展不断更新的教案，探索将学术前沿成果转化为合宜的教学语言。在身患疾病期间仍然坚持授课，从教 11 年来从未有缺课、迟到现象。在课间、课后通过面对面、邮件、微信等方式及时解答学生提出的学术问题与人生困惑，启发学生以哲学的方式求知进取。鼓励学生树立高远的志向，在宽广的人生舞台上演绎自己的成长故事，在贡献社会的过程中实现人生价值，做一个有益于人民的人。

🌸 北京市高等学校青年教学名师奖获得者

谷源涛

学校名称：清华大学

主讲课程："信号与系统""MATLAB 高级编程与工程应用"

个人简历

　　谷源涛，清华大学电子工程系长聘副教授，博士生导师。2003 年毕业于清华大学电子工程系并获博士学位，优秀学位论文。2012 年赴美国麻省理工学院教学研修一年，2015 年在美国密歇根大学做高级访问学者。主讲本科生专业基础课程"信号与系统"和"MATLAB 高级编程与工程应用"，获北京市教学成果奖一等奖 1 次，清华大学青年教师教学优秀奖和教学成果奖一等奖 2 次，出版教材 2 本，均入选普通高等教育"十二五"国家级规划教材，获评北京市高等教育精品教材。研究领域包括信号处理基础理论与算法，发表论文 100 多篇，核心合集他引 700 余次。目前担任 IEEE 信号处理理论与方法技术委员会委员。

先进事迹摘录

　　为了培养学生动手实验和专业程序设计能力，谷源涛老师于 2005 年新开设了"MAT-LAB 高级编程和工程应用"，制定了系统完整讲授编程方法、密切结合信号与系统理论和用生动实验激发学生志趣三个原则，并设计了音乐合成和语音变速变调等四个大作业，取得了良好的教学效果。

　　谷老师从 2006 年起开始讲授电子系的核心课"信号与系统"，他教学态度认真负责，授课富于激情和感染力，讲解深入、透彻，思路清晰，重点突出，理论联系实际，善于将学科前沿成果和生活中的实际案例引入教学，启发学生积极思考。辛勤的投入换来了优异的教学效果，从 2011 年至今，谷老师在教学评估中连续 7 次位列全校前 5%。一位学生在点评中写道："上课幽默风趣，善于调动学生的主观能动性，注重和同学们的交流和沟通。能把枯燥无味的知识点讲得很有趣，注重理论和应用的结合，便于我们理解。"

　　在认真做好教学工作的同时，谷老师还努力探索和促进教学改革，并向兄弟院校介绍自己的教学收获。除了发表教学研究论文，谷老师还经常参加全国电子电气课程报告论坛和教学与教材研究年会并多次做特邀报告。受慕课启发，谷老师设计制作了一个开放式教学辅助系统网站，以网页形式为校内外学生提供在线练习，已有本校和大连理工大学四届千余名学生使用，授课教师和学生都反馈收获很大，统计数据也严格证明该系统可改善教学效果，相关研究论文已在国际会议上发表。

　　为了调动学生积极性，给经典理论课程赋予时代气息，谷老师每年都要修改课件，增加对学术前沿的探讨，结合热点事件设计全新的大作业，让同学们深刻感受到"信号与系统很有趣"。为此要耗费大量的时间进行备课，但谷老师始终认为"扎实的科研功底是做好教学工作的基础"。所以他在学术研究上也丝毫不敢倦怠，围绕信号处理基础理论和算法，负责了五项国家自然科学基金项目，在稀疏重建、非凸优化和广义采样等若干前沿问题做出了领先的成果。他目前是 IEEE 信号处理理论与方法技术委员会唯一一位来自中国大陆的委员，同时担任权威期刊《IEEE 信号处理汇刊》的编委。他指导的论文获得了 IEEE Global SIP2015 最佳论文奖和 2017 年张嗣瀛杰出青年论文奖。

❀北京市高等学校青年教学名师奖获得者

冯 鹏

学校名称：清华大学
主讲课程："混凝土结构"

　　冯鹏，清华大学土木工程系教授，国家优秀青年基金获得者，青年长江学者，茅以升北京青年科技奖获得者；2005 年在清华大学获博士学位后留校任教，现负责讲授"混凝土结构"等本科生课程和"纤维复合材料工程结构理论"等研究生课程，主要从事土木工程新材料结构及新型结构的研究，曾担任主管教学的土木工程系副主任和土木水利学院副院长；现兼任国际土木工程复合材料学会理事及执委、中国复合材料学会理事、中国土木工程学会混凝土及预应力混凝土分会理事、住建部土木工程专业评估委专家等职；曾获国家级教学成果奖二等奖 1 项、北京高教教学成果奖一等奖 2 项、北京高校青年教师教学基本功比赛一等奖和优秀指导教师各 1 次。

先进事迹摘录

　　冯鹏老师热爱教学工作，始终以人才培养为首，践行立德树人。2017年，他以"言传、授业、身教——做清华人、育清华人"为题在全校思想政治工作会议上发言，以亲身经历介绍其人才培养理念和清华教学传承，在校内外获得广泛好评。

　　从教以来，冯老师不断钻研教学法、提升教学能力，曾获北京高校第五届青年教师教学基本功比赛一等奖，并在校内外多次做教学示范。近年来，他屡次在教学比赛中担任指导教师，由他指导的两名青年教师在第十届比赛中均获一等奖，他因此被评为优秀指导教师。

　　在教学中，冯老师深入分析学生特点，不断创新教学模式。其中，"自主型混凝土结构试验"深受学生好评，并在兄弟院校中广泛推广；"基于项目的CDIO教学"激发了学生的主动性，自主完成了"冯鹏大战混凝土"（获全国高校土木工程大学生创新成果特等奖）等多项学习成果，得到同行和学生的高度评价，并被兄弟院校采用。

　　任院系教学负责人期间，冯老师不断思考培养模式对学生一生的影响，深入开展教学改革，完成了"技术＋管理"复合型人才的培养体系与模式建设（获国家级教学成果二等奖），构筑了多渠道、创新性的国际化培养体系（获北京高教教学成果奖一等奖），建立了本硕统筹"卓越土木工程师"培养模式（获清华大学教学成果一等奖），获得用人单位和毕业生好评，使学生广泛受益，并多次受邀在本领域全国性教学会议上做大会报告。

　　在本领域中，冯老师负责组织全国混凝土结构教学研讨会，构建了全国性的教学交流平台；创办了全国青年教师混凝土结构教学比赛，已有近200名教师参赛，促进了我国相关课程教学水平的提高。

　　冯老师主持国家级科研课题12项，发表期刊论文80余篇，获11项发明专利，主编3部国家标准；曾获国家科技进步奖二等奖1项、省部级科技奖一等奖2项，以及中国硅酸盐学会青年科技奖、中国复合材料青年科学家奖等荣誉；培养了9名硕士、2名博士，其中3人获清华大学优秀硕士论文奖，1人获评北京市优秀毕业生。

北京市高等学校青年教学名师奖获得者

周庆安

学校名称：清华大学

主讲课程："新闻评论""舆论战导论""公共外交理论与实践"等

 **个人简历**

　　周庆安，2006 年至今，在清华大学新闻与传播学院任教，先后担任讲师、副教授、国际新闻传播硕士项目主任、学院副院长。在十余年的教学工作中，主讲课程包括"新闻评论""舆论战导论""大众传媒与国际关系"等本科课程，"公共外交理论与实践""马克思主义新闻观研究"等研究生课程，年均学时数超过 112 个。教学效果突出，课程评估多次进入全校前 15％，部分课程评估进入全校前 5％。曾获得清华大学教学优秀奖(2017 年度)、清华大学青年教师教学优秀奖(2012 年度)等教学奖励，获得清华大学教学成果一等奖 1 次(2016 年度)、二等奖 1 次(2012 年度)，曾任教清华大学校级精品课一门，目前主持清华大学教学改革项目 1 项。

　　同时兼任中国公共外交协会媒体专门委员会委员、中宣部/国务院新闻办全国新闻发布工作学术评估组组长，公共外交与全球传播学术委员会副会长，国家马工程《新闻评论》教材组成员等职务。受聘担任中央电视台等多家媒体特约评论员。

先进事迹摘录

周庆安在教学工作中表现突出，在本科教学、研究生教学等方面投入较大，培养学生质量突出。

坚持本科实践教学创新，把教学工作放在第一位

由于新闻传播学科的特殊性，周庆安所承担课程中有大量的实践课程，或与实践密切相关的课程。在教学中坚持十年如一日的创新，新闻评论课程引入新媒体平台和热点议题的教学实践，在针对文科国防生开设的唯一专业课"舆论战导论"中开创了"实兵想定作业"的教学和考核模式，得到了学校党委、选培办和军队相关院校的高度认可。公共外交理论与实务课程以案例模拟和推演作为教学成果，国家外交实务界参与课程的评价，教学成果突出，教学评估位居前列。2009年以来坚持每年夏季小学期带领国际新闻传播项目学生赴百色、西柏坡、赣州、灵丘、平江等革命老区进行"国情调研"课程教学和实地新闻业务教学创作，已7届。这门课程的学生在新华网、中国记协网发表新闻作品200余篇。

坚持育人导向，坚持高水平人才培养，落实三位一体的育人理念

11年来周庆安共培养硕士研究生47名，博士研究生1名，其中国际留学生10名，指导本科生论文40人。其中北京市优秀毕业生2人，清华大学优秀毕业生5人，校级优秀论文获得者10人，院级优秀论文获得者10人。毕业生研究生中有29人在国家重点行业工作，其中4人正担任我国主流媒体驻外分社记者。

重视教学体系创新改革

周庆安担任国际新闻传播项目主任，承担了培养计划设计，人才培养模式和目标规划和实施工作。他创新了一套"实践导向，多元选择"的较为有效的国际传播教学培养方案，带有学科前瞻性和引领性，迄今这一项目培养学生200人，毕业生147人中，50%以上进入我国主流媒体的国际传播岗位。担任教学副院长，牵头负责本科教学改革，推动媒介融合背景下的国际新闻教育、融媒体传播教育。目前正在主持融合媒体背景下的研究生国际实践教育改革，推动学生实践教学到国际舞台、国家重点行业一线，基层与社会治理前沿。

❀北京市高等学校青年教学名师奖获得者

于永光

学校名称：北京交通大学

主讲课程："概率论与数理统计"

　　于永光，北京交通大学理学院教授、博士生导师，副院长；现为北京市计算数学学会理事，北京市北京高校数学教育发展研究中心专家组成员，2014年至2017年连续四年入选了"爱思唯尔中国高被引学者"榜单。自2004年进入北京交通大学工作以来，一直坚持在学校本科教学第一线，承担了大部分数学公共课和专业课程的教学，主讲的课程包括"概率论与数理统计""几何与代数""复变函数与积分变换""高等数学方法""常微分方程"等。自2006年以来一直保持校级优秀主讲教师称号，每学期的评教结果均位全校前列；并于2014年荣获"校级教学名师"和"课堂优秀教学教风标兵"称号。主持获得北京市教学成果一等奖和二等奖各一项。

先进事迹摘录

　　于永光教授2004年自中国科学院数学与系统科学研究院博士毕业后，就进入北京交通大学工作。多年来，一直坚持在本科教学的第一线，讲授了多门数学公共基础课和专业课，积极贯彻党的教育方针，教书育人，服务社会，踏实认真，埋头苦干，不计名利，受到教师和学生的一致赞扬。自2006年以来一直保持校级"优秀主讲教师"称号，2014年获得"校级教学名师"和"课堂优秀教学教风标兵"称号。

　　作为一位教师，他深知教好一门课，传承和创新是必不可少的。没有传承，教学就如无根之浮萍；没有创新，教学就如无源之死水。于永光积极组织理学院公共数学基础课教师，进行教学改革，结合各专业特色，开发了教学案例库和数学演示实验平台，对数学课程中的抽象概念、复杂定理和结论，以形象直观的形式来揭示其内在规律和特征，增强了学生学习数学的兴趣。在2015年概率论与数理统计课程被评为校级优质课程，该项成果"增兴趣、重过程、强能力，构建大学数学教学新模式"也获得了2018年北京市教学成果一等奖。另外他也积极组织教师探索新的教学模式，根据各专业的学生对数学的需求和自身数学基础的不同，采用"大班授课、小班辅导"的模式，设置了各类特色班级，如民族班、英文班、知行班等，因材施教。2014年他主持的市级教学改革项目"分层次全过程夯实数理基础，切实提高本科人才培养质量"已经顺利结题。

　　在教学团队建设方面，于永光积极组织青年教师参加教学基本功比赛、知识点微课程比赛、优秀主讲观摩课、教学团队内部研讨课。每年他本人参加并组织北京市公开课，并邀请国内外教学名师和知名学者和本校青年教师进行交流和指导，夯实了本校青年教师的基本素质，使他们能够快速成长。

　　在从事教学工作的同时，于永光还积极从事科研工作，不间断思考数学教学与当前数学前沿的发展。到目前为止，他共主持和参加国家级和省部级科研课题10余项，发表科研论文100余篇，其中有5篇为基本科学指标数据库（ESI）高被引论文，并于2014年至2017年连续4年入选"爱思唯尔中国高被引学者"榜。

✿北京市高等学校青年教学名师奖获得者

郭　盛

学校名称：北京交通大学

主讲课程："机械原理"

个人简历

　　郭盛，男，博士，教授，机械工程学会高级会员，担任 2 个国际期刊副主编，教育部新世纪优秀人才支持项目获得者。出版专著 1 部，主编教材 1 本，发表科学引文索引(SCI)、美国工程索引(EI)期刊论文 40 多篇。2015 年起，一直在北京交通大学从事教学科研工作，讲授本科生"机械原理"课程，研究生"机器人机构学"等课程。2010—2011 年在美国加州大学访学一年，担任"机器动力学"课程助教，撰写有关中美"机械原理"课程对比的教改论文一篇，发表在《哈尔滨工业大学学报(社科版)》。在工作中，积极开展研究性教学，引入国际先进的教学内容，将教学与科研相结合，取得了突出的效果。先后获得北京交通大学优秀教师，智瑾优秀青年教师奖，北京交通大学教学成果一等奖、二等奖，北京市教学成果二等奖等奖励。

先进事迹摘录

在教学过程中，郭盛老师始终坚持把立德树人的教育理念融入本科生教育过程中，结合研究性教学讨论，专门穿插有关人文礼仪、团结合作、守信持诺、勤勉刚毅、科学精神等方面素质的教育，引导学生建立正确的世界观和人生观。同时，他坚信教育的力量，把爱心和友谊融入教学过程中。在开展"机械原理"教学前，从班主任或辅导员等途径获取学生学业状态信息，在此基础上，实施个性化的教育。通过与学业困难学生的沟通，了解其产生问题的原因，建立友谊。他通过严格纪律、课堂提问，课后关心，主动交流、加强鼓励等辅助教学方式，使后进学生重新建立学习的信心。同时，组建学习团队，开展同伴学习，通过优秀学生的带动作用，使后进学生彻底改善了学习态度和学业状况，走出困境。这一方法也激励和拓展优秀学生的表达能力、合作精神。这一方法，使师生双方深受其益，"机械原理"课程的通过率一直名列前茅。一位学业曾经困难的同学给郭老师的教学评价是"轻松快乐是您课堂的主旋律，专注、热爱是您教给我们的学习态度。是您让我们从无到有认识'机械原理'这门课程，也是您在迷途中为我们点亮了一盏指引之灯"。学生的进步使郭老师坚信教育的使命就是改变，鼓舞他更加潜心投入教学工作。

在课程建设和教学改革工作方面，郭老师主持和参加多项教改项目。作为负责人，探索以兴趣为导向的分类教育，他开展拔尖学术型和专业工程型试点班，其中学术型试点班通过参加科研项目，有效提升学术水平，学生申请发明专利20多件，深造率高达81.5%。2015年，作为机械工程专业建设负责人，接受国际专家认证观摩，受到了好评，并顺利通过了专业认证，为我国加入华盛顿协议做出了贡献。

在科研方面，郭老师发表相关研究论文60余篇，其中被科学引文索引(SCI)、美国工程索引(EI)检索的论文40余篇，出版专著1部，出版教材1部。获发明专利10余项。担任两个有关机器人设计的国际期刊副主编。2012年入选教育部"新世纪优秀人才"支持计划。

❈北京市高等学校青年教学名师奖获得者

刘荣科

学校名称：北京航空航天大学
主讲课程："电子电路"

　　刘荣科，现任北京航空航天大学教授、博导，国家卫星导航应用工程研究中心、数字电视国家工程实验室（北京航空航天大学）和教育部国家集成电路人才培养基地骨干，国家级教学团队和国防科技创新团队核心成员，国家级精品课程"电子电路(1)"主讲教师，国家视频资源共享课"电子电路(1)"主讲教师。

　　任教16年来，连续主讲"电子电路""数字电路与系统""微波电路与系统"等本科专业核心课程，曾受国家公派到美国、日本和英国做访问学者、高级访问学者。曾获教育部新世纪优秀人才项目资助，北京市教学成果奖一等奖一项。兼任中国电子学会青年工作委员会副主任委员，中国电子学会青年科学家俱乐部执行副主席，中国电子学会电子线路教学与产业专家委员会委员等。

先进事迹摘录

他是学生心目中的"摆渡者"，对教书育人事业的满腔热忱，让他在三尺讲台上走过了16个年头。他是国家精品课程和国家精品资源共享课主讲教师，国家教学团队、国防科技创新团队及工业和信息化部研究型教学团队核心成员。他先后荣获教育部"新世纪优秀人才"、北京市教学成果一等奖、北京航空航天大学青年教师讲课基本功大赛特等奖等殊荣，被学生们推选为"我爱我师"十佳教师。他，就是北京航空航天大学刘荣科教授。

一份初心照亮前路。2002年，博士后出站的刘荣科面临一个选择：是留校从教，还是趁专业热门入职高薪企业？他听从了内心的声音，做教师是他从儿时就有的梦想。这份初心，让他毫不犹豫地选择了三尺讲台，从讲师到教授，再到主管学院多项工作的副院长，身份更迭初心未变，他说，教师这份职业虽清苦，但能带领学生们在知识的广阔天地中翱翔，让人格外快乐满足。

两个阵地勤恳耕耘。教学和科研是大学教师最重要的两个阵地。他认为，科研是教学的"蓄水池"，教学是科研的"发电站"，他及时把国际前沿学术科研成果引入课堂，把深奥的原理与同学们的生活经验进行关联，让课堂变得生动有趣。长期实践中，他探索提出"四四五"教学模式，首批通过学校研究型教学认证，这种模式着眼优化思维方式，提升解决问题的能力，颇受学生们的欢迎。

三尺讲台传递梦想。他常说，讲台是播种梦想的地方。课上课下，他常用习总书记对青年人的期望勉励学生们，要立鸿鹄志、做奋斗者，勇于追逐青春理想，为民族复兴铺路架桥，为祖国建设添砖加瓦。他以自己对教育事业的热爱点燃了学生们心中的梦想，一届届学生毕业后投身航空航天一线，成为空天报国的奋斗者。

四个统一立德树人。育人先育德，他说，立德树人需要言传身教。工作中，他踏实敬业、细致严谨，十几年来上课从不迟到，许多个除夕都在实验室度过。生活中，他是学生们无话不说的知心伙伴，学生经济困难他主动拿出工资接济，学生意外受伤他连夜赶往医院看护，学生们遇到压力、困惑都想跟他聊聊。他用积极乐观的生活态度，质朴唯实的行事风格担当着学生成长成才道路上的领路人。

❋北京市高等学校青年教学名师奖获得者

马艳红

学校名称：北京航空航天大学

主讲课程："航空燃气轮机结构设计"

个人简历

　　马艳红，女，教授、博导。2005 年博士毕业留北京航空航天大学任教，2009 年晋升副教授，2011 年公派密歇根大学访问学者 1 年，2013 年聘为博导，2015 年晋升教授。

　　现任国家重点型号"整机结构系统及动力学支撑团队"核心专家、航空发动机可靠性专业委员会委员兼秘书、中国振动工程学会转子动力学专业委员会委员。

　　教学方面，主讲本科生必修课 4 门、研究生专业课 2 门、国家精品在线开放课程 1 门，逐步建立了一套适用于航空发动机结构设计专业的教学模式，获国家级教学奖 1 项，省部级教学奖 4 项。

　　科研方面，一直从事航空发动机结构完整性与振动控制研究，研究成果已成功解决我国三/四代战斗机、新一代运载火箭、新型热动力鱼雷、巡飞弹等动力装置的振动难题。获国防科技进步二等奖。

先进事迹摘录

马艳红教授一直从事航空发动机结构完整性与振动控制研究，深度参与了多个国家重点型号发动机的预先研究和型号研制工作。主持国家自然科学基金项目4项和国防973专题等国家/省部级项目多项。研究成果已成功解决了我国三/四代战斗机、新一代运载火箭、新型热动力鱼雷等动力装置的振动难题。获国防科技进步二等奖（排名第二）。

马老师在与发动机行业的交流合作中，深刻感到，航空发动机设计集中体现了气动、结构、材料、制造等多学科技术和工程实践的最高水平，迫切需要高素质、高水平的综合性创新人才。因此，为了满足航空发动机自主研发对人才培养的新需求，她总结多年教学和科研实践经验，结合当代大学生的特点不断进行教学改革。

在教学理念上，马老师注重对学生航空报国情怀的熏陶与培养、注重对学生主观能动性和创造性思维的引导与启发。课堂教学从以教师"教"为主，转变为以学生"学"为主，提高学生自主学习知识并发现问题、分析问题和解决问题的能力。因此，制定了"知识扩展、能力提高和工程思维"，螺旋式上升的三层次教学目标。

在教学内容上，马老师与时俱进，将最核心最前沿的认知带入课堂，注重结构设计共性和个性问题相结合、结构设计与力学分析相结合、结构设计与故障分析相结合，引导学生深刻理解航空发动机结构设计的力学本质。她同时在教学内容安排上，以航空发动机结构设计基础知识的学习为"横线"，以典型航空发动机结构分析为"纵线"，纵横交错，引导学生对航空发动机结构设计复杂性的认知、树立辩证的工程科学观。

在教学方法上，马老师实现了从讲授为主到启发/互动式教学的转变。注重思维引导，积极创设问题，鼓励学生大胆想象、思考、讨论和尝试，启发学生从不同角度去思考问题。同时，她综合应用多媒体展示、问题导引、课堂讨论、板书总结、发动机结构现场讲解、动力特性试验、发动机拆装实践等教学手段，充分激发了学生的主观能动性和创造性，教学效果良好。

曾获国家级教学奖1项（排名第二），省部级教学奖4项（2项排名第一，1项第二，1项第三）。

✿北京市高等学校青年教学名师奖获得者

于靖军

学校名称：北京航空航天大学

主讲课程："机械原理""有趣的机构发明"等

个人简历

　　于靖军，男，1974 年生，工学博士，教授，博士生导师。现任北京航空航天大学机械工程及自动化学院本科教学副院长，第 8 届中国机构学专业委员会委员，中国工程教育机械类专业认证专家。2004 年获北京航空航天大学校级优秀博士学位论文，2006 年入选北京市科技新星计划。辅助指导博士生获 2011 年度全国优秀博士学位论文。

　　主讲课程：本科生技术基础课"机械原理"、专业研讨课"有趣的机构发明"；研究生专业方向课"机器人学的数学基础"、专业选修课"精密机械设计"。研究方向为柔性机构与智能结构、并联机器人、精微机械。

先进事迹摘录

践行"学生为本、质量为先"的为师之道，教、研与公共服务并重

教学中，于老师每学年主讲 4 门课程，超 130 学时；在保证一线教学的同时，注重教学研究，践行"研究型教学"。近 10 年，承担各类教改项目 10 余项，主编本、研教材 3 部，发表教学论文 20 余篇，获北京市教学成果奖 2 项，校级教学成果一等奖 7 项，他主编的《机械原理》获得中国机械工业科学技术二等奖。科研上，立足机构学与机器人学科前沿，注重基础研究，得到国家自然科学基金的持续资助（主持 4 项）。发表科学引文索引（SCI）论文 38 篇，专著 2 部，授权发明专利 30 件。获教育部自然科学二等奖 2 项。辅助指导的博士生获得全国百篇优秀博士论文。公共服务领域，除了作为教学副院长在本科教学服务管理方面履职尽责外，还参与了学科规划、组织学术会议、期刊编委、期刊会议论文组稿、专业认证等大量社会性服务工作。

凝练出一种对工程教育普遍适用的 STEP 教学模式

通过长期的教学实践，于老师总结凝练出了一种对工程教育普遍适用的 STEP 教学模式。具体是指将软件(S)、理论(T)、实验(E)和项目(P)等作为必要环节紧密融合在课程学习及考核中的一种过程教学模式。理论成果已发表在《高等工程教育研究》中，他也将此理念付诸"机械原理"等课程实践。实践表明，STEP 教学有效支撑了学生多个能力（动手实践、科研、合作、表达等）的提升，受到了学生的普遍欢迎。

秉承"知行合一"的教学理念，坚持走"科教融合"的教学之路

具体体现在：于老师结合学科发展及自身的科研实践，不断更新丰富教学内容。将科研成果转化到教学中，自行研制了多款与教学配套的新型教具。将科研成果转化为学生课外训练的项目，编制了与教学内容配套的项目资源库。主编了一部面向研究型大学人才和卓越工程师能力培养的《机械原理》教材。两次受邀在教育部高等学校机械基础课程骨干教师高级研修班讲学，传授科教融合经验。

❋北京市高等学校青年教学名师奖获得者

万志强

学校名称：北京航空航天大学
主讲课程："航空航天概论""微小型飞行器设计与实践"

个人简历

　　万志强，男，汉族，1976年11月出生，中共党员，教授、博士生导师。自1994年开始就读于北京航空航天大学飞行器设计专业本科，博士研究生，2004年在北京航空航天大学航空科学与工程学院任教，现任航空科学与工程学院副院长。任教以来坚持从事一线教学工作，针对航空学院及全校低年级本科生，开设和主讲了"航空航天概论""微小型飞行器设计与实践""微小型飞行器创新设计与实践""小飞机创新设计与实践"等一系列基础和实践课程。先后受邀成为美国航空航天学会副会士（AIAA Associate Fellow）、美国航空航天学会（AIAA）自适应结构技术专业委员会委员、全国航空航天模型锦标赛（科研类）竞赛委员会主任、中国力学学会流—固耦合力学专业委员会副主任委员、中国航空学会空气动力学分会—飞行载荷专业委员会委员等。

先进事迹摘录

在教学中，万志强老师不断推进深化创新教学改革，探索新的教学模式，着重于激励学生创新，育人成效显著：万志强担任指导教师的北京航空航天大学大学生航模队在历届全国"挑战杯"竞赛中取得骄人成绩，更代表学校和国家参与国际比赛，获得个人、团体冠军近20项；近5年内，先后获得全国航空航天模型锦标赛（科研类）"十年磨一剑特别贡献奖"，美国、欧洲、英国等多个国际赛事冠军及一等奖，既为中国赢得荣誉，也展示了中国青年学生的创新能力。

万志强老师注重教学手段的探索与提升，拓展网络课程平台，面向大众和青少年开展多维度教学，将航空教育推向社会。由万志强老师主编的《认识航空》《飞机为什么会飞》总印刷量达15000册，《万博士的航空讲堂》在《航空模型》杂志连续刊登4年共43期。由杨超教授负责、万志强参与授课的航空航天概论课程被评为"国家级精品课"，并入选首批20门中国大学视频公开课及慕课。

万志强老师注重将教学科研相融合，牵头成立教学科研兼优的飞行器创新研究团队，主持国家重点研发计划、国防预研等课题，并与中航哈飞、海装航空所、解放军5701厂联合成立复合式飞行器工信部协同创新中心，为推进飞行器创新研究打开良好局面。

凭借突出的学术能力、优秀的科研教学工作和对创新教学改革的深入探索，万志强老师荣获北京市师德先进个人、连续两次获北京市教学成果二等奖、连续三次获全国"挑战杯"大学生科技竞赛"优秀指导教师"奖；还获得校"实践奖教金"个人一等奖、校"凡舟奖教金"个人二等奖等多项教育奖励。

在科研中，万志强带领团队突破国外技术封锁，发展气动弹性分析和优化技术，解决飞行器综合设计难题：在国家重点研发计划、国家自然科学基金、863、国防预研、大飞机专项等的大力支持下，围绕国家航空航天领域重大需求，开展了现代弹性飞机气动弹性分析与优化综合研究，研究成果已经在多个国防生产部门得到应用，并解决了多项技术攻关难题，在行业内产生重要影响，并获得国防奖励。近年来，获得省部级科研成果二等奖1项，发表科学引文索引（SCI）、美国工程索引（EI）论文30余篇，获得授权发明专利10余项，主编合编教材3本，主译国外专著1本。

❀北京市高等学校青年教学名师奖获得者

徐厚宝

学校名称：北京理工大学

主讲课程："微积分"

个人简历

　　徐厚宝，男，北京理工大学数学与统计学院副教授、博士生导师。2005 年 7 月毕业于航天科技集团公司第七一〇研究所，获博士学位。2010 年 9 月作为访问学者在美国弗吉尼亚理工大学数学系进行了为期一年的访学，研究方向为分布参数系统控制理论应用及系统可靠性。目前担任中国兵工学会应用数学专业委员会第八届委员会委员。2005 年 7 月进入北京理工大学任教，从事基础课程教学与科研工作，主讲"微积分""SPSS 软件及统计分析"等本科生课程，以及"算子半群理论"等研究生课程。2017 年在中国大学 MOOC 平台主讲的"微积分"课程被认定为国家精品在线开放课程。截至目前，已经指导 24 名本科生完成了毕业设计，指导 12 名研究生完成了硕士学位论文。

先进事迹摘录

徐厚宝，北京理工大学数学与统计学院副教授、博士生导师。每年独立承担本科生教学和研究生指导等多项教学任务以及科研任务，十余年来在教学和科研两方面均取得了丰硕的成果。

教学方面，徐老师本着"务实、创新"的理念，在教学工作中不断实践、总结和提升自己。在将信息技术与微积分教学深度融合的创新实践中，他作为负责人的教学团队在2014年完成了微积分MOOC的制作并上线运行，截至2017年底，团队的微积分慕课连续开课4年，合计覆盖在校学生和社会学习者达150000余人，已经成为微积分课程学习者的重要资源和实现终身学习的有效途径。在2017年底，团队的微积分慕课被教育部认定为"国家精品在线开放课程"。

作为基础课任课教师，徐厚宝老师积极投身于课程的教改研究中，截至2017年底，他已经完成了5项校级教改项目，并在2017年获得了北京理工大学优秀教育教学成果二等奖。同时，作为教师，徐老师不断提升自己的教学能力和教学基本功，在2013年荣获北京理工大学第八届青年教师基本功比赛一等奖，在2016年荣获北京理工大学第一届迪文"课堂教学类"优秀教师奖。教学效果得到了全校同学的广泛认可，他分别在2013年北京理工大学第八届"我爱我师"以及2016年第十一届"我爱我师"活动中，两度被学生们评选为十佳"我最喜爱的老师"之一。

科学研究方面，近年来，徐老师已在国内外重要刊物发表学术论文20余篇，其中科学引文索引（SCI）一区期刊论文1篇，科学引文索引（SCI）二区期刊2篇。在2013年，获得北京运筹学会2012年度青年优秀论文二等奖。作为项目负责人，徐厚宝老师已经主持了3项国家自然科学基金项目，分别为：2009年获批的国家自然科学基金（数学天元基金）、2011年获批的国家自然科学基金（青年基金）项目以及2015年获批的国家自然科学基金（联合基金）项目。作为主要承担人，先后参与了"航天预先研究基金项目"以及"总装备部重点基金项目"等。科学研究成果已经形成工程样机，并应用于我国天宫二号空间站、通信卫星以及气象卫星的智能配电系统的设计之中。

❋北京市高等学校青年教学名师奖获得者

魏　钧

学校名称：北京科技大学
主讲课程："人力资源管理"

　　魏钧，2005 年进入北京科技大学，历任系主任、副院长等职。在教学方面硕果累累，2010 年获北京市"师德标兵"、北京市"育人标兵"，被北京市教育工委选入"先进事迹宣讲团"，在各高校巡回宣讲(全市共 6 名高校教师)。2011 年，入选教育部新世纪优秀人才支持计划，并荣获"首都劳动奖章"，个人事迹入选《先锋》一书，成为高校教师学习榜样。2012 年获北京市高等教育教学成果二等奖，2013 年获宝钢教育基金优秀教师奖，2017 年荣获北京市优秀教师称号。在科研方面成绩突出，连续主持 3 项国家自然科学基金项目，连续 2 年荣获美国管理学会年会最佳国际合作论文提名奖，2013 年获国家留学基金委高级研究学者资助项目。

潜心教学、成果卓著

魏钧教授潜心研究教学方法，成果为北京市教委、教育工会和教育部高校教师培训网等机构采纳应用。2009年，魏老师为北京市青年教师基本功比赛开发了评价体系，得到同行高度认可，使用至今。2012年，主编教学法著作《课堂教学技能与评价》，由高等教育出版社出版发行，得到北京教育工会和北京教委的联合推荐。教育部全国高校教师网络培训中心多次邀请魏老师为全国教师培训教学技能，致谢中写道："感谢您为'传播质量工程建设成果，促进高校教师专业发展'做出的努力和贡献。"

科学执教、不断创新

魏老师早在2008年就构筑了网络学习平台并获得软件著作权，2016年，又开发了基于移动端的教学平台——"肆现"全景案例教学平台，注册了教育品牌，在国内独树一帜。他主持设计了从视频案例到视频呈现的全景教学模式，引导国内教学向视频化发展。在2014—2017年全国MBA教指委主办的全国案例大赛上，魏老师指导的学生连续四年进军全国前三名，2014年夺得全国亚军。2017年，魏老师编写的案例荣获全国百优案例奖，案例教学模式荣获北京科技大学研究生教育奖。

关爱学生、真情互动

魏老师热心学生活动，从"健康—惜缘"羽毛球比赛，到"星火"足球俱乐部，再到"我爱北科"手语等，都出自魏老师的精心策划。2015年表彰会上，魏老师亲自为学生作词谱曲，创作了《我们的路——MBA之歌》，一时成为热议焦点，网络阅读量超过万次。魏老师每年都为表现突出的学生题写祝福卡，传递关爱与激励。他倡导的"大爱善举"系列活动，极大地激发了学生的社会责任感。魏老师荣获第九届、第十二届北京科技大学"我爱我师——我心目中最优秀的老师"和2017年北京科技大学"我爱我师——国际留学生最喜爱的老师"称号。

❋北京市高等学校青年教学名师奖获得者

赵鲁涛

学校名称：北京科技大学

主讲课程："概率论与数理统计""计量经济学""数据库及其应用""软件工程"

个人简历

　　赵鲁涛，男，中共党员，1979年1月生于山东烟台，2004年起在北京科技大学担任教师职务，2014年晋升副教授，2016年起担任数理学院信息与计算科学系副系主任，2018年5月起担任数理学院院长助理。

　　主要社会兼职：2012年至今，担任中国优选法统筹法与经济数学研究会能源经济与管理分会理事，2017年成为中国数学会会员，2018年成为中国工业与应用数学学会会员。

　　从教以来，一直在教学一线工作，教学态度认真严谨，注重教育教学方法的创新，探索多渠道提升学生素质，引导学生主动思考，提高学习积极性，年均课堂教学超过280学时，所讲授的"概率论与数理统计"课程两次获校级免检课堂。同时，承担多项横纵向科研课题，并以科教融合为基础，更新教学内容，不断提高教学水平。

先进事迹摘录

作为一名大学教师，赵鲁涛严格遵守党的教育方针，忠诚于党的教育事业，曾获北京市师德先进个人荣誉称号。他热爱教育工作，坚持高质量高标准地教授每一节课，于2014年获得全国青年教师基本功大赛一等奖和首都劳动奖章。

更新教学理念，创新教学模式

落实"学以致用，以用促学"，创新"引例导入＋理论讲解＋实践应用＋知识拓展"的全知识链教学模式，以此为主线重构教学内容。注重教学和信息融合，将移动教学、互联网教学、网络阅卷、大数据技术等现代化信息教学手段应用于教学和管理过程。

提升科研能力，促进科教融合

依托国家基金委青年基金项目，在所从事的统计优化、数据分析等方面开展深入研究。他积极推动学术交流，积极参加国内外学术会议，并引入知名专家走入数理学院，通过多年科研工作，积累了丰富的研究经验，科研能力大幅提高。积极将科研成果引进课堂、转化为教学材料，将已发表成果提炼成课堂实例和课后延伸讨论课题，确保课堂内容的有效性和先进性，增加讨论式和研究性教学方法，实现"学、研、用"能力的共同提升。

加强沟通交流，教育引导学生

赵老师通过本科生创新、本科毕业设计、硕士生毕业设计等多个途径加强与学生间沟通与联系，做学生学业、科研上的导师，也在生活方面关怀和帮助学生，形成了良好的师生关系。鼓励学生多走出去参加各类学术活动，目前已经带领学生参加了多次国内外学术会议，开拓了学生视野，指导的学生在国际期刊上发表高水平论文。

学生培养、获奖和教学科研成果

他指导9名本科生的毕业论文，6人已毕业，2人获北京市优秀毕业生。指导硕士研究生9名，其中独立指导5人，协助指导4人，4人已毕业，1人获校长奖章，2人获北京科技大学优秀毕业生。目前指导SRTP项目3项，其中国家级1项，北京市级1项，赵老师也曾被评为优秀创新指导教师。

发表科研论文24篇，第一作者12篇，通讯作者4篇，科学引文索引（SCI）、美国工程索引（EI）检索13篇，共获软件著作权11项。教学科研成果共获省部级奖励4项。

※北京市高等学校青年教学名师奖获得者

陈　畅

学校名称：北京化工大学

主讲课程："生物化学"

　　陈畅，教授，博士生导师，北京化工大学青年教学名师、优秀青年主讲教师、十佳教师。美国加州大学戴维斯分校博士后，瑞典麦拉达伦大学访问学者。现为科技部国家蛋品工程技术研究中心工程技术委员会专家、北京化工大学生物质能源与环境工程研究中心副主任、新教师教学技能培训主讲教师。先后承担了5门本科生课程、3门研究生课程的教学工作，主持北京市、北京化工大学教育教学改革与课程建设项目6项，发表教学论文6篇（英文3篇）。主持国家自然科学基金、国家重点研发计划子课题、863计划子课题等纵向项目6项，横向项目3项，发表学术论文105篇，其中科学引文索引（SCI）46篇（含TOP16篇），授权发明专利10项。2017年入选国家"国际清洁能源拔尖创新人才培养计划"。

先进事迹摘录

陈畅老师潜心教学、满怀热情、严谨执教、坚持不懈，从教11年来，以追求优秀教育教学质量为第一目标，从每堂课、每个知识点、每个细节入手，反复琢磨推敲教学方式与方法，精益求精，练就了过硬的教学基本功。2007年至今获得全国性、北京市、学校各级教学奖励25项，被评为北京化工大学青年教学名师、优秀青年主讲教师、"我心中最亮的星"十佳教师。

陈畅老师在教学中坚持开展教学学术研究，探索利用最新教学手段与技术，不断推进课堂教学改革，主持北京市、北京化工大学教育教学改革与课程建设项目6项，发表教学论文6篇，其中英文教学论文3篇，获得北京化工大学优秀教育教学成果一等奖。在所承担的校级精品课"生物化学"、专业必修课"生物化学实验"、通识课"生命科学导论"、专业选修课"微生物生理学""微生物遗传学"等多门本科生课程中，全面推行教学改革，注重实现教学的3个转变，即由填鸭式教学向问题为中心研究性教学方式转变，由教师主导的传统教学方式向学生为主体的多元化学习方式转变，评价方法从以单一考试成绩到以综合能力提升为导向的转变。成果受益学生累计约3600人，经校教学指导委员会评定课程教学质量等级为优秀。

他坚持教学与科研紧密融合，以科研充实教学，面向国家重大需求和科学前沿，主持国家自然科学基金、国家重点研发计划子课题、863计划子课题、国家科技支撑计划子课题等国家级纵向项目6项，横向项目3项。2007年至今共指导博士后1人、博士生7人、研究生32人、本科毕业生34人。所指导1名留学生获得中国政府优秀来华留学生奖学金，学生4人获得研究生国家奖学金、6人获得校级优秀毕业论文。他依托企业建立课外实践教学基地2处，鼓励并支持本科生开展课外学术探索，指导国家级大学生科研训练计划2项、校级3项，义务提供条件与帮助，经常加班到深夜。

❋北京市高等学校青年教学名师奖获得者

郑春萍

学校名称：北京邮电大学
主讲课程："大学英语"

　　郑春萍，教育学博士，北京邮电大学人文学院副教授，硕士生导师。美国国务院"英语语言专家项目"访问学者、英国曼彻斯特大学访问学者。从事高校外语教学与研究12年，将学术研究与教学实践深度融合，实现了教学与科研的良性互哺。主持教育部霍英东青年教师基金、教育部人文社科基金等省部级课题4项，校级教改及科研项目5项。发表社会科学引文索引（SSCI）、中文社会科学引文索引（CSSCI）检索源等期刊论文27篇，主编教材2部，出版专著、译著各1部。连续2届荣获北京市高等教育教学成果一等奖、入选北京高校青年英才计划；连续4次荣获校级教学成果一等奖；获校级师德标兵、校级青年教学名师称号；指导学生参加英语竞赛，获全国一等奖等省部级以上奖励20余项，获全国总决赛最佳指导教师。

先进事迹摘录

　　郑春萍老师是一位综合素质全面的优秀青年教师,从教12年来,坚持以"教书育人"为己任,坚守师德师风,做到言传身教,做学生学习与人生道路的领路人。她工作兢兢业业、一丝不苟,积极承担教学任务,连续5年担任教研室主任,是学校国家级精品课程和北京市优秀教学团队的核心成员。多次荣获"优秀教研室主任""优秀共产党员"称号,被评为北京邮电大学"师德标兵"。

　　郑春萍老师长期扎根一线教学,以极大的热情和精力投入到教学改革与创新实践之中。她注重把握学生学习动态,为学生提供及时的指导与反馈,为他们开展英语学习保驾护航。在提升学生英语语言技能、跨文化交流能力的同时,注重培养他们良好的学习习惯、积极的学习态度、高效的自我调控和自主创新能力。连续4次荣获校级成果一等奖,连续2届荣获北京市高等教育教学成果一等奖,教学成效显著,成果突出。2012年至今,她坚持指导本科生、研究生参加各级学科竞赛、创新项目与学术论文写作,共荣获省部级以上奖励20余项,包括国家级奖励4项(一等奖2项,二等奖2项),北京市级奖励一等奖4项,二等奖5项。两次荣获中央电视台英语风采大赛全国总决赛"最佳指导教师奖",荣获校级"优秀学科竞赛指导教师",2018年,被评为北京邮电大学"青年教学名师"。

　　在繁重的一线教学之外,郑春萍老师特别注重自身学术研究能力的提升,以科学严谨的态度对待教学实践与教育研究。她坚持"坐得住、钻得进、研得深",近5年共发表学术论文27篇[社会科学引文索引(SSCI)期刊论文5篇、中文社会科学引文索引(CSSCI)期刊论文4篇],主编教材2部,出版专著、译著各1部。主持教育部霍英东青年教师基金、教育部人文社科基金等省部级课题4项,主持并完成校级教改及科研项目4项。

　　在个人取得优异成绩的同时,担任教研室主任期间,她特别注重团队建设,多次邀请海外专家与青年教师开展科研交流与合作,组织小型学术研讨和交流。在她的影响下,年轻教师纷纷在职攻读博士学位,申请教改研究项目,形成了具有较强发展潜力的优秀教研团队。

❀北京市高等学校青年教学名师奖获得者

李　鹤

学校名称：北京邮电大学

主讲课程："高等数学"

　　李鹤，女，1977年10月生，副教授。2002年7月毕业于东北师范大学数学系，2002年7月至今于北京邮电大学理学院任教。

　　从教16年来，始终立足于本职教学工作，苦心钻研教学改革，并积极参与课程建设，敢于创新实践，努力提高教学质量，用行动赢得学生们的信任与喜爱。在过去3年中，主要讲授"高等数学""数学分析"等基础课程，年平均承担20学分以上（347学时）的教学任务。

　　承担过理学院团委书记、辅导员工作，经常与学生进行多种形式的沟通交流，严慈相济，尊重学生的人格，关心学生的成长，把自己认真负责、严谨求实、不畏困难的人生态度传递给学生们，"用生命影响生命"。

先进事迹摘录

　　学高为师，身正为范，李鹤老师以师德师风以及自身人格魅力影响学生。

　　李鹤老师在教学工作中勇于创新，曾获得两项北京市教学成果二等奖；获得首届全国高校数学微课程教学设计大赛国家级一等奖，2015年第二届全国高校微课大赛获北京赛区三等奖，2016年第二届全国高校数学微课程教学设计大赛获华北赛区一等奖；北京高校第九届青年教师教学基本功大赛获理工类A组二等奖；2005年获北京高校优秀德育工作者称号；2018年北京邮电大学青年教学名师奖；北京邮电大学2015年"周炯槃优秀青年教师励志奖"；2013年北京邮电大学优秀党务工作者等称号。

　　近年来，主持省部级教改项目3项，参与省部级项目2项，主持校级教改项目3项，参加校级教改项目4项，内容包含教学模式改革，在线课程建设，育人新模式等。

　　作为主要编写者，参与编写《高等数学》上下册教材、《高等数学习题集》，发表了4篇教学研究论文，指导大学生创新项目等。

　　主持和参与多项横、纵项科研项目，以第一作者发表2篇科学引文索引(SCI)论文，合作者发表6篇科学引文索引(SCI)论文。

　　班上一位山西籍同学，中学以来一直是学霸，尤其是数学特别好，但是动手能力比较差，实验、编程类课程就比较困难，一直以来的优秀让他变得极其脆弱，无法承受一点不如意，持续出现畏难情绪，缺乏信心，于是就开始在宿舍打游戏，旷课，甚至休学。李鹤老师知道了这个情况后，主动做党员"一帮一"教师，在该生休学回来后，李鹤老师把收集的他一学期的作业拿给这个学生，鼓励他克服困难，战胜自己。学生非常感动，主动提出给老师建立了公众号"邮理有李"。为了给老师的一句承诺，这位同学坚持了整整两个学期，从公众号的策划到内容到后台都做得特别细致，受到了老师和同学的一致好评，也让这位同学重新建立了自信。

　　李鹤老师用对学生的这份真爱，在教学过程中于润物细无声中滋润着每一位学生，以自己的言行践行着一名共产党员、一名教育工作都的使命，也让学生们学到如何做人、做事。

❈北京市高等学校青年教学名师奖获得者

何志巍

学校名称：中国农业大学
主讲课程："大学物理学"

  何志巍，2006 年在兰州大学物理学院获博士学位，同年应聘到中国农业大学理学院工作，2016 年晋升教授。2014—2015 年作为访问学者到耶鲁大学工作一年。现任理学院教学副院长。主讲"大学物理""大学物理实验""纳米材料学"等核心课程，主编国家级"十一五"规划教材 1 部，副主编 1 部，参编 1 部。先后获得北京市青年教师教学基本功比赛一等奖、北京市教育教学成果一等奖(2 项，分别排名第一和第三)、"大北农"教学名师奖等奖项。近 5 年，主持教学改革项目 13 项，发表教学论文 13 篇；主持省部级科研项目 2 项，发表学术论文 20 多篇。主要社会兼职有：中国高等教育学会理科教育专业委员会委员、北京市物理学会高教理事、教指委农林水分会副主任委员等。

先进事迹摘录

　　自 2006 年入职以来，何老师一直工作在教育第一线，年课堂教学 500 多标准学时，教学工作量和教学效果均名列前茅，获得"魅力教师""优秀教师""最受学生欢迎教师"等荣誉称号。她由衷地热爱教育事业，坚持以学生为中心，以学生的能力培养与需求为目标，积极探索教育教学改革新路径。

教学改革与实践引领示范作用强

　　在连续 3 年 6000 人次的学习者特性调研的基础上，她构建了"1 学时＋2 小时"自主学习模式；创新预习考查与预习探究；细化成绩，增加 6 类大作业（"检索作业""规划作业""翻译原版教材""设计教学模拟案例""设计教学实践案例"及"课堂展示"）；结合学科特色，编制碎片化微视频；整合讨论资源库，设计层次递进的教学实践，打造生动活泼的高效课堂；增大阅读量，建立"阅读分享＋讨论平台"，拓宽知识面。这些工作多次受邀在教学研讨会上做专题报告，先后接待 10 多所兄弟院校交流学习，在其教学改革中得到充分的借鉴并取得了很好效果。

立德树人，将三全育人思想贯穿教学全过程

　　教育不仅要以人为本，更要德育为先。学院成立三全育人委员会，全方位对学生进行思政教育。何老师在课堂育人方面，做了大胆的探索和实践。组织全院老师，深入走访，通过自然科学中定理、定律的发现与验证，引导学生正确地认知世界、认识社会。获批"思政教育入课堂教改专项"。

科研、教学双促进

　　何老师坚持教学与科研并重，先后主持和参与省部级科研项目 5 项，发表科学引文索引（SCI）、美国工程索引（EI）论文 23 篇，培养研究生 6 名。她以科研促教学，将科技前沿与交叉学科中的应用融入课堂，引导学生开展深层次的知识探索。她从创新实践出发，结合学科竞赛，多方位全维度提升学生科学素养。

北京市高等学校青年教学名师奖获得者

李华晶

学校名称：北京林业大学

主讲课程："管理学"

个人简历

　　李华晶，1976 年 11 月出生，管理学博士，教授，博士生导师。现任北京林业大学经济管理学院工商管理系副主任、管理学教研室主任，兼任南开大学创业研究中心研究成员、中国科学院大学工程科学学院硕士生导师、全国万名优秀创新创业导师等。从教 17 年，承担过"管理学""创业管理"等本科课程，指导过 20 余名硕士和博士研究生。自任教以来，主持国家自然科学基金等科研和教改课题 10 余项，获得北京高校青年教师社会调研优秀项目一等奖、中国高校创新创业教育联盟年会论文一等奖和北京林业大学青年教师教学基本功比赛一等奖等奖励，发表中文社会科学引文索引（CSSCI）和中文核心期刊等论文 100 余篇，出版著作和教材 10 余部。教学理念：以绿色情怀引领成长方向，以创业精神提升教研业绩。

先进事迹摘录

　　李华晶老师高度热爱教学工作，注重自身师德师风建设，关心学生成长成才，积极培养青年教师团队，不断提升教学科研水平，取得了丰硕的教研成果，获得了师生广泛认可，为教书育人做出了突出贡献。

　　严己，认真践行师德师风建设和教书育人使命

　　李华晶热爱教育事业，助力学生成长，立足大学生认知和行为导向，传授有深度、有广度的管理知识，注重理论与实践的紧密融合，培养大学生管理素养和创新能力，教学成效突出。学生对主讲课程评价优秀，认为教师不仅具备深厚的理论学识和扎实的教学功底，而且非常关心年轻人学习成才，能够感受到教师爱岗敬业、严谨笃学和创新探索的精神以及对大学生的奉献情怀。获得北京市大学生创业设计竞赛优秀指导教师、北京林业大学三八红旗标兵和优秀班主任等称号。

　　强基，扎实开展教学内容和教学方法创新

　　在教学内容方面，李华晶着眼绿色发展理念和创新创业人才培养诉求，遵循教育规律和人才成长规律，合理安排并不断创新管理教学体系，消化吸收先进教育思想，用符合时代要求的先进理念，优化教学设计。在教学方法方面，积极响应互联网时代和数字经济的环境，运用体验式教学和在线教学等方式，拓展国内外教学合作和教研交流，及时把学科发展成果和国内外教改成果引入教学。成果获得中国高校创新创业教育联盟首届年会论文一等奖、北京林业大学青年教师教学基本功比赛一等奖等奖励。

　　重特，积极强化绿色管理教学科研工作亮点

　　在生态文明和绿色发展背景下，李华晶结合学科和学校优势特色，主动开展绿色管理教育和科研，形成具有首创性、原创性和创新性的特色成果，实现教研相长，围绕绿色管理和绿色创业创新等主题获批主持国家级和省部级课题 10 余项，发表论文 100 余篇，出版著作和教材 10 余部，具有较高的社会影响力。个人入选全国万名优秀创新创业导师人才库首批入库导师，成果入选北京市社会科学基金首批成果文库，获得北京高校青年教师社会调研优秀项目一等奖、北京林业大学教学成果奖等奖励。

※北京市高等学校青年教学名师奖获得者

梁 颖

学校名称：北京师范大学

主讲课程："计算物理基础""电动力学"

个人简历

　　梁颖，2003年7月获得理学博士学位，留校参加工作，2013年评为教授，2015年评为博士生导师。承担物理系"普通物理实验""基础物理实验""电动力学""计算物理基础"等必修课程；录制了"计算物理基础"和"大学物理实验"MOOC课程；主导并实施了多项教学改革。"计算物理基础"是国家精品资源共享课，作为第二主持人（主持人已退休），积极参与课程建设，并利用数字化资源，进行线上线下混合式教学模式改革，收到很好的效果。承担多个国家自然科学项目及科技部科研项目，发表科学引文索引（SCI）论文40余篇。

　　担任中国教育学会物理教育专业委员会秘书处副秘书长，参与中国物理基础教育的研究和改革。此外，还担任中国物理学会物理教学委员会理事，《青岛大学学报》评审专家等。

先进事迹摘录

梁颖，热爱教育事业，以"教书育人"为己任，以"四有好老师"为标准，不断提高思想认识和业务水平，有强烈的事业心和高度的责任感。承担本科生基础课"普通物理实验""电动力学""计算物理基础"和"基础物理实验课"的授课工作，教学任务繁重。在教学中，注重与学生互动，利用多种教学手段，提高学生的学习兴趣。曾获得北师大青年教师教学基本功大赛理科组一等奖，2009年获得北京市第六届青年教师基本功比赛理科组一等奖，是北师大历史上首个理科组的一等奖。2014—2016年主导完成了"计算物理基础"课程的国家级精品视频资源共享课的转型升级工作。2017年完成"大学物理实验"和"计算物理基础"MOOC课程的录制工作。主持多项北京市、教育部以及校级教改项目，发表教学类论文多篇。获得北京市教学成果奖一等奖、北京师范大学励耘奖青年教师二等奖、北京师范大学本科教学优秀奖、"京师英才"称号、教书育人模范党员教师、北京师范大学通鼎青年教师奖(本科教学奖)等多项奖励。

梁颖主持了科技部973子课题、国家自然科学基金等多个科研项目，在一流学术期刊发表科学引文索引(SCI)论文40余篇，指导各类研究生近30人。

2012—2016年担任副系主任，积极推进本科人才培养改革，倡导实施各类教学改革。主持2015版教学大纲修订工作；积极推进各类教学成果的申报，物理系国家级精品课由过去的1门上升为4门，"十二五"期间物理系共获评7本国家级规划教材，在全国物理学科中排名第一；积极推进物理系本科生国际化、小班讨论课的教学改革及慕课课程建设等。

积极参与学生竞赛，主持承办了2013年中国大学生物理学术竞赛，开创了北京师范大学物理学术竞赛，并在各类竞赛中担任评委，做学生的贴心人。

担任十余年学生辅导员，获得学校优秀班主任称号。此外作为学校暑期实践团成员到贫困地区交流教学科研，并将实践成果运用于针对免费师范生的教育教学中，使得学生受益匪浅。

❋北京市高等学校青年教学名师奖获得者

孙佳音

学校名称：北京语言大学
主讲课程："日语精读"

个人简历

　　孙佳音，博士，毕业于北京大学日语系，执教 17 年来一直耕耘于教学第一线，长期担任本科低年级基础课及研究生课程。课程评估成绩一直名列前茅，曾获评北京市师德先进个人、北京语言大学师德标兵，并获北京语言大学第十届优秀教学奖。主持国家社科基金项目 1 项，参与国家社科基金重大项目 1 项、一般项目 1 项。参与编写精读教材《综合日语》（1—4 册，普通高等教育"十一五"国家级规划教材、北京市高等教育精品教材）及《高年级综合日语》（上下册），该教材在全国 150 余所高校广泛使用，累计出版 80 余万册。出版专著 1 部，多篇论文发表于中文社会科学引文索引（CSSCI）来源期刊及日语核心期刊。主要学术兼职为汉日对比语言学研究（协作）会理事。

先进事迹摘录

孙佳音老师自2001年执教于北京语言大学日语系，一直都耕耘于教学第一线。工作之初即参加教育部重点项目"初、高中日语课程标准（教学大纲）的研制"。长期教授本科低年级精读、泛读、听力等多门基础课，高年级的日语概论等专业课以及研究生课程，"日语概论"课曾受北京语言大学教学实验课经费资助。参与编写了大学日语专业精读教材《综合日语》（1—4册，普通高等教育"十一五"国家级规划教材、北京市高等教育精品教材）及《高年级综合日语》（上下册），该教材在全国150余所高校广泛使用，累计出版80余万册，深受好评。她的课程评估成绩一直名列前茅，曾获评北京市师德先进个人、北京语言大学师德标兵，并获北京语言大学第十届优秀教学奖。

孙佳音老师指导的本科毕业论文曾有多篇获评优秀论文，其中一篇在"第十三届日中友好中国大学生日语本科毕业论文大赛"中获二等奖。孙佳音老师指导的硕士学位论文中的一篇受到评审专家的高度称赞，已被约稿即将刊登于《高等日语教育》第2辑（外研社）。

在科研服务教学方面，孙佳音老师主持国家社科基金项目"现代日语时间副词的句法语义互动研究"（12CYY071），参与国家社科基金重大项目"国家外语人才资源动态数据库建设"（12&ZD176）及一般项目"基于语料库的日语副词性成分的语义指向及其汉译策略研究"（18BYY229），主持校级项目3项及院级项目4项，入选北京语言大学"中青年学术骨干支持计划"。

孙佳音老师已出版专著1部《现代日语时间副词研究》（中国社会科学出版社，2010），在国内外高水平学术刊物上发表论文10余篇，其中5篇发表于中文社会科学引文索引（CSSCI）来源期刊及日语核心期刊，2篇被日本相关学术机构收录，曾多次获北京语言大学优秀科研成果奖励。

北京市高等学校青年教学名师奖获得者

孙振虎

学校名称：中国传媒大学
主讲课程："电视影像语言""摄影流派与发展史"

个人简历

　　孙振虎，教授，新闻学博士，中国传媒大学新闻传播学部本科教学管理办公室主任。2002 年从教以来，先后获得国家级教育教学成果奖二等奖、北京市高等教育教学成果奖一等奖，全国霍英东青年教师奖，北京市青教赛一等奖，青教赛优秀指导教师奖。课程"电视影像语言"是校级精品课程，并出版专著《影像革命与新闻传播》，完成国家"十一五"规划教材《电视摄影》的撰写，独立完成 30 万字的教材《电视摄像创作》。他还担任教育部国家级教学成果奖评审专家，中国纪录片学术委员会会员，中共中央宣传部国际传播局、中国电视艺术家协会评审专家，新华社、中央电视台、中国国际广播电台、北京电视台、江苏电视台、浙江电视台、爱奇艺等多家媒体资深培训专家。

先进事迹摘录

　　孙振虎老师在教学中始终贯彻方法至上、思想至上，技能、技巧次之的思路。虽然他的课程无论是影像语言，还是摄影史都是在影像领域的研究，但是在课程中强制要求自己必须从单一的学科中跳出去，能够将文学、哲学、美学、社会学、符号学等学科的知识和案例融入，让学生有一个更加开阔的视野和"脑洞大开"的机会。因此，孙振虎老师的教学中会有《诗经》，会有《史记》，会有《人间词话》，会有互文性，会有《美学三书》，会有田野考察，也会有叙事学。他想让学生在互现的知识体系中，思考方法与理念，这个比具体的技能更为重要。因此，他常说"与其给你金手指，不如给你点金术"。这就是方法的重要性。

　　因材施教对于大学教育有着特殊的意义，因为学生不再是有着统一的目标和方向的学习，维护学生学习的多样性和个性化至关重要。孙振虎老师已经教过了18届不同的学生，必须不断地调整自己的教学方法。从开始注重内容的更新和贴近性，到注重信息的多样性和观点的均衡；从更为重视课程体系的完整性和系统性，到现在更为重视"语录体"和个性化的内容呈现；从课堂教学为本，到O2O的新媒体互动。教学的宗旨不变，但是教学方法、教学设计必须不断地调整。任何工作都可能会随着时间的推移变得越来越程式化，越来越乏味，那么保持刚刚走上讲台时的那种激情，那种谨慎的态度反而至关重要。

　　孙振虎老师认为，三尺讲台不是一个物质的存在，而是一个交互的平台。在当下跨平台的媒介融合时代，老师们不能只关注教学内容，而必须对传播和平台的特性给予足够的重视，因此他关注VR的全景沉浸式传播，关注无人机带来的视角解放，他也会在加强国际交流的同时，开办塞尔维亚水下摄影工作坊。

❋北京市高等学校青年教学名师奖获得者

姜爱华

学校名称：中央财经大学

主讲课程："政府采购管理"

个人简历

　　姜爱华，自 2002 年 4 月起在中央财经大学任教，为本科生、硕士生、博士生讲授"政府采购管理""财政学""财税理论前沿"等课程，是"财政学"国家级教学团队核心成员。曾获北京市第五届青年教师基本功大赛三等奖、校第六届青年教师基本功大赛综合一等奖和最佳教学演示奖、校"学生成长导师奖""成心优秀教师奖""涌金优秀教学奖"等。主编《政府采购管理》获评北京市高等教育精品教材，参与教改成果"财政学专业'财政业务综合模拟'课程建设研究与实践"获北京市教育教学成果二等奖。发表论文 90 余篇，出版、参编专著及教材 36 部、主持及参与课题 40 余项，科研成果有效地反哺教学。目前主要社会兼职有：中国财政学会理事、北京市财政学会理事。

先进事迹摘录

　　姜爱华热爱党的教育事业，甘于奉献，始终将传授知识与"立德树人"相结合，教学效果获学生好评和同行认可，教学评估成绩始终位列全校前茅，其拓展的教学方法已被国内部分财经院校的老师借鉴，其科研成果极大地反哺了课堂教学。

　　她把课堂教学与大学生思想教育结合起来，将爱的教育贯穿于"立德树人"的全过程。通过给学生认真、规范地回邮件，她引导学生如何礼貌待人；通过观察到学生连续两次逃课发现学生家庭遭遇的重大变故，并从心理和物质上帮助学生渡过难关；从与"问题学生"的多次深度沟通，引导他慢慢走上正路……一个毕业生说："小鸟在窝里看到什么，飞出去就会做什么，姜老师，感谢您，您不仅传授给我知识，还教我怎样做人。"

　　她致力于教学改革，不断创新教学方法。她创立的课堂环节10分钟"每周播报"，解决了学生论文选题难的问题；她引入论文演示第三方评价机制打通了本科生、硕士生、博士生的纵向培养通道，也提升了学生论文写作和课堂演示的质量；她探索的"随机挑选演讲人、点评人"机制，激发了小组团队意识和学生课堂参与度。在首都经济贸易大学、广东财经大学分别承办的"全国高校财政学教学研究会"2016年年会和2017年年会上，她针对这些教学方法的主题发言获得与会专家的一致好评，并被不少同行借鉴和应用。她在政府采购实验教学方面走在国内前列，与其他老师联合开设的"财政业务综合模拟"实验课改革获北京市教育教学成果(高等教育)二等奖。

　　姜爱华将科研前沿带进课堂，调动学生的科研兴趣，极大地提升了学生创新能力。该同志主持国家社会科学基金项目等课题11项，出版专著及合作10余部，发表论文90余篇，曾获全国财政理论优秀成果一等奖、二等奖等。她将科研成果与课堂教学紧密结合，近年来，通过课堂教学的引导，每学期都有多名本科生受到启发撰写了相关专业论文或者时评。但每一篇论文和时评，都是姜老师一字一句、数十遍进行修改和完善，辛勤付出的背后，学生也受益匪浅。

🌼北京市高等学校青年教学名师奖获得者

陈德球

学校名称：对外经济贸易大学

主讲课程："审计学"

　　陈德球，对外经济贸易大学国际商学院副院长，教授、博士生导师、博士后合作指导教师，主要研究方向为财务会计、公司治理与公司金融。

　　教育部青年"长江学者"、北京市高层次创新创业人才支持计划—北京市"青年拔尖"人才、教育部霍英东基金青年教师奖、全国会计领军（后备）人才（学术类）等项目获得者，2016年获"首都劳动奖章"。

　　兼任中国会计学会对外学术交流专业委员会会员，中国会计学会财务成本分会第八届理事会常务理事、中国管理现代化研究会金融管理专业委员会委员、中国管理现代化研究会公司治理专业委员会委员。

　　担任《经济研究》《管理世界》等学术期刊匿名审稿人和国家自然科学基金委通讯评审专家。

先进事迹摘录

陈德球同志系对外经济贸易大学国际商学院副院长、会计学与公司治理专业教授、博士生导师。该同志以严谨、认真的态度对待教学工作，将追求更高的教学品位和教学效果作为教学行为准则，主讲审计学、内部控制与风险管理、公司治理等课程。

在教学方面，陈德球以培养全方位会计国际人才为教学思想与理念，运用现代教育思想和教育理念，采用讲授式和启发式的教学方法，传授专业领域的知识和技能。将商务案例作为实践课引入会计相关的课程教学中，其设计思想是着眼于培养学生较高的会计职业能力。以高水平的科研来带动教学，强化研究式教学，引导学生开展科研活动，培养学生发现问题、分析问题和解决问题的能力。训练多向思维，逆向教学与顺向教学相结合，从重点、难点和关键问题入手；训练深度思维，着重阐述重点、难点和疑点，把某一问题讲深、讲透；训练发散思维，对某一个问题从多方面寻求答案，寻求变异或者"举一反三"；训练创新思维，鼓励学生提出不同见解，敢于挑战权威。

陈德球自从事高校教学工作以来，教学效果每年都被评为"优秀"等级。2014年12月获得了第五届对外经济贸易大学青年教师教学基本功比赛一等奖、最佳教案奖、最受学生欢迎奖和最佳教学演示奖，2015年6月获得北京高校第九届青年教师教学基本功比赛一等奖第一名，同时获得了最佳教案奖、最受学生欢迎奖和最佳教学演示奖。2016年获"首都劳动奖章"。2016年8月代表北京参加第三届全国高校青年教师教学竞赛获得文史类一等奖。

在科学研究方面，陈德球长期关注和思考中国转型过程中公共治理和公司治理的重要问题，促进相关领域之学术发展乃至制度改革。围绕该研究主线，近5年来他先后在中英文权威期刊《经济研究》《管理世界》等期刊发表论文20余篇，并先后主持4项国家自然科学基金项目，成功入选2017年度教育部青年"长江学者"项目和北京市高层次创新创业人才支持计划—青年拔尖人才项目。

❀北京市高等学校青年教学名师奖获得者

李红勃

学校名称：外交学院

主讲课程："法理学""比较法导论""法律诊所"

个人简历

　　李红勃，法学博士、教授，中国法理学研究会理事、中国人权研究会理事、教育部义务教育教材编审专家、北京市第三中级人民法院咨询委员。先后在挪威卑尔根大学、美国东北大学、香港中文大学做访问学者。主要研究领域为法理学、比较法、人权法，在《比较法研究》《法学评论》《法制与社会发展》等期刊发表论文三十余篇，出版专著、教材十部。为本科生讲授"法理学""比较法导论""法律诊所"等课程，先后获得外交学院青年骨干教师一等奖和"精彩一课"一等奖、外交部优秀青年、北京市教工委青年师德个人、北京市高等教育优秀教学成果二等奖、中国法学教育研究会首届优秀法律诊所教师奖、中国法学会青年论坛三等奖等奖励和荣誉称号。

先进事迹摘录

李红勃老师自 2002 年起在外交学院国际法系任教，他热爱教育，不忘初心，在平凡的岗位上做出了优异的成绩。

李红勃担任本科生"法理学""比较法导论""法律诊所"等课程的讲授，他认真备课，精彩上课，课程获得了学生的高度认可，在学生评教中多次获得满分。在课堂教学的同时，李红勃老师还带领学生开展了丰富多样的课外活动，在本科生中进行"法律电影赏析""法学经典读书沙龙""法律问题社会调研"、指导大学生创新创业项目等，多次担任外交学院学生社团"时事研究会"读书沙龙主讲人。他长期担任外交学院法律援助中心负责人，指导学生为社会公众提供法律援助，在过去 10 余年中，为约 200 名当事人提供了免费法律咨询、代写文书、代理出庭，在学校周边社区、中小学举办了 20 多场普法宣传活动，中心于 2017 年获得北京市教工委、司法局"青春船长"普法团队称号。

为提高教学质量，通过科研促进教学，李红勃老师努力进行学术研究，积极探索学术前沿问题。他先后主持或参与国家社科基金、教育部、司法部、学校科研项目 8 项，在法学核心期刊发表论文 30 余篇，参加《中国大百科全书》编撰，出版学术专著和法学教材 10 部，应邀赴英国牛津大学、日本早稻田大学、香港中文大学、清华大学作学术讲座。先后获得监察部、中国法学会、学校科研奖励 5 项。

在教学科研的同时，李红勃老师将研究成果服务国家法治建设。自 2005 年以来，先后应外交部、最高人民检察院、国家信访局、中国社科院法学所、河北省高级人民法院、北京市第三中级人民法院、陕西省渭南市法制办邀请，参加相关立法、决策专家论证，举办法治讲座；2015 年以来，受教育部考试中心委派，每年参加国家法律类招生考试的命题工作；2017 年以来，受教育部委派，参加国家义务教育统编教材小学、初中《道德与法治》的编写，参加高中《政治与法治》、澳门地区《公民与社会》教材的编写，并应邀在国家教育行政学院、北京、上海、重庆、山东、内蒙古等地举办讲座，对相关省市中小学政治课教师提供法治教育培训；2017 年，参加中国人权研究会代表团，出访联合国日内瓦总部，参加联合国人权理事会年会，在中国驻日内瓦代表团主办的人权会议上就"人权保障与人类命运共同体"作大会发言，宣传中国的人权成就和人权主张。

✿北京市高等学校青年教学名师奖获得者

刘 颖

学校名称：中国人民公安大学

主讲课程："政治经济学""马克思主义基本原理""毛泽东思想和中国特色社会主义理论体系概论"

个人简历

刘颖，女，1974 年 3 月出生，中共党员，法学博士。现为中国人民公安大学马克思主义学院副院长、教授、公安思政与文化方向研究生导师、公安思想政治工作研究中心研究员。刘颖同志为全国公安系统优秀教师、全国公安院校教学技能大赛一等奖获得者、北京市思想政治理论课教学能手、教育部全国高校思想政治理论课教师 2015 年度影响力提名人物。

刘颖同志自从教以来一直工作在高校思想政治理论课教育教学第一线，先后为本科生、研究生讲授"政治经济学""马克思主义基本原理""毛泽东思想和中国特色社会主义理论体系概论""当代社会思潮""公安思想政治工作基础理论研究"等课程，并带领"马克思主义基本原理"教学团队入选北京市优秀教学团队，她讲授的"政治经济学"2015 年获评教育部"精彩一课"。

研究领域：中国特色社会主义、公安思想政治工作研究。

主要社会兼职：北京市马克思主义与全面依法治国协同创新中心秘书长；首都经济学家论坛理事；中国劳模文化研究联盟理事。

先进事迹摘录

　　刘颖老师作为"全国公安系统优秀教师""北京市思想政治理论课教学能手""中国人民公安大学模范教师",多年来矢志公安思想政治教育事业,潜心研究,踏实工作,默默耕耘,不断探索,凭着强烈的事业心和严谨的治学态度,取得了突出成绩。

　　在18年的教学生涯中,刘颖老师承担了"政治经济学""马克思主义基本原理概论""毛泽东思想和中国特色社会主义理论体系概论"等十余门课程的教学任务。刘颖老师的课始终贯穿公安院校忠诚教育宗旨,注重从人生理想、家国情怀、警察职业意识等角度影响学生、塑造学生。她的课堂氛围活跃、感染力强、深受学生喜爱。她在教学上的努力也得到了丰硕的成果,2016年,刘颖老师在全国公安院校教学技能大赛中获得一等奖;2015年她讲授的课程入选教育部"精彩一课";2014年荣获"北京高校思想政治理论课教学能手"称号;2015年在中国人民公安大学教师课堂教学比赛中获第一名。

　　刘颖老师围绕课程教学积极开展研究工作。近3年,出版专著3部,主编教材1部,发表学术论文10余篇,主持省部级以上科研项目5项,作为主要参加人参与的省部级以上科研项目4项,所撰写的研究报告《公安思想政治工作队伍建设调研》,获北京高校青年教师优秀社会调研成果一等奖;所撰写的专著成果获中国人民公安大学科研成果三等奖。刘颖老师还积极利用专业知识,服务公安工作,充分发挥智库作用。她多次赴基层公安机关进行公安民警思想状况调查、公安思想政治工作队伍现状调查,撰写的调研报告和民警学习读本得到有关单位好评。

　　作为马克思主义学院教学副院长,刘颖老师重视教育教学改革和团队建设,在她的积极努力下,"以忠诚教育的公安院校思想政治理论课教育教学模式"入选北京高校思想政治理论课教育教学改革示范点培育项目,马克思主义基本原理教学团队被评为北京市优秀教学团队。同时,刘颖老师兼任学生思想政治工作教研室主任,她以教研室为平台,整合学校各部门力量,充分发挥了学生管理干部和思想政治理论课教师在学生思想政治工作中的合力作用。

※北京市高等学校青年教学名师奖获得者

于 亮

学校名称：北京体育大学

主讲课程："运动生理学"

　　于亮，北京体育大学运动人体科学学院副教授，硕士生导师。2007 年起从事高校教师工作，主持黑龙江省新世纪教改项目，获"本科优秀毕业论文指导教师"等称号。2011 年作为北京体育大学运动人体科学专业骨干教师，主讲"运动生理学"等多门专业核心课程，历年教学成绩优异，荣获 2015 年北京高校第九届青教赛理工 A 组一等奖、最佳演示奖、最受学生欢迎奖，作为首都特色行业院校教学观摩月活动主讲教师进行公开课教学。主讲的"运动生理学慕课"在"学堂在线"及"中国大学慕课"等网站颇受欢迎。主持国家自然科学基金项目、霍英东青年基金项目等课题。任中国足球运动学院科技团队负责人，担任中国生理学会运动生理学专业委员会委员等学术兼职。

先进事迹摘录

爱岗敬业，师德高尚

于亮老师是运动人体科学专业的骨干教师，每年都超额完成学校的教学工作量。主要承担体育专业本科生的"运动生理学"理论和实验课程，以及硕士研究生课程。其授课方式主要以讲解与实例讨论相结合的方法，以扎实的专业基础，配合严谨的逻辑及幽默风趣的语言，受到了各专业学生的广泛好评，年平均评教成绩为学科组评教前十名，得到了督导专家的表扬。2015 年接受了北京体育大学的师德表彰。荣获 2015 年北京高校第九届青教赛理工 A 组一等奖、最佳演示奖、最受学生欢迎奖，作为首都特色行业院校教学观摩月活动主讲教师进行公开课教学。2017 年在教育部本科教学评估过程中，得到了多位专家的赞誉。

推行教改，提高水平

于亮老师积极投身于各种教学改革的研究中，尝试将现代化的手段和方法应用于"运动生理学"的教学中。完成了北京体育大学首批慕课课程"运动生理学"的制作，积极编写"运动生理学翻转课堂教程"，获得了"运动生理学精品在线开放课程"资助。此外，还作为编委参加了《运动生理学》《运动生理学习题集》等教材和著作的编写工作。

教学科研，互相促进

于亮老师作为硕士研究生导师，指导研究生 13 人。主持国家自然科学基金课题 1 项，霍英东基金青年科研课题 1 项，国家体育总局全民健身课题 1 项，主持北体大自主科研课题 7 项，参与"国自然"课题 3 项，其他课题 10 余项。以第一作者或通讯作者在《北京体育大学学报》《中国运动医学杂志》等核心期刊发表论文近 30 篇，编写《我国冬季项目制胜规律研究》《骨骼肌与运动》《运动生理学》等著作、教材 10 部。获得 2015 年北京市青年骨干人才资助，获得中国生理学会 2015 年张锡均基金青年优秀论文奖，被评为 2016 年北京体育大学科技创新人才。长期从事冰壶科研和裁判工作，参与 2010 年、2014 年两届冬奥会冰壶项目奥运攻关课题，分别获得总局奥运攻关二等奖和三等奖，任 2018 年冬奥会冰壶项目生理生化服务工作组组长。担任中国足球运动学院科技团队负责人。

白晓刚

学校名称：中央美术学院

主讲课程："色彩表达"

个人简历

　　白晓刚，1973 年生于山西省太原市，1994 年毕业于中央美术学院附中；1998 年毕业于中央美术学院壁画系，获学士学位；2003 年毕业于中央美术学院壁画系，获硕士学位；2014 年在中央美术学院造型艺术研究所博士在读；2003 年至今留校任教于中央美术学院壁画系。2003 年至 2014 年，在壁画系基础教研室担任本科专业二年级色彩、创作、考察实践课程。2015 年至今担任壁画系第一工作室本科二、三、四年级的色彩、创作课程和毕业创作指导。2014 年至今招收"色彩语言表达"方向的硕士研究生。现任中央美术学院壁画系副主任，副教授。

先进事迹摘录

　　白晓刚自 2003 年毕业留校任教至今，始终在政治思想上严格要求自己，爱岗敬业，热爱教育事业，坚持立德树人、为人师表的教师操守。

　　作为一名共产党员，同时也是一位艺术工作者，热爱祖国，热爱党，热爱中国传统文化艺术。作为一名长期在教学一线的专业教师，在教学实践中将"课大于天"作为自己的责任使命，全身心投入到教学工作与艺术实践中，取得了良好的成绩与口碑。

　　在具体的教学工作中，除了完成研究生教学外，在本科教学课程中投入更大的热情与精力。坚持"平等交流""教学相长"的教学方式，强调专业基础课程在本科教学中的重要性。将学生视作未来的艺术家，在上课过程中启发、引导，注重交流，尊重学生个性，发现学生的优长。表扬学生在实践中取得的成绩，善于调动学生的学习热情。所担任的课程曾多次获评"优秀课程"，本人获得"优秀教师"的称号，受到学生的好评。

　　在课堂教学的同时，带领学生参加艺术实践活动和壁画创作，在实践中引导、培养学生的专业实践能力。

　　2016—2017 年，作为主创团队成员完成了中央代表团为庆祝内蒙古自治区成立 70 周年而赠送的皮雕壁画的设计创作。

　　2017 年作为主创之一，完成了中越友谊宫主体大型浮雕壁画《山水相依、友谊长存》的创作设计。同时作为主创，设计了中越友谊宫贵宾厅主体马赛克镶嵌壁画《辉煌乐章》。在创作过程中以精益求精的创作态度，以树立国家形象为己任，和团队一起圆满完成了这一代表国家文化形象、见证两国友好的光荣而艰巨的任务。

　　作为一名共产党员，一名美院教师，深感肩负着为国家培养美术艺术人才的责任，更应该将自己更大的经历和热情投入到本科教学中，把自己所承担的课程更好地和学院的学科建设结合起来，更好地拓展教学思路，改进教学方法，在实践中践行习近平新时代中国特色社会主义文艺思想。

❋北京市高等学校青年教学名师奖获得者

曹　艳

学校名称：中央戏剧学院

主讲课程："戏剧导表演"

个人简历

　　曹艳，教授，硕士生导师，现任中央戏剧学院京剧系系主任，北京市"高参小"项目东城区4所牵手小学兼职校长，教授导演表演理论与实践。博士，美国耶鲁大学、纽约大学访问学者。

　　曾导演话剧《孟丽君》《电话方程式》《少奶奶的扇子》《自选题》《玩命娱乐》《罗密欧与朱丽叶》《一只马蜂》，京剧《长恨歌》，淮剧《鸣凤之死》，彝剧《龙之恋》，壮剧《瓦氏夫人》《马骨胡之梦》，沪剧《上海往事》。

　　作品曾获中国戏剧节优秀剧目奖、全国少数民族会演金奖、世界大学生戏剧节"最佳剧目奖"，本人曾获中国戏剧节优秀导演奖、全国戏剧文化奖导演金奖、上海静安现代戏剧谷"壹戏剧大赏"学院奖、中央戏剧学院"师德标兵""优秀党员""先进工作者"等荣誉。

　　曾出访法国、瑞典、丹麦、意大利、俄罗斯、韩国，导演作品赴意大利VIE戏剧节、俄罗斯金砖五国戏剧节、韩国艺术综合大学毕业生艺术节进行展演。

先进事迹摘录

　　曹老师凭着对事业的痴心、对学生的爱心、对工作的热心、对未来的信心，在教育岗位上兢兢业业、无私奉献。在教学上，曹老师认真负责，任何时候都以教学为最终目的。例如每次汇报演出时，曹老师不会一味追求最终舞台呈现，而是在紧张的准备过程中贯穿教学，以让学生习得知识、积累经验、熟练技能为最重要的实践目的。让学生在每一天的课堂上、剧场里都收获颇丰。

　　课堂外的曹老师非常关注学生的心灵成长，一切为了学生的生涯与幸福。主动热情地帮助每个学生，特别是家庭情况特殊、适应能力较差、学习能力较弱的学生，以"爱心、严心、责任心、耐心"去感化他们。经常与学生谈心，帮助他们解决学习中的苦闷、生活中的烦恼、情感上的困惑，让他们感受到老师的爱，感受到班级这个大家庭的温暖，从而能没有顾虑地投入到专业学习中去。每当学生在专业学习上感到迷茫时，曹老师总是带领学生从认识评估自我开始，一点点分析未来适合发展的道路，最终帮学生坚定了信心，让学生对未来的学习生活充满动力和期待。

　　除了完成戏剧学院紧张有序的教学工作，曹老师还担任着北京市"高参小"项目东城区4所牵手小学的兼职校长。以回民实验小学为例，曹老师在回民实验小学用专业培养专业，面向全体开展教师培训，促使一批小学戏剧教育指导教师逐渐成长、成熟。曹老师帮助学校进行顶层设计，每年完成一个教育专题。2017年学校提出安全主题教育年，曹老师结合这个主题建议用浸没式戏剧来建构安全主题课，全国首个浸没式安全剧场诞生，作为示范课程在全市展示，得到领导、专家的一致好评，社会各界的广泛关注，全网播放点击量达上百万。2018年是师德建设年，曹老师带领她的学生们进行全方位的指导，从故事建构，到层次安排，再到舞台展现，用戏剧教育的方式展现小学的育人成果，完成了一场震撼心灵的演出。4年的"高参小"项目，曹老师在回民实验小学的戏剧实践取得了卓越的成效，曹老师也成了老师们最为信赖的导师！

北京市高等学校青年教学名师奖获得者

蒋爱花

学校名称：中央民族大学
主讲课程："中国古代史"

　　蒋爱花，女，1980 年生，山东青州人，历史学博士(2008 年，清华大学)，现为中央民族历史文化学院副教授、硕士生导师，中国古代史教研室主任。研究领域为历史学，侧重研究中国古代政治制度史、民族史、法制史。

先进事迹摘录

　　蒋爱花，现为中央电视台专家库专家，中央电视台《法律讲堂》资深主讲人、《探索发现》出镜专家、《中国地名大会》嘉宾，西藏卫视《珠峰讲堂》主讲人，日本孔子学院（爱知大学）特邀专家，中国唐史学会会员、中国社会史学会会员、中国武则天研究会会员。

　　因主讲的《永泰公主之死》《太平公主不太平》系列讲座收视率创下新高，2017年被中央电视台授予"最佳电视新人奖"。招收中国古代史、历史地理、中国少数民族史3个方向的硕士研究生，为本科生讲授"中国古代史""汉唐考古""中国古代经济史""古文精读与点校"等课程，为研究生开设"中国古代史学文献""中国古代史专题""中国中古制度与社会""中国历史地理要籍概论"等课程。

　　在《中国行政管理》《中国史研究》《光明日报》理论版等刊物发表学术论文30余篇；承担国家社科基金项目、北京市社科基金项目等4项；出版专著1部，参编论著4部，其中参编的1部著作获"中国出版政府奖"。2013年入选"北京市高校青年英才"；2008年赴美国哈佛大学短期访问；2015—2016年赴美国亚利桑那州立大学担任访问学者；2018年，受人民教育出版社特邀，编撰澳门高中教材《中国文化史》。

❋北京市高等学校青年教学名师奖获得者

霍 政 欣

学校名称：中国政法大学

主讲课程："国际私法"

个人简历

　　霍政欣，2005 年毕业于武汉大学，获法学博士学位，同年 7 月至今在中国政法大学从事教学与科研工作；现为法学教授、博士生导师、国际法学院副院长、学校本科教学指导委员会委员，兼任联合国和教科文组织观察员、北京国际法学会副会长、北京一带一路研究会副会长等职，入选"教育部新世纪优秀人才支持计划"，荣获北京五四青年奖章、宝钢教育基金优秀教师奖、第五届中国高等学校科学研究优秀成果三等奖、北京市第十届及第十三届哲学社会科学优秀成果奖二等奖、中国国际私法首届优秀成果奖一等奖、中国政法大学优秀教师(教学)特别奖、中国政法大学青年教师科研奖一等奖、中国政法大学第四届青年教师教学基本功大赛一等奖等奖项，是一位广受学生尊敬与喜爱的老师和国内外知名的青年国际法学者。

先进事迹摘录

霍政欣是一位将"用心上好每一节课"作为自我要求的教师，以其课堂魅力和学识积淀收获了广大学子的由衷尊敬与喜爱；他是一位潜心学术的学者，在专业上独树一帜，成果显著，凭借突出的研究成果与国际学术交往能力成长为具有国际影响的法学专家；在扎实的学术基础与丰富的教学经验的积淀下，他积极发挥所学，服务国家与首都，为捍卫国家利益与首都法治建设做出积极贡献。

作为一名大学老师，霍政欣始终信守"课比天大"的理念，他善于思考与创新，注意将自己的学术思考、研究心得有选择性地融入到教学中去，结合自己参加国际条约谈判的过程、穿插国际法领域中最生动的案例，让整个课堂变得格外生动和新颖，形成了特色鲜明的教学理念与风格，并获多项重要教学类奖项，成为学校青年教师的杰出代表。

对于本科教学工作，霍政欣一直抱有高度的责任感，即使曾身患严重的甲状腺功能亢进症，也不言放弃。患病的那两年，尽管身体因重度甲亢而严重受损，但为了不耽误学生的课程，他克服病痛与困难，坚守讲台，出色完成了教学任务，并在此期间出版了全球范围内第一本用英文撰写的中国国际私法教材，由此收获了学生的敬重与感动。他还主动承担起各种教学外工作，常年担任本科生班主任，花费大量的时间和精力与学生交流，将自己的所学所得毫无保留地教给学生，指引他们成长，激励他们成才。

霍政欣锐意改革本科生培养模式，通过承担教改课题，组建教改团队，探索、创新涉外法律人才的培养工作。他主持修订学校《涉外法律人才实验班培养方案》，优化课程设置、提升人才培养各环节，为该班建立学术导师制、校外专家实务导师等制度，为国家培养国际化法律英才做出积极贡献。

作为国际法学者，霍政欣成果突出、爱国敬业。他获选联合国教科文组织观察员；曾受中国政府委托，携手18国专家主持起草中国在文物返还领域首次主导制定的国际性规则《敦煌宣言》，产生广泛的国际影响。他还作为政府专家参与国际谈判，为从国外追索流失文物、维护国家利益发挥了重要作用，并由此荣获"北京五四青年奖章"。

※北京市高等学校青年教学名师奖获得者

李 红

学校名称：华北电力大学

主讲课程："工程图学""工程制图""计算机辅助设计"

个人简历

    李红，女，1974年6月生，博士，副教授，北京图学学会会员。长期工作在全校本科低年级基础课教学第一线，讲授"工程图学"等课程，教学质量考核优秀。获北京高校青年教师教学基本功比赛"理工A组二等奖"和"最受学生欢迎奖"；获全国高校微课教学比赛"北京市二等奖"；指导学生参加北京市大学生工程设计表达竞赛获"优秀指导教师奖"和团体二等奖；获校讲课比赛一等奖；获教学优秀特等奖，教学优秀奖2次和优秀班主任奖；主持教改项目1项，参与5项，2项获校教学成果一、二等奖；参与建设校精品课程和优秀核心课程1门；参编高等教育规划教材3部，1部获省部级奖；首批入选华电教学名师培育计划；主持科研项目2项；发表论文20余篇。

先进事迹摘录

　　李红老师热爱教育教学事业，长期工作在全校本科低年级基础课教学第一线，近5年平均每学年授课238学时，均高质量超额完成任务。敬业爱生，严谨求实，勇于创新，教学工作突出，表现在：三尺讲台十余载，言传身教课内外，躬身笃行为学子，求真启智育英才。

　　勤于思考，勇于实践，积极尝试各种教学方法，形成了多种方式有机融合的教学新模式

　　李老师精心准备各教学环节，将"讲授式、启发式、互动式、讲练结合式、研讨式和与工程实际结合式"等多种教学方法有机结合，充分调动学生的学习热情；将板书、多媒体课件、计算机三维造型、实体模型及现代化、网络化资源等教学手段有机结合，提高教学效果；将面对面及网络答疑和定向帮辅有机结合，重视学习反馈，提高教学质量；将理论教学、绘图实践及动手制作等有机结合，将个人实践与小组项目相结合，培养学生的综合素质和创新设计能力。

　　努力探索，不断创新，积极推进教学改革与实践，建立了立体化教学资源库

　　李红参编了特色鲜明的图学课程新教材，建设了校精品课程和优秀核心课程1门。开发了全部图学课程电子教案，多媒体教学课件，习题解答，多媒体演示图库，三维虚拟模型库，三维动画演示库和数字化网络化辅助教学系统，形成了以计算机和多媒体为中心的现代化CAI教学新手段。建设了模型展示柜、模型室、测绘室和多媒体CAD实验室等教学平台，提升了学生的空间想象力、实践能力和创新设计能力。

　　重视实践，立德树人，用言传身教培育学生，用专业知识服务社会，效果显著

　　李红重视实践，组织和指导学生参加市级设计类竞赛，提升学生的设计与创新能力，参赛学生均获北京市二等奖。立德树人，用教学与科研的严谨态度培育学生，尽全力关爱学生，引导学生德才兼修，全面发展。在图学会进行教学展示与交流等，服务北京图学教育。多次获省部级奖，校级教学优秀及特等奖和优秀班主任奖，首批入选校教学名师培育计划。

　　李红老师始终把教学放在首位，把学生惦在心中，尽心尽责，为人师表，受到师生广泛好评。

✾北京市高等学校青年教学名师奖获得者

孟祥海

学校名称：中国石油大学（北京）
主讲课程："石油加工工程"

个人简历

　　孟祥海，1977年生，男，工学博士，研究员，博士生导师，中国石油大学（北京）青年教学骨干教师，北京市优秀共产党员。2005年博士毕业后留校任教，现为校教学专家组成员和化工学院教学专家组副组长。讲授多门本科生和研究生课程，主编与参编教材各1部，发表教学论文18篇，获省部级教学奖励11项、校级教学奖励10项。围绕石油加工开展学术研究，授权国内外发明专利41项，发表科学引文索引（SCI）与美国工程索引（EI）论文60多篇，参编学术专著2部，研究成果实现了工业化，获国家科技奖励1项、省部级科技奖励5项；获学校青年拔尖人才、北京市科技新星称号，入选教育部新世纪优秀人才支持计划。指导学生参加全国大学生化工设计竞赛并获得优异赛绩，多次获得校大学生科技创新优秀指导教师荣誉称号。

先进事迹摘录

孟祥海，男，出生于1977年，中共党员，研究员，博士生导师。孟老师给人的总体印象是工作勤奋，责任心强，治学严谨，勇于担当。

重视课程建设，奉献三尺讲台

"教书育人是教师的天职"，这在孟老师身上得到了很好的体现。为培养学生，孟老师主动承担了多门课程的建设与讲授任务，比如新开设化工专业英语课、能源与化学新生研讨课，承担"化工设计""现代石油加工技术"和"石油加工工程"等课程。组织建设的"石油加工工程"网络课程被评为国家级精品资源共享课，目前正在组织石油加工工程MOOC课程的建设。孟老师积极开展教学研究，主编、参编本科生教材各1部，获省部级教学奖励11项、校级教学奖励10项，并于2014年获学校青年教学骨干教师荣誉称号。

指导学术活动，成就学生发展

孟老师对学生培养有着高度的责任感和使命感，积极指导大学生进行科技创新和学术竞赛。秉承"严师出高徒"的理念，认真指导，严格要求，注重学生能力培养与习惯养成，指导的7组学生（35人）在全国大学生化工设计竞赛中获特等奖、一等奖、二等奖等好成绩。

潜心学术研究，成果服务社会

科研方向紧密围绕清洁油品生产这一国家重大需求，授权国内外发明专利41项，发表科学引文索引（SCI）与美国工程索引（EI）论文60多篇，研究成果实现了工业化，获国家技术发明二等奖1项、省部级科研奖励5项，并先后获学校青年拔尖人才、北京市科技新星称号，入选教育部新世纪优秀人才等支持计划。

教学管理高效，专家作用突出

担任化工学院本科教学副院长期间，孟祥海组织化工专业参加工程教育专业认证并获得通过且有效期6年的好成绩，是学校首个通过认证的专业。作为学校2017年本科教育审核评估校内自评专家组的副组长，与校内专家一起完成了3个学院的评估和课程设计专项评估；作为学校、学院两级教学专家组成员，积极建言献策，为学校人才培养质量的提升做出了贡献。

孟老师爱岗敬业，以身示范，很好地诠释了大学教师的"责任、担当与奉献"，多次被评为北京市和学校优秀共产党员，发挥了先锋模范作用。

❋北京市高等学校青年教学名师奖获得者

岳大力

学校名称： 中国石油大学（北京）
主讲课程： "油矿地质学"

个人简历

  岳大力，男，黑龙江人，1974 年生，中共党员。博士，副教授，硕士生导师，2006 年留校任教，现任地球科学学院副院长，分管研究生教育教学工作。国家精品课程及国家精品资源共享课程"油矿地质学"主讲教师，第二届中国石油大学（北京）教学效果卓越奖获得者，中国石油大学（北京）校级品牌课教师，中国石油大学（北京）青年骨干教师，教育部校外人才培养基地负责人。

  主持省部级教改项目 1 项、校级教改项目 7 项，发表教改论文 7 篇，主编及参编教材 4 部、专著 1 部。获省部级教学成果特等奖、一等奖、二等奖各 1 项，省部级科技进步一等奖 1 项、二等奖 2 项。先后承担或参加国家级、省部级以及企业委托的科研攻关项目 25 项。发表学术论文 40 余篇。

先进事迹摘录

热爱教育教学事业，助力学生成长

作为一名长期从事一线教学的教师，岳老师具有很强的责任心、严谨的工作作风和良好的思想素养，关心全体学生成长，切实抓好教学工作中的各个环节，进行了深入研究与改革。他提出了在扩展的"以学生为中心"教学理念指导下的多元混合式课程教学模式；在课程教学中，综合各种教学元素，并将其混合为理论教学和实践教学两大方面。这一模式极大地提升了学生分析和解决问题的能力及创新思维、团队合作等能力，对助力学生快速成长起到了关键作用。

打造精品课程，教学成果突出

岳老师作为主讲教师，积极投身油矿地质学课程建设，承担教学环节优化、实践教材编写、课件制作等教学任务；并作为教育部校外人才培养基地的负责人承担课程现场实习基地的建设任务。"油矿地质学"2008年获批北京市精品课程，2010年获批国家精品课程，2013获批国家精品资源共享课程。他主编或参编教材4部，公开发表论文7篇，获省部级教学成果奖3项，其中特等奖、一等奖、二等奖各1项，获得校级教学成果奖9项。教学效果好，近5次主讲的课程评教结果为全校平均14.72%；主讲的课程获得第二届中国石油大学(北京)教学效果卓越奖(2016)、中国石油大学(北京)第七批品牌课(2016)。

构建人才培养模式，提升学生工程实践能力

岳老师组织参与了集校内系统化实践教学平台、校企联合培养研究生基地、面向国内外的系列创新实践大赛为一体的学生工程实践与创新能力培养平台建设，开拓了本硕一体的工程实践与创新能力培养途径和方式。

他作为发起者和组织者，基于油气勘探开发实例，创办了面向国内外本科生、研究生的集"学、赛、研"于一体的全国油气地质大赛，形成了很好的社会影响。

科研促进教学，学术成果显著

岳老师长期从事油矿地质学领域的科学研究工作。通过高级别科研攻关，提高了学术水平，发表了40余篇科技论文，获省部级科技进步奖3项。他在教学过程中将自己的科研思维和心得传授给学生，提高了学生的创新思维能力，培养了学生对科学的探索精神。

✿北京市高等学校青年教学名师奖获得者

陈家玮

学校名称：中国地质大学（北京）
主讲课程："有机地球化学"

个人简历

　　陈家玮，男，1974年11月生，地球化学专业，博士、教授、博士生导师。2004年至今在中国地质大学（北京）地球科学与资源学院任教，2007年入选教育部新世纪优秀人才支持计划，主持3项国家自然科学基金和其他多个科研项目，近3年指导学生发表国际科学引文索引（SCI）论文17篇（大学生6篇）、中文核心期刊论文10篇（大学生4篇）。讲授有机地球化学、专业英语、地球科学概论等本科课程，带领大学生开展课外创新实验活动。

先进事迹摘录

陈家玮老师 2004 年在中国地质大学(北京)任教以来,热爱教育事业、倾心教书育人,深受学生喜爱,他本人及授课一直被学生评价为优秀。他授课与时俱进,将知识传授、能力培养、素质教育、创新意识贯穿于教学全过程。他积极投身课程建设,开发了交互式色谱分析操作动画虚拟实验,经过多年不懈努力于 2017 年建成有机地球化学教学实验室,极大满足了学生动手实践能力的培养。

他重视学生国际化视野培养,在承担学校教改重点项目"跨国跨地区地学实践教学模式与地学创新人才培养"基础上,大力推动与韩国、越南、日本等周边国家大学互派学生野外实习,为培养地学专业人才做出积极贡献。他把个人科研发展基金用于资助大学生参加国际学术会议,大学生在国际舞台上的优异表现对其他学生起到示范作用,提升了育人效果。

他注重教研结合、教学相长,在他负责的多项国家自然科学基金、中国地调局项目等科研项目和教改项目支持下,大力探索专业知识与学科前沿的有机融合。他积极推动"课堂—实习—课外创新活动"实践教学模式,培养学生科学研究兴趣,有效促进了教研融合,指导的多名大学生毕业时获校级优秀学位论文。2015 年至今他指导了 12 个团队获得国家级大学生创新实验项目,结题时获校级一等奖 7 项、二等奖 2 项,大学生以第一作者发表国际科学引文索引(SCI)论文 6 篇、中文核心期刊论文 4 篇。

他认为不能仅将教师作为一个职业来对待,更要把教师作为一项事业来追求,他不断努力、辛勤耕耘,近年获得学校五四奖章(2009)、朱训青年教师奖(2012),2015 年至 2017 年连续获学校教学先进个人一等奖,学校高等教育教学成果一等奖(2017)。他先后获北京市青年岗位能手(2006),入选教育部新世纪优秀人才支持计划(2007),北京市高校优秀德育工作者(2007),北京高校青年教师教学基本功比赛二等奖(2009),北京市高等教育教学成果二等奖(2018)。

北京市高等学校青年教学名师奖获得者

孙 远

学校名称：中国社会科学院大学
主讲课程："刑事诉讼法""证据法学"

个人简历

　　孙远，男，1977年生，法学博士。2005年7月至2017年9月任教于中国青年政治学院法学院；2017年9月至今担任中国社会科学院大学政法学院教授，主要研究方向为刑事诉讼法学、证据法学。自任教以来，为法学专业本科生、研究生讲授"刑事诉讼法""证据法学"等课程。

　　兼任中国刑事诉讼法学研究会理事，北京市法学会未成年人法学研究会理事。2012—2015年担任中国青年政治学院法学院副院长（主管教学科研）。2013—2014年挂职担任北京市人民检察院第二分院公诉二处副处长。

　　在《法学研究》《中国法学》等刊物发表论文30余篇，出版个人专著2部，主持国家社科基金一般项目1项，以及教育部、北京市社科基金等省部级一般项目4项。2011年获中直机关第七届"青年岗位能手"称号。

先进事迹摘录

　　孙远自 2005 年 7 月至今，担任高校一线教学工作已满 13 年，在日常的教学和科研工作中，恪守职业道德，严于律己，刻苦努力，为人师表，表现出一名骨干教师应有之职业素养。

　　在教学方面，孙远一直承担着法学院较为繁重的教学任务，自任职以来，常年主讲本科生的"刑事诉讼法""证据法学"，刑法和诉讼法专业研究生的"刑事诉讼法专题""证据法专题"，法律硕士的"刑事诉讼法"等课程。在教学态度上，一贯认真负责，坚持每学期每门课程均撰写完整的讲义稿，不断丰富教学内容；在教学过程中，对学生严格要求，讲课内容理论联系实际，深入浅出，持续探索多种教学方法，凭借案例教学、讨论式教学、启发式教学等多种方法的综合运用，取得良好的教学效果，受到学生广泛好评，在任职以来的历次教学评估中，获得了全优的成绩。除承担课堂教学之外，孙远自 2009 年起开始担任硕士研究生导师，在对研究生的指导过程中，本着既要关心爱护，又要严格要求的原则，对学生的学习和生活予以全面指导、因材施教。目前，孙远指导的已毕业法学硕士和法律硕士主要分布在法院、检察院、律师事务所等法律实务机构，有相当一部分已在业界崭露头角。

　　在科研方面，孙远具备独特的学术追求和学术品味以及较强的科研实力，自任职以来，一直坚持以刑事诉讼法解释论和证据法学基本理论体系作为自己的主要研究方向，科研成果丰富，且在国内学界有较大影响。此外，孙远还对我国法学教育制度的发展和改革做了较深入的研究与反思，参与多部相关著作的撰写。

　　在保证完成本职工作的前提下，孙远还承担了一定的社会责任，2013 年至 2014 年，挂职担任北京市人民检察院第二分院公诉二处副处长，挂职期间的主要职责为提供专业咨询，参与案件分析研讨，就重大、疑难、复杂案件的办理提出意见和建议等。挂职期间的经历也极大丰富了其教学和科研工作。

❋北京市高等学校青年教学名师奖获得者

沈 震

学校名称：北京工业大学

主讲课程："思想道德修养与法律基础"

沈震，男，1978 年 9 月出生，中共党员，北京工业大学马克思主义学院副教授。入职14 年来一直工作在本科教学第一线，热爱教育事业，潜心钻研教育教学方法，注重探寻教书育人规律及积极开展教育教学改革，把人才培养作为首要任务，取得了突出成绩。累计教授学生达 7000 余人次，教学效果受到学生和专家们的广泛好评。获评高校思想政治理论课教师 2016 年度影响力人物，北京高校思想政治理论课特级教师，北京市"青年英才"计划入选者，获 2017 年北京市高等教育教学成果奖一等奖、第一完成人，2016 年北京工业大学优秀教育教学成果奖特等奖、第一完成人，北京工业大学优秀青年主讲教师奖获得者。

先进事迹摘录

  在思想政治理论课教学中，北京工业大学马克思主义学院沈震老师将学生手中的智能手机变为解决"手机干扰教学问题"的工具和帮手，因势利导，变"堵"为"疏"，使手机变身教师教具、学生学具。

  在教学模式的创新方面，沈震老师及研发团队逐步归纳总结出一套新型的课堂教学模式——"全员互动式智慧教学模式"，也可称为"费思课"教学模式。沈震自筹资金，带领团队研发的与此教学模式相配套的智慧课堂教学软件平台——中成智慧课堂，则实现了"高效管理、全员互动、精准教学、课外拓展、数据研究"的五大教学、科研及管理功能。

  他作为第一作者完成的关于教改创新的万余字代表性论文《基于移动互联技术的思想政治理论课课堂教学改革》在"2015—2016年度首都大学生思想政治教育优秀科研成果评选"中荣获论文类优秀成果二等奖。其教学改革案例在中国高等教育学会组织的"2016年度信息技术与教学深度融合案例征集活动"中荣获一等奖。他作为第一完成人，其教学成果获评2017年北京市高等教育教学成果奖一等奖。他本人也获评高校思政课2016年度影响力人物，北京市思政课特级教师。

  光明日报、人民网、新华网、北京电视台等近30多家媒体网站分别对其教学成果的改革实践给予了报道与关注。

  2016年9月以来，中国人民大学、清华大学等京内外多所高校的百余位老师来到北京工业大学观摩交流。

  其教学模式已经在国内一些高校得到推广使用。经统计截至当前(2018年6月1日)，中国人民大学、东北师范大学、上海大学等近20家高校，共有127944名学生、1195位教师参与，课堂总互动次数2847663次。该模式推广到各高校思政课课堂教学后，成效明显，学生课堂到课率、抬头率、参与率均大幅提升。

  他用思想引领技术，用技术承载思想，不断践行运用先进技术手段来释放课堂教学热情与激情的信念，以创新思维和改革实践有效推进了思想政治理论课教学传统优势与信息技术的高度融合，切实增强了思想政治理论课教学的时代感和吸引力。

北京市高等学校青年教学名师奖获得者

赖英旭

学校名称：北京工业大学

主讲课程："安全协议"

个人简历

　　赖英旭，女，博士，教授，北京工业大学信息学部计算机学院副院长，信息安全专业"卓越工程师教育培养计划"负责人。任教以来一直从事教学科研工作，主讲过"安全协议""计算机病毒与防御技术"等信息安全专业骨干课程。主编国家"十二五"规划教材，《计算机病毒与防御技术》为 2013 年北京市高等教育精品教材。获北京市高等教育教学成果一等奖 1 项，校级优秀教育教学成果一等奖 3 项。

　　主要学术兼职有中国兵工学会信息安全与对抗专业委员会第二届委员会委员、全国音视频及多媒体系统与设备标准化技术委员会专家。2014—2015 年间受国家留学基金委资助赴美国访学 1 年。主要从事工业互联网安全、软件定义网络安全、可信计算等方向研究，发表论文 50 多篇，授权发明专利 10 多项。

先进事迹摘录

赖英旭老师作为信息安全教育部特色建设专业(2007年)和北京市特色建设专业"网络及网络安全课程群"负责人，按照北京工业大学信息安全特色专业建设负责人、高校信息安全类专业教学指导委员会主任、中国工程院院士沈昌祥教授指出的信息安全专业建设指导思想，协助沈昌祥院士从无到有，从弱到强建设有工大特色的信息安全专业。将"以渐进式培养为途径，以校企交替实践为主体"的理念贯穿信息安全专业人才培养过程，形成以网络安全为特色的工程能力培养模式。

经过几年的努力，信息安全专业入选教育部"卓越工程师教育培养计划"(2011年)，赖老师继续承担"卓越计划"负责人。通过采用"校内实训平台＋校外实习基地"交替训练模式，在校内实训平台进行工程能力专项训练，在校外实习基地由工程师手把手带教，促进实践动手能力、创新能力和国际化视野等能力体系形成；同时根据评价结果明确下一步提升目标，形成工程能力螺旋式上升效应。经过5年的实践，她开发完成多源数据融合的工程能力评价系统，提出基于循环修正方式的工程能力提升方法，实现了信安学生工程能力的综合提升。取得的成果获得2017年北京市优秀教育成果一等奖，北京工业大学优秀教育教学成果一等奖3项(2010，2012，2014)。

她主编的教材入选国家"十二五"规划教材，并获评北京市高等教育精品教材。自主设计的多媒体课件获第十二届全国多媒体课件大赛一等奖(2012)和第七届全国高等学校计算机课件评比二等奖(2011)；自制"Free—1网络安全边界教学平台"实验教学仪器被其他学校和机构使用，并参加中国高等教育学会主办的全国高教仪器设备展示获得二等奖。

赖英旭老师主持"教育部产学合作协同育人"等教学项目多项，在核心期刊上发表多篇教学论文，指导学生参加全国大学生信息安全竞赛，获优秀教师奖、全国一等奖、二等奖多项；指导的研究生获全国第三届"工程硕士实习实践优秀成果获得者"荣誉称号；指导的本科生获中国互联网发展基金会网络安全专项基金。

✿北京市高等学校青年教学名师奖获得者

李沄岸

学校名称：北方工业大学
主讲课程："复变函数与积分变换"

　　李沄岸，博士、教授。北方工业大学理学院党委副书记。主要从事函数逼近论方向的研究。2002年到北方工业大学理学院任教至今。2004年4月至2010年5月任北方工业大学理学院信息与计算科学系副系主任；2010年5月至2017年5月任北方工业大学理学院副院长；2017年5月至今任北方工业大学理学院党委副书记。一直从事本科基础课教学工作，教学效果优秀，曾获"北京市青年教学基本功比赛一等奖、最佳演示奖""北京市教育创新标兵""北京市青年岗位能手""北京市优秀教师"等省部级荣誉称号。2012年获北京市教学成果二等奖(主持人)，2013年获国家教学成果二等奖。

李沤岸教授从事一线教学工作16年，一直担任公共数学课、专业课主讲教师，教学效果优秀，深受教师、学生好评。2007年代表学校参加北京市青年教师教学基本功比赛，获得理工B组一等奖、最佳演示奖。2008年，在负责主讲的"复变函数与积分变换"课程中积极和工科技术基础课老师一起研究构建了新的课程教学改革方案，把实用的工程技术问题引入"复变函数与积分变换"教学，推行"淡化数学的纯理论性教学，注重解决实际问题方法"的教学模式，使"复变函数与积分变换"从纯理论课程转变为真正理、工结合的课程，极受学生欢迎，深得同行赞赏。"复变函数与积分变换"2010年起被列入学校骨干课程建设工程项目，同年被评为北京市高等教育精品课程，李沤岸教授作为主编之一的教材《复变函数与积分变换》于2011年被评为北京市精品教材，主持完成的《以工程实例分析为特色的复变函数与积分变换课程建设》于2012年获评"北京市高等教育教学成果二等奖"。

李沤岸教授担任理学院副院长期间，一直推行大学数学系列课程的分层教学改革，按照"注重现代数学思想与方法的渗透，走几何与代数相结合的道路"的教学思想，按专业模块（理工、经管、文科、艺术），将公共数学各个课程以专业需求为基础分成模块，采用多种手段有机结合的教学方式，同一分层班实行统一内容、统一进度和统一答疑的"三统一"的教学模式，充分利用网络技术和资源，使教师与学生在网络的平台上实现互动教学和远程教学，效果良好。由于分层教学改革成效显著，李沤岸教授作为第5完成人的成果《分层教学、分流培养、分类成才人才培养模式的研究与实践》于2012年获"北京市高等教育教学成果特等奖"，2013年获"国家教学成果二等奖"。

李沤岸教授自2002年起一直担任本校数学竞赛指导教师，2010年起负责数学竞赛的组织和辅导工作。学校学生参加数学竞赛积极性一直很高，成绩在北京市同类院校中一直遥遥领先，李沤岸教授于2009年获北京市第二十届数学竞赛优秀指导教师奖。

李沤岸教授学生工作、班导师工作表现非常突出。他经常深入学生宿舍、课堂和活动中去及时把握学生思想动态，与学生打成一片，很多学生都愿意在课下继续和李老师一同学习。由于班导师工作表现优秀，李沤岸教授于2010年获评学校十佳青年班导师，2012年代表学校在北京市学生工作大会上作为唯一的班优秀导师代表发言。

❋北京市高等学校青年教学名师奖获得者

王　擎

学校名称：北京工商大学

主讲课程："经济新闻报道"

　　王擎，北京工商大学艺术与传媒学院教授，硕士生导师，现任北京工商大学教务处副处长。兼任北京新闻出版类专业群专家委员会委员，第八届北京房山区政协副主席（不驻会）。曾获第七届、第八届北京市高等教育教学成果二等奖，北京市第十四届哲学社会科学优秀成果奖二等奖，全国新闻学与传播学教学创新项目奖；2009年入选"北京中青年骨干教师"。

　　目前主持在研北京市教委重点项目（北京市哲社基金项目）、国家新闻出版广电总局项目。主持完成国家社科基金青年项目、北京市哲学社会科学规划重大项目子项目、北京市人才强教深化计划骨干教师项目、北京市教委面上项目以及多项横向课题。

　　2010年、2014年分别赴美国明尼苏达大学双城分校、美国北卡罗来纳大学教堂山分校访学。

先进事迹摘录

王擎老师从国家级经济类媒体调入北京工商大学以来，始终坚持在教学一线，教书育人。

在教学过程中，她坚持立德树人、言传身教，对学生充满热爱。教学内容紧跟业界最新发展，每年都请资深媒体人到课堂和学生讲解、交流，在课堂中"真题真做"，形成理论教学与实践教学、创新活动相结合的教学设计。教学手段灵活，本着学生受益、主动学习的原则，用信息化手段打造课上、课下与实践教学一体化的"全程教学"。充分利用网络教学平台，在时间和空间上拓展教学活动，设计了灵活多样的延续教学方式，进行互动式教学，取得良好教学效果。2013届新闻学毕业生陈冬菊2015年获得中国新闻界最高奖"中国新闻奖"二等奖后接受采访时专门提到，"王擎老师的课对我影响颇多"。

在专业建设过程上，王擎老师无私奉献。借助其丰富的业界资源，她为专业联系建立了5个实习基地，并多次主动为学生介绍实习单位和就业单位。2009年至今，她创意发起并连续组织了5届"全国大学生经济新闻大赛"。大赛联合全国财经院校的新闻专业、媒体业界，每隔两年对大学生的经济新闻作品进行评选表彰。目前总计有上百名来自全国高校的学生获奖。此举不仅有效鼓励了学生的专业学习热情，而且为赢得学校经济新闻特色专业在全国的知名度和美誉度做出了重要贡献。该专业现为北京市特色专业。其教学改革成果也于2011、2016年分别获得学校教育教学成果奖一等奖，2011年获得教育部新闻学学科教学指导委员会颁发的"全国新闻学与传播学教学创新项目"，2013年获得北京市教育教学成果二等奖。

王擎老师主持了多项高级别科研项目，并积极推动科研成果与教学资源的转化。她主持的课题包括国家社科基金青年项目、北京哲社项目、国家新闻出版广电总局项目、北京哲社重大课题子课题等。作为主要参与人参与省部级以上课题6项。她非常注重将最新研究成果带入课堂与学生分享，培育学生的主动探索精神和创造性思维。指导1项本科生科学研究与创业行动计划项目，2项本科生科技立项，1项国家级大创项目。

北京市高等学校青年教学名师奖获得者

姜　延

学校名称：北京服装学院
主讲课程："服装数字科技""数据库管理系统""计算机应用基础""多媒体与信息技术应用基础""科学数据处理与应用"

个人简历

　　姜延，博士，副教授，北京服装学院基础教学部计算机基础课教研室主任，美国加州大学圣塔芭芭拉分校访问学者，北京图像图形学学会理事，中国图像图形学学会理事。从事计算机基础课教学工作15年，工作量饱满，历次教学质量评价均为优秀，在"我爱我师"评选中三届获得十佳教师。获第十四届全国多媒体课件大赛一等奖，北京高校第八届青年教师教学基本功比赛一等奖及最佳教案奖，北京市属高校多媒体教育软件大赛一等奖。主讲课程"服装数字科技"作为学校第一门在线公开课已在学堂在线正式上线，选课人数超过8000人。曾主持市级、校级教改科研项目15项，在国内外重要学术期刊发表论文30余篇，科学引文索引（SCI）收录1篇，美国工程索引（EI）收录16篇，参编教材4部，获得软件著作权2项。

先进事迹摘录

从事教育工作15年来，姜延老师一直兢兢业业承担着计算机基础类课程的教学工作，主讲"计算机应用基础""数据库管理系统""服装数字科技""多媒体与信息技术应用基础"等多门本科生课程以及"科学数据处理与应用"研究生课程，年均教学工作量超400标准学时。尤其是在2017—2018学年，教研室多名教师出国学习，在年度工作量剧增至700标准学时的情况下，依然可以保证自己在学生及同行评价中获得全优的成绩。从教期间所有教学质量评价均为"优秀"，在学生网络投票"我爱我师"评选活动中，曾三届获得北京服装学院北校区十佳教师称号。在为研究生上课期间，由于自编教材来不及出版发行，便自己出资1000多元装订教学资料30册，免费发放给同学们使用，受到学生们的好评。

在踏实开展日常教学工作的同时还积极进行教学方式方法创新，多媒体课件作品荣获第十四届全国多媒体课件大赛一等奖，第十五届全国多媒体课件大赛二等奖及最佳创意奖，北京市属高校"创想杯"多媒体教育软件大赛一等奖。教改课题"混合式计算机基础课程教学方法研究与实践"荣获2017年"纺织之光"高等教育教学成果奖二等奖。近期，主讲课程"服装数字科技"作为北京服装学院第一门在线公开课程，已在清华大学发起的精品慕课平台学堂在线上正式运行，选课学生超过8000人，分别来自北京、四川、湖北、广东、河北、福建等17个地区，对学校在线课程建设起到了很好的示范作用。在姜老师的积极带动和鼓励之下，已经又有10名教师向教务处提交了建立慕课的申请，很多老师都向姜老师取经，希望可以更好地利用在线教育手段提高教学质量。

姜老师深知科研强教的重要意义，因此在做好教学工作的同时，一直坚持科研工作。曾主持北京市优秀人才资助项目、北京市属高等学校中青年骨干人才项目、北京市属高等学校青年拔尖人才培育计划、北京市教育委员会科技计划项目等各类教改科研项目15项。

❋北京市高等学校青年教学名师奖获得者

刘 玲

学校名称：北京印刷学院
主讲课程："设计心理学"

个人简历

  刘玲，女，副教授，校级青年教学名师。2006年7月于中央美术学院毕业后，一直在北京印刷学院从事教学工作，主讲设计心理学等多门课程。现为民盟大兴区工委宣传部长、中国工业设计协会会员、中国少数民族文化艺术促进会会员。

  努力提升教学科研水平。参加北京高校第十届青年教师教学基本功比赛并获一等奖、最佳教案奖和演示奖。近3年，主持科研项目9项，出版著作3部，发表论文9篇，知识产权授权9件，省部级科研获奖3项。

  积极进行教育教学改革。主持教改项目2项，组建并指导大学生社团开展创新创业活动，曾获评全国第五届大学生艺术展演"艺术实践工作坊一等奖"、市级大学生优秀创业团队三等奖、团市委"暑期社会实践百强团队"等。两次被评为校级优秀班主任。

先进事迹摘录

　　作为一名新时代的高校教师，刘玲 12 年来坚持德才兼修、全程育人，努力工作，做好当代大学生的"四个引路人"。

　　第一，注重完善教学思想与内容，不断加强教学基本功，提升课堂教学质量。

　　为提高课堂教学的"含金量"，刘玲不断探索教学艺术与方法、丰富教学内容，讲授课程深受学生喜爱。2017 年参加北京高校第十届青年教师教学基本功比赛，获文史组一等奖和最佳教案奖、最佳演示奖。曾参加市总工会"北京高校青年教师教学交流团"赴台湾中正大学、义守大学交流，并在北服进行教学示范课，获同行们的一致好评。

　　第二，探索工业设计专业人才培养模式改革，提升学生创新创业能力。在专业教学过程中引入工作室制模式，将互联网、3D 打印等新技术与艺术设计相结合，通过将课堂教学、学科竞赛、设计实践相融合，提升学生综合设计素质。

　　2016 年组建大学生社团"I′M 创艺设计团队"，指导学生开展创新创业活动。两年来，团队成员共参加各类学科竞赛 15 项、大学生科研项目 4 项、企业实际课题 15 项，获授权专利 10 件，获奖 45 人次(国家级 1 项，省部级 7 项)。团队获评"北京大学生暑期社会实践活动百强团队"一等奖、"北京市大学生创新创业团队"三等奖；2018 年 4 月代表北京高校参加三年一届的"全国第五届大学生艺术展演活动"，获评为"艺术实践工作坊一等奖"。

　　第三，加强思想道德修养，努力做"四有好老师"。参加市民盟青年骨干培训班、京南联盟统战人员培训班等学习活动，以及学校师德演讲比赛并获一等奖。连续 8 年担任班主任工作，两次被评为校级优秀班主任。

　　第四，围绕文化创意设计领域，积极进行教学科研活动，提升业务水平。3 年来，主持教改项目 2 项、科研项目 9 项，发表论文 7 篇，出版著作 2 部、教材 1 部，知识产权授权 9 件、省部级科研获奖 3 项，并将"设计心理学"建成校级优秀课。

　　踏上三尺讲台后，牢记使命、德才兼修、全程育人，努力成为塑造学生品格、品行、品位的"大先生"，一直是刘玲秉持的"初心"。

❀北京市高等学校青年教学名师奖获得者

周 霞

学校名称：北京建筑大学
主讲课程："房地产估价"

个人简历

　　周霞，2001年以来担任北京建筑大学"房地产估价""房地产经济学""房地产开发"等多门课程主讲教师，现任北京建筑大学经管学院教学副院长、工程造价专业负责人、硕士研究生导师、造价14—1班级导师、城市管理试点班本科生导师。兼任中国区域科学学会理事、中国城市经济学会学科建设委员会常务理事、北京城市管理科学学会理事、中国建筑学会建筑经济分会委员等社会兼职。2007年获评北京市高校德育先进工作者，2008年获评校级优秀教师，2009年、2016年两次获评校级优秀共产党员，2008年、2011年先后获评校级教学成果一等奖、三等奖，2008年获评校级科研成果二等奖、三等奖，2015年获评中国建筑学会科技进步二等奖、三等奖，2017年获北京市高等教育教学成果二等奖，同年获评北京市青年教师基本功比赛优秀指导教师，2018年获评北京市师德先锋。

先进事迹摘录

在不放弃、不言败中与学生共成长

周老师长期担任班导师工作，指导过的两届本科班均获北京市先进班集体、先进团支部等称号，造价14—1班获北京市"我的班级我的家"示范班集体称号。

她以高度的责任心，坚持关爱每一位同学。作为研究生班主任，她通过多种形式的活动帮助学生寻找归属感，大力推动研究生助管制度的建立，为研究生介绍兼职工作，帮助同学们解决就业、落户问题，以多种形式给予学生经济援助。

以爱心、耐心、责任心上好每堂课

在近20年的一线教学中，她始终贯彻"教育基于爱"的行动箴言，不断优化教学内容，改革教学方法，率先采用网络教学、在线教学等新手段，教学评价一直为优秀。指导学生获全国大学生房地产策划大赛、全国大学生工程算量大赛单项冠军及综合一等奖等10余项奖励，多次获评优秀指导教师。她主动总结教学规律，两次获评校教育思想大讨论优秀论文，主持的教研项目多次获校教学成果一等奖。2017年获北京市高等教育教学成果二等奖。

重视团队建设，把人才培养当作头等大事

她重视教学团队建设，担任房地产开发类课程团队负责人，积极推动工程项目管理、工程经济学等教学团队的形成。指导青年教师丁锐获北京市青教赛一等奖，周老师获优秀指导教师奖。

她长期担任专业负责人和教学管理工作。参与了经管学院所有本科专业2004—2018各版培养方案和研究生培养方案的制定，以及新办专业和MBA、MEM专业学位的申报，组织并参与多次教学评估。主持工商管理辅修教育、跨专业毕业设计、校企合作联合实践、渐进式普及型学科竞赛体系、校企会协同教育平台建设等多项教学改革，为学校多元化、个性化、国际化、信息化人才培养做出了突出贡献。

不断追求科研突破，积极推行科教融合

她围绕京津冀城市群协同发展、韧性雄安建设等领域，主持和参与课题30余项，其中国家级4项、省部级10余项。出版专著2部，主编及参编教材12部，完成90余万字，《房地产金融》获评精品教材。发表30篇论文，近20篇发表在核心及以上期刊。先后获校级科研成果二等奖及三等奖、中国建筑学会科技进步二等奖及三等奖等多项奖励。培养30余位研究生，吸收20余名本科生进入科研团队。

※北京市高等学校青年教学名师奖获得者

曹庆芹

学校名称：北京农学院
主讲课程："分子生物学"

  曹庆芹，女，1974 年 12 月生，博士，教授，硕士研究生导师。2003 年 7 月毕业于华中农业大学，获农学博士学位，之后到北京农学院参加工作至今，主讲"分子生物学"理论及实验课程。15 年来，该同志对待教学认真负责、兢兢业业，以人为本，获得了学校老师、学生和督导组的高度评价；对待学术和科研工作一丝不苟，踏实肯干，积极开展国内外合作，取得了丰硕成果。2004 年入选北京市组织部优秀人才，2007 年入选北京市科技新星，2011 年入选北京市中青年骨干人才，2017 年入选北京市长城学者计划。主要社会兼职有：中国园艺学会干果分会理事，国家自然科学基金评审专家，北京市自然科学基金评审专家，北京市林果业生态环境功能提升协同创新中心岗位专家。

先进事迹摘录

　　曹老师积极开展教育教学改革，培养学生学习兴趣和自主学习能力。多年来一直围绕课程建设、实验体系、双语教学和网络课程等进行教育教学改革。采用了引导式、讨论式、自学式和网络教学等多种教学结合的方法，充分发挥了学生的主体作用，提高教学质量和教学效果。她将科学研究与教学实践活动相融合，上课生动，教学效果突出。学生实践能力强，综合素质高，获得实习单位好评，多名学生考研或出国深造，指导的学生多次获得市级、校级校外科技作品奖。学生评教为优秀，个人获得中青年骨干教师等市级称号。

　　曹老师通过科研实践，培养学生科学思维，激发学生创新能力。她主持多项国家自然科学基金、北京市自然科学基金等项目，多年来围绕植物与微生物互作开展理论与技术研究，发表论文 60 余篇，其中科学引文索引(SCI)论文 18 篇，授权专利 9 项，获得省级科研奖励 1 项。结合承担的科研项目，引导学生进行科研探索，激发学生对科学研究的热情；每年不定期资助学生参加学术会议，追踪前沿成果，了解最新的学术动态；已资助一名研究生到荷兰瓦赫宁根大学访问交流 2 个月。此外，通过项目资助，结合暑期实践等形式，为困难和少数民族学生创造更多的学习机会。她多年研究工作的积累已形成较完整的科研体系，将多项科研成果作为教学案例引入到教学当中，激发学生对科研的兴趣和创新能力。

　　通过国际合作，拓宽国际视野，培养国际型人才。曹老师已与多所国际一流大学或研究院所的相关课题组建立了稳定、良好的国际合作关系。邀请国外一流大学的院士来北京讲学，开展项目研究，加强人才合作培养。这其中最为深入的是与荷兰瓦赫宁根大学 TonBisseling 院士的合作。迄今为止，已与 TonBisseling 院士在 Science、PNAS 等期刊上合作发表 4 篇科学引文索引(SCI)论文，合作培养博士生 1 人，研究生 4 人，本科生 10 余人。基于前期合作基础，TonBisseling 院士已加入北京林木分子设计高精尖中心，每年来北京农学院工作两个月，为北京农学院生物专业国际型人才培养创造了极为便利的条件。

北京市高等学校青年教学名师奖获得者

王玉记

学校名称：首都医科大学
主讲课程："药物化学"

个人简历

　　王玉记，男，博士，教授，博导。2007年毕业于北京大学药学院，获理学博士学位。同年任首都医科大学药学院讲师。2009年赴美国宾州州立大学做博士后。2012年破格晋升副教授，任药物化学系主任。2015年起为药学院副院长。2016年破格晋升教授，博导。通讲"药物化学"等9门课，获"霍英东青年教师"奖，校级教学成果一、二等奖，科技部"863"青年科学家，"北京长城学者"等奖项和称号。是科技部、国家自然科学基金等审评专家，教育部教指委专业认证专家。

先进事迹摘录

教书育人是先锋

王玉记以身作则，通讲本科、继教、研究生和留学生等9门课，参讲6门。年均500多学时，最多达1000多学时，获得学生老师高度认可。

他注重培养学生动手能力、科研兴趣，大力建设"实验课"：本科生独立操作200万以上大型仪器、科研成果用于本科生教学、本科生实验"一人一套"。这些教学模式国内外未见报道，极大增加了工作量，受学生普遍欢迎。参编教材和讲义5本，获教学成果二等奖。

科学研究攀高峰

超负荷的教学外，他利用周末和节假日，勤奋刻苦耕耘在"基于氨基酸的纳米抗肿瘤药物研究及小分子纳米制备技术研究"，"PAD4抑制剂"研究文章他引40次；发表在IF=12的ACSNano上的研究克服阿司匹林缺点，美国化学会周刊的报道引起广泛关注；基于药物结构特点形成纳米的创新性，获科技部"863"青年科学家等项目11项，成为北京长城学者；发表科学引文索引(SCI)论文62篇(IF=195.2)，第一作者11篇(IF=39.2)，封面1篇，单篇他引70次。申请中国发明专利201项和美国专利1项，授权39项，转化100万。

学科建设当先行

他是承上启下的学科带头人。获批国家级实验教学示范中心和国家级虚拟仿真实验项目。承担重点学科、重点实验室和工程研究中心的建设。培养研究生21名，其中博士10名。

北京市高等学校青年教学名师奖获得者

王洪波

学校名称：首都师范大学
主讲课程："马克思主义基本原理概论"

个人简历

　　王洪波，男，1975 年 9 月生，现为首都师范大学马克思主义学院教授，硕士生导师。2010 年，于中国人民大学哲学院获哲学博士学位；2013 年，于北京大学马克思主义学院博士后出站。2002 年于南开大学哲学院研究生毕业后，先后在北方工业大学、首都师范大学马克思主义学院从事教学和科研工作。主讲课程包括全校本科生公共课"马克思主义基本原理概论"、全校研究生公共课"马克思主义与社会科学方法论"和"中国特色社会主义理论与实践"，全校博士生公共课"马恩列经典著作选读"和"马克思主义与当代"，马克思主义学院研究生专业基础课"马克思主义基本原理专题研究"等。主要社会兼职为北京高教学会马克思主义基本原理研究会副秘书长。

先进事迹摘录

埋头苦干，坚守岗位，教学成绩突出

在教学方面，2010年，王洪波在北京市第四届高校思想政治理论课教师教学基本功大赛中获得一等奖。2015年又成功入选了"北京市思想政治理论课教师择优资助计划"。2016年被评为"全国思想政治理论课影响力人物"。2017年被评为北京市首批思想政治理论课特级教师。2015年连续参加全国及华北五省思想政治教育教学论文竞赛，获多项奖励。2017年在北京高校马克思主义基本原理备课会上，为与会教师进行"示范课"说课演示，受到与会领导、专家的好评。

任教以来，王洪波主持省部级、校级共10项教改课题。他主讲的"马克思主义基本原理概论"课程被评为北京市级精品课。此外，他曾获得校级教学成果一等奖3项，所在教学团队获评"北京市优秀教学团队"。同时，在《中国高等教育》等重要的教学研究刊物上发表多篇教研论文，2011年参编北京市教工委主持的实践教学指导手册，2015年主编《马克思主义基本原理概论》立体教案。

此外，王洪波能及时把教研工作的理论成果在教学实践中进行转化。"课内（校内）实践教学"是他教学的突出特点，即针对不同专业学生的特点，组织开展课内或校内实践教学。这种教学方式极大地激发了学生的主体性和积极性，受到学生的好评。

加强科研，教学相长，学无止境

王洪波曾主持和参加国家社科基金项目、北京社科基金重大项目、教育部人文社会科学规划项目、北京市中青年骨干人才项目、北京市青年拔尖人才计划项目、北京市委组织部人才项目、北京市教委一般项目、北京市社科人才项目和首都师范大学燕京学者培育计划等。同时，在《光明日报》(理论版)、《中国人民大学学报》等刊物发表中英文学术文章50篇以上，其中中文核心期刊35篇，中文社会科学引文索引(CSSCI)来源期刊28篇，出版专著1部，参编著作3部。

王洪波先后参加北京市哲学社科高级研修班、教育部骨干教师研修班。2015年，王洪波作为教育部高级访问学者到东北师范大学马克思主义学部进修学习。2016年，又被选派到北京大学马克思主义学院进行研修。王洪波说，作为思想政治理论课教师，未来的任务会异常艰巨，而唯有面对变化着的现实，放开自我，努力创新，才会取得更大的进步。

❋北京市高等学校青年教学名师奖获得者

叶能胜

学校名称：首都师范大学

主讲课程："仪器分析"

个人简历

　　叶能胜，男，1975 年 1 月出生，2006 年毕业于清华大学化学系，获理学博士。2007 年 3 月起在首都师范大学化学系任教，2010 年晋升副教授，2011 年起任北京市化学实验教学示范中心副主任兼任首都师范大学理科校内创新实践基地负责人。现兼任北京微量元素学会副理事长、北京色谱学会理事、全国标准样品技术委员会天然产物标准样品专业工作组专家委员。获北京高校第六届青年教师教学基本功比赛二等奖(2009)、首都大学生暑期社会实践先进工作者(2012、2015)和北京市高等教育教学成果奖一等奖(2018)；获首都师范大学优秀主讲教师(2009、2011、2013—2015)、青年教师优秀教学奖(2011)、师德先进个人(2017)、优秀教师奖(2017)、最受学生欢迎的十佳教师(2018)等荣誉称号。

潜心教学，做学生学习知识的引路人

叶能胜老师一直奋斗在教学一线，积极探索网络教学模式，将学科前沿动态有机融入课堂，调动学生兴趣和学习积极性，学生评估成绩优秀；积极开展教学改革研究，先后承担了多项校级教学改革项目；积极将教学改革中形成可借鉴的经验撰文发表；多次在全国性教学研讨会上介绍教改实践。出版两部十二五规划教材：《仪器分析实验》和《化学综合实验》。

科研育人，做学生创新思维的引路人

叶能胜老师坚持科研与育人相结合，努力在科研中引领学生成长成才。近年来，叶老师先后主持了国家自然科学基金青年基金项目和北京市自然科学基金面上项目等多项科研项目，依托这些科研项目，引导学生关注专业前沿，注重生态环境建设，以生活中实际问题激发学生科研兴趣培养，通过严谨的训练提升学生科研素养。课题组已经发表科学引文索引（SCI）论文 40 余篇；获得北京青年优秀科技论文二等奖 1 项、三等奖 4 项；在 2010 年和 2015 年获得中国分析测试协会科学技术奖三等奖；指导本科生获得北京市大学生化学实验竞赛一等奖 2 项、二等奖和三等奖各 1 项；课题组本科生 1 人荣获中科院大学生奖学金；2016—2018 年先后指导 3 项北京市"实培计划"项目。

兢兢业业，甘于奉献

叶能胜老师目前担任化学实验教学中心副主任，积极组织开展实验教学研究，2016 年获校级优秀教学成果奖（第四完成人）；2017 年获北京市高等教育教学成果奖一等奖（第五完成人）。同时，叶老师还担任学校理科校内创新实践基地负责人，负责联系相关理科院系共建创新平台，为全校理科院系学生提供创新实践机会。

热心公益，服务社会

作为师范院校的教师，叶能胜老师先后多次为中学科技活动提供技术支持，曾指导中学生获得第 32 届北京青少年科技创新大赛二等奖。同时，叶老师还是北京微量元素学会主要负责人之一，作为代表先后出席北京市科学技术协会第八次、第九次代表大会，为北京市科技发展建言献策。

※北京市高等学校青年教学名师奖获得者

张 杰

学校名称： 首都经济贸易大学
主讲课程： "公共政策学"

个人简历

　　张杰，男，1973 年 8 月生，首都经济贸易大学城市经济与公共管理学院教授、博士生导师。兼任中国城市经济学会理事、国家商务部服务贸易统计专家组顾问等社会职务。

　　2004 年在首都经济贸易大学获经济学硕士学位并留校任教。2007 年获管理学博士学位，2007—2010 年在中国科学院政策所从事战略管理博士后研究工作。2010 年获批北京市中青年骨干教师。2012 年 3 月起任教学副院长职务至今。

　　自 2004 年任教以来，张杰教授一直从事高校教学科研工作。主讲课程包括"公共政策学""城市经济学""城市战略管理"等，涵盖本科生、研究生、MPA 三个层次。多年来坚持以本为本，致力于推进本科教育工作，通过承接多项政府研究课题积累政策教学资源用于专业课程讲授，教学效果良好，深受学生欢迎。

先进事迹摘录

任教14年来，张杰教授谦诚坦荡、积极进取，在教学科研工作中成绩突出，深受师生好评。

近3年来，先后承担"公共政策学"等基础课和专业课5门，以本为本、孜孜以求、精研教学。为提升自身教学水平，两度赴美国学习国际教学经验。2015—2017年学评教平均分92.35，教学效果优秀。

2012年4月以来，全面负责学院高考招生、迎接新生、班级辅导、大类分流、专业学习、实习实践、论文写作等本科教学工作，累计指导学生4500余人次，所指导学生多次获得国家奖学金。2016年11月指导学生参加首届全国大学生城市管理竞赛并荣获优秀奖。2018年6月获评校级研究生优秀导师。

张杰教授作为教学副院长，除面对自身繁重且责任重大的教学管理工作外，还勇挑重担、凝聚人心，团结全院教师顺利完成了2013年获批行政管理国际班、2015年获批北京市教委外培1+2+1项目、2016年获批北京高等学校示范性校内创新实践基地、2017年荣获北京市高等教育教学成果二等奖等重点工作。

为深入推进教学改革，张杰教授带领全院教师于2012年实施人才培养教育教学模式创新，目前大类培养工作走在学校前列；指导学院各系先后与国土资源部不动产登记中心等单位签订战略合作协议并建立了30余家实习实践基地；目前已经与美国罗格斯新泽西州立大学、法国电信大学等8所国际著名高校达成3+2本硕连读等项目，打开了学院国际交流新局面。通过大类培养、实践教学和国际交流，使人才培养方式发生了根本变化，受到师生欢迎。

近年来，张杰教授出版学术专著6部，参编专著及教材18部，发表学术论文42篇，其中权威期刊3篇，中文社会科学引文索引（CSSCI）期刊3篇，核心期刊12篇；主持国家社科基金项目、北京市社科基金项目4项，主持国土资源部、北京市经信委和商务委等政府管理部门委托政策研究项目50余项，承接北京、郑州、昆明等地"十三五"规划项目10余项。获得2017年北京市第十四届哲学社会科学优秀成果二等奖、2017年北京市高等教育教学成果二等奖、2010年国土资源科学技术二等奖等多项奖励，科研成果丰硕。

✳北京市高等学校青年教学名师奖获得者

刘　强

学校名称：首都经济贸易大学
主讲课程："微积分"

　　刘强，教授，博士生导师，现任首都经济贸易大学统计学院副院长。兼任中国商业经济学会经济数学研究分会常务理事及副秘书长，全国工业统计学教学研究会常务理事及常务副秘书长，北京应用统计学会常务理事，北京开发区产业发展与法制建设研究会（筹）会长，首都经济贸易大学产业园区创新发展研究中心主任，京津冀开发区创新发展联盟产业发展研究中心主任，国家粮食与物资储备局国粮指数研究中心（筹）常务副主任。先后被评为首经贸第二届优秀主讲教师、后备学科带头人、第九届科研标兵、北京市中青年骨干人才、北京市优秀人才、北京市中青年拔尖人才等。长期从事低年级本科生的数学公共基础课的教学工作，获北京市高等教育教学成果二等奖等多个奖项。

先进事迹摘录

刘强老师从教 10 多年来，注重党的理论学习，积极贯彻党的方针政策，始终坚持立德树人。先后多次荣获学校优秀共产党员称号，被评为学校第二届优秀主讲教师、后备学科带头人、北京市中青年骨干人才、北京市优秀人才、北京市中青年拔尖人才等。

10 多年来，刘强老师一直处在本科公共基础课教学的第一线，每个学期都承担一年级本科生的授课工作。他授课幽默风趣，善于调节课堂氛围，能够有效组织课堂教学，教学效果获得学校督导组和学生们的一致好评，先后四次荣获学校"学评教"优秀教学效果奖。

刘强老师教学思维先进，教学理念独特。作为发起人，他提出并组建了由首都经济贸易大学、北京联合大学等高校教师组成的跨校教研团队。提出数学教育领域的供给侧改革理念，并立足地方财经类专业特点，带领教研团队对教学理念、教学内容和教学模式等进行全方位探索。从教学供给侧上下功夫，打造数学公共基础课教育教学新高地。几分耕耘，几分收获，刘强老师先后主持教改课题 4 项，出版教材、专著 20 余部。获北京市高等教育教学成果奖二等奖 1 项，首都经济贸易大学教育教学成果奖一等奖 2 项。

在承担大量教学工作的同时，刘强老师还承担了繁重的科研和社会咨询服务工作。他注重学以致用，注重将科研项目与社会咨询服务经验分享到课堂教学中，部分本科生、研究生实际参与到项目实施过程中，以项目促教学，力求做到教学科研互为支撑，先后主持各类课题 20 余项。

作为京津冀开发区创新发展联盟产业发展研究中心主任，刘强老师响应国家精准扶贫政策，多次联合北京开发区和多家企业深入国家级贫困县，进行实际调研，开展产学研合作。其间实际走访 100 多家贫困户，慰问贫困家庭，赠送毛巾、保温杯、毛毯等慰问品，为国家的产业扶贫、精准扶贫贡献自己的一份力量。

刘强老师在工作中以其踏实肯干的工作作风、求真务实的工作态度、奋发拼搏的工作热情感染了身边的每一个人，带动了团队成员的工作积极性，激发了学生们的学习热情。

李艳艳

学校名称：中国戏曲学院

主讲课程："主修剧目"

个人简历

  李艳艳，出生于 1979 年 7 月。1998 年考入中国戏曲学院表演系，工花旦。2002 年本科毕业，同年考入本院研究生部，研修戏剧戏曲学，表演专业。2005 年 6 月研究生毕业，获硕士学位。同年 7 月留校任教至今，现任京剧系花旦行当表演教师。

  2008 年获"中央电视台全国青年京剧演员电视大赛"银奖。

  同年获"全国首届戏曲院校表演专业中青年教师教学交流展示活动""最佳教师"称号（一等奖）。

  2014 年 1 月被评为中国戏曲学院"教学名师"。

  除教学工作外，还曾担任 2005 级、2013 级京剧表演班班主任。2014 年带领 2013 级京剧表演班参加北京市教委组织的"北京市高校优秀基层组织创建展示活动"，获"优秀基层组织"称号。

  2017 年担任中央电视台《中国戏曲大会》栏目题库专家、点评嘉宾。

先进事迹摘录

　　李艳艳老师在多年的教学中不断探寻、积累了一些独特方法，用于发声、身段等方面的训练，经过实践证明，教学收效显著，已帮助多名学生解决了嗓音开发以及演唱技法和表演亮点提升的难题。如张潇涵、王梦婷、刘阳等青年演员，在校学习期间都是进步较为显著的几名学生，后因专业成绩优异，分别被大连京剧院、北京京剧院、国家京剧院录用。

　　为了进一步提升自身专业水平，2015年4月，李艳艳老师拜著名表演艺术家孙毓敏为师，还被北京市荀派表演学会授予首批荀派"优秀继承人"称号。多年来，在完成繁重教学任务的同时，李艳艳老师从未停止学习。几乎每个假期和业余时间都给自己制订了学习计划，并最终完成舞台实践，目的在于不断丰富自己的教学剧目和提升表演水平，更好地服务于教学。近年来在长安大戏院、梅兰芳大剧院公演了《红娘》《游龙戏凤》《杜十娘》《三堂会审》等多出剧目。

　　除了教学工作，李艳艳老师还曾担任2005级、2013级京剧表演班班主任。在工作中，李老师非常注重班级专业水平提升，以及学风和凝聚力的建设，收效显著。2014年，带领2013级京剧表演班参加北京市教委组织的"北京市高校优秀基层组织创建展示活动"，获得了"优秀基层组织"称号。

　　李艳艳老师还担任了一些社会兼职。如中央电视台《中国戏曲大会》栏目出题组、点评专家；为江西省抚州市"中国戏曲博物馆"展览文案表演篇章撰写文字。李老师希望能为传播戏曲尽自己的一份绵薄之力。

　　繁重的教学工作，加上自身的学习、科研，以及社会兼职等工作，使李艳艳老师几乎没有了业余时间。教、学、演、研、实践"齐步走"，需要克服诸如家庭、孩子等个人困难。这样"拼"是因为很多表演艺术家都年事已高、身体不佳，必须尽快学习、研究、传承。更是因为现在国家如此重视戏曲事业，李艳艳老师当尽全力提高自己、服务社会……虽然辛苦，但李艳艳老师热爱戏曲艺术，热爱舞台、教室，更爱学生。愿以毕生之力，尽最大努力向成为学生的"明师"不断奋进！

❋北京市高等学校青年教学名师奖获得者

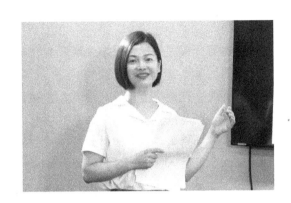

谭　慧

学校名称：北京电影学院
主讲课程："大学英语"

　　谭慧，党员，教授，硕士研究生导师，现任基础部直属党支部书记兼副主任，北京地区艺术体育类院校大学英语协作组副组长，中国高等院校影视学会影视国际传播专业委员会理事。自 2000 年入职以来，一直工作在教学第一线。18 年来，每年均为低年级本科生以及学术型研究生讲授"大学英语"必修课程，年均课时量 256 课时。先后获得"北京电影学院'师德十佳'教师""北京市教委人才强教深化计划项目中青年骨干教师""北京电影学院先进工作者"等荣誉称号。发表 A&HCI 刊物文章 1 篇，CSCI 刊物文章 8 篇，带领团队编写教材十余本，是北京电影学院英语教学改革的带头人。

先进事迹摘录

树良好师德，做一个受学生欢迎的教学名师

学高为师，德高为范。近20年来，谭慧老师坚持的教育方法是"用知识去启迪学生心扉，用严教去规范学生行为，用爱心去感受学生真情，用关爱去指导学生成长"。在三尺讲台，她总是以英语教学的趣味来吸引学生，感染学生，并能以实事求是和一丝不苟的严谨风格熏陶、带动学生，引导他们力戒浮躁、刻苦钻研。在育人实践中，她善于建立和谐互动的师生关系，以爱心培育人。她没有那种"师道尊严"的权威心态，而张扬的是"惟理是尊"的民主观念，创设了"要学生学"变为"与学生一起学"和"使学生善于学"的生动活泼的局面，从而建立了师生平等对话与互动合作的教学"双主体"关系，深受学生欢迎。

注重学生个性特点，创新方法，促使学生全面健康发展

艺术类学生有着自己的特点，他们个性鲜明，思路活泼。为了给学生们讲好课，每节课前她都要认真备课和试讲，力争把枯燥的知识讲得生动有趣，同时还要不断地注入新的知识、新的前沿信息，这样才能受到学生的欢迎。她特别注意调动学生的学习积极性，采用任务式、启发式、主线式的教学方法，由浅入深地讲授知识，采用多媒体教学手段，增加课堂容量，扩大知识面。逐渐地，她形成了自己的教学特色，学生在评议中写道："上谭老师的课是一种享受。"

坚持教学与科研融合，全方位落实分级教学，发挥带头作用

"给别人一碗水，自己要有一桶水。"为了提高自己的教学效果，谭慧老师不断充实自己，积极致力英语教学法、电影文化传播等科学研究，取得了丰硕的成果。她积极落实学校的英语分级教学工作，并坚持带领教研组老师说课、听课、评课，在践行"四课推进"活动中，大幅度提高了教学质量。十年来先后试行了班级内部分级，小单元流动分级，大单元流动分级，使分级教学逐步完善并发挥出明显的教学效益。

北京市高等学校青年教学名师奖获得者

陈道志

学校名称：北京联合大学

主讲课程："网络营销"

个人简历

  陈道志，男，副教授，电子商务师，双师素质教师，硕士生导师，北京市职业院校优秀青年骨干教师。从事高等职业教育教学与研究工作 12 年，主要研究方向为电子商务与网络营销。

  科研工作：主持高职专业核心课程建设项目 2 项；参与 3 项省部级以上课题；主持校级教研和企业横向课题 6 项；公开发表学术论文 30 余篇。

  获得奖励：2008 年获得"阿里巴巴金牌培训师"称号；2014 年获国家教学成果一等奖，电商行指委教学成果特等奖；2016 主持的教学改革项目获得北京联合大学教学成果二等奖。

  主要社会兼职：国家职业技能鉴定专委会电商专业委员会成员；电商协会 PCEM 网络整合营销研究中心专家成员；共青团中央振兴杯全国青年职业技能竞赛决赛裁判等。

先进事迹摘录

陈道志老师一直秉承"学高为师，身正为范"的教育理念，对教育工作有高度责任感和使命感。入职以来，积极参加行业企业培训以提升专业技能教学效果。2009 年作为电商骨干教师调入应用科技学院，踏踏实实开展课程建设。2016 年被委任跨境电商技术中心负责人后，在校企合作、实习条件、教学改革、课程建设、学生就业等多方面取得了突破。2017 年担任专业负责人后带领专业教师完成了详实的专业调研报告并进行了专业培养方案的修订。

第一，勤奋踏实，积极进行科研教研，成果丰富。入职以来陈道志共发表论文 30 篇，其中核心期刊且第一作者 6 篇；著有专著 1 部，主编教材 5 部，参编 6 部，参与省部级科研项目 3 项，主持校级及横向课题 6 项。其中横向课题和教改课题的研究成果在企业生产实践和学校教学实践中反响较好。

第二，积极开展课程建设和教学改革，效果明显。在各级领导和专业团队支持下，陈道志重新构建了体现与国际职业资格标准对接的电子商务专业课程体系。以课程建设推进教学方法改革，重点对"网络营销实务""互联网运营能力综合训练"等专业核心课程和实践课程进行打造。同时带领课程团队，创建了"自主体验式""三实"教学法，取得了很好的教学效果。

第三，积极指导学生参加课外实践及竞赛活动，成绩斐然。为提高学生专业实践技能的拓展，陈道志积极组织学生参加环迅杯电子商务大赛、e 路通杯全国大学生网络商务应用大赛、电子商务创新创意创业挑战赛、全国商科院校大赛移动商务专业竞赛、优优汇联杯电子商务运营大赛等各类比赛，共取得国家级奖励 10 余项。

第四，多年担任班主任工作，力做学生的生活、学习和人生规划导师。入职以来有近 10 年时间，陈道志承担班主任工作，与班级每位学生一对一至少沟通 1 小时，对其生活、学习以及未来人生规划关心指导。同时积极利用课余时间与学生沟通，帮助学生解决困难。如发现 2014 级电商班王同学父亲因病成为植物人，家庭无法负担其医疗费，他建议并指导其发布网络众筹，积极捐款并号召周围的同事及社会好心人进行捐助。

❊北京市高等学校青年教学名师奖获得者

刘雪梅

学校名称：北京城市学院

主讲课程："数据结构"

　　刘雪梅，女，教授，1974 年出生，2010 年毕业于哈尔滨工程大学，获得工学博士学位，研究方向为计算机应用技术。历任北京城市学院软件工程专业主任、学部主任助理，现任北京城市学院信息学部副主任，主要负责专业建设、教学管理等。主要研究领域为计算机应用技术、软件测试、数据库技术及应用，先后在《计算机工程技术》《哈尔滨工程大学学报》《高等教育研究》等核心期刊发表论文 30 余篇，其中美国工程索引（EI）检索 10 余篇。曾参与国家自然科学基金、省科技攻关等多项课题的研究，主持国家 863 子课题、国家重大专项子课题、省部级教学改革、质量工程课题数项，出版《服务器端软件性能分析和诊断》等专著 4 部，出版《软件工程实训教程》等教材多部。

先进事迹摘录

一、立足根本教书育人助学生成才

刘雪梅一直主讲"数据结构""数据库系统概论"等核心课程。在教学方法上注重将课堂讲授、例题分析、自由设计、主题发言等方法有机结合，充分发挥学生的主动性、积极性和创造性，提高学生学习兴趣并注重培养学生发现问题、分析问题和解决问题的能力，并适时地对学生进行科学的世界观、人生观和价值观教育。同时实行"读书、思考、讨论"的开放式教学，并注意取材举例的科学性、语言的幽默趣味性、教学引导的联想启发性。

二、勇于探索教研相长促专业建设

2012年，刘雪梅作为学校首批获批的"信息类专业群综合改革"项目负责人，带领团队成员进行调研和考察，完成了软件工程等专业人才培养方案的修订，并在专业内推动以人才培养目标为起点，人才培养模式为落脚点的专业人才培养方式改革。同时，带领软件工程专业获得学校首批专业综合改革试点专业、教学团队获批校级优秀教学团队，专业的人才培养方案改革对专业人才培养质量的提升起到了积极的作用，专业有多名学生进入大型互联网公司就业。与此同时，专业也依托项目形成了一批有特色的教学改革成果并反哺教学，教研相长，形成了良好的专业品牌度与口碑。

三、学高为师德高为范甘为孺子牛

刘雪梅作为入党介绍人先后培养了8名学生党员。为了加强与学生在教学过程中的交流和沟通，她每周都安排1个晚上给学生答疑，帮助学生解答问题、增进师生了解、促进教学质量提高。为了使教学与国际接轨，她还自费购买英文原版教材作为教学的辅助和参考资料，并向学生开放，开拓学生眼界。"数据结构"作为一门重要的专业基础课，是研究生入学考试的必考科目，刘雪梅根据自己多年主讲课程积累的丰富经验，经常牺牲自己的休息时间义务给学生们答疑，对考研的学生帮助很大。学生在课程结束后遇到困难和问题时都会通过电子邮件、电话和其联系，一些已毕业工作的学生还一直与其保持联系，做他们出国留学的推荐人或者咨询个人的一些问题。

❋北京市高等学校青年教学名师奖获得者

张 黎

学校名称：北京工业大学耿丹学院

主讲课程："电路分析基础"

个人简历

　　张黎，女，北京工业大学硕士研究生，2006年来到耿丹学院工作，现为信息工程系电子信息工程专业教师，先后担任电子信息工程专业负责人和信息工程系主任助理。

　　在教学工作中先后承担"数字电子技术""信号与系统""电路分析基础""电子测量技术与智能仪器""数字信号处理"和"数字电子技术课程设计""通信工程实训"等教学任务。

　　在班导师工作中积极响应学院号召，担任班导师工作。工作期间与学生们建立了良好的师生关系。

　　系内其他工作有：参与教学管理工作；参与学科竞赛辅导，比如全国大学生电子设计竞赛；参与本科生综合训练项目辅导；参与招生宣传与咨询工作。

先进事迹摘录

在教学中积极研究教学方法，努力提高教学水平

张黎老师在"数字电子技术"教学中，提出以设计某个具体功能模块为背景，在课堂中学习理论，在计算机上进行仿真，在实验室实现功能，在课程设计中升华的教学方法，形成理论、实验、作业、课外辅导一体化的教学过程。

在"信号与系统"教学中，她采用板书、多媒体、软件仿真相互结合的方式，在课程内容中增加电路的元素，多以电路为对象来进行信号的变换、分析和处理，教学效果较好。

作为班导师，她与学生进行了有效的沟通，帮助同学们解决了学业和生活中的一些问题

张黎老师定期与学生交流，每两周和学生们聚在一起，集中讨论、解决一些问题。课余时间与学生们谈话，谈话的内容从生活、学习到兴趣爱好等。

班风建设方面，张老师努力建立有凝聚力、团结、向上的班风，对学生和老师都受益匪浅。重视班委的作用，榜样的作用非常大，班委的状态也会影响其他同学。

教学管理工作

张老师积极参与院系、教研室安排的其他工作。主要包括：参与系里培养方案和教学计划的修订、参与教研室教学大纲的讨论和修订工作、参与教学方法改革方面的工作、参与毕业设计管理等工作。

科研工作

在科学研究方面，她踏实工作，积极向上，努力钻研，不断提高自身的专业水平和科研能力，参与课题的研究。她申请院级课题"虚拟仪器技术在电子类实践教学改革中的应用"，并成功结题。申请北京市青年英才计划课题"程控交换系统教学平台"，并成功结题。工作期间发表论文多篇。

教学成果和获奖情况

张黎老师曾分别获得2006—2007年度、2007—2008年度、2009—2010年度、2012—2013年度、2016—2017年度"北京工业大学耿丹学院优秀教师"称号；获得2016—2017学年优秀班导师一等奖。参加学院"第二届青年教师教学基本功比赛"，获三等奖和优秀教案奖；参加学院"第一届教师技能大赛"，获三等奖。

❋北京市高等学校青年教学名师奖获得者

杜聪慧

学校名称：北京工商大学嘉华学院

主讲课程："计量经济学""高等数学""商务统计""金融数据分析与决策""量化投资"等

个人简历

  杜聪慧，2005年毕业于西南交通大学经济管理学院数量经济学专业，经济学硕士。现任教于北京工商大学嘉华学院，先后从事"数学课程""计量经济学""量化投资"等的教学。曾任数学教研室主任。主编《大学数学：微积分及其在经济管理中的应用》《商务统计学》教材，参编《计量经济学模型方法论》专著，发表论文20余篇，分别主持和参与国家级、北京市、校级等多项科研项目。

  参加的国家社会科学基金重点项目（批准号：08AJY001）"计量经济学模型方法论基础研究"鉴定等级为优秀。杜聪慧是北京工商大学嘉华学院第二届青年教师基本功大赛一等奖获得者。其主编的教材《大学数学：微积分及其在经济管理中的应用》被评为高等教育"十二五"精品规划教材。

先进事迹摘录

"当老师，就要当最好的老师。"这是杜聪慧做老师那天起就立下的誓言。

信念坚定，为人师表。作为党员教师，杜聪慧一直坚持正确的思想方向，严格要求自己，在平凡的教学、科研工作岗位上努力实现自身的价值。作为一名普通教师，她严谨治学，淡泊名利，爱岗敬业，学为人师，行为世范。

潜心教学，献身科研。从教以来，杜聪慧全身心地投入教学，认真筹划每堂课的教学内容，优化课堂教学环节，设计课堂教学互动活动，上好每一堂课。她承担了数学系列课程、计量经济学、量化投资课程的教学。尤其是计量经济学课程，难点多，加上学生基础薄弱，学生学习的畏惧心理明显，为了帮助学生克服学习的畏惧心理，同时又能掌握和运用计量知识和方法，她结合多年积累的课程实践教学经验，提出了全新的"问题—探究—讨论—实践"教学模式，应用于教学取得很好效果。

教师的教学与科研很难分开。她主编了《大学数学：微积分及其在经济管理中的应用》《商务统计学》等教材，参编《计量经济学模型方法论》专著，发表论文20余篇，分别主持和参与国家级、北京市、校级等多项科研项目。其中参加的国家社会科学基金重点项目(批准号：08AJY001)"计量经济学模型方法论基础研究"鉴定等级为优秀。她是学院第二届青年教师基本功大赛一等奖获得者，主编的教材《大学数学：微积分及其在经济管理中的应用》被评为高等教育"十二五"精品规划教材。

学以致用，无私奉献。为培养学生动手实践和知识运用能力，杜聪慧组织学生参加各类竞赛，参与她的科研项目，学以致用。很多学生在各类比赛中获奖，有的学生在期刊上发表了学术文章。任数学教研室主任期间，她组织教师申报课题，带领教师参与课题研究。定期举行小型学术研讨会，也和大家一起走出去进行学术交流。

从教13年来，杜聪慧热爱教学，潜心教学，以坚定的信念，高尚的师德人格，精益求精的业务水平和锲而不舍的研究精神，成为学生的良师益友。

北京市高等学校青年教学名师奖获得者

王冬梅

学校名称：中国青年政治学院
主讲课程："社会学概论""社会工作概论""社会研究方法"

　　王冬梅，中国青年政治学院副教授、硕士生导师。主要研究领域为社区研究、网络社会研究、青年工作与青年社会组织研究等。获奖及荣誉称号包括：北京市第七届青年教师教学基本功比赛文史类B组一等奖、最佳教案奖、最佳演示奖；中国青年政治学院教学基本功比赛第一名；中国青年政治学院首届"优秀教学质量奖"；中国青年政治学院"优秀教师""优秀共产党员"；北京市"优秀辅导员"；第八届中直机关"青年岗位能手"；团中央直属机关"优秀共产党员"、北京市首批"青年英才计划"入选者。

先进事迹摘录

王冬梅老师的研究领域侧重于社区研究、网络社会研究、青年工作与青年社会组织研究等，曾主持并完成国家社科基金青年项目"网络'类民间组织'的运行机制及社会影响研究"，参与国家社科基金一般项目"网络消费及其对社会结构的影响研究"、北京社科基金一般项目"网络化条件下北京市民社会心态表达研究"等多项科研课题。王老师积极进行科研探索并努力把科研成果运用到"社会学概论""中国社会专题""经济社会学"等所讲授的课程当中，注重理论与实践的紧密结合、教学与科研的相互衔接，授课效果优良，深受学生欢迎。其所讲授课程平均成绩90分以上，评估成绩等级常年保持"优"；"社会学概论"课程的学生评估成绩曾在本学院41门课程中排名第一；2011年获中国青年政治学院青年教师教学基本功比赛第一名；同年获北京市第七届青年教师教学基本功比赛文科B组一等奖，并获最佳教案奖、最佳展示奖；2012年被评为校级"优秀教师"并在教师节表彰大会上作为优秀教师代表发言；2014年，荣获中国青年政治学院首届"优秀教学质量奖"；2016年，在学校第九届"我爱我师"活动中被学生评选为"最受欢迎的老师"。

王冬梅在担任2007级社会学专业辅导员期间，运用社会学的理念、思路和方法对学生的学习、研究开展分类指导，在班级中推广"月读书""社会学工作坊"等活动，并首创"未来阵地联盟"项目，在指导学生学习研究、升学、就业方面成效显著，全班20多名同学考取了国内外名牌大学的研究生，所带班级多次被评为"优良学风班"。王老师的事迹曾被校园网多次报道，其所创新的助力大学生学业生涯规划的"未来阵地联盟"项目也被纳入社工学院"全程育人"整体计划。2012年，王冬梅被评为北京市"高校优秀辅导员"，并获北京市"十佳辅导员"提名。

✿北京市高等学校青年教学名师奖获得者

张　莉

学校名称：北京工业职业技术学院

主讲课程："高等数学"

个人简历

　　张莉，1982 年 11 月出生，2004 年 8 月参加工作，就职于北京工业职业技术学院基础部（现基础教育学院），数学教研室副主任、副教授、理学硕士。从教 13 年，主要从事数学教育和应用数学教学和研究工作。

　　2000 年至 2004 年在长春理工大学信息与计算科学专业学习（本科），2006 年至 2009 年在首都师范大学应用数学专业学习（研究生）。

　　2004 年入校为助理讲师，2009 年取得讲师资格，2014 年取得副教授资格。

　　兼任北京数学学会高职分会委员。

　　2013 年和 2017 年先后获得全国职业院校信息化教学大赛第一名；2015 年被评为北京市优秀青年骨干教师；2015 年入选国家教育资源公共服务平台优秀作品；2017 年获得北京市职业院校信息化大赛一等奖；校级优秀共产党员；校级十佳教师、A 级教师；校级优秀班主任。

先进事迹摘录

第一，不忘家训，坚守教书育人的信念。张莉是家中的独女，其家人均为高职院校的教师，从小在学校氛围的熏陶下，在父母"德高为师，身正为范"的教诲下，她坚信"教师职业是我从小的选择，也是体现自身价值的事业"。尤其作为一名党员教师，加强理论道德修养，把"做事先做人，万事勤为先"作为自己的行为准则，用坚定的信念指导着自己的工作。

第二，立足本岗，争做最受学生欢迎的老师。张莉始终认为"先教做人，再教做学问"。为了让学生从内心真正地接受她，她打破常规，将枯燥的数学课程创新为"三元一体化"的教学模式，形成适应现代化教学的"思动体系"，即将"思维＋行动"的思想应用到实际教学中，形成有效的教学生态圈。她利用课余时间加班设计，应用自己的新模式。其中有一节课印象尤为深刻，讲的是导数的应用曲率，融入了适度的信息化媒介。首先，她选取的车辆转弯事故案例让学生惊讶地发现"原来这也会和数学有关系"；其次，在解决过程中她借助动态软件、模拟视频及相关验证，教学环环相扣，学生感慨："这样学数学，让我没有压力，有的是动力，让我在过马路的时候要考虑汽车转弯的弧度问题，还可以告诉更多的人不要离转弯的车辆太近，真是太有用了!"学生们的积极性大大提高，面对数学不再有畏难情绪。

张莉在实际教学和生活中细心观察每名学生，实施因材施教。她把学生当成自己的弟弟妹妹看待，鼓励每个人去发挥自己的优势，站在学生的角度分析，站在家人的角度沟通。课下她会像姐姐一样耐心地给予建议，凭借自己的一举一动潜移默化地影响着学生们。

第三，自律自强，充分发挥党员的先锋模范作用。在教科研方面，张莉潜心钻研教改及数学应用的相关内容，带领团队共同成长。她负责主持课题研究 10 余项，公开发表论文 20 余篇，其中核心论文和美国工程索引(EI)检索论文 10 余篇。同时指导学生参加各类数学竞赛并获得优异的成绩，自己也积极参加 2013 年和 2017 年两届全国职业院校信息化大赛，并取得良好成绩。

立足于所爱的教师岗位，当学生最知心的姐姐，为职业院校培养出更优秀的人才，张莉将会以坚定的信念不断地追求，因为追求而美丽，因为美丽而精彩!

北京市高等学校青年教学名师奖获得者

李 瑶

学校名称：北京信息职业技术学院
主讲课程："策划与实施网络营销"

个人简历

　　李瑶，就职于北京信息职业技术学院，从事电子商务专业教学研究，先后担任学校骨干教师、教研室主任、专业带头人等职务。

　　2014年被聘为北京市职业教育学会电子商务专业委员会理事；2016年入选全国电子商务职业教育教学指导委员会重点培养骨干专家。

　　作为第三负责人完成教育部职业技术教育中心研究所课题中高职衔接电子商务专业教学标准开发；作为第二负责人完成商务数据分析与应用专业教学指南开发；还参与商务数据分析与应用专业人才需求调研、商务数据分析与应用专业术语开发、网络营销专业标准的开发等工作。

　　2013年在企业实践半年，被学校评为优秀；曾多次为企业服务，并获得企业好评。

先进事迹摘录

　　李瑶从教 14 年间多次获学校优秀教师、优秀党员等称号，承担教学、教研室主任、专业带头人、班主任、党支部委员等工作。她不怕吃苦奉献，重视师德师风，努力培养学生职业能力素质，教学科研成绩突出。

　　一、教育教学

　　李老师负责"网络营销方案设计与实施"等两门专业核心课程建设。资源开发多，网络课程获全国信息化教学竞赛二等奖；教学质量高，多次获得学校免听课、教师基本功竞赛等奖项。负责企业实习、顶岗实习、生产性实训等教学工作，多次获得优秀，年教学工作量达到 410 学时以上，高质量完成教学工作。参与计算机应用技术教学资源库建设工作，完成 5 个微课、100 个文档、205 个 PPT 的建设工作。负责学生取证培训工作，提升学生职业能力与职业素质。

　　二、专业建设

　　李老师主持电子商务专业建设工作，参与 2012 年电子商务专业人才培养模式开发工作，获得北京市教育教学成果二等奖。她开发了商务数据分析与应用专业新专业。开发了电子商务、商务数据分析与应用专业教学标准、人才培养模式，应用于实践教学，取得良好效果。开发 6 个 3＋2 合作学校，积极开展中高职衔接教育教学。

　　三、获奖情况

　　李老师曾获得全国信息化教学竞赛二等奖 2 个；北京市职业院校技能竞赛一等奖 1 个、二等奖 1 个；多次指导学生参加技能竞赛，获得全国、北京市各类奖项 11 个。

　　四、科研能力

　　发表核心期刊论文 1 篇，主编教材 3 本，参编教材 3 本。作为移动商务专业丛书编委会委员审稿出版 10 本移动商务专业教材。近 5 年发表论文 30 余篇，学术能力强。参与教育部职业教育中心研究所全国中高职衔接电子商务专业教学标准开发课题并结题。参与全国电子商务职业教育教学指导委员会商务数据分析与应用专业教学指南开发课题并结题。

　　五、教学团队建设

　　李瑶作为专业负责人带领电子商务教师开发 5 本移动交互式数字教材、200 个微课及视频等核心课程教学资源。她培养 4 名骨干教师，带领专业教学团队参与全国各类专业建设工作，提高了学校的专业影响力。

❋北京市高等学校青年教学名师奖获得者

黄敦华

学校名称：北京电子科技职业学院

主讲课程："工业机器人编程操作与维护""工业自动化设备安装与调试"等

个人简历

　　黄敦华，男，1978年出生，中共党员，硕士，副教授。现任北京电子科技职业学院机电技术系主任，具有维修电工高级技师职业资格。2009年完成了北京理工大学访问学者进修，从事教学累计10多年，教授课程主要有"工业机器人编程操作与维护""工业自动化设备安装与调试"等。

　　主要社会兼职有：全国工业机器人技术应用技能大赛裁判，全国机械职业教育教学指导委员会新能源装备技术类专指委委员，机械行业职业技能标准、教程、试题技术委员会委员，北京市人工智能学会理事（2018—2022），北京市职业技术教育学会机电委理事，清华大学基础工业训练中心国家级培训班授课教师，中德职业教育研究院高等职业教育自动化专业课程开发咨询专家与电工仪器仪表装调工国家职业技能鉴定高级考评员。

先进事迹摘录

　　黄敦华在教学中十分注重教学载体开发与选取，开展理实一体化教学。他在借鉴 SMC《岗位考核要求》和北京地铁公司《基于行为业绩的高技能人才评价》等基础上创新了学习质量评价机制，提出了"学习过程即评价过程；分不是老师给的，而是学生自己挣的"等导向，极大地提高了学生自主学习的热情，做到了课堂教学有趣、有效和有用。教学质量考核和综合评价考核他连续多年优秀，被授予北京市优秀教师和北京市师德先进个人荣誉称号，入选北京市专业创新团队带头人。

　　黄敦华主持教育部高等教育教学改革项目——机电一体化技术专业提升服务产业发展能力建设与机电一体化技术专业现代学徒制试点项目；主持北京市高等教育教学改革项目——高等职业教育自控与电气专业群专业技术平台课程的研究与实践。

　　2013年以来他指导了2项大学生科学研究与创业项目，指导学生参加技能大赛获国赛一等奖1项和市赛一等奖2项，被授予全国"优秀指导教师"称号。2013年9月，"立足岗位，机电技术应用专业课程体系的创新与实践"获得北京市教育教学成果奖一等奖（排名第二）。2018年3月"依托产教联盟，深化校企合作，创新机电专业3M人才培养体系"获得北京市教育教学成果奖二等奖。

　　黄敦华公开发表教学科研论文27篇，其中美国工程索引（EI）或中文核心期刊18篇；专利5项。主持"基于机器视觉的回收啤酒瓶自动分拣系统的研发与应用创新"协同创新项目获得朝阳区科学技术委员会2018年度立项。

　　他积极为国家广播电影电视总局、北京奔驰和京东集团等企业员工开展技术培训，促进了产教融合。作为班主任，高度重视班级思想建设、文化建设、干部建设与学风建设。所带班级12机电班获北京市先进班集体称号，目前所带班级16机电班学生获得国赛一等奖1项，市赛一、二、三等奖共计8项，正在建设"温暖、实干、智慧"的班集体。

北京市高等学校青年教学名师奖获得者

李建军

学校名称：北京京北职业技术学院
主讲课程："经济数学""高等数学"

个人简历

　　李建军，2007年7月毕业于西安科技大学应用数学专业，理学硕士学位。毕业后就职于北京京北职业技术学院基础部，10年来一直工作在教学一线。2009年12月晋升讲师，2014年12月通过副教授职称评审。2013年9月任北京京北职业技术学院数学与计算机教研室主任，2017年5月任基础部副主任。

　　社会服务方面，李建军2012年至今一直为福田汽车集团职工大学"学分银行计划"的特聘教师，2015年为中铁十六局四公司的人力资源部数据分析员，2017年6月为北京市怀柔区第一医院做肺气肿病人的血液指标分析。作为青年教师，李建军老师踏实严谨，各方面表现较为突出，2017年4月被推选为北京市第十二次党代会代表。

先进事迹摘录

2007年入校以来，李建军老师一直从事"高等数学""工程数学""概率论""经济数学""卫生统计学""线性代数"等10门课程的教学研究工作，教学效果良好。作为基础课程专职教师，为了使学生学有所得，李老师针对不同专业设计课程案例，尽量将数学知识和实际应用进行联系，本着"活泼数学，实用数学"的宗旨，形成自己的教学风格。

在完成教学任务的同时，作为教研室主任李建军积极与各专业各领域进行沟通，针对不同专业需求（比如汽车、建筑、会计等专业）设计教学内容，尽可能了解企业、行业用人需求及教学研究工作亟待调整之处，既促进了教学改革，也在科研上取得了丰硕的成果，同时还为专业及课程建设方面做出了应有的贡献。

数学相关课程的应用性极强，李建军潜心研究，教法经验、实用项目慢慢积累。任职以来李老师参与过国家级课题子课题1项，主持市级课题1项，主持校级课题2项；以第一作者身份公开发表学术论文19篇[其中北大核心9篇，ISTP检索1篇，美国工程索引（EI）原文检索2篇]；获得实用新型专利授权1项；主编全国高职高专类教材1部，主编全国高职高专类"十一五"规划教材1部，参编"十三五"规划教材1部。以上教材出版后，被很多高职院校采用，受到广泛好评。

团队建设方面，作为数学与计算机教研室主任，李老师协调各部门组织学生参加"全国大学生数学建模竞赛"，获得全国一等奖1次，全国二等奖3次，北京市奖项每年都有。李老师积极带领教研室进行项目化教学改革、开展公开课、展示优质教学资源，将人文素质教育与数学教学有机结合，以立德树人为宗旨，教学效果良好；注重团队素质的提升，积极主动联系与教学工作相关的各项培训，带领教师利用课余时间人均年参加培训3~5次，拓宽教师视野、提升教学水平，形成良好的"传、帮、带"团队文化，成为学院教学、科研能力都较为突出的团队。

❋北京市高等学校青年教学名师奖获得者

李 浩

学校名称：首钢工学院

主讲课程："单片机原理接口应用""C 语言程序设计""变频器应用技术""高级电工实训""PLC 可编程序控制器实训""中级电工实训"

个人简历

　　李浩，计算机应用技术专业硕士，1996 年至 2002 年在四川省达州钢铁集团高炉车间担任技术员工作，从事自动化设备二次仪表的日常维护。2005 年 7 月以来，先后讲授过"现场总线""电力电子技术"及"单片机原理接口技术"等十几门课程。先后十多次深入西门子培训中心等国内优秀的培训机构学习新技术，三次赴德国德累斯顿工业大学学习双元制教育理念方法。自编了八门课程的课件、讲义和校本教材，承担了"自动生产线系统控制与调试"课程的载体化、信息化改革等多个院级教科研项目；多次为首钢特钢镀锌薄板厂、北京市维修电气技师研修班以及玛氏（中国）食品有限公司等企业职工进行专业技术培训，得到学员和受培单位的好评。

先进事迹摘录

一、加强学习，提升能力

李浩先后十多次参加西门子培训中心等多家企事业单位的进修培训，不断提高自己的工程实践能力。

在北京市与德国IHK合作培养项目中，他先后三次被学院推荐到德国德累斯顿工业大学学习双元制职业教育相关理论，并在德国多家职业培训中心观摩学习，提高了职教理论认识水平。

二、教学研究，成果丰硕

他先后编写了"现场总线""电力电子技术""单片机原理接口技术"等七门课程的项目式课程讲义，编写了《MM440变频器应用项目教程》校本教材一部，并用于北京市专业技术人员继续教育培训及日常教学；主持并完成首钢优秀人才培养专项经费A类资助的《现场总线控制系统的研究和开发》项目和院级《电气自动化专业课程体系改革研究》项目。

三、以赛促教，成绩显著

2005年以来，李浩带领系部黄江艳、吴建龙、廖雪梅等年轻老师，指导学生参加全国及北京市大学生电子设计竞赛及各种职业技能大赛，获得了全国三等奖一项，北京市一等奖两项、二等奖七项、三等奖数十项的好成绩。

四、服务企业，成效显著

李浩先后为山西长治钢铁厂、首钢特钢镀锌薄板厂培训"西门子MM440变频器"和"S7—300/400PLC可编程控制器"；为北京市电气自动化设备安装与维修技师研修班开展"自动生产线的控制"的职工培训工作；为玛氏（中国）食品有限公司职工培训智能楼宇相关专业技术。产生11项技术革新改造项目，得到受培单位的好评。

五、凝练成果，获奖颇丰

2015年以来，李浩在中文核心期刊发表论文两篇，非核心期刊发表论文两篇，分别获得2017年中国职工教育和职业培训协会优秀论文一等奖和二等奖。2007年、2009年和2015年先后三次被北京市教委评为当年的电子竞赛优秀辅导教师。2007年11月获得北京市教育委员会颁发的"2008年度优秀青年骨干教师"，2008年4月获得"2007年度首钢先进职工"，2010年3月获得"第四批首钢优秀青年人才二等奖"，2010年4月获得"2009年度首钢青年岗位能手"以及"2009年度首钢能工巧匠"，2015年9月获得"2015年度首钢先进教师"等称号。

北京市高等学校青年教学名师奖获得者

李玉舒

学校名称：北京农业职业学院
主讲课程："园林植物基础"

　　李玉舒，副教授，博士，园林工程师，2006 年 7 月就职于北京农业职业学院园艺系，先后主讲了"园林植物基础""园林植物栽培与养护技术""园林植物造景技术""专业论文的撰写及答辩技巧"等课程；负责指导了 61 名同学顺利完成了毕业实习和毕业论文。任教以来获得各类教学比赛和教学成果奖 12 项，获得"教书育人"先进个人、"师德标兵"和"优秀班主任"等荣誉称号，并作为北京农业职业学院第 6 批、第 9 批和第 10 批挂职人员分别在通州区和大兴区进行科技挂职服务。李玉舒对北京市的乡镇工作有深入的了解，为大兴区魏善庄镇推广的压花技术带动了周边农民致富，促进了魏善庄镇农业观光园的发展，取得了一定的社会效益和经济效益。

先进事迹摘录

　　李玉舒作为青年教师十分热爱教育事业。她刻苦钻研业务，始终把教书育人、管理育人、服务育人贯穿在工作中。在教学中认真备课、耐心辅导学生，积极进行教学方法改革与实践，充分利用先进有趣的教学方法调动学生的学习积极性，为学生创造一个融洽祥和的学习氛围，讲授的"园林植物基础""园林植物造景技术"等专业课程，一直深受学生们的好评，多次荣获学院 A 级课程。在传授科学知识的同时，李玉舒还注重对学生思想道德品质的培养，与学生建立了亦师亦友的师生关系。她关爱学生，热心帮助学生，经常利用课余时间为学生提供职业规划、升学指导等专业教学之外的帮助，每年都为参加专升本的同学义务进行辅导，深受广大同学的欢迎，被学校评为"教书育人"先进个人、师德标兵和优秀班主任。

　　近年来李玉舒教学成绩突出，先后获得北京市园艺园林专业教师教学设计大赛一等奖、全国农业职业院校青年教师专业课程设计大赛一等奖、第三届全国农业职业院校信息化教学设计大赛一等奖以及北京市职业院校信息化教学大赛高职组信息化课堂教学二等奖，并于2017 年在北京市高等职业院校课堂教学诊断与现状调研中被评为优秀课例。

　　科研是教学的基础与保证。李玉舒在认真完成日常的教学与管理工作的同时，积极学习专业基础知识，关注学科发展的前沿动态，努力提高自己的科研能力和业务水平。从教至今从未放松科学研究，参加了省部级科研项目 7 项，主持市级青年英才项目 1 项，院级科技研发项目 3 项，教改项目 1 项；参与发明了"园林树木节水浇灌围堰"等专利，主编和参编《园林植物基础》等规划教材 5 本，发表学术论文 15 篇，其中科学引文索引(SCI) 4 篇。在三农服务方面，作为学院第 6 批、第 9 批和第 10 批挂职人员分别在通州漷县镇、大兴区农委和大兴区魏善庄镇进行了科技挂职服务，对北京市的乡镇工作有深入的了解，为大兴区魏善庄镇推广的压花技术带动了周边农民致富，促进了魏善庄镇农业观光园的发展，取得了一定的社会效益和经济效益。

✿北京市高等学校青年教学名师奖获得者

张　慧

学校名称： 北京财贸职业学院
主讲课程： "人力资源管理"

个人简历

　　张慧，副教授，高级人力资源管理师，2005 年就职于北京财贸职业学院。任中国商业文化研究会理事、中国商业史学会会员、北京商业经济学会理事、北京连锁经营专业自考委员会课程委员与命题组长、中国管理科学研究院学术委员会特约研究员。公开发表论文 10 余篇[2 篇中文社会科学引文索引（CSSCI）]，学术著作 7 部（含合著），编写教材 2 部，主持、参与省部级课题、院级教改课题 20 余项。其编著的《人力资源管理》连续 4 年作为高等教育自学考试指定教材。受学校委派，曾为北京同仁堂、北京城建集团、北京菜市口百货、北京烟草公司等多家企业进行专业培训。2013 年被评为学校"优秀教师"，2017 年被评为学校"教学名师"。

先进事迹摘录

自 2005 年进入北京财贸职业学院，张慧老师一直奋战在教学第一线。

一、认真备好每一堂课，教学效果受到学生好评

7 次获得教学质量优秀奖。张慧苦练教学基本功，受学校委派参加了第七届北京青年教师基本功比赛（高校），并获大赛三等奖，是首次代表学校参加该比赛的老师。她将学科前沿知识和管理技能融入课堂教学之中，积极进行教学改革，开展教学设计创新探索，在 2013 年 11 月北京市职业院校财经类专业教师培训基地举办的教学设计大赛中获得一等奖。

二、教书育人，为人师表

张慧在授课中将育人理念贯穿始终，悉心指导学生的职业认知。从 2012 年 9 月起相继担任了 2011 级、2013 级、2015 级的兼职班主任，加强班级的学风建设，引导学生参与科研与创业项目申报，激发学生的创新思考，实现研学结合。

三、带领团队进行课程与专业建设

张慧带领专业老师进行"人力资源管理"和"企业文化""管理学基础"等课程标准开发、教学设计、试题库、案例库等教学资源建设工作。

作为课题负责人，她连续 3 年带领青年教师参与北京市教委课题"北京高校科技创新平台—首都流通现代化平台项目"研究。

作为北京市高等教育自学考试委员、连锁经营专业自考委员会课程委员与命题组长，带领专业教师开发课程资源，已连续 6 年在北京教育考试院进行试题终审工作，保障考试有序进行。

组织本专业教师团队开展贯通专业调研，为北京市教育科学规划课题"国际连锁经营管理专业贯通培养项目人才培养模式研究"提供一手调研资料；进行专业契合度调研，完成近万字调研报告，为专业建设和发展提供数据支撑。

四、信息化大赛、技能大赛获佳绩

作为人力资源管理技能大赛负责人，张慧带领青年教师学习大赛软件，指导学生团队。在备赛过程中，她脚受伤了，但从没耽误过一次课，没耽误过一次训练。张慧的这种拼搏精神也鼓舞着参赛团队，团队在北京市、全国人力资源管理技能大赛中均获一等奖。

参加北京市信息化大赛，获得二等奖。

✿北京市高等学校青年教学名师奖获得者

王月会

学校名称：北京经济管理职业学院
主讲课程："商务英语（文秘）""商务英语视听说""快速阅读"

个人简历

　　王月会，女，副教授，北京经济管理职业学院外国语学院院长。

　　多次荣获学校优秀教师、优秀共产党员、师德先进个人称号。多次获得学校教学质量评比一等奖；2011年被评为北京市职业院校优秀青年骨干教师。

　　作为商务英语专业带头人，积极投身专业的建设和改革。主持完成的《教研相长、服务导向的高职商务英语专业的改革与实践》获得北京市教学成果二等奖。

　　担任教育部职业院校外语类专业教学指导委员会委员、北京市大学英语研究会职业英语分会秘书长，参加了一些重大课题的研究工作，有一定的社会影响力。

　　积极开展科学研究工作，发表多篇论文和多部论著，成果丰硕。

先进事迹摘录

王月会忠诚于党的教育事业，爱岗敬业，勤奋努力，紧跟职业教育发展的新形势，勇于探索并取得了良好的教学效果，受到学生的好评。

第一，热爱教学、重视教法。她热爱教学工作，在教学中关爱学生，重视学生在学习活动中的主体地位，通过设计小组活动、案例教学、合作学习等形式最大限度地激发学生的积极性和主动性。她的教学理念和方法取得了良好的教学效果，深受学生喜爱，在近五年学生评价中获得优秀。获得学校2015—2016学年、2016—2017学年教学质量评比一等奖。

第二，规划专业、积极教改。作为商务英语专业带头人，王月会老师负责专业的整体规划和建设工作。与多家企业进行深度的产教融合、校企合作，实现教学—实训—实习—科研一体化人才培养模式，取得了良好的效果。引领专业教学改革和实践，主持完成立足北京经济发展需求，开展"英语＋商务"的以英语为核心、商务为情境、服务为导向的三阶段能力渐进的高职商务英语专业改革与实践，使专业学生就业质量显著提升，并获得北京市教学成果二等奖；主持完成商务英语专业中高职人才培养模式和教学模式的创新研究，取得了自主招生报计比最高达205％的显著成效。

第三，示范引领、成果突出。王月会老师担任教育部职业院校外语类专业教学指导委员会委员、北京市大学英语研究会职业英语分会秘书长。配合分会会长和常务理事，团结北京市职业院校从事英语教学的教师和科研工作者，研究英语教学的理论与实践，组织开展有益于英语教学的各种学术活动，为北京市职业英语教学改革与发展做出了贡献。作为秘书长，带领秘书处进行对外联络、教改研究、活动策划及组织、大赛承办、师资培训、年会总结、制作简报等工作，努力为北京职业院校英语教师服务，有一定的社会影响力。参加了多项英语类专业国家级重大课题的研究工作，在行业中有一定的社会影响力。发表多篇论文和多部著作，科研成果丰硕。

❋北京市高等学校青年教学名师奖获得者

肖红梅

学校名称：北京劳动保障职业学院
主讲课程："薪酬管理综合训练"

个人简历

　　肖红梅，女，经济学博士，副教授，北京市优秀青年骨干教师。从教十余年，先后担任人力资源管理专业教研室主任、国家骨干校课程建设负责人、高端技术技能人才贯通培养方案主持人，主讲"薪酬管理""劳动经济学"等专业核心课程；主编参编了多部专业核心课程教材，公开发表学术论文近二十篇，现主持两项省部级课题；长期为多家企事业单位提供咨询服务，实践经验较为丰富；根据高职学生特点因材施教，课堂教学充满激情，教学技艺精湛，教学效果好，多次获得学院优秀教师奖教金。现主要社会兼职有：人力资源和社会保障职业教育教学指导委员会副秘书长、中国人力资源开发研究会适度劳动研究分会理事、北京市人社局考试中心命/审题专家。

先进事迹摘录

肖红梅老师对高职教育有着深厚的感情，在长期的教书育人与教学科研中，锐意进取，孜孜以求，其饱满的工作热忱、扎实的工作作风、良好的工作成绩，深受领导、同事和学生们的一致好评。

一、为人师表，做学生的良师益友

在日常的教育教学中，肖红梅老师严格贯彻"教育为本，德育为先"的教育理念，以高尚的师德情操来感染学生。在潜心传授学生专业知识技能、答疑解惑的同时，她注重学生职业道德素养的养成和学生的成长，利用课余时间耐心地为学生解答课程学习难点、毕业论文撰写、专升本考试、职业技能大赛、实习实践、就业乃至如何平衡工作与学习、个人情感等问题，深受学生信任与爱戴。对许多毕业后仍保持联系的学生，一如既往无私地提供帮助与工作业务上的咨询。肖老师真诚地与学生分享自身学习工作中的所知所感所悟，是学生们心目中敬爱的老师，更是亲切的知心姐姐。

二、爱岗敬业，业务素质扎实

作为人力资源管理专业中青年骨干教师，肖红梅老师先后在学院市级示范性高职院校、国家骨干高职院校、后骨干校内涵建设、高端技术技能人才贯通培养项目、国家级教学资源库申报等重大任务中勇挑重担，体现了一名青年骨干教师对学院发展、对专业建设的担当。领导、同事们对她的评价是"小小的身躯，却蕴藏着大大的能量"。肖老师积极顺应互联网＋、移动化学习的浪潮，在日常授课中推行职教云 APP、网页端教学，其主持的薪酬管理课程资源库已被多所同类院校教师使用和借鉴。

三、潜心钻研，科研和社会服务能力突出

肖红梅老师先后主持参与北京市哲学社会科学、国家社科基金及市人社系统内部等多项课题研究，现主持北京市教育科学十三五规划课题 1 项，北京市社会科学基金项目 1 项。在积极申报课题的同时，肖老师不忘提携青年教师共同参与，以提升部门整体科研能力。该同志还利用自身专业特长服务社会，先后为多家企事业单位提供咨询服务，连续多年担任拉萨市人力社保系统干部培训班授课教师、北京市人社局考试中心命/审题专家。

❈北京市高等学校青年教学名师奖获得者

朱　松

学校名称：北京北大方正软件技术学院

主讲课程："项目研发综合实训""面向对象编程语言"

　　朱松 2008 年入职到 2016 年 10 月，在软件工程分院的计算机应用技术教研室担任专业讲师；2016 年 10 月到 2018 年 3 月，在软件工程分院的软件技术教研室担任主任一职；2018 年 3 月至今，在电子信息学院担任软件与大数据系主任。

　　在校期间，一直担任软件技术专业核心课程的讲授，教学设计过程灵活多变；多次带领学生参加全国职业院校技能大赛，获得优异的成绩，并获得"优秀指导教师"称号。在国内外期刊上发表多篇论文，主要针对课堂教学、学生学习方法和软件技术专业领域做更深入的探究；参加并得到了软件测试专业技能认证、DB29Databaseand Application Fundamentals、Oracle SCJP310－065 认证。

　　入选北京市"青年英才教师培养计划"，多次获得学校的"优秀教师"称号。

　　成立了思创工作室，组织并承接完成多个外包项目，项目范围主要是学校门户网站、交互式网站和手机移动应用软件 APP 等，完成了北京服装学院移动端评测系统、外研社英语学习系统、华夏神农智慧农场 APP 等项目，积累了非常丰富的实践经验。

先进事迹摘录

  2008年入职10多年来，朱松老师严格遵守学校的规章制度，兢兢业业，从来没有迟到过一次，从来没有因私调停过一次课，准时准点保质保量地完成教学任务。

  专业课程内容相对比较抽象，在讲授过程中容易枯燥乏味，学生注意力很容易分散，为了解决改善课堂氛围，朱老师探讨并实施了一些措施，比如"三有课堂""翻转课堂"等，并使用了移动教学应用系统——蓝墨云班课，学生的参与度大幅提升，使课堂不再是一味地"填鸭式"教育，而是能够互动式地有的放矢，学生能够随时随地地开展自己的活动，能够真正地发挥自我学习的主观能动性。

  朱老师在教学过程中引入项目实例，学生在沉浸式的模式中拓展和提升自己的能力，同时时刻提醒学生注意行业标准约束、职场行为规范、5S标准的习惯养成。

  他还多次组织学生参加教育部、北京市教委举办的赛事，开阔学生的视野，提升学生独立解决问题的能力。指导学生参加第三届"蓝桥杯"全国软件专业人才设计与开发大赛初赛，荣获市赛一等奖，国赛二等奖；指导学生参加"天翼华为杯"华北五省（市、自治区）及港澳台大学生计算机应用大赛，包揽一等奖、二等奖和三等奖；指导学生参加全国职业院校技能大赛高职组移动互联网应用软件开发赛，多次荣获国赛一等奖；指导学生参加全国职业院校技能大赛高职组软件测试赛，荣获国赛二等奖。在师资建设培养上，除了平时的教育教学研究考核外，朱老师还组织教师积极参与校内外的专业培训，素质能力的提升一直贴近市场前沿，并且参加高教处组织的"精彩片段"竞赛，多次获得了一等奖。

  通过内外兼修的模式，不仅在专业技术上，还在职业素养上，两手都要抓，要一起抓。学生毕业后的反馈成果喜人，听到毕业的学生说在单位工作的时候很多任务需求都是老师讲过的，即使没有，通过在校学习期间养成的职业素养，也不难上手，能够较快地融入到工作当中；企业单位对本校毕业的学生也是赞不绝口，不仅专业技术底子牢固，还热爱学习，不怕吃苦；这就是对教育教学最好的褒奖。

北京市高等学校青年教学名师奖获得者

李　田

学校名称：北京汇佳职业学院

主讲课程："建筑漫游动画制作"

个人简历

　　李田，男，汉族，中国共产党党员，2004年毕业于清华大学美术学院，后从事环境艺术设计工作，2007年担任北京汇佳职业学院文创系艺术设计专职教师，2016年晋升副教授，在一线教学岗位辛勤耕耘至今。

　　2009年至今参加职业技能培训9次，达到1500学时以上。同时在行业相关企业担任兼职，主持了多项设计项目，实践经验丰富。该同志政治思想觉悟高，为人正派，作风朴实，具有强烈的事业心和责任感，始终把教书育人、管理育人、服务育人贯穿在工作中，成绩突出。多次获得学院"突出贡献奖""优秀教师""优秀党员""优秀教改成果奖""最佳教学设计奖"和"教学设计比赛一等奖"等奖项和称号，得到了院系领导和学生的充分肯定和赞誉。

先进事迹摘录

爱岗敬业，因材施教

李田老师积极承担教学任务，年平均授课792学时，负责建筑漫游动画工作室的教学和管理工作，始终以"德为人先、学为人师"的标准严格要求自己，受到广大师生好评和各方赞誉。2014年被《北京晨报》评选为北京师德榜样，2017年被评为北京市优秀教师。

业务精湛，与时俱进

李老师不断提升自己的职教水平，参加职业技能培训9次，达到1500学时以上。他将教学与设计实践紧密结合，灵活运用教学手段，把国内外最新设计、表现动态充实到教学中，提高学生的专业技能和学习兴趣，得到了学生高度的评价。

教改先锋，成果显著

他在教学改革中总结和归纳出了工作室"三步法"教学模式，成果斐然。2012年至今指导学生作品获得国家级比赛特等奖2项，一等奖2项，二等奖2项，三等奖4项，北京市级比赛特等奖9项，一、二、三等奖20余项。2016年学生作品《凿空之旅》被选为2017阿斯塔纳世博会上合组织馆展示作品。多次被评选为优秀指导教师。

教学研究，教材编写

李老师编写出版高等院校艺术类规划教材3本，其中《景观设计案例实训》被评为北京市高等教育精品教材，其教材编写体会论文被收录到《北京高校教材建设研究文集》中。2014年获北京市职业教育优秀科研成果教材二等奖。结合教学工作实际，发表研究论文《高职院校艺术设计专业"三步法"教学探析》。

精品课程，核心课程

李田老师承担了学院精品课程和专业群数字化教学资源库的建设，独立完成了"3dsmax建筑漫游动画制作实训"精品课程的授课录像以及教案等全部课程教学资料编辑和"3dsmax/V—ray建筑表现及建筑动画制作"核心课程的全部开发内容。

政治坚定，律己育人

李田思想政治素质好，忠诚党的教育事业，有较强的组织观念和大局意识，具有较高教育教学水平和能力及较强综合协调能力，作风踏实，工作进取。多年来，始终如一地认真上好每一堂课，做好每一项工作，多次获得学院级"突出贡献奖""优秀教师""优秀党员"等光荣称号。

北京市高等学校青年教学名师奖获得者

王燕燕

学校名称：北京卫生职业学院
主讲课程："内科护理学"

个人简历

　　王燕燕，35岁，中共党员，讲师。毕业于首都医科大学，曾在阜外心血管医院从事两年的护士工作，两年的护理工作中取得了护士执业证书和初级护师专业技术资格证书，对临床护理工作非常熟悉。于2008年走上教育工作岗位，在北京卫生职业学院护理教研组授课至今。10年来教授了"内科护理学""健康评估""护理学"3门基础课程。

先进事迹摘录

为一名普通教师，在工作岗位上王燕燕老师能始终如一，严谨求实，勤奋刻苦，兢兢业业，较好地完成各项工作任务。在担任班主任期间，王燕燕老师在教书育人和班级管理的过程中不断渗透护理理念，并用护士的职业标准要求学生，从点滴做起，帮助学生培养良好的护理职业素养。从学院举办第一届护理技能大赛开始，王燕燕老师就积极参加，2015年、2016年连续两年担任北京市护理技能大赛的指导教师，2015年还担任国赛指导教师。王燕燕老师认真观摩大赛录像、仔细研读比赛要求，对各项比赛操作流程、操作细节等进行了详细的记录，为参赛学生精心制订了训练计划，从学生的操作能力、心理素质、应变能力、语言表达方式等各方面进行认真的指导，不放过任何一个细节。那时王燕燕老师每周要上20学时的课程，除了授课，白天的其他时间都用来指导学生训练，每天晚上也和学生训练到9点多，将近3个月的时间，没有周末，没有休息，最终该学生获得了北京市高职院校护理技能大赛一等奖，王燕燕老师同时获得了优秀指导教师称号。

在教学中王燕燕老师不是照本宣科，而是以各种教学方式营造轻松、活泼、上进的学习氛围，用学生乐于接受的方法来教学。在内科护理学教学改革中，王燕燕老师应用行动导向教学法，将课堂教学与典型护理工作任务结合在一起，既激发学生的学习兴趣，又提高了学生的护理综合职业能力。

2017年12月，学院派王燕燕老师参加全国护理教师技能大赛，竞赛共分为三个部分，分别是理论考核、说课程和临床护理技能操作部分。理论考核包括内外妇儿、急诊、社区、中医护理七部分内容；说课程则是教师自选一门护理专业课进行说课；临床护理技能操作为心肺复苏术、静脉输液操作技术两项操作。接到任务后，王燕燕老师首先认真钻研各项评分标准，然后对照操作流程和评分标准进行强化练习，紧张的一个月，手腕练肿了、嘴也吹破了。除了练习操作平时还要准备说课程、制作PPT、复习理论知识，高铁上王燕燕老师还在看书学习。功夫不负有心人，在比赛的三重考验下，王燕燕老师顶住压力，稳定发挥，取得一等奖的好成绩。

❀北京市高等学校青年教学名师奖获得者

唐已婷

学校名称：国家开放大学

主讲课程："医学生物化学"

　　唐已婷，女，副教授，九三学社社员。农林医药教学部医药学院院长，中国医药教育协会理事。于2002年7月开始担任国家开放大学教师。从事医科类专业远程教学及教学管理工作近16年。自2008年至今，先后担任医药系主任、医药学院院长。热爱远程教育教学工作，全身心投入护理学专业教学和改革工作中。政治立场坚定，遵纪守法，爱岗敬业，为人师表。

先进事迹摘录

　　唐已婷老师担任护理学、药学等专业课程教师，认真学习远程教育相关理论及医学专业知识和理论，积极参加学科和远程教育的培训。探索课程内容和考试改革，认真完成所主持课程的基于网络的教学与管理，深受学生的欢迎。特别在专业基础课的教学中，认真学习远程教育理论，钻研课程教学，结合在职成人护士学生的特点，突出"临床问题"导向，解决"怎样做"，到"为什么做"，并增设课程"病例分析"论坛，与学生互动，并以此为理念设计网络课程。2009年"医学生物化学"获评国家精品课程。

　　唐已婷老师注重研究学习者需求，并以满足学生岗位需求为出发点进行课程教学设计，积极探索远程教育课程内容和考核方式改革。先后参与并执笔完成国家开放大学"十五""十一五"课题研究报告；主持国家开放大学"十二五"规划课题（G10AQ0008Y），并获2016年度国家开放大学总部科研三等奖。其中《细节中实践"学习者为中心"的设计理念》一文被2012年第13次世界继续工程教育大会收录。参与国家开放大学"世界开放大学案例研究"专项课题，参编《西班牙加泰罗尼亚开放大学研究》。在专业核心期刊发表文章6篇。主编教育部"十二五"职业教育国家规划教材1本，译著1本，参编教材3本。获得教育部、成人教育协会等颁发的多种奖项。

　　作为网络课程团队负责人，积极探索"六网融通"教学模式，引领各分部落实课程教学过程，提高教学质量，课程考核合格率、通过率逐年提高。

　　担任医药系（学院）负责人近11年，对工作认真负责，任劳任怨，投入到护理学专业的专业建设、教学改革、学位授予权申请等各个方面，在课程教学团队建设中发挥骨干带头作用。

北京市高等学校青年教学名师奖获得者

李克红

学校名称：北京宣武红旗业余大学
主讲课程："财务会计"

个人简历

　　李克红，副教授，党总支统战委员，中国中青年学术新秀，西城区优秀教师，优秀共产党员。主讲"财务会计""成本会计""审计"等课程，承担本专科教学、论文辅导、校企合作、社区讲座和社会培训。

　　教学过程中根据成人学生特点，贯彻"工学用一体"理念，通过分布式教学方式采用"时间分布、空间分布、教学内容分布、教学形式分布"四大途径，探索专业教学的实践应用创新，所授课程获教学质量一等奖，北京市成人高校中青年教师技能大赛三等奖。

　　发表论文 30 余篇，获中国教育学会征文一等奖和北京市优秀论文一等奖，主编本专科应用型及规划教材 15 本，已被全国多所院校选用；主持省部级、优秀人才资助课题 9 项，获北京市立项课题一等奖和西城区研究成果二等奖。

先进事迹摘录

　　李克红老师作为一名中国共产党党员，积极为区域经济发展建言献策，治学严谨，因材施教，勇于创新，教科研能力强。

一、爱岗敬业、勇于创新

　　为了能给学生一个上课刷手机，课后没作业的轻松愉悦但又饱含知识量的全新教学课堂，她在教学中率先尝试创新学堂手机客户端、雨课堂移动终端、奥鹏网络教学平台等与学生线上线下实时互动，搭建成人高校学习"立交桥"。她从网上寻找购买各类课上道具，从每张五色思维的标签贴纸到彩色硬纸板，都会精心设计和挑选。从桌椅的摆放、教室的设计，到网络的搭建、课程上线、网络学习证的制作，她都自己布置和安排。她指导学生开启了创新思维，设计实施了共享单厕、扫码自助取早餐等创业项目，真正实现了教师变教练，学生变选手，教室变工坊，考场变市场的四种重要改变。

二、因材施教、锐意进取

　　李老师擅长针对不同年龄层次和专业背景学生的学习特点，变换不同教学方式和内容实施差异化教学。为广外社区教育学校、白纸坊社区教育学校、宣武老龄大学、西城区老干部大学做"理财系列讲座"；为西城区城宫计划开设"理财师"课程；为北京首都开发控股集团有限公司、北京翔达投资管理有限公司、菜市口百货公司等企业进行中高级管理人员财务管理业务知识培训；受中央财经大学 SQA 项目、首都经贸大学 HND 项目、财华国际 CMA 项目邀请，作为特邀培训师独立执教的课程，同时受到中方和外方内审员以及教学监督人员的一致好评。

三、科研助教、成果显著

　　李老师担任 15 本清华大学出版社本专科应用型和规划类教材主编、副主编，近 70 万字，弥补了成人高校缺少相关实践型、应用型教材的缺陷，被全国多所高职院校选用。主持省部级、优秀人才资助课题等 9 项，在核心刊物发表学术论文 5 篇，课堂教学改革的课题获中国教育学会征文评比大赛一等奖、北京市成教学会科研成果二等奖、北京教育科学研究优秀论文评选一等奖、西城区成人学校优秀论文一等奖，荣获全国中青年学术新秀称号，研究成果在管理系各专业应用实施并在全校推广。

北京市高等学校青年教学名师奖获得者

李 毅

学校名称：北京市石景山区业余大学

主讲课程："计算机三维设计"

个人简历

　　李毅，本科毕业后在内蒙古科技大学计算机中心任教，主讲计算机基础、程序设计等课程。研究生毕业后至今，在北京市石景山区业余大学任教，主讲"计算机三维设计""网页设计与制作""网站设计""数据结构"等课程，教学注重与成人学生和不同专业特点相结合开展，并获得好评。

　　社会兼职主要有：在掌讯传媒公司，作为用户体验分析师，参与网络推广活动的策划和宣传工作，进行活动前后数据的收集、整理与分析，并得到公司认可。清华大学出版社"应用型大学计算机专业系列教材"编审委员会委员，并承担3本教材的副主编工作。中国人工智能学会女科技工作者委员会会员，开展与专业相关学习与研究，并承担部分辅助工作。

先进事迹摘录

李毅老师热爱教育事业，并有强烈的事业心和工作责任感。

一、教书育人、桃李芬芳

李老师在连续 13 年的教学中，尊重学生自身发展特点，除常规教学外，探索各种方式帮助学生提升个人能力与竞争力。从 2008 年开始，连续 10 年带领学生参加全国三维创新设计大赛、北京高等学校继续教育大学生计算机应用竞赛等多项比赛，并先后获得近 20 个奖项，涵盖一个国家级二等奖，多个北京市级一、二、三等奖。一个学生取得市级一等奖，拿到证书时，感慨地说："李老师，真没想过，我一个高中都没有读过的地铁员工，能和普通大学生们一起比赛，还取得名次，真的很感谢您，现在我知道我也行！"

二、教学科研、勇于创新

研究生毕业后，李老师快速投入到成人教育科研中，先后参加了两个市级课题、一个国家级课题和多个校级课题，在国家级、市级刊物公开发表论文近 10 篇，2 篇在"中国教育实践与研究论坛"征文中获得一等奖。2017 年，参加学校职业核心素养研究中心的研究工作，同中心成员一起积极研究社会主义核心价值观教育背景下，成人学生的核心素养教学。

此外，李老师在各方面勇于创新，在教辅课件中添加操作演示视频，得到学生一致好评。在教学环节中积极运用进阶式教学、案例教学、实训演练等方法，开展更加有效的教学实践。

三、立足本职、服务社会

除常规校内教学外，李老师还将教学与社区发展相结合，开发社区居民喜爱的课程。作为送教进社区志愿者，近几年，李老师几乎走遍了石景山区各个居委会和街道，开设 20 余场教学，深受市民喜爱。先后获得石景山区优秀志愿者、志愿者标兵和志愿者先进个人等称号。同时，为满足数字化时代发展需求，李老师还结合本职专业特点，设计制作微课程，并取得良好应用效果和比赛奖项。

李老师就是这样，十余年无例外，踏踏实实、勤勤恳恳，为教育事业奉献着自己的力量。

❈北京市高等学校青年教学名师奖获得者

姚　欣

学校名称：北京市朝阳区职工大学

主讲课程："学前美术教学法""美术基础""水墨画""幼儿园环境创意设计"等

个人简历

　　姚欣，女，讲师，硕士研究生。2004 年毕业于首都师范大学，毕业后任教于北京市朝阳区职工大学艺术系，2007 年到 2010 年担任艺术系副主任。

　　姚欣老师担任了学前教育专业、美术专业、广告艺术设计与制作等专业的美术教学工作。同时参与非学历教育的民办幼儿园骨干教师培训项目和社区老年水墨绘画教学工作。2017 年年末被朝阳区教委督学科聘为兼职幼儿园督学。

　　从教以来，始终坚持以学生发展为本、以学定教，在教学中进行了多项改革与创新，尤其在对教学内容的分析与整合、行为导向教学法在课堂的应用等方面进行了大胆的改革与实践，获得多方面好评与专家的肯定。获得国家级奖项 4 次、市级奖项 5 次，参与市级立项课题 4 项，出版相关专业教材 5 本，发表论文和作品 5 篇。

先进事迹摘录

姚欣老师热爱教育工作，认真执行党的教育路线和方针政策。自 2004 年参加工作以来，一直在一线从事教学工作，积累了丰富的教育教学经验。

姚欣老师在教学工作中勇于探索、刻苦钻研、不断改进教学方法。根据幼儿园教师岗位素质、能力及知识要求，合理设计实践教学内容。抓住成人在职学习的特点，在学前教育专业创意美术课程教学中创新实践教学，引导学生将自己的教学实践制作成为微课视频分享给其他同学，并收入创意美术数字教学资源库。让学生成为教学资源的设计者和创造者，真正成为学习的主体。由姚欣老师指导的学生自制教学视频在 2016 年北京高等学校继续教育大学生计算机设计应用竞赛中获得两个二等奖；学院获"竞赛组织奖"；姚欣老师获得"优秀指导教师奖"。

在学院混合式教学改革的推进中，姚欣老师率先尝试混合式教学设计，并多次在学院的经验交流会上展示分享自己的教学成果和心得。其制作的线上教学资源于 2015 年获京津沪地区成人高校微课比赛二等奖；同年，获北京开放大学微课程优秀作品一等奖和"最佳效果奖"。2017 年，其美术教学法混合式教学设计获国家开放大学首届教育类专业教师教学技能大赛三等奖。

姚欣老师还面向区域、系统和社区需求，开展培训及相关服务，取得良好效果。她在朝阳区多个社区开展水墨绘画教学工作，在经费不足的情况下，义务为社区免费授课上百课时，受到了社区居民的热烈欢迎和好评。教学效果明显，老人们的作品选送参加了行业和北京市的各类画展。为更好将自己教学实践和经验分享给他人，更为国家应对老龄社会贡献自己的微薄力量。2011—2013 年姚欣老师申报立项校级课题"社区老年水墨绘画教学实践与研究"。2012 年论文《社区老年美术教育课程开发的现状与对策分析》获全国职教系统论文评选优秀奖。在此基础上，2017 年参与申请市级立项课题"老年学历教育艺术课程的开发与实践研究"，2018 年作为项目负责人申请立项北京市学习指导师实践项目"老年学历教育专业建设——以美术专业为例"。

❋北京市高等学校青年教学名师奖获得者

关昕璐

学校名称：北京医药集团职工大学

主讲课程：“生药学”

个人简历

关昕璐，2002年从北京中医药大学硕士研究生毕业后进入北京医药集团职工大学，一直担任教师工作，主要承担“生药学”“天然药物化学”以及实践实训、论文写作等课程的教学工作。在工作中，不断总结经验，学习提高，在教学岗位上出色地完成了教学任务，成长为学校的骨干教师。

从教15年来，认真钻研业务知识，注重自己业务能力的培养及业务水平的提高，踏踏实实做好教师工作。教学中关心学生，指导和帮助学生，因材施教，认真备课、讲课。对所承担的学校各层次的教学及培训工作均圆满地完成了任务，受到了学生的好评。

工作中还能积极发挥骨干带头作用，参与教学方式与方法的改革，并参与学校的发展建设。发表多篇学术论文及多部论著，多次获得各种奖励及荣誉。

先进事迹摘录

　　在教学中，关昕璐能根据学生特点及课程特点因材施教，综合应用多种教学手段，合理安排教学环节，重点突出，层次分明，通俗易懂，并积极树立学生自主学习的观念，取得了较好的教学效果。

　　在教学内容与课程开发上关老师注重实验课程内容的开发与研究，尽量使课程内容与学生工作实际需求相结合，动态调整教学内容，充分利用多媒体课件内容量大、便于讲授的特点，主持制作了"生药学""天然药物化学"两门课程的实验教学课件。通过专业课程实验课件的开发制作，较好地补充了专业课实验课程教学资源不足的问题，较好地培养学生的实验操作能力，使实验教学质量和学生的综合素质都得到提高。

　　在生药学课程中，关老师注重突出实验及实训的重要性，通过实验课件、实验中心动手操作，实训基地现场学习等方法提高学生学习兴趣，提升学习效果。

　　关老师在学校实训实习条件改善方面也做了许多工作，是学校密云中药种植基地主要筹建人之一。负责学校天然药物化学实验室的建设，同时参与学校实验中心其他实验室的建设。

　　自担任教师以来，关昕璐积极参与多部专业著作的编写工作，其中四本是主编，一本是副主编，三本是编委。

　　关昕璐历任专业教研室主任和继续教育研究中心主任，在教学团队中发挥带头作用。2016—2018 年担任学校教师队伍建设项目负责人。

　　关老师的社会兼职主要有：担任北京同仁堂股份有限公司技师与高级技师的评委；国家职业技能鉴定高级考评员；2008 年北京市医药行业技能大赛的评委；北京市职业技能竞赛裁判员。

　　所获得的荣誉：2011—2012 年度学校优秀教师；2009—2010 年度学校优秀教师；2010 年获学校合并十周年新锐奖；2010 年度北京广播电视大学优秀教师；2007 年度沈阳药科大学函授学院先进教师；2006—2007 年度学校先进老师。

❀北京市高等学校青年教学名师奖获得者

孟宪宇

学校名称：北京开放大学

主讲课程："税法基础"

个人简历

孟宪宇，2005 年毕业于东北财经大学会计专业，硕士研究生，应届毕业即受聘于北京开放大学（原北京广播电视大学）经济管理学院，从事一线教师岗位工作至今，承担原市属广播电视大学及北京开放大学会计专业税法、审计、会计等课程的网络课程建设与市属分校的教学指导和管理等工作，常年奔波于北京开放大学所属的三十余家分校从事教学工作。曾兼职中一会计师事务所，并于 2006 年考取注册会计师资格证，为教学工作奠定实践基础。2010 年作为主要负责人参与模拟企业经营实验项目的调研、引进、教学方法研讨、教学实施、网络教学资源建设、后续教学改革等工作。2016 年任会计专科专业责任教师。2016—2017 年负责经济管理学院跨专业综合实验室调研、设计、申报筹建等工作。

先进事迹摘录

　　孟宪宇老师热爱教学，勤于钻研，2011年获得校级青年教师教学基本功一等奖，同年获北京市青年教师教学基本功比赛文史类二等奖，2018年获得北京开放大学青年教学名师称号。北京开放大学是服务北京市民终身学习的大学，成人学习者是主要的学习群体，研究适合成人学习者的学习资源、学习模式及教学法是开放大学教育工作者的职责所在，也是孟宪宇老师从教以来一直专注的研究领域。在教学中始终关注成人学习者的学习需求和困境，在帮助学习者进行学习时间管理和过程管理过程中萌生了为成人学习者编写一套适合教材的想法，2015年陆续独立编著系列教材，包含《搭积木学税法·增值税》《搭积木学税法·消费税》《搭积木学税法·企业所得税》等5册。丛书从成人自主学习的视角编写，既是教材更是适合远程混合式学习的"学材"。丛书是教学思想的集中体现和主要成果，孟宪宇老师作为第一完成人的教学成果"积木组合新教法，成人学习脚手架"，2017年获得北京开放大学教学成果奖一等奖，2018年获得北京市高等教育教学成果奖一等奖，并被推荐申报2018年国家级高等教育教学成果奖。钻研教学问题既充满了乐趣，也伴随着孤独，都说教师要坐得住冷板凳，清华大学严继昌教授曾评价这一教学成果说："现在很多老师更多的是研究学科问题，对教学问题研究甚少。尤其是你愿意研究成人学习问题，解决成人学习困难，我很感动。"可喜的是学生对新型的教学模式很感兴趣，他们认为这套教材是真正为他们量身定做的"学材"，非常适合他们利用碎片时间完成"积木"式的微型资源学习。运用这套教材的积木组合教学方式，采用"碎片时间学积木，系统时间学组合"的混合式教学，得到成人学习者的广泛好评，取得了较好的学习效果。孟老师坚信一个教育理念：学校，是教师和学生共同成长的地方，教师要真正以学生为本，设身处地考虑学习者需求，真正解决成人学习困难。做有价值有意义的事，为我国的继续教育事业贡献一份绵薄之力，孟宪宇老师也在这一过程中探寻到作为一名成人高校教师的自我价值。

❀北京市高等学校青年教学名师奖获得者

黄　荣

学校名称：北京网络职业学院

主讲课程："premiere 剪辑运用实训""Eduis 剪辑运用实训""视听语言运用实训""微电影创作实训""电视节目编导综合实训""影视摄影创作实践"

个人简历

　　黄荣，男，35 岁，硕士，副教授，毕业于中国传媒大学广播电视艺术学专业，从教 11 年，广播影视节目制作专业学科带头人，曾荣获"高职院校信息化教学大赛三等奖""北京市优秀园丁奖""房山区优秀共产党员""北京网络职业学院优秀教师"等奖项和称号。

　　专业骨干教师，除了承担专业核心课程教学，还长期深入行业一线进行行业动态跟踪和研究，提出了"贯通式教学""技能模块化教学"等教学理念，深受学生喜欢。学子遍布中央电视台、北京卫视、凤凰卫视、腾讯视频、爱奇艺等主流媒体机构。

　　先后在中央电视台、北京银汉传媒发展有限公司、北京红头船文化传媒有限公司（片场网）、北京光影青春文化传播有限公司等兼职从事节目策划、后期剪辑指导等工作，有着丰富的从业经验。

先进事迹摘录

　　2017 学年间，黄荣老师所授课程到课率常年保持在 98％以上，学生满意率评价满分 5 分，排名全校第一。他共担任了 2 门广播电视节目制作专业核心课程的教学任务，两门课程均因教学效果显著，被评为"全校优秀示范课"，供全校教师交流学习。黄老师经常深入行业一线，多次与中央电视台、北京电视台等的专家及一线电视编导交流学习，了解用人单位对人才能力的需求特点，为毕业设计作品指导方案提供参考依据，效果明显。

　　黄老师所指导的广播影视节目制作专业学生吕超界凭借作品《等风来》获得第四届亚洲微电影奖最佳新锐奖。指导学生李兆夕进行微电影《我从遥远的地方来看你》拍摄创作。李兆夕同学还因此应北京卫视邀请，作为嘉宾参与《谁在说》节目录制，接受北京卫视的专访。